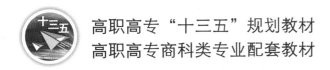

高职高专"十三五"规划教材
高职高专商科类专业配套教材

MARKETING
THEORY AND PRACTICE

市场营销
理论与实务

何静　孔韬　王林 ◎ 编著

·广州·

版权所有　翻印必究

图书在版编目（CIP）数据

市场营销理论与实务/何静，孔韬，王林编著.—广州：中山大学出版社，2018.9
（高职高专"十三五"规划教材；高职高专商科类专业配套教材）
ISBN 978-7-306-06391-5

Ⅰ.①市… Ⅱ.①何…②孔…③王… Ⅲ.①市场营销学 Ⅳ.①F713.50

中国版本图书馆 CIP 数据核字（2018）第 152099 号

出　版　人：王天琪
策划编辑：李　文　刘爱萍
责任编辑：周明恩
封面设计：曾　斌
责任校对：罗梓鸿
责任技编：何雅涛
出版发行：中山大学出版社
电　　话：编辑部 020-84111946，84111996，84111997，84113349
　　　　　发行部 020-84111998，84111981，84111160
地　　址：广州市新港西路 135 号
邮　　编：510275　传真：020-84036565
网　　址：http://www.zsup.com.cn　E-mail: zdcbs@mail.sysu.edu.cn
印　刷　者：广州家联印刷有限公司
规　　格：787mm×1092mm　1/16　24 印张　500 千字
版次印次：2018 年 9 月第 1 版　2018 年 9 月第 1 次印刷
定　　价：65.00 元

如发现本书因印装质量影响阅读，请与出版社发行部联系调换

目 录
Contents | 市场营销理论与实务 |

前　言 1
课程指南 1

模块一　认识市场营销

项目一　了解市场营销 3
任务一　了解市场营销的起源 3
任务二　掌握市场营销的核心概念 5

项目二　认识市场营销的重要性 7
任务一　评价市场营销的社会作用 7
任务二　评价市场营销在企业管理中的作用 8
任务三　理解市场营销的重要性 8

项目三　掌握市场营销的基本理论 11
任务一　比较不同的营销观念 12
任务二　熟悉现代市场营销理论 13
任务三　应用营销组合策略 16

项目四　培养市场营销人员应具备的素质 18
任务一　掌握营销观念 19
任务二　了解顾客让渡价值和顾客满意的概念 19
任务三　培养良好的营销道德 20
任务四　培养营销人员的素质 20

项目五　市场营销基本能力训练 23

任务一　培养口头表达能力 ·· 23
  任务二　培养书面表达能力 ·· 25
  任务三　培养人际沟通能力 ·· 26
  任务四　培养团队合作能力 ·· 28
  任务五　培养交流汇报能力 ·· 29

模块二　分析市场与市场机会

项目一　认识市场与需求 ·· 37
  任务一　掌握市场的概念 ·· 38
  任务二　分析市场需求 ·· 39

项目二　了解市场的主要类型 ·· 44
  任务一　认识消费者市场 ·· 45
  任务二　分析产业市场 ·· 53
  任务三　分析服务市场 ·· 62
  任务四　分析技术市场 ·· 64

项目三　识别与分析市场竞争者 ·· 69
  任务一　识别竞争者 ·· 70
  任务二　分析市场竞争者 ·· 71
  任务三　规划市场竞争战略 ·· 76

项目四　市场营销环境分析 ·· 81
  任务一　分析市场营销环境系统构成 ·· 82
  任务二　分析企业宏观营销环境 ·· 85
  任务三　分析企业微观营销环境 ·· 91

模块三　开展市场调研与预测

项目一　了解市场调研 ·· 99
  任务一　了解市场调研 ·· 99
  任务二　分析市场调研的内容 ··· 100

项目二　熟悉市场调研的类型和步骤 ·· 104

任务一　分析市场调研的类型 …………………………………… 106
　　任务二　市场调研的操作步骤 …………………………………… 107

项目三　掌握常用的市场调研方法 ………………………………… 110
　　任务一　直接调查法 ……………………………………………… 111
　　任务二　问卷调查法 ……………………………………………… 113
　　任务三　抽样调查法 ……………………………………………… 115

项目四　熟悉市场调查预测 …………………………………………… 120
　　任务一　掌握市场预测的概念 …………………………………… 120
　　任务二　分析市场预测的四大原则 ……………………………… 121
　　任务三　熟悉市场预测的基本要素 ……………………………… 122
　　任务四　掌握市场预测的程序 …………………………………… 123
　　任务五　分析市场预测的内容 …………………………………… 124
　　任务六　界定市场预测的类型 …………………………………… 125
　　任务七　评价市场预测的作用 …………………………………… 128

模块四　掌握市场选择与进入的方法

项目一　了解 STP 营销战略理论 …………………………………… 135
　　任务一　了解 STP 营销战略理论 ………………………………… 135

项目二　掌握市场细分 ………………………………………………… 137
　　任务一　熟悉市场细分战略的形成与作用 ……………………… 137
　　任务二　掌握市场细分的原则与依据 …………………………… 138
　　任务三　掌握市场细分的方法 …………………………………… 144

项目三　掌握确定目标市场的方法 …………………………………… 146
　　任务一　熟悉目标市场选择的模式与战略 ……………………… 146
　　任务二　掌握影响目标市场营销战略选择的因素 ……………… 149

项目四　掌握市场定位方法 …………………………………………… 150
　　任务一　熟悉市场定位的概念与方法 …………………………… 150
　　任务二　掌握市场定位的步骤和战略方法 ……………………… 151

模块五　掌握市场营销的主要策略

项目一　掌握产品策略 ·············· 159
- 任务一　了解产品与产品组合的概念 ·············· 160
- 任务二　认识产品周期与开发新产品 ·············· 163
- 任务三　掌握品牌与包装策略 ·············· 165

项目二　掌握价格策略 ·············· 170
- 任务一　掌握影响定价的因素 ·············· 170
- 任务二　认识定价的主要程序与方法 ·············· 174
- 任务三　掌握定价及调价策略 ·············· 175

项目三　掌握分销渠道策略 ·············· 183
- 任务一　了解分销渠道及相关概念 ·············· 186
- 任务二　认识分销渠道的参与者 ·············· 188
- 任务三　掌握分销渠道的设计方法 ·············· 191
- 任务四　掌握分销渠道的管理方法 ·············· 194

项目四　掌握促销策略 ·············· 199
- 任务一　熟悉促销的相关概念 ·············· 202
- 任务二　掌握促销组合策略 ·············· 203
- 任务三　掌握人员推销策略 ·············· 205
- 任务四　掌握广告促销策略 ·············· 207
- 任务五　掌握营业推广策略 ·············· 210
- 任务六　掌握公共关系策略 ·············· 212

模块六　掌握营销管理技能

项目一　认识市场营销的组织与形式 ·············· 223
- 任务一　了解市场营销组织的相关概念 ·············· 223
- 任务二　掌握市场营销组织设置的程序 ·············· 226
- 任务三　了解市场营销组织的变革 ·············· 228

项目二　掌握市场营销的计划、实施与控制 ·············· 230
- 任务一　认识营销计划 ·············· 231

任务二　描述营销计划的内容 …………………………………… 232
　　任务三　掌握营销计划的实施方法 ……………………………… 235
　　任务四　掌握营销计划的控制方法 ……………………………… 236

项目三　认识营销战略与策划的意义 …………………………… 240
　　任务一　掌握市场营销战略的概念、特征及其作用 …………… 241
　　任务二　识别影响市场营销战略的因素 ………………………… 244
　　任务三　掌握市场营销战略的制定方法 ………………………… 245
　　任务四　解释市场营销策划的意义 ……………………………… 248

模块七　掌握市场营销写作实务

项目一　掌握营销业务洽谈写作 ………………………………… 255
　　任务一　熟悉营销写作的要求 …………………………………… 255
　　任务二　掌握业务洽谈写作要点 ………………………………… 256

项目二　掌握营销促销写作 ……………………………………… 261
　　任务一　掌握推销演讲稿的写作 ………………………………… 261
　　任务二　掌握营业推广应用文的写作格式 ……………………… 262
　　任务三　熟悉投诉处理的写作格式 ……………………………… 270

项目三　掌握营销传播写作 ……………………………………… 272
　　任务一　熟悉商情简报的种类与格式 …………………………… 272
　　任务二　熟悉营销新闻写作 ……………………………………… 274
　　任务三　熟悉商务评论写作 ……………………………………… 277

项目四　掌握营销策划书的撰写 ………………………………… 278
　　任务一　认识策划与计划 ………………………………………… 279
　　任务二　理解市场营销策划的相关概念 ………………………… 279
　　任务三　掌握市场营销策划的分类方法 ………………………… 280

模块八　认识创新创业与新产品营销

项目一　认识知识经济创新的趋势 ……………………………… 291

任务一　认识知识经济创新趋势 ……………………………… 291
　　任务二　了解创新趋势背景下资源配置与价值 ………………… 293

项目二　了解创新人才的培养和造就 ……………………………… 297
　　任务一　了解创新人才的培养和造就 …………………………… 297
　　任务二　了解创新与创新能力 …………………………………… 309

项目三　发现与把握创业机会 ……………………………………… 320
　　任务一　认识创业机会 …………………………………………… 320
　　任务二　辨识与把握创业机会 …………………………………… 321
　　任务三　正确辨析创业目的与机会 ……………………………… 323
　　任务四　掌握发现创业机会的策略与方法 ……………………… 324

项目四　新产品目标市场细分和定位 ……………………………… 327
　　任务一　新产品的目标市场细分和定位 ………………………… 327
　　任务二　新产品的营销策划 ……………………………………… 333

项目五　新产品营销推广 …………………………………………… 341
　　任务一　掌握新产品营销推广方法 ……………………………… 346

项目六　新媒体营销技巧 …………………………………………… 354
　　任务一　掌握新媒体营销技巧 …………………………………… 355

参考文献 ……………………………………………………………… 366

后　记 ………………………………………………………………… 368

前　言

"市场营销"是一门实践性很强的应用学科，涉及经济学、统计学、心理学、管理学、公共关系学等学科，涉及面非常广。市场营销的理论是在对企业大量经营实践经验的总结基础之上概括和提炼形成的，它源于实践，又反过来指导实践，为实践服务。因此，我们编写时尽量使理论与实践结合起来，在实践中去理解、体会、掌握、运用、检验理论。

随着社会经济和科学技术的不断进步，市场营销专业已成为当前商业经济中的热门专业之一。在每年各类社会紧缺人才的统计排名中，市场营销人才的需求都名列前茅。而市场营销人才需求的多样性、复合性，也直接推动了市场营销人才培养领域的不断创新和发展。针对高职教育市场营销人才培养的教材，也随着教学模式和课程改革出现了多样性。本教材在编写过程中，充分考虑职业教育的特点，努力突出能力培养的指导思想，以达到实现培养具有一定理论水平和实践技能的职业性人才的目标。同时，我们根据国家的教育方针以及新时期对高职高专院校人才培养工作的要求，编写时改变了过去只重视知识的传授，强调学科体系的严密、完整的做法，精选学生职业岗位所需的基础理论知识和基本技能，体现学生身心发展及掌握知识的特点，反映社会、政治、经济、科技发展需求的内容，即教材体现了社会需要、学科特点和学生职业发展三者有机的统一。

编写过程中我们力求做到以下5点：

第一，作为教材，我们结合企业市场营销活动的全过程特点，力求使其理论、内容具有完整性、全面性、系统性。在编写时突破了传统"市场营销"教材的范围，增加一些企业营销活动中非常实用的内容，如"营销写作实务"等。同时，结合新时期大学生创业能力培养的要求，新增了"认识创新创业与新产品营销"模块，有机地将课程知识与创新创业知识融合在一起，较好地实现了将创新创业教育融入课堂教学。

第二，充分考虑到高职教育的特点，编写时由易到难，循序渐进，注重教材的连贯性、衔接性，力求适用、通俗易懂，为高职学生打基础、宽口径、强能力、高素质培养做好铺垫。

第三，结合编者多年的教学、在职培训、社会实践的经验，广泛、充分地吸收各类教材的优势，吸收国内外学者最新研究成果，力求达到知识的新颖性和前瞻性，编写时根据学科的特点将理论与实践结合起来，体现了理论与实践的有机结合。

第四，紧跟市场营销理论研究和高职教育教学改革的前沿，在编写时运用了成果导向教育理念，努力突出"以学生为中心、以成果为导向"项目化教学，在重视理论性和应用性结合的同时，努力做到"边学、边做"，突显学生学习成果。

第五，本教材在编写时得到了全国商业职业教育教学指导委员会副主任委员，广东商业职业教育教学指导委员会主任委员，广东营销学会副会长、广东农工商职业技术学院党委书记杨群祥教授，广东营销学会会长杨洪、副会长张珀维先生，广东广垦绿色农产品有限公司董事长李光见、总经理朱妍辉，广州豪森威市场研究有限公司总经理廖东升等专家的修正完善，充分体现了教程的开发与设计能紧密结合生产实际，能根据职业群的任职要求，实现与行业、企业、学校共同开发教材和课程。

本教材的再次出版，要感谢使用本教材的广大学生和教师的认同，感谢中山大学出版社的大力支持。本教材在高职教育中已历经近10年的实践，并在实践中不断修改完善。特别是在近年来的"一流院校"和"一类品牌专业"建设的推动下，我们不断创新发展，力求编写出一套适应新时期高职教育市场营销人才培养的好教材。

本教材在编写过程中参阅了国内外大量文献、资料，并间接或直接地引用了部分的相关内容，在此，谨向这些文献、资料的作者表示衷心的感谢！编写过程中有幸得到了商业行指委、校内外专家、教授的指导，在此向各位专家、教授及指导和帮助过我们的同事、朋友表示衷心的感谢！

编　者

2018年4月

课程指南

一、课程信息

课程名称	市场营销	课程代码	
课程类型	☐通识基础课程　☐通识拓展课程　☐专业基础课程 ☐专业核心课程　☐岗位综合课程　☐专业限选课程		
修读方式	☐必修课　☐限选课　☐选修课		
学时		学分	
理论学时		实践学时	
教学场所	☐教室　☐多媒体教室　☐实训/实验室　☐理实一体化教室 ☐生产性实训基地　☐其他_____		

二、课程目标

本课程旨在引领学生掌握现代市场营销的基本理论知识，树立正确的营销观念，能正确认识企业的营销活动并顺利完成岗位所需要的各项任务（**目的**）；通过课堂系统学习、营销案例分析和企业实践训练，掌握市场营销的基本概念、基本原理和基本方法（**过程**）；熟悉市场分析、市场调研和市场开拓相关知识与技能，具备诚实守信、跨界整合和终身学习的能力，从事市场调研、市场开发、客户关系维护、渠道管理、营销策划等工作的能力，创新创业能力和较高的敬业精神（**预期成果**）。

三、学习成果

学习成果	对应能力指标
LO1. 能运用市场营销原理和现代营销观念对营销活动做出比较专业的分析	A

(续上表)

学习成果	对应能力指标
LO2. 能根据企业实际开展营销调研与预测，同时能对营销环境与营销战略进行准确分析、评价与选择	B
LO3. 能根据消费者市场和组织市场购买行为进行分析，有针对性地做好营销工作	C
LO4. 能根据实际情况（情景）实施市场细分、目标市场的选择和定位。并能根据需求正确制定和运用市场营销组合策略	E
LO5. 能根据营销管理全过程撰写促销、传播等营销文案	D
LO6. 能正确认识创新创业的趋势与意义，在培育创新精神、创业意识的基础上了解新产品目标市场细分定位和营销策划基本理论，掌握营销推广渠道和方法，熟悉新媒体营销	F

四、核心能力权重分配

核心能力	A 沟通整合		B 学习创新		C 责任担当		D 专业技能		E 问题解决		F 职业素养	
课程权重	15		10		20		30		15		10	
能力指标	A1	A2	B1	B2	C1	C2	D1	D2	E1	E2	F1	F2
课程权重	10	5	10		15	5	20	10	5	10	5	5

五、学习内容（略）

六、学习单元及学时分配（略）

七、与预期学习成果配套的教学方法

（1）教学过程中应因材施教，灵活运用各种教学方法，建立市场营销意识，多开展案例讨论、情景模拟、实训等学习活动，如设置市场调研实训，让学生通过实际操作，增强对所学知识的理解。

（2）教学组织实施理实一体化教学，教学过程中，学生自在老师的指导下组成学习小组，以任务驱动模式进行，自选一项目经营为模拟经营载体，设计学

习情景，使学生在浓厚的职场氛围中掌握具体方法与技能。在训练过程中，按模拟市场营销的要求，将各任务进行分解完成，使各项操作与企业要求相接轨。

预期学习成果	教学方法			
	讲授	案例分析	现场实训	分组讨论
A1	Y			
A2	Y			Y
B1	Y	Y		Y
B2	Y	Y	Y	Y
⋮	⋮	⋮	⋮	⋮

八、与预期学习成果配套的评核方法和评核标准

本课程与客户管理实践联系密切，按照高职教育人才培养模式，设计本课程考试模式为模块化考核方案，由平时考核、综合技能考核两部分组成。

评核内容	评核标准	评核方法	权重（%）
出勤与课堂表现	主要考核学习过程，着重考核学生的自觉、自律能力、平时学习情况及职业素养。从考勤、课堂学习、实训报告、达标检测试题四个方面进行考核	考勤、课堂表现	40
理论知识	主要考核该课程要求掌握的基础理论知识	回答问题，完成作业	10
专业技能	进行市场调研，分析相关数据，能够用统计的方法完成相应报告，并进行陈述	完成调查报告，进行陈述	20
专业技能	能够对产品进行市场定位，并分析产品未来发展趋势，进行表达展示	PPT等作业形式	20
专业技能	对产品进行促销、定价等分析，得出合理的销售价格，并能够得到销售数据的提升	促销方案的制订	10
合计			100

九、其他

学生预期需要付出的努力	学习时间（小时）	
	1. 指导学习和实操（课堂）	72
	2. 其他学习（课外）	
	（1）扩展实训作业	50
	（2）课前、课后查询相关专业资料	94
	总数	216
参考文献	1. 张文贤、高伟富：《高级市场营销学》，立信会计出版社 2000 年版 2. 黄洪民：《现代市场营销学》，青岛出版社 2000 年版 3. 朱成钢：《市场营销学》，立信会计出版社 1999 年版 4. 何静：《市场营销学》，华中科技大学出版社 2008 年版 ……	
先修课程/后续课程	先修课程：	
	后续课程：	

附录

1. 填写说明

由老师根据实际情况在正式授课前填写和确定以上可变项。

2. 课程指南的作用和意义

教师和学生以课程指南为非正式协议文件，作为双方的"契约"，明确每门课程学生应知应学会些什么。师生对如何教、如何学、如何考核评价等达成共识，形成"教师如何教、学生如何学"的教—学"契约"。将教学由传授式向学习式转变，同时培养师生双方的"契约"精神。

注：本课程配套有相应的教学资源（教案、教学计划、PPT 等），订教材时向编者或出版社索取即可。

模块一 | Module One

认识市场营销
Understand Marketing

> 诚信者，天下之结也。
> Good faith, the knot of the world.
> ——《管子·枢言》 Guangzi · Shuyan

学习内容—The Learning Content

- 项目一　了解市场营销
- 项目二　认识市场营销的重要性
- 项目三　掌握市场营销的基本理论
- 项目四　培养市场营销人员应具备的素质
- 项目五　市场营销基本能力训练

👉 学习指南

一、学习目的

在了解市场营销的演绎过程中，熟练掌握市场营销的核心概念。能分析营销管理的主要任务，评价市场营销在社会中、企业管理中的作用，从而理解市场营销的重要性。比较不同的营销观念后，能熟练掌握现代市场营销理论，应用营销组合策略。掌握营销观念，了解顾客让渡价值和顾客满意的概念，培养良好的营销道德和营销素质。

旨在较好地培养学生口头表达能力、书面表达能力、沟通能力、团队合作能力、计算机运用能力和交流汇报能力。

二、学习领域

主要学习市场营销的基本概念及其理论的基础，同时学习全面理解、掌握市场营销的基本知识。

三、学习方式

在自主学习本教案提供的学习知识基础上，在百度文库中阅读市场营销的基本理论，上网搜集市场营销理论演变的相关资料，讨论交流有关营销人员必备的素质与技能。

四、预期学习成果

(1) 能正确理解市场营销的内涵和外延。

(2) 掌握并能熟记市场营销的含义、营销观念的演变和现代市场营销的新发展。

(3) 能运用市场营销原理和现代营销观念对营销活动做出比较专业的分析评述。

(4) 培养市场营销人员应具备的素质，建立营销职业意识。

(5) 培养市场营销基本能力，能用营销的思维分析问题并熟练应用于营销实践。

项目一　了解市场营销

任务引入

百事与李宁的营销创意

一、百事：博客、视频开启营销之门

亮点：通过新浪视频平台，进行从线下到线上的立体化跨界传播。

策略：百事品牌与新浪博客合作打造了"百事群音"官方网站，并通过新闻、博客、播客（视频分享）、论坛、无线等众多互动平台全程报道。尤其是在视频分享环节，新浪新现场与浙江卫视同步直播，并率先开始后台直播。通过电视和新现场，"明日天团"的"粉丝"可同步观看台前台后，新现场将十强"明日天团"的比赛进程、幕后花絮等做了精彩呈现。在视频直播之外，新浪演播室提供百事 Icon、百事喷泉、口哨等一系列用户互动工具，并利用 Widget、网友投票、选手积分等多种形式持续吸引网民关注，激发了年轻人的参与热情，有力地传达了百事的品牌诉求，提高了品牌忠诚度和产品购买率。

二、李宁：网络社区的创意营销

亮点：将品牌信息包装成具有话题性和自发传播性的"病毒"。

策略：为了体现自己篮球装备的差异化营销路线，李宁联手新浪打造了中国风篮球社区。新浪整合最具优势的资源，开设了大量原创的特色栏目，向社区网友展示李宁中国风篮球装备，吸引忠实的篮球爱好者在社区内活动，让用户自愿成为"核裂变式传播"的"病毒"。

（资料来源：《新营销》，2010 年第 1 期）

学习任务

任务一　了解市场营销的起源

市场营销是来源于企业的市场营销实践又作用于企业的市场营销实践的学科，它在 20 世纪初期起源于美国。第二次世界大战后的 20 世纪 50 年代，现代营销理论进一步形成，其基本内容包括：①市场分析与研究；②营销对象及其选择；③企业营销战略与营销策略等。现代营销学的基本特征是综合性与实践性，关于市场营销的含义，著名现代营销学家、美国西北大学教授菲利普·科特勒（Philip Kotler）指出："市场营销是与市场有关的人类活动，市场营销意味着和市场打交道，为了满足人类需要和欲望，去实现潜在交换。""市场营销是一种社会管理过程：个人和团体通过创造以及与别人交换产品和价值来满足其需要和欲望。"科特勒的这个定义将市场营销定义为企业的活动，其目的在于满足目标顾客的需要，以此实现本企业的目标。这是一个微观的定义。

第一，市场营销分为宏观和微观两个层次。宏观市场营销是反映社会的经济活动，其目的是满足社会需要，实现社会目标。它由3部分构成：①国家、企业和政府3个参与者；②资源和产品两个市场；③资源、货物、劳务、货币及信息等5个流程。微观市场营销是一种企业的经济活动过程，它是根据目标顾客的要求，生产适销对路的产品，从生产者流转到目标顾客，其目的在于满足目标顾客的需要，实现企业的目标。

对市场营销所做的最简短定义就是"有利益地满足需求"。对市场营销的定义，近几十年来，中外学者表述各异，具有代表性的有以下几种，见表1-1。

表1-1 不同学者或机构对市场营销所下的定义

尤金·麦卡锡（E. McCarthy）	市场营销是引导物品及劳务从生产者至消费者或使用者的企业活动，以满足顾客的需要并实现企业的目标
美国市场营销协会（AMA）	市场营销既是一种组织职能，也是为了组织自身及利益相关者的利益而创造、沟通、传递客户价值，管理客户关系的一系列过程
菲利普·科特勒（Philip Kotler）	个人和团体通过创造以及与别人交换产品和价值来满足其需要和欲望的一种社会管理过程

第二，市场营销与推销、销售的含义不同。市场营销包括市场研究、产品开发、定价、促销、服务等一系列经营活动；而推销、销售仅是企业营销活动的一个环节或部分环节，是市场营销的职能之一，不是最重要的职能。

第三，市场营销的内涵随着社会经济的发展而不断变化和扩充。第二次世界大战前的几十年只强调推销和销售，今天，市场营销已发展为系列化的经营过程，随着企业营销实践的发展而不断丰富其内涵。

第四，市场营销活动的核心是交换，但其范围不仅限于商品交换的流通过程，而且包括产前和产后的活动。产品的市场营销活动往往比产品的流通过程要长。现代社会的交易范围很广泛，已突破了时间和空间的壁垒，形成了普遍联系的市场体系。

任务二　掌握市场营销的核心概念

一、需要、欲望和需求

消费者的需要、欲望和需求是市场营销的出发点。满足消费者的需要、欲望和需求是市场营销活动的目的。需要——既包括物质的、生理的需要，也包括精神的、心理的需要，具有多元化、层次化、个性化、发展化的特性，营销者只能通过营销活动对人的需要施加影响和引导，而不能凭主观臆想加以创造。欲望——人的需要是有限的，而人的欲望是无限的，强烈的欲望能刺激人的主动购买行为。需求——人们对某个产品有购买欲望且有支付能力。产品泛指满足人的特定需要和欲望的商品和劳务。人们在选择购买产品的同时，实际上也在满足着某种愿望和利益。作为营销者，如果只研究和介绍产品本身，忽视对消费者利益的服务，就会犯"市场营销近视症"而失去市场。

二、效用、费用和满足

在诸多产品的购买选择中，消费者总是根据多项标准去选择提供最大效用的产品作为购买目标。效用最大化是消费者选择产品的首要原则。效用的评价，既取决于厂商所提供的产品使用的实际效用，也取决于消费者进行的效用对比评价。消费者的购买决策是建立在效用与费用双项满足的基础之上的，其购买决策的基本原则是选择用最少的货币支出换取最大效用的产品或服务。

三、交换、交易和关系

人们有了需求和欲望，企业亦将产品生产出来，但还不能理解为市场营销，产品只有通过交换才使市场营销得以产生。人们通过自行生产、强制取得、乞求、等价交换这四种方式获得产品。通过强制取得方式或乞求方式获得产品都不是市场营销，只有通过等价交换，买卖双方彼此获得各自所需，才产生市场营销。可见，交换是市场营销的核心概念。

交换的5个条件：双方、价值、信息与物品、接受与拒绝、适当与满意。

交换是一个过程，而不是一个事件。如果双方正在洽谈并逐渐达成协议，称为在交换中。如果双方通过谈判并达成协议，交易便发生。交易是交换的基本组成部分。交易是指买卖双方价值的交换，它是以货币为媒介的，而交换不一定是以货币为媒介，它可以是物物交换。

交换的3个实质：至少有两个有价值的事物、买卖双方同意的条件、协议时间与地点。此外，还有用来维护和迫使交易双方执行承诺的法律制度。

四、市场

市场营销视市场为与卖者相对应的各类买者的总和,对市场的界定因人而异。消费者视市场为买卖双方聚集交易的场所,如百货商店、专卖店、摊群市场等。卖者构成行业,买者构成市场。

五、市场营销与市场营销者

市场营销是指人与市场有关的一切活动,它是一个社会管理过程。市场营销者是指服务于目标客户市场同时又面临竞争者的公司组织。市场营销者的营销活动是在多种力量的影响下进行的,它既是营销活动的主导力量,又受到各种外部力量的制约。

拓展任务

(1)通过案例来理解"市场营销"概念。
(2)从图书馆或互联网搜集菲利普·科特勒等名家对市场营销的定义。

海尔在美国成功的奥秘

1999年4月30日,海尔在美国南卡罗莱纳州中部的一个人口为8000人的小镇卡姆登(Camden)举行了海尔投资3000万美元的海尔生产中心的奠基仪式。一年多以后,海尔成为中国第一家在美国制造和销售产品的公司。从海尔最初向美国出口冰箱到现在,海尔冰箱已成功地在美国市场建立了自己的品牌。而美国市场是非常成熟的市场,是世界上产品最难进入的市场,例如中国台湾的Acer,在过去十多年里花了十几亿美元在美国推销其品牌,但最终因亏损严重而退出了美国市场。

(资料来源:网络资料改编)

项目二　认识市场营销的重要性

任务引入

伊利"真棒"的"滑铁卢"

中国冷饮界执牛耳者伊利从2004年1月份就开始倾力打造的新品"真棒"，凭借着强大的品牌优势与完善的渠道，以中央电视台影响地方的广告宣传策略，强力向东北市场推进，试图在北方市场延续往年伊利冰品的成功荣耀，形成新的市场格局。作为中国著名品牌的冷饮企业，伊利在"真棒"产品的推广上可谓下足了功夫，也准备得非常充分，买断了辽宁的榛子基地，备足了几百吨产品的包装材料，包括内蒙古的金川，东北的吉林，西北的新疆以及华北的天津、山西，东南的上海，华中的武汉，华南的东莞等生产基地全面生产备库，大有当年"苦咖啡"席卷全国的雄心。但理想和现实总是有差距的，消费者对"真棒"产品的冷淡反应显然出乎伊利的意料，而终端的反映更多是"真棒"难卖。在此之前，虽然伊利冰品营销系统已经拿出了军令状似的层层考核机制，销售不景气的几个区域也更换了大区经理和城市经理，但销量仍未见有大的起色，营销队伍承受着巨大的压力，而此时1亿多元的促销和广告费用已接近告罄，本次新品营销遭遇"滑铁卢"。

（资料来源：王慧彦等《市场营销案例新编》，清华大学出版社2004年版）

学习任务

任务一　评价市场营销的社会作用

市场营销是涉及千家万户的经济活动。市场营销活动具有以下社会作用：

第一，产品的地点效用。即沟通产、销两地，使消费者能在适当的地方买到适当的商品。

第二，产品的时间效用。即沟通生产者与消费者时间上的差异，使新产品能尽快地被消费者认知，使消费者能及时地买到适当的产品。

第三，产品的占有效用。即市场营销使商品从所有者手中过渡到消费者手中。

第四，产品的形式效用。即制造商通过销售商提供的"地点效用""时间效用"和"占有效用"的市场信息，了解消费者对产品的功能及外形等需求，按照其需求生产适销对路的产品。

市场营销的社会作用说明，市场营销是联结社会需要与企业反应的中间环节，是企业用以把消费者需要的市场机会变成企业赢利机会的基本方法。但是，企业发挥市场营销的作用如何，与企业自主权和经济责任大小密切相关，也同生产与营销体制的紧密程度密切相关。

任务二 评价市场营销在企业管理中的作用

在现代企业管理中，营销职能是处于核心位置的管理职能。

第一，企业经营的主要任务是吸引、保持和扩大顾客。如果企业不能赢得更多的顾客，企业就失去了存在的价值和意义。市场营销的基本任务就是在动态的管理过程中（市场调查—市场定位—生产—销售—目标顾客），以优质的产品、合理的价格、全方位的服务，实现顾客满意的利益和需求。

第二，企业管理是一个复杂的系统工程。要实现顾客需求的高度满意，必须有职能部门的通力合作和协调配合，然而这种配合协作应以营销管理为中心，脱离了营销宗旨和任务的生产管理、财务管理和人力资源管理，无论其管理效益多高，也没有实际意义。

第三，企业经营管理的基本任务是认识和研究目标市场的顾客需求，在此基础上将企业各种资源优化组合，提供能充分满足顾客欲望和需求的产品或服务。市场营销正是具有实现市场需求与企业经营有效连接的基本功能。与其相比，生产管理、人力资源管理均属于辅助职能，必须围绕着提高市场管理能力发挥辅助功能。

第四，市场营销管理实质上是顾客需求管理，是企业由内至外、内外结合的管理。企业能否赢得顾客，是衡量企业绩效和竞争地位的首要标准，失去了顾客便失去了企业的生命力。相对营销管理而言，生产管理、财务管理、人事管理均属于企业内部各种要素的职能管理，它们必须服务于营销管理这个中心，否则，便失去了管理的实际意义。

任务三 理解市场营销的重要性

市场营销的重要性主要体现在以下方面：

一、市场营销在促进经济总量增长方面发挥着重要作用

在市场经济条件下，经济总量的增长取决于能满足人们日益增长的物质文化

需要的社会有效供给，亦即能为市场接受的价值生产的总增长。市场营销以满足消费者需求为中心强调不断开拓新的市场，为生产者、经营者提供不断向新的价值生产领域拓展和产品价值实现的手段，有效地促进了经济发展。

二、市场营销能促进企业的发展，提高企业市场竞争力

企业是现代市场经济社会的细胞。企业的效益和成长是国民经济发展的基础。市场营销对经济发展的贡献，主要表现在其解决企业发展中的基本问题上。价值交换是企业生存和发展的基础。企业必须按社会的某种需要创造价值（产品或服务），并通过交换过程实现其价值。市场营销学以满足需要为宗旨，引导企业树立正确的营销观念，面向市场组织生产过程和流通过程，不断从根本上解决企业发展中的关键问题。在市场经济条件下，企业不再是国家大工厂的生产车间，而是自主经营、自负盈亏的法人实体。富有竞争性的市场，迫使企业接受市场检验。学习和运用市场营销原理，了解消费需求，分析市场环境，制定和实施有效的营销组合策略，必将极大地提高企业营销素质，改善经营管理，增强应变与竞争能力。

三、市场营销有利于进一步开拓国际市场

社会主义市场经济是开放性的经济，坚持对外开放，扩大国际贸易与国际经济技术合作，是加快社会主义建设、逐步缩小同发达国家经济差距的一条重要途径。国际市场情况复杂，需求多变，竞争激烈。只有学习市场营销学，掌握营销理论和技巧，认真开展市场调研，了解目标市场，制定相应的国际营销策略，才能更有成效地开拓国际市场，从而更好地发展我国的对外贸易。

四、市场营销有利于更好地满足社会需要，解决产品市场实现问题

生产、经营的最终目的是满足人们日益增长的物质和文化生活的需要。市场营销强调以消费者的需求和利益为中心，按市场需求组织产品的生产和供应，这将导致资源配置优化，生产效率提高，能更好地满足消费者的现实需要与潜在需要。社会再生产过程是生产过程与流通过程的统一，直接生产的两者需要交换，都离不开市场，都需要有效的营销活动来研究及应用营销理论、策略和方法，才能加速产品由商品形态向货币形态转化，由可能产品向现实产品转化，从而促进解决市场实现问题。

拓展任务

从以下方面分析"肯德基"成功的原因。

（1）营销业绩（销售金额、利润额、销售网点）。

(2) 市场占有率、经营特色（市场竞争能力）。

(3) 品牌知晓度、知名度和美誉度（消费者认可、偏好）。

从"肯德基"在中国的成功谈市场营销的重要性

肯德基公司隶属于世界上最大的餐饮集团系统——百胜全球餐饮集团（世界企业500强），集团内拥有包括世界著名的肯德基、必胜客、Taco Bell 三个品牌，目前在全球拥有总数超过35000家的连锁餐厅。

中国市场是百胜全球餐饮集团全球战略中发展最快并最具发展潜力的市场之一。中国百胜餐饮集团为百胜全球餐饮集团下属的国际公司在中国成立的协作发展总部。肯德基自1987年在北京前门开了中国第一家餐厅后，已在北京、上海、杭州、青岛、南京、广州、苏州、无锡、天津、福州、沈阳、西安、成都、武汉、深圳、哈尔滨等地成立了20多个有限公司。至今在中国111个城市已拥有440家连锁店。肯德基在中国现共有25500名员工在努力工作，餐厅员工已100%本地化，居中国快餐业之首。肯德基之所以会如此成功，主要还是取决于它在中国市场的营销策略。

市场营销观念是以企业的目标、顾客的需要为中心，客观上要求企业集中营销资源调查研究和了解企业的目标、顾客的需求，合理安排营销组合策略，实现企业的任务和目标。企业应该首先确定自己的目标市场、了解市场走向、了解顾客的需求和愿望，应能在满足客户需要的产品供应方面比竞争对手有更高的效能和效率，市场需要什么就卖什么。企业围绕营销转，营销围绕市场转。企业的一切工作都要围绕着客户转。彼德·德鲁克说："市场营销的目的，在于使推销成为不必要。"

市场营销是企业经营的核心，但必须得到企业中其他部门的支持与协助。企业是由各职能体系组成的有机体，为了实现企业长期的生存和发展，在做好营销工作的基础上，必须协调好企业内部的各种关系，使之为营销服务，使之更好地适应外部环境的变化和市场的需求。企业中的每个职能部门和每个员工都必须树立市场主导、消费者主导的经营理念，立足于消费者权益，使顾客的满足和企业的利益得以协调、并存。全体员工都必须有营销理念，并把此理念应用到实际工作中，生产出能使顾客需求得到满足的适销对路的产品，做好企业市场营销部门的坚强后盾。

综上所述，市场营销活动在一个企业的经营中起着核心、主导的作用，对一个企业的兴衰至关重要，是企业能否发展壮大的关键所在。市场营销理念的建立必将给企业长期、健康的发展提供可靠保证。

（资料来源：http://www.rutong.com.cn，http://www.zhuoda.org/suncity）

项目三　掌握市场营销的基本理论

任务引入

TCL 的营销管理哲学

1998 年，TCL 集团以其总资产 58 亿元，销售额 108 亿元，实现利润 8.2 亿元的业绩，在全国电子行业排行榜上跃居前五名。回顾 17 年前由 5000 元财政贷款起家的成长历程，这个地方国有企业集团的高层决策者体会到建立并贯彻一套适应市场经济需求的经营理念，是公司生存和发展的关键。

TCL 的经营理念包括两个核心观念和 4 个支持性观念。

两个核心观念是：

（1）为顾客创造价值的观念。他们认为，顾客（消费者）就是市场，只有为顾客创造价值赢得顾客的信赖和拥戴，企业才有生存和发展的空间。为此，公司明确提出"为顾客创造价值，为员工创造机会，为社会创造效益"的宗旨，将顾客利益摆在首位。每上一个项目，都要求准确把握消费者需求特征及其变化趋势，紧紧抓住 4 个环节：不断推出适合顾客需要的新款式产品；严格为顾客把好每个部件、每种产品的质量关；建立覆盖全国市场的销售服务网络，为顾客提供产品终身保修的服务；坚持薄利多销，让利于消费者。

（2）不断变革、创新的观念。他们认为，市场永远在变化，市场面前人人平等，唯有不断变革经营、创新管理、革新技术的企业，才能在竞争中发展壮大。为此，他们根据市场发展变化不断调整企业的发展战略和产品质量与服务标准，改革经营体制，提高管理水平。

在具体的营销管理工作中，集团重点培育和贯彻了 4 个支持性观念：

（1）品牌形象观念。将品牌视为企业的形象和旗帜，对消费者服务和质量的象征。花大力气创品牌、保品牌，不断使品牌资产增值。

（2）先进质量观念。以追求世界先进水平为目标，实施产品、工艺、技术和管理高水平综合的全面质量管理，保证消费者利益。

（3）捕捉商机贵在神速的观念。他们认为，挑战在市场，商机也在市场，谁及时发现并迅速捕捉到商机，谁比竞争对手更好地满足消费者需要，谁就拥有发展的先机。

（4）低成本扩张观念。他们认为，在现阶段，我国家电领域生产能力严重过剩，有条件实行兼并的情况下，企业应以低成本兼并，扩大规模，为薄利多销奠定坚实基础。1996年，TCL以1.5亿港元兼并香港陆氏集团彩电项目；以6000万元人民币与美乐电子公司实现强强联合。仅此两项，就获得了需投资6亿元才能实现的200万台彩电的生产能力，年新增利润近2亿元。

（资料来源：http：// wenku. baidu. com）

学习任务

任务一 比较不同的营销观念

一、生产观念

生产观念是指导企业营销活动最古老的观念。曾经是美国汽车大王的亨利·福特，为了增加T型车的生产，采取流水线的作业方式，以扩大市场占有率，至于消费者对汽车款式颜色等主观偏好，他全然不顾，车的颜色一律是黑色。这就形成了企业只关心生产而不关心市场的营销观念。我国卷烟市场在20世纪80年代初期也曾出现过不尊重消费者偏好，强行搭配出售产品的情况，这也是一种只顾卖产品、不顾消费者需求的生产观念。

二、产品观念

产品观念认为，产品销售情况不好是因为产品不好，消费者喜欢质量优、性能好和有特色的产品。只要企业致力于制造出好的产品，就不愁挣不到钱。"酒香不怕巷子深"是这种观念的形象说明。企业总是在生产更好的产品上下功夫，却常出现顾客"不识货"、不买账的情况。由于这个原因导致企业失败，就是因为这种生产观念仍是从自我出发，孤芳自赏，使产品改良和创新处于"闭门造车"状态。

三、推销观念

由生产观念、产品观念转变为推销观念，是企业经营指导思想上的一大变化，但这种变化没有摆脱"以生产为中心""以产定销"的范畴。前者强调生产产品，后者强调推销产品，所不同的是，生产观念是等顾客上门，而推销观念是加强对产品的宣传。

四、市场观念

这是买方市场条件下以消费者为中心的营销观念。这种观念认为：实现企业目标的关键是切实掌握目标消费者的需要和愿望，并以消费者需求为中心集中企业的一切资源和力量，设计、生产适销对路的产品，安排适当的市场营销组合，采取比竞争者更有效的策略，满足消费者的需求，取得利润。

营销观念与推销观念的根本不同是：推销观念以现有产品（即卖主）为中心，以推销和销售促进为手段，刺激销售，从而达到扩大销售、取得利润的目的。营销观念是以企业的目标顾客（即买主）及其需要为中心，并且以集中企业的一切资源和力量、适当安排市场营销组合为手段，从而达到满足目标顾客的需要、扩大销售、实现企业目标的目的。

五、社会观念

社会观念认为，单纯的市场营销观念提高了人们对需求满足的期望和敏感，导致了满足当前消费需要与长远的社会福利之间的矛盾，导致产品过早陈旧，环境污染更加严重，也损害和浪费了一部分物质资源。正是在这种背景下，人们又提出了社会营销观念。

这种经营思想是对市场营销观念的重要补充和完善。基本内容是：企业提供产品不仅要符合消费者的需要与欲望，而且要符合消费者和社会的长远利益。企业要关心与增进社会福利。强调要将企业利润、消费者需要、社会利益三个方面统一起来。

任务二　熟悉现代市场营销理论

一、麦卡锡的 4P 理论

4P 是随着营销组合理论的提出而出现的。1953 年，尼尔·鲍顿（Neil Borden）在美国市场营销学会就职演说中创造了"市场营销组合"（Marketing Mix）这一术语，其意是指市场需求或多或少地在某种程度上受到所谓"营销变量"或"营销要素"的影响，为了寻求一定的市场反应，企业要对这些要素进行有效的组合，从而满足市场需求，获得最大利润。

尤金·麦卡锡（Eugene McCarthy）于 1960 年在其《基础营销》（Basic Marketing）一书中将这些要素一般地概括为 4 类：产品（Product）、价格（Price）、渠道（Place）、促销（Promotion），即著名的 4P。1967 年，菲利普·科特勒在其畅销书《营销管理：分析、规划与控制》第一版进一步确认了以 4P 为核心的营销组合方法。

4P 的提出奠定了营销管理的基础理论框架，该理论以单个企业作为分析单位，认为影响企业营销活动效果的因素有两种：一种是企业无法控制的，如政治、法律、经济、人文、地理等环境因素，称为不可控因素，这也是企业所面临的外部环境；一种是企业可以控制的，如生产、定价、分销、促销等营销因素，称为可控因素。企业营销活动的实质是一个利用内部可控因素适应外部环境的过程,即通过对产品、价格、分销、促销的计划和实施,对外部不可控因素作出积极动态的反应,从而促成交易的实现和满足个人与组织的目标,用科特勒的话说就是"如果公司生产出适当的产品,定出适当的价格,利用适当的分销渠道,并辅之以适当的促销活动,那么该公司就会获得成功"。所以,市场营销活动的核心就在于制定并实施有效的市场营销组合。

二、服务营销的 7P 理论

在 20 世纪 70 年代,服务业迅速发展。服务营销与传统的 4P 产品营销有所不同,为了弥补这一理论上的缺陷,布姆斯和比特纳于 1981 年在原来 4P 的基础上增加了 3 个"服务性的 P":参与者(Participant,有的学者也称之为人——People,即作为服务提供者的员工和参与到服务过程中的顾客),物质环境(Physical Evidence,服务组织的环境及所有用于服务生产过程及与顾客沟通过程的有形物质),过程(Process,构成服务生产的程序机制、活动流程和与顾客之间的相互作用与接触沟通),从而形成了服务营销的 7P。

与此相对应,格隆鲁斯也主张服务营销不仅需要传统的 4P 外部营销,还要加上内部市场营销和交互作用的营销。他认为,外部营销是指公司为顾客准备的服务、定价分销和促销等常规工作。内部营销是指服务公司必须对直接接待顾客的人员及所有辅助人员进行培训和激励,使其通力合作,以便使顾客感到满意。每个员工必须实行顾客导向,否则便不可能提高服务水平并一贯坚持下去。交互作用的营销是指雇员在与顾客打交道时的技能。服务质量与服务供应者密不可分。顾客评价服务质量,不仅依据其技术质量,而且也依据其职能质量。特别是顾客在购买服务之前,他们更多的是通过价格、人员和物质设施等来判断其服务质量。

三、罗伯特·劳特朋的 4C 理论

20 世纪 90 年代以来,美国营销专家罗伯特·劳特朋(Robert Lauterborn)提出了 4C 理论,取代了传统 4P 理论,营销的思考重心从"消费者请注意"转向"请注意消费者"。其主要内容如下:

(1) 消费者的需求和欲求(Consumer Wants and Needs)。忘掉产品,先把产品搁在一边,不要再卖你所能制造的产品,而要卖消费者确实想要的产品。

(2) 成本(Cost)。忘掉定价,着重了解消费者满足其需求所需付出的成本。以往企业对产品的定价思维模式是"成本+适当利润=适当价格",新的定价思维是"消费者所能接受的价格-适当的利润=成本上限"。

(3) 便利(Convenience)。忘掉分销渠道,考虑如何给消费者方便,以方便他们购得商品。

(4) 沟通(Communication)。忘掉促销,考虑如何与消费者进行双向沟通。

4P 和 4C 的区别见图 1-1。

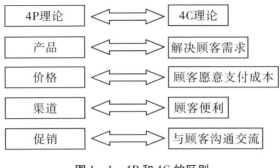

图 1-1 4P 和 4C 的区别

四、关系营销的 4R 理论

（一）关联（Relevancy）

关联，即认为企业与顾客是一个命运共同体，在经济利益上是相关的、联系在一起的，建立保持并发展与顾客之间的长期关系是企业经营中的核心理念和最重要的内容。因此，企业应当同顾客在平等的基础上建立互惠互利的伙伴关系，保持与顾客的密切联系，认真听取他们提出的各种建议，关心他们的命运，了解他们存在的问题和面临的机会，通过提高顾客在购买和消费中的产品价值、服务价值、人员价值及形象价值，降低顾客的货币成本、时间成本、精力成本及体力成本，从而更大程度地满足顾客的价值需求，让顾客在购买和消费中得到更多的享受和满意。特别是企业对企业的营销与消费市场营销完全不同，更需要靠关联、关系来维系。

（二）反应（Respond）

在今天相互影响的市场中，对经营者来说最现实的问题不在于如何控制、制订和实施计划，而在于如何站在顾客的角度及时地倾听顾客的希望、渴望和需求，并及时答复和迅速做出反应，以满足顾客的需求。当代先进企业已从过去的推测性商业模式转变成高度回应需求的商业模式。面对迅速变化的市场，要满足顾客的需求，建立关联、关系，企业必须建立快速反应机制，提高反应速度和回应力。

（三）关系（Relation）

在企业与客户的关系发生了本质性变化的市场环境中，抢占市场的关键已转变为与顾客建立长期而稳固的关系，与此相适应产生五个转向：从一次交易转向强调建立友好合作关系，长期地拥有用户；从着眼于短期利益转向重视长期利益；从顾客被动适应企业单一销售转向顾客主动参与到生产过程中来；从相互的利益冲突变成共同的和谐发展；从管理营销组合转向管理企业与顾客的互动关系。同时，因为任何一个企业都不可能独自提供运营过程中所必需的资源，所以企业必须和与经营相关的成员建立起适当的合作伙伴关系，形成一张网络（这是企业经营过程中除了物质资本和人力资本以外的另一种不可或缺的资本——社会资本），充分利用网络资源，挖掘组织间的生产潜力，在各自不同的核心竞争优势的基础之上进行分工与合作，共同开发产品、开拓市场、分担风险、提高竞争优势，更好地为消费者和社会服务。

（四）回报（Return）

任何交易与合作关系的巩固和发展，对于双方主体而言，都是一个经济利益问题，因此，一定合理的回报既是正确处理营销活动中各种矛盾的出发点，也是营销的落脚点。对企业来说，市场营销的真正价值在于其为企业带来短期或长期的收入和利润的能力。一方面，追求回报是营销发展的动力；另一方面，回报是企业从事营销活动、满足顾客价值需求和其他相关主体利益要求的必然结果。企业要满足客户需求，为客户提供价值，顾客必然予以货币、信任、支持、赞誉、忠诚与合作等物质和精神的回报，而最终又必然会归结到企业利润上。

综上所述，关系营销的 4R 理论以竞争为导向，在新的哲学层次上概括了营销的新框架。以 4P 为核心的营销管理理论强调从企业的角度出发，如何通过对内部可控营销因素的有效组合，适应外部经营环境，来满足顾客的需求，从而实现企业的赢利目标；4R 将企业的营销活动提高到宏观和社会层面来考虑，更进一步提出企业是整个社会大系统中不可分割的一部分，企业与顾客及其他的利益相关者之间是一种互相依存、互相支持、互惠互利的互动双赢关系，企业的营销活动应该是以人类生活水平的提高、以整个社会的发展和进步为目的，企业利润的获得只是结果而不是目的，更不是唯一目的，因此，该理论提出企业与顾客及其他利益相关者应建立起事业和命运共同体，建立、巩固和发展长期的合作协调关系，强调关系管理而不是市场交易。

任务三　应用营销组合策略

一、产品策略

产品策略包括产品发展、产品计划、产品设计、交货期等决策的内容。其影响因素包括产品的特性、质量、外观、附件、品牌、商标、包装、担保、服务等。

二、价格策略

价格策略包括确定定价目标、制定产品价格原则与技巧等内容。其影响因素包括付款方式、信用条件、基本价格、折扣、批发价、零售价等。

三、促销策略

促销策略是指主要研究如何促进顾客购买商品以实现扩大销售的策略。其影响因素包括广告、人员推销、宣传、营业推广、公共关系等。

四、渠道策略

渠道策略是指主要研究使商品顺利到达消费者手中的途径和方式等方面的策略。其影响因素包括分销渠道、区域分布、中间商类型、运输方式、存储条件等。

上述4个方面的策略组合起来统称为市场营销组合策略。市场营销组合策略的基本思想在于：从制定产品策略入手，同时制定价格、促销及渠道策略，组合成策略总体，以便达到以合适的商品、合适的价格、合适的促销方式，把产品送到合适的地点的目的。企业经营的成败，在很大程度上取决于这些组合策略的选择和它们的综合运用效果。

项目四　培养市场营销人员应具备的素质

任务引入

中国顾客满意度调查　招行问鼎行业之首
——解密招商银行"顾客满意度第一"背后的力量

招行作为国内银行业服务标杆之一,通过不断完善客户分层服务体系,加强服务创新,客户满意度一直领先于同行。多年来,招行秉持"因您而变"的理念,从客户需求出发,不断变革和发展,在服务方式、服务团队、金融产品、渠道体系和内部管理等多方面构建了服务体系化的竞争优势,树立了行业优质服务的良好口碑。

1. 坚持贴近市场,不断革新服务方式

招行将优质服务作为安身立命之本,多年来,率先在国内银行业开展了关键性的服务改进。当中国银行业还普遍处于"门难进、脸难看、事难办"的情况时,招行在营业网点摆放了鲜花、牛奶,实施了站立服务、微笑服务和上门服务。

近年来,招行顺应客户理财需求的变化,大力发展财富管理,建立了完整、领先的财富管理体系,致力于为客户提供最优质的理财服务,打造中国最好的财富管理银行。

2. 持续打造专业、高素质的服务团队

专业化的服务能力已经成为决定银行服务竞争力的重要因素。为提升专业化水平,招行不断完善业务管理体系,推行前、中、后台相分离,打造了一支数量充足、综合素质高、专业能力强的专业团队。

招行私人银行为客户提供了顾问式的服务,是目前国内私人银行中在顾问服务体系上最为完善的银行。招行在私人银行工作方法、产品体系、管理运营等方面的工作获得了同业、客户、市场的一致肯定。

3. 围绕客户需求,持续创新金融产品

招行构建了包括财富管理、零售贷款、信用卡、私人银行、电子银行在内的种类丰富、同业领先的零售银行产品体系。其中,"一卡通""一网通""金葵花理财"、信用卡和私人银行等产品和品牌,均在业内具有广泛的影响力。

4. 构建了全方位、立体化、高效率的渠道体系，挖掘服务潜能

招行紧紧抓住互联网兴起的机遇，率先在国内大力发展电子银行，通过"水泥＋鼠标＋拇指"的模式，走出了一条差异化的渠道建设道路，构建了包含物理网点、网上银行、电话银行、自助银行、手机银行、"i 理财"在内的全方位、立体化、高效率的渠道体系，网点渠道效率和网均产能都大幅领先同业。2012 年，网银专业版有效客户突破 1000 万大关，发展速度在同业中首屈一指。零售电子银行非现金业务替代率超过 90%，遥遥领先同业。此外，远程客户服务渠道屡获殊荣，连续 8 年荣获"中国最佳呼叫中心"，并获得"亚太最佳呼叫中心""全球最佳呼叫中心"等荣誉称号。

5. 向国际化管理迈进，大力提升服务形象

据了解，"中国顾客满意度调查"是由国家质检总局下属的中国标准化研究院顾客满意度测评中心和清华大学联合发起，是目前业界公认的权威调查之一。此次"中国顾客满意度测评"面向全国 31 个省（区、市）的 200 个城市，完成调查样本 6.6 万余个，通过"中国顾客满意指数模型"从品牌形象、预期质量、感知质量、感知价值、顾客满意度和顾客忠诚度等 6 个结构变量展开分析测评，真实反映了当前市场上消费者的认可情况。

（资料来源：东方财富网）

学习任务

任务一　掌握营销观念

营销观念是企业对顾客需求及消费者利益、企业整体实力与利润目标以及社会系统利益 3 个要素的学习认知，是营销主体对这 3 个要素在特定环境下动态作用及联系所持有的观点和态度。其意义在于指导企业如何处理与顾客、社会多个利益主体之间的关系，它贯穿于整个营销活动的始终。营销观念的产生与发展是与市场状况、市场供需关系演变连在一起的。是什么导致了营销观念动态发展？分析研究营销观念演变的原因及遵循的规律是企业必须明确的内容。

任务二　了解顾客让渡价值和顾客满意的概念

顾客让渡价值＝顾客总价值－顾客总成本

顾客总价值是指顾客购买某一产品或服务所期望获得的一组利益，它包括产品价值、服务价值、人员价值和形象价值等。顾客总成本是指顾客为购买某一产品所耗费的时间、精神、体力以及所支付的货币资金等。由于顾客在购买产品时

总希望把有关成本包括货币资金、时间、精神和体力等降到最低限度，而同时又希望从中获得更多的实际利益，以使自己的需要得到最大限度的满足，因此，顾客在选购产品时，往往从价值与成本两个方面进行比较分析，从中选择出价值最高、成本最低，即"顾客让渡价值"最大的产品作为优先选购的对象。企业为在竞争中战胜对手，吸引更多的潜在顾客，就必须向顾客提供比竞争对手具有更多"顾客让渡价值"的产品，这样，才能使自己的产品为消费者所注意，进而购买本企业的产品。为此，企业可从两个方面改进自己的工作：一是通过改进产品、服务、人员与形象提高产品的总价值；二是通过降低生产与销售成本，减少顾客购买产品的时间、精神与体力的耗费，从而降低货币与非货币成本。

所谓顾客满意，是指一个人对一种产品或服务感知到的效果或效能（绩效）与他的期望值比较后，所形成的愉悦或失望的感觉状态（满意度）。

顾客感受的绩效＜期望，不满意。

顾客感受的绩效＝期望，基本满意。

顾客感受的绩效＞期望，高度满意。

任务三　培养良好的营销道德

营销道德是用来判定市场营销活动正确与否的道德标准，即判断企业营销活动是否符合消费者及社会的利益，能否给广大消费者及社会带来最大幸福。市场营销道德是市场经济的伴生物。在市场经济条件下，现代企业在开展营销活动中必须讲求营销道德，实施诚信营销。企业的营销行为是否合乎道德标准，历来是营销学界有争议的研究课题。

遵循营销道德的营销行为，使营销人员个人、企业和顾客利益保持一致，从而有利于企业的经济效益和社会效益。违背营销道德的营销行为，使企业的利益与顾客的利益相悖，虽使企业一时受益，但不利于企业的长远发展，更有损社会公众的利益。因此，使营销行为沿着营销道德的轨道进行，对企业和社会双方都是大有裨益的。

市场营销活动通过市场营销调研了解现实和潜在顾客的需求，发现市场营销机会，然后选择目标市场，针对目标市场需求特点，制定市场营销组合策略。因此，在营销活动的每个环节都存在着营销道德问题。

任务四　培养营销人员的素质

（1）要有良好的思想道德素质。业务员要经常携带很多的货款，有的是现金或是汇票，如思想不端正，则会给公司带来不必要的损失。

(2) 要有扎实的市场营销知识。业务员不仅仅是要做好自己的业务，而且要站到一定的高度去考虑自己的市场如何才能良性运作，只有这样，销售的速度才会最快、成本才会最低。这也可为自己将来升为业务经理打下坚实的基础。

(3) 有吃苦耐劳的精神。作为一名业务员，只有吃别人不能吃的苦，才能赚别人不能赚的钱，每天走访2个客户和5个客户的效果是截然不同的。

(4) 要有良好的口才。要说服客户购买自己的产品，除了凭借有竞争力的产品质量和价格外，还要靠业务员的"嘴"。业务员要让自己的语言既有艺术性又有逻辑性。

(5) 要有良好的心理承受能力。

(6) 要有坚定的自信心，永不言败。

(7) 要有创新精神。做好一名合格的业务员一定要打开自己的思路，利用自己独特的方法去开辟一片市场。

拓展任务

(1) 通过走访、社会实践，结合资料总结营销人员应具备的素质。

(2) 上网搜集有关营销人员必备的品质与技能方面的资料。

奥运：道德营销——基业长青之关键

伦敦奥运会金牌争夺如火如荼，但羽毛球赛场女双"消极比赛"事件持续发酵，焦点落在道德争议：为了长远的胜利而故意输掉眼前的比赛，这种做法能否被接受？

当事件的讨论扩大到商业范畴，《企业不败》一书作者柯林斯和波拉斯明确指出，单纯将企业目标定义在"最大限度地增加股东财富"或"谋取最大利润"只会得不偿失，唯有执行"道德型营销战略"才能使公司在追求理想的同时又获得最大化利润。

1. 战略还是罪恶？

消极比赛从而为夺取更大胜利创造有利条件，这是长期以来困扰足球等大型体育赛事的一种诱惑。然而，当体坛对"战略还是罪恶"的讨论仍在"硝烟弥漫"之际，商界对于企业发展与道德之间的权衡似乎早已了然于胸。

而知名企业的基业长青的关键在于，商业道德常常被摆在首位。比如索尼公司一直坚持"体验发展最优的产品和服务，贡献人类社会"的理念，联想集团的"服务社会文明进步，使人们的生活和工作更加丰富多彩"口号，无不揭示了其重要性。

2. 道德营销战略

所谓道德营销战略，是指企业在营销活动中，处处遵循较高的道德标准，并把道德作为自己的价值传递给消费者。消费心理学指出,时代的发展使得消费者的需求层次也在发生变化。如今,消费者的需求不仅仅是过往的重"质"和"量",还需要"情感",因而消费者在消费时既希望有个性、有品位,又希望能迎合潮流趋势。

3. 道德与战略的博弈

在企业的经营过程中,不要过分地依赖或过分地吹嘘企业的商业道德行为,这样非但无助于企业利润目标的达成,还会损害企业经营基础和发展前景,因为诚信基础已被破坏殆尽。

因此,懂得道德与战略的终极博弈,才能掌握全局,从而战无不胜。

(资料来源:网易·体育频道)

项目五　市场营销基本能力训练

任务引入

老吴的生意经

在江阴长盛戴斯国际酒店的一间客房里，旅客李先生正悠闲地躺在床上看着电视。这时甘肃某机床厂的销售人员老吴在服务员的带领下也来到了该房间。只见他将行李安顿好，便从行李中拿出了茶具，沏了一杯茶。然后，老吴面带微笑地打量起李先生，问道："请问您是什么时候来的？""中午。""这家酒店的服务质量怎么样？""还不错。"在听完对方的回答后，老吴继续问："听您的口音，先生不是江南人？""河南郑州人。"李先生礼貌地回答道。一听李先生的回答，老吴马上兴奋地重复道："郑州可是个好地方啊，古迹很多。去年我去了一趟，那里的景点果然名不虚传，可惜只待了半天，还有很多地方没有去啊！"老吴边说边注意着李先生的反应。听了老吴的这番话，李先生马上来了兴趣，他主动向老吴介绍起家乡的风光特产与人文环境。短短的交谈使老吴和李先生奇迹般成了朋友，并互赠了名片，共进了晚餐。后来，老吴又通过李先生很快谈成了一笔机床生意。

（资料来源：网络资料改编）

学习任务

任务一　培养口头表达能力

一、关于口头表达

口头表达能力是指用口头语言来表达自己的思想、情感，以达到与人交流的目的的一种能力。在日常交往中，人们更多的是使用口头语言，所以，口头语言表达比书面语言表达起着更直接、更广泛的交际作用。现代社会的发展，对人的口头表达能力提出了越来越高的要求。

口头表达的基本要素是语音，包括语气、语调、音量、音长、语速等要素。例如语气词"啊"，如果我们赋予它不同的情感、不同的音量、不同的音长、不同的语调、不同的语速，它所表达的就可能是不同的意思。

二、关于口头表达的要求

口头表达要求表达者能够做到:

(1) 清楚。口头表达一定要清楚,要让别人知道你说的是什么。当然,有时可以说得幽默一点,可以加入生活题材的玩笑,但最终还是要让人知道重点在哪,切忌扯得太远而忘了本意,要说得清楚,让人听得懂。

(2) 流畅。流畅就是指说话时不要总是带有口头禅,要完整流利地将语句说出来。在日常生活或正式报告中,有些人喜欢用"这个、这个"或"那个、那个"或"然后……然后……",这些都是要尽量避免的。在句子中加入太多的连接词或语气助词,往往会使语句的流畅性降低。

(3) 响亮。话是说给别人听的,要让人听得清楚,就要说得响亮,隐私或悄悄话,可以说小声点。响亮代表自信与实力,这在人际交往中相当重要。

三、关于体态语言

(1) 情态语言。情态语言是指人脸上各部位作出动作构成的表情语言,如目光语言、微笑语言等。在人际交往中,目光语言、微笑语言等都能传递大量信息。人的面部表情是人的内心世界的"荧光屏"。人的复杂心理活动无不从面部表情显现出来。眉毛、眼睛、嘴巴、鼻子、舌头和面部肌肉的综合运用,可以向对方传递自己丰富的心理活动。以微笑语言为例,微笑是一种令人愉悦的表情,它可以和有声语言及行动一起互相配合,起到互补作用,在交际中表达深刻的内涵。有魅力的笑能够拨动人的心弦,架起友谊的桥梁。笑与举止应当协调,以姿助笑,以笑促姿,形成完整、统一、和谐的美,使人感受到愉悦、安详、融洽和温暖。

(2) 身势语言。身势语言亦称动作语言,指人们身体的部位作出表现某种具体含义的动作符号,包括手、肩、臂、腰、腹、背、腿、足等的动作。人的动作与姿态是人的思想感情和文化教养的外在体现。在人际交往中,最常用且较为典型的身势语言为手势语和姿态语。手势语是通过手和手指活动来传递信息,能直观地表现人们的心理状态,它包括握手、招手、摇手、挥手和手指动作等。手势语可以表达友好、祝贺、欢迎、惜别、不同意、为难等多种语义。比较而言,握手是人际交往中用得最频繁的手势语。姿态语是指通过坐、立等姿势的变化表达语言信息的"体语"。姿态语可表达自信、乐观、豁达、庄重、矜持、积极向上、感兴趣、尊敬等或与其相反的语义。

(3) 空间语言。空间语言是一种空间范围圈,指的是社会场合中人与人身体之间所保持的距离间隔。空间距离是无声的,但它对人际交往具有潜在的影响和作用,有时甚至决定着人际交往的成败。人们都是用空间语言来表明对他人的态度和与他人的关系的。多数人都能接受的4个空间为亲密空间、个人空间、社交空间、公共空间。

任务二　培养书面表达能力

一、关于书面表达

书面表达是指由字和意结合而成，以写和读为传播方式的语言，是口头语言的文字符号形式。相对于生活化的口头表达而言，书面表达显得更加正式，也更严谨。

书面表达也可以使所要表达的意思更清晰、更有条理，最方便的一点就是大脑所记不住的可以以书面的形式记录下来，如此一来，书面表达便成了人们将难以记住的东西记下来的方式了。

二、与市场营销活动相关的书面表达类型

（1）市场营销案例分析。市场营销案例分析就是根据市场营销的案例，分析其中所包含的市场营销技巧、专业知识等，具体包括案例中所包含的市场营销专业知识，以及企业所应该学习的方法或吸取的教训等。分析市场营销案例可采用以下步骤：首先，粗略地通读一遍案例；其次，解读问题，即看懂附在案例后的问题，如没有附问题，则要看懂案例的主要观点及成功（或失败）之处；再次，带着问题详细阅读案例；最后，分析案例，结合所学理论知识及案例的内容解答问题。

（2）市场营销工作计划。市场营销工作计划是在开展市场营销实践活动之前拟定的指导实践活动（工作）的书面文章。市场营销工作计划中应包括活动（工作）的名称、开展活动的目的、意义、活动所要达到的结果、参与活动的人员及分工，以及完成活动的时间、步骤和措施等。

（3）市场营销工作总结。市场营销工作总结是在市场营销实践活动结束之后对活动（工作）完成情况进行分析评价、检查的书面文章。市场营销工作总结包括4个方面：

第一，工作的基本情况。即对工作情况的概述和叙述，包括对工作的主客观条件、有利条件和不利条件，以及工作的环境和基础等方面的分析。

第二，工作中所取得的成绩和存在的缺点。此为总结的中心和重点。如成绩如何，表现在哪几个方面，是怎样取得的；缺点有多少，表现在哪些方面，性质如何，是怎样产生的。

第三，经验与教训。通过对成绩和缺点的分析，可以得出经验与教训；对这些经验和教训进行分析、研究和概括，并上升到理论的高度来加以认识，以供今后的工作借鉴。

第四，存在的问题和今后的意见。要指出还存在的尚未解决的问题，并提出

解决方法和改进意见。

（4）市场营销小论文。市场营销小论文属于议论文的范畴，是对市场营销理论或实践发表自己的观点或看法的书面文章。市场营销小论文的基本写作方法是：①确定论题，也就是所要议论的问题；②利用各种渠道收集与论题相关的资料；③拟定论文提纲，通常结构为提出问题、分析问题、解决问题；④结合所收集的资料和提纲进行写作；⑤对论文进行反复修改。

任务三　培养人际沟通能力

一、关于沟通

沟通（Communication）具有两个方面的含义。首先，沟通是指人与人之间的信息交换和意义的传达。其次，沟通也是人与人之间情感表达和交流的过程。这两层含义构成了沟通的本质特征。

二、关于沟通的重要性

（1）工作需要沟通能力。各行各业，无论是会计、社会工作者、工程师，还是医生、护士、教师、推销员，沟通的技能都非常重要。

（2）社会活动需要沟通能力。人们在生活中每时每刻都离不开实践活动，总不免要与他人沟通。但是，沟通本身也不是非常容易的事。要向他人表达一个意思，但始终说不清楚；要为他人办一件好事，但有可能弄巧成拙；本来想与他人解除原有的隔阂，但可能弄得更僵，所以说，现实的实践活动需要有一定的沟通能力。

（3）身心健康需要沟通能力。与家人沟通，能使你享受天伦之乐；与恋人沟通，能使你品尝到爱情的甜蜜；在孤独时，沟通会使你得到安慰；在忧愁时，沟通会使你得到快乐。英国著名文学家、哲学家培根有句名言："如果你把快乐告诉一个朋友，你将得到两个快乐；而如果你把忧愁向一个朋友倾诉，你将被分掉一半的忧愁。"

三、关于倾听

所谓倾听，并不是指那种运用听觉器官耳朵的听，而是指用自己的眼睛去观察对方的动作和表情，用自己的心为对方的话语作设身处地的构想，以及运用自己的头脑去判断对方话语背后的动机。这种耳到、心到与脑到的听，我们称为倾听或聆听。倾听是了解和把握对方观点和立场的主要手段与途径。作为一名商务人员，应该在商务交往中养成耐心倾听对方说话的习惯，这也是一个商务人员良好个人修养的标志。

四、关于提问

提问是沟通中获得对方信息的一般常用手段。通过提问，除了可以从中获得众多的信息外，还常常能发现对方的需要，知道对方追求什么，这些都对成功沟通有很大的作用。

通过提问，有助于我们收集资料，如："您能不能谈一谈贵方所希望的付款条件？"也可以了解对方的动机与意向，如："哪些因素促使贵方决定参加此项投标的？"通过提问，还可以鼓励对方参与意见讨论，如："您对整个计划的完工日期有什么看法？"此外，还能利用提问确定意见是否趋于一致，如："这次提价幅度的建议与您期望中的幅度有无差距？"

五、关于表达观点

（1）转折法。用辩证的方法先肯定对方的意见有合理的因素，再提出自己的不同意见。比如在讨论怎样做好集体卫生时，有人提出一个小组连着做一个星期，而你觉得不妥，认为还是一个小组做一天好。这时，你不妨这样说："刚才××提出的意见有一定的道理，也是一种方法，但我认为还是一个小组做一天比较好。"接着，你可以具体说明理由。先肯定对方，再提出不同意见，这样显得公正和客观，也容易让人接受。假如硬邦邦地直说，很容易造成紧张气氛，给人家难堪而迫使人家不肯放弃自己的意见。

（2）商量法。尽量用商讨或询问的口吻，不用命令或过于绝对的语气。当你要表达不同意见时，可先用较温和的口吻来说，比如："你的意见是这样，我觉得是不是可以那样？说不定那样会更好呢？你再想想。"或者这样说："我们能不能换一个角度来考虑？你看那样行不行？"先商量，当对方仍坚持己见时，你再用坚定的语气也不迟。商量是尊重人的表现，如果你非常尊重人家，即使人家不想否定自己的意见，不想接受你的意见，也会充分考虑你的意见，并给以相应的尊重。

（3）为难法。即在表达不同意见时，先表现出明显的不好意思和为难情态。当你的意见与对方的意见分歧较大时，在说出来之前，你可表现出犹豫不决或吞吞吐吐的样子，让对方有心理准备，并主动劝你说出来："讲吧，没关系的，有什么不同意见就直说吧。"此时，你就可以直接告诉对方："我们一直合作得很好，我这个人也很直率，你也非常痛快，我就不客气了。"待彼此感情得到沟通后，再说出自己的不同意见。表现出不好意思和为难情态是一种退让，它给对方的是一种宽慰，一种暂时的有利，以便使自己的意见有了基础，最后双方达到心理上的平衡。

（4）析弊法。由对方的观点推导出可能产生的不良后果，在此基础上，再提出自己的意见。你要提出不同意见，肯定是对人家的意见不满意，对方意见的弊端在哪里呢？你得好好思考一番，尽可能多找一些出来，你给对方的意见找的毛病越多，否定起来就越容易，一旦人家的意见被否定了，自己的意见被人接受的把握就大了。不破不立，讲的就是这个道理。分析别人意见的弊端要实事求是，要有理有据，不能无中生有，更不能任意扩大。

（5）借助法。借助他人的观点和做法来替代自己的不同意见。

任务四　培养团队合作能力

一、关于团队合作

（1）团队合作有助于提高团队成员的积极性和效率。由于团队具有目标一致性，从而使队员产生一种整体归属感。正是这种归属感使得每个成员感到在为团队努力的同时也是在为自己实现目标，并且还有其他成员在一起为这个目标而努力，从而激起更强的工作动力，所以对于目标贡献的积极性也就油然而生，使得工作效率比个人单独工作时要高。

（2）团队合作有利于激发团队成员的学习动力，有助于提高团队的整体能力。大部分人都有希望受到他人尊重的欲望，都有不服输的心理，都有精益求精的要求。这些心理因素不知不觉地增强了成员的上进心，使成员都自觉或不自觉地要求进步，力争在团队中做到最好来赢得其他成员的尊重。当没有做到最好时，上述的那些心理因素可促进成员之间的竞争，力争向团队最优秀的成员看齐，以此来实现激励功能。不断的激励有助于提高团队的整体能力。

（3）团队合作有助于完成个人无法独立完成的大项目。现在很多项目都不是一个人在战斗。毕竟人无完人，个人的力量有限，单打独斗难以把全部事情都做尽、做全、做大。多人分工合作，就会有人多力量大的优势，就可以把团队的整体目标分割成许多小目标，然后再分配给团队的成员一起去完成，这样就可以缩短完成大目标的时间，从而提高效率。

（4）团队合作有利于成员产生新颖的创意。从团队的定义出发，团队至少由两个或两个以上的个体组成。"三人行，必有我师"，说的就是每个人都有自己的优缺点，每个人都有自己独创的想法。团队成员组成的多元化有助于产生不同的想法，从而有助于在决策的时候集思广益，得到比较好的方案。

二、如何培养团队合作能力

（1）积极发现成员的优点。在一个团队中，每个成员的优缺点都不尽相同。我们应该积极发现每个成员的优秀品质，并且学习和发扬它，让自己的缺点在团队合作中逐渐得到避免。团队强调的是协作，最好不要有命令和指示，这样团队的工作氛围就会变得轻松和谐，工作就会变得很顺畅，团队整体的工作效率就会

（2）对每个人给予鼓励。每个人都有被人重视的需求，特别是那些辛劳工作的基层员工更是如此。就如保安员、清洁工工作时间长，工作又苦又累，有时给予他们一句小小的鼓励和赞许就可以使他们释放出无限的工作热情。最关键的是，当你对他们给予表扬的同时，他们也同样会给予你希望。

（3）时刻检讨自己的缺点。"金无足赤，人无完人"，我们应时刻检讨自己的缺点，比如自己的工作心态好吗？对待日常的工作是不是有所怠慢？对待客户的沟通工作做得够不够好？能否虚心接受别人对自己的批评？这些缺点在自己看来可能不算什么，但在团队合作中它们会成为你进步成长的障碍。如果你固执己见，无法听取他人的意见，你的工作状态就不可能有进步，甚至会影响到其他成员的工作积极性。团队的效率在于每个成员配合的默契，如果你意识到了自己的缺点，不妨坦诚地承认它，想方设法改掉它，也可以让大家共同帮助你改进。当然，承认自己的缺点可能会让你感到尴尬，但你不必担心别人的嘲笑，你只会得到他们的理解和帮助。

（4）保持足够的谦虚。团队中的任何一位成员都可能是某个领域的专家，所以你必须保持足够的谦虚。任何人都不喜欢骄傲自大的人，骄傲自大的人在团队合作中也不会被大家认可。你可能会觉得在某个方面他人不如你，但你更应该将自己的注意力放在他人的强项上，只有这样，你才能看到自己的肤浅和无知。谦虚能让你看到自己的短处，这种压力会促使自己在团队中不断地进步。

任务五 培养交流汇报能力

一、关于交流与汇报

交流，即将自己的想法、意见传达给别人，并让别人充分理解自己的想法与意见。在市场营销工作中，经常需要大家讨论一些问题，提出各自的见解和看法，以找到解决问题的方法，这就是交流。汇报，就是在公众场合向多人传达自己的知识见解或看法。市场营销人员经常要在会议上发言或面对公众进行产品或项目的宣传，也就是进行汇报。

二、关于讨论

讨论是人们就某事相互表明见解或论证。在市场营销工作中，在制订市场营销计划、市场营销策划方案，交流市场销售经验时，需要大家开展讨论。

三、关于公众发言

公众发言又叫演讲或演说，是指在公众场所，以有声语言为主要手段，以体态语言为辅助手段，针对某个具体问题，鲜明、完整地发表自己的见解和主张，阐明事理或抒发情感，进行宣传鼓动的一种语言交际活动。

四、交流讨论时要注意的问题

（1）畅所欲言。参加讨论的人员要放松思想，开拓思维，从不同角度、不同层次、不同方位考虑问题，提出具有独创性的看法。

（2）不要随意插话。在一个成员发言时，其他成员要保持安静，认真倾听，不插嘴，不随便打断别人的发言，努力掌握别人发言的要点。即使心中有不同意见，也要等别人发言结束后再发表自己的看法。

（3）不对发言者提出批评。参加讨论的每个人都不能对别人的发言提出批评或嘲笑，要尊重发言者。

（4）乐于陈述自己的想法。要善于比较自己和他人观点的差异，并能结合他人的观点修正自己的观点。

（5）态度要认真。要对讨论的题目认真进行思考，不能认为"无所谓""听听别人的就行了"，或认为无须准备，甚至在讨论时离开议题，谈天说地，或默不作声，自己做自己的事。

五、面对公众发言或宣传时要注意的问题

（1）发言稿的准备与使用。事先要根据发言目的精心准备好发言稿，熟悉发言稿的内容，并进行练习，练习的次数越多越好。在现场发言时，最好不用发言稿，如果担心忘记发言内容，可以事先将发言要点写在名片大小的卡片上。现场发言时，将卡片握在手心，当发现有些内容忘记时，可以用眼睛的余光偶尔看一眼卡片，不过不要一直埋头读卡片。如果使用PPT，也可以用PPT代替卡片，但不能始终盯住电脑屏幕而不看听众。

（2）提前到达会场。无论我们对发言准备得有多充分，都应该至少提前半个小时到达会场。到达会场后，我们应熟悉会场的环境，检查与测试会场的电子设备，如话筒、音响、多媒体设备等。当然，如果我们要使用PPT，除了要在发言前对PPT进行运行测试外，还应将相关电子文件备份（如一份存入U盘，一份放在电子邮箱里），以防某一份文件损坏无法使用。

（3）克服紧张情绪。紧张情绪是每个初次在公众面前发言的人都会有的。我们可以采用各种方法来减轻紧张情绪。当然，多次练习及丰富的上台经验都可以消除这种情况。

（4）根据情况选择站立位置。发言者应该站在所有的听众都能看到、听到的地方，同时，发言者的目光应该可以扫射到全场的听众。我们可以根据发言场地和目的的不同选择站在讲台后面，或来回走动，甚至走到听众中间去。如果麦克风放置在讲台上或者灯光只聚集在讲台区域，我们就必须站在讲台后面；如果

我们使用的是无线话筒，那么完全可以来回走动，或走到听众中间去和他们进行现场交流。

（5）选择适当的姿态。走上台的时候步伐要轻捷，面对观众呈站立姿势，抬头挺胸，两手自然下垂。在发言过程中，眼睛慢慢环视会场，切忌只盯住一点或看天花板、地面。

（6）发言应充满激情。要想做一名成功的发言者，我们要把公众发言看作演戏，注意说话的活力与热情，只有这样，才能引起听众的兴趣。我们在整个发言过程中要保持高昂的激情，这些激情会感染听众，使听众与发言者产生共鸣。

（7）中途忘词或说错话。如果中途忘词，不必太在意，除了可以借助卡片提醒外，还可以想想接下来该讲什么，然后就从想起的地方接着往下说，千万不要停下来发愣或者抓耳挠腮，这样反而会提醒听众你忘了词。如果说错了话，不用道歉，可以接下去讲后面的内容或以自问自答的方式来改正自己的错误。

（8）准备的内容不宜过多。如果发言的时间是 30 分钟，那么我们准备的发言量就不能超过 30 分钟，经验丰富后甚至可以只准备 15 分钟的量。有一些发言者由于自信心不足，往往会准备双倍的内容，但正式发言的时候，却来不及讲，为了把准备的内容全部讲完，往往会加快语速，减少对听众的关注，反而削弱了发言的效果。要想使自己的发言精彩，我们可以放慢语速，增加与观众的互动。发言者最忌说得太快、覆盖面太广，那样最终会导致听众跟不上发言者的节奏。

（9）遇到意外情况。当现场出现意外情况时要保持冷静，并及时采取措施调整。我们可以在准备发言稿时，准备一两个与主题、内容有关的幽默故事或笑话，在必要时用来调节会场的气氛。另外，可以缩短听众不感兴趣的内容，暂时停止发言，临时增加一些提问等互动环节。

（10）合理使用 PPT。有些发言者很喜欢用 PPT，甚至所有的发言都依赖于 PPT，他们认为，一份精美的 PPT 可以吸引听众的注意力，提高发言的效果，但事实并不一定如此。

六、消除紧张情绪的方法

紧张是我们在面对公众发言时经常会出现的心理状态，我们可以采用以下方法消除紧张情绪：

1. 躲避目光法

当某个听众目不转睛地盯着发言者，或发出一些声响，或做出一些意想不到的动作时，都可能会引起我们的紧张。这时，我们可以转移目光，或者采取虚视的方法（即好像在看，实际上并没有特意去看任何人，而是将视线迅速掠过去），有意识地躲避听众的目光。

2. 调整呼吸法

在正式上台前，我们可以选择一个安静的房间，全身放松，双目微闭，慢慢地踱步，做深呼吸，以调整心境，缓解紧张情绪。一般情况下，这种方法能使人尽快放松身心，恢复自信，精神饱满地投入到讲话之中。

3. 自我调节法

在上台发言前制造良好的外部环境，使自己的情绪得到放松。比如：听一首轻松愉快的乐曲，看一些令人捧腹的幽默故事，想想自己发言成功后观众所给予的热烈的掌声。

4. 转移注意力法

为了消除发言前大脑的紧张感，可以有意识地把注意力转移到某一个具体的事物上，比如：可以欣赏会场的环境布置，可以与人闲谈，可以整理一下自己的思路，可以调试一下 PPT。

拓展任务

（1）在沟通中要学会倾听，要尽可能从对方的立场来思考和理解。乔·吉拉德没有"站在对方的立场思考与行动"，这是他失败的主要原因。

（2）设计一个以商务沟通为主题的小品，要求小组成员各自担任一定的角色进行表演。

在沟通中要学会倾听

美国汽车推销之王乔·吉拉德曾有过关于倾听的深刻体验。一次，某位名人来向乔买车，乔推荐了一种最好的车型给他。那人对车很满意，并掏出 10000 美元现钞，眼看就要成交了，对方却突然变卦离去。

乔为此事懊恼了一下午，百思不得其解。到了晚上 11 点他忍不住打电话给那位名人："您好！我是乔·吉拉德，今天下午我曾经向您介绍一部新车，眼看您就要买下，却突然走了。"

"喂，你知道现在是什么时候吗？"

"非常抱歉，我知道现在已经是晚上 11 点钟了，但是我检讨了一下午，实在想不出自己错在哪里了，因此特地打电话向您讨教。"

"真的吗？"

"肺腑之言。"

"很好！你在用心听我说话吗？"

"非常用心。"

"可是今天下午你根本没有用心听我说话。就在签字之前，我提到犬子吉米即将进入密执安大学念医科，我还提到犬子的学科成绩、运动能力以及他将来的抱负，我以他为荣，但是你毫无反应。"

乔不记得对方曾说过这些事，因为他当时根本没有注意听。乔认为已经谈妥那笔生意了，他不但无心听对方说什么，反而还在听办公室内另一位推销员讲笑话。

这就是乔失败的原因：那人除了买车，更需要得到对于一个优秀儿子的称赞。乔恰恰没有"站在对方的立场思考与行动"，他只是想当然地以为"已经成交了"。

（资料来源：中华励志网）

综合测评

● 情景一

国内某公司近期开发出专利产品电热水器，由于开发成本高和竞争对手少，拟把产品价格定得较高，首先开拓国外市场。经采用问卷调查中间商和消费者，并在巴黎进行试销，发现欧洲市场潜力巨大。因此，该公司精心策划了在欧洲市场的营销方案，加大广告促销的力度，将品牌知名度提高到60%。

（资料来源：网络资料改编）

试分析该公司产品面临的需求状况，它相应的市场营销管理任务应该是什么？

● 情景二

梅雨期未到，一种款式全新的安全雨披已在上海市场上大行其道，以日销千件的火爆场景令众多厂家羡慕不已。安全雨披的问世，缘于《新民晚报》一则"当心雨披变成'温柔杀手'"的报道。这篇报道见报后，立即引起了浙江圣瑞斯针织有限公司的注意，他们敏锐地从字里行间捕捉到丰富的市场信息，当即派人赶赴国家专利局，筛选出设计最为完善的安全雨披发明专利，并想方设法找到了在上海的专利发明人，并在雨披的安全性能、面料色泽等方面加以改进创新。同时，又投资1250万元果断并购了一家破产企业，构建起全国独一无二的安全雨披生产基地。于是，圣瑞斯公司推出中国第一代具有双袖、插袋等九大安全功能的雨披，成人、学生、童装等系列产品也相继面市，并率先大举投放上海市场，产生强烈的市场效应。

（资料来源：网络资料改编）

（1）分析圣瑞斯的安全雨披投放市场一举成功的原因。
（2）试分析圣瑞斯针织有限公司的营销观念。
★成果形成：撰写《××企业市场营销理念分析报告》。

学习评价与反馈

任务模块	任务指标	自评	互评
知识	熟练掌握市场营销的核心概念	☆☆☆☆☆	☆☆☆☆☆
	能正确描述市场营销的重要性	☆☆☆☆☆	☆☆☆☆☆
技能	能应用营销理论解决营销过程中遇到的生产、定价、分销、促销等营销问题	☆☆☆☆☆	☆☆☆☆☆
	能熟练运用口头表达能力、书面表达能力、沟通能力、团队合作能力和交流汇报能力解决营销中的一些常见问题	☆☆☆☆☆	☆☆☆☆☆
素养	培养良好的营销道德和营销人员素质	☆☆☆☆☆	☆☆☆☆☆
	养成用营销的思维分析问题的习惯	☆☆☆☆☆	☆☆☆☆☆
评价与反馈			

备注：

　　通过自我评价和在老师指导下实施第三方评价与反馈，来判定自己对本模块知识与能力的掌握情况。同时，根据评价与反馈来督促自己进一步将尚未掌握、达到的知识、能力点补充巩固，以促进学习成果的达成度

模块二 | Module Two

分析市场与市场机会
Analyze Market and Market Opportunities

工欲善其事，必先利其器；器欲尽其能，必先得其法。
A craftsman who wishes to do his work well must sharpen his tools firstly.
If the device wants to do its best, it must get its method firstly.
——《论语·卫灵公》 Confucius · Duke Ling of Wei

 学习内容—The Learning Content

- 项目一　认识市场与需求
- 项目二　了解市场的主要类型
- 项目三　识别与分析市场竞争者
- 项目四　市场营销环境分析

☞ 学习指南

一、学习目的

在掌握市场概念的基础上，才能分析市场需求，并在此基础上对消费者市场、产业市场、服务市场和技术市场进行分析，以便识别及分析竞争者，并能规划市场竞争战略。结合企业宏观营销环境和微观营销环境，分析市场营销环境系统构成，从而把握市场机会，成功地开展市场营销活动。

本模块旨在培养学生有效地将知识转化为技能，提高学生分析问题、解决问题的能力。

二、学习领域

本模块主要学习不同的营销环境因素对市场营销活动的重要影响，同时学习营销环境的分析方法及其在营销实践中的应用。

三、学习方式

在自主学习本教案提供的学习知识基础上，通过实地参观企业市场营销实际，运用图书馆资源学习营销环境分析方法，使用网络资源对企业的目标市场营销环境进行分析，以寻找市场机会，进行企业营销实践。

四、预期学习成果

（1）认识市场与需求，在企业营销实践中清晰地分析如何满足市场需求。

（2）了解市场的主要类型，以合理分析企业不同的市场环境。

（3）识别与分析市场竞争者，并做出竞争战略的规划。

（4）能掌握企业营销环境构成及其对市场营销活动的影响，认识到营销环境分析的重要性。

项目一　认识市场与需求

任务引入

一位老太太去市场买菜,买完菜路过卖水果的摊位边上,看到有两个摊位都有苹果在卖,就走到其中一个摊位面前问道:"你的苹果怎么样啊?"商贩回答:"您看我的苹果不但个儿大而且还保证很甜,特别好吃。"

老太太摇了摇头,向第二个摊位走去,向商贩问道:"你的苹果怎么样?"

第二个商贩回答:"我这里有两种苹果,请问您要什么样的苹果啊?"

"我要买酸一点儿的",老太太说。

"我这边的这些苹果又大又酸,咬一口就能酸得流口水,请问您要多少斤?"

"来一斤吧。"老太太买完苹果又继续在市场中逛,好像还要再买一些东西。这时她又看到一个商贩的摊上有苹果,又大又圆,非常抢眼,便问水果摊后的商贩:

"你的苹果怎么样?"

这个商贩说:"我的苹果当然好了,请问您想要什么样的苹果啊?"

老太太说:"我想要酸一点儿的。"

商贩说:"一般人买苹果都想要又大又甜的,您为什么会想要酸的呢?"

老太太说:"我儿媳妇怀孕了,想要吃酸苹果。"

商贩说:"老太太您对儿媳妇可真是体贴啊,您儿媳妇将来一定能给你生个大胖孙子。前几个月,这附近也有两家要生孩子,总来我这买苹果吃,你猜怎么着?结果都生个儿子。您要多少?"

"我再来两斤吧。"老太太被商贩说得高兴得合不拢嘴了,便又买了两斤苹果。

商贩一边称苹果,一边向老太太介绍其他水果:"橘子不但酸而且还有多种维生素,特别有营养,尤其适合孕妇。您要给您儿媳妇买点橘子,她一准儿很高兴。"

"是吗?好,那我就再来两斤橘子吧。"

"您人真好,您儿媳妇能够有您这样的婆婆,真是有福气。"商贩开始给老太太称橘子,嘴里也不闲着。"我每天都在这摆摊,水果都是当天从水果批发市场批发回来的,保证新鲜,您儿媳妇要是吃好了,您再来。"

"行",老太太被商贩夸得高兴,提了水果,一边付账一边答应着。

三个商贩都在贩卖水果,但结果却不同。

（资料来源：搜狐网）

学习任务

任务一　掌握市场的概念

市场（Market）是由那些具有特定的需要或欲望,而且愿意并能够通过交换来满足这种需要或欲望的全部顾客所构成。

一、市场的特点

1. 自发性

在市场经济中,商品生产者和经营者的经济活动都是在价值规律的自发调节下追求自身的利益,实际上就是根据价格的涨跌决定自己的生产和经营活动,因此,价值规律的第一个作用,即自发调节生产资料和劳动在各部门的分配、对资源合理配置起积极的促进作用的同时,也使一些个人或企业由于对自身的利益的过分追求而产生不正当的行为,比如生产和销售伪劣产品,欺行霸市、扰乱市场秩序,一切向钱看、不讲职业道德等。而且价值规律的自发调节还容易引起社会各阶层的两极分化,由此而产生的矛盾将不利于经济和社会的健康发展。

2. 盲目性

在市场经济条件下,经济活动的参与者都是分散在各自的领域从事经营,单个生产者和经营者不可能掌握社会各方面的信息,也无法控制经济变化的趋势,因此,他们进行经营决策时,也就是仅仅观察市场上什么价格高、有利可图,并据此决定生产、经营什么,这显然有一定的盲目性。这种盲目性往往会使社会处于无政府状态,必然会造成经济波动和资源浪费。

3. 滞后性

在市场经济中,市场调节是一种事后调节,即经济活动参与者是在某种商品供求不平衡导致价格上涨或下跌后才作出扩大或减少这种商品供减的决定的。这样,供求不平衡—价格变化—作出决定—实现供求平衡,必然需要一个长短不同的过程,有一定的时间差。也就是说,市场虽有及时、灵敏的特点,但它不能反映出供需的长期趋势。当人们竞相为追求市场上的高价而生产某一产品时,该商品的社会需求可能已经达到饱和点,而商品生产者却还在那里继续大量生产,只是等到滞销引起价格下跌后,才恍然大悟。

二、市场的类型

（1）按市场的主体不同分类。按购买者的购买目的和身份来划分，可以分为：①消费者市场——为满足个人消费而购买产品和服务的个人和家庭所构成的市场；②生产商市场——工业使用者市场或工业市场；③转卖者市场——中间商市场；④政府市场——各级政府为了开展日常政务活动或为公众提供服务，在财政的监督下，以法定的方式、方法和程序，通过公开招标、公平竞争，由财政部门直接向供应商付款的方式，从国内市场为政府部门购买货物、工程、劳务的行为。

（2）按照企业的角色分。购买市场——企业在市场上是购买者，购买需要的产品；销售市场——企业在市场上是销售者，出售自己的产品。

（3）按产品或服务供给方的状况（即市场上的竞争状况）分为完全竞争市场、完全垄断市场、垄断竞争市场、寡头垄断市场。

（4）按地理位置分为城市市场、农村市场。

（5）按照区域范围分为国际市场、国内市场。

（6）按照经营产品的专门化和综合性分为专业性市场和综合性市场。

（7）按照规模大小分为小型市场、中型市场、大型市场。

（8）按市场经营的商品以及最终用途分为生产资料市场、生活资料市场、技术服务市场、金融市场。

（9）按交易对象是否具有物质实体分为有形产品市场、无形产品市场。

（10）按交易对象的具体内容不同分为商品市场、现货市场、期货市场。

三、市场的功能

（1）平衡供求矛盾。

（2）商品交换和价值的实现。

（3）服务功能。

（4）传递信息功能。

（5）收益分配——市场通过价格、利率、汇率、税率等经济杠杆，对市场上从事交易活动的主体——生产者、消费者、中间商进行收益分配或再分配。比如，某工业品价格上涨时，生产者可以增加收入，但是如果中间商得利很多时，生产者的收入增加并不多。这时，可以通过征收增值税来进行利益调节。

任务二　分析市场需求

市场需求，是指一定的顾客在一定的地区、一定的时间、一定的市场营销环境和一定的市场营销计划下对某种商品或服务愿意而且能够购买的数量。可见，市场需求是消费者需求的总和，同时也是需求侧的管理或者改革的理论、实践的重要课题。

需求，就是指一定时间内和一定价格条件下，消费者对某种商品或服务愿意而且能够购买的数量。必须注意，需求与通常的需要是不同的。市场需求的构成要素有两个：一是消费者愿意购买，即有购买的欲望；二是消费者能够购买，即有支付能力，两者缺一不可。

（一）市场需求的基本要素

影响需求的基本要素包括：

（1）消费者偏好。在市场上，即使收入相同的消费者，由于每个人的性格和爱好不同，人们对商品与服务的需求也不同。消费者的偏好支配着他在使用价值相同或相近的商品之间的消费选择。但是，人们的消费偏好不是固定不变的，而是在一系列因素的作用下慢慢变化的。

（2）个人收入。消费者收入一般是指一个社会的人均收入。收入的增减是影响需求的重要因素。

（3）产品价格。这是指某种产品的自身价格。价格是影响需求的最重要因素。一般来说，价格和需求的变动呈反方向变化。

（4）替代品的价格。所谓替代品，是指使用价值相近、可以相互替代来满足人们统一需要的商品，如煤气和电力，石油和煤炭，公共交通和私人小汽车等。一般来说，在相互替代商品之间某一种商品价格提高，消费者就会把需求转向可以替代的商品上，从而使替代品的需求增加，被替代品的需求减少，反之亦然。

（5）互补品的价格。所谓互补品，是指使用价值上必须相互补充才能满足人们的某种需要的商品，如汽车和汽油、家用电器和电等。在互补商品之间，其中一种商品价格上升，需求降低，会引起另一种商品的需求随之降低。

（6）预期。预期是指人们对于某一经济活动未来的预测和判断。如果消费者预期价格将上涨，就会刺激人们提前购买；如果预期价格将下跌，许多消费者就会推迟购买。

（7）其他因素。如商品的品种、质量、广告宣传、地理位置、季节、国家政策等。其中，影响需求最关键的因素还是该商品本身的价格。

（二）需求规律

（1）定义。在一般情况下，需求和价格的变动呈反方向变化，即商品价格提高，则消费者对它的购买量就会减少，反之亦然。价格与需求量之间这种呈反方向变化的关系，就叫需求规律。

（2）市场需求分析。主要是估计市场规模的大小及产品潜在需求量，这种预测分析的操作步骤如下：

第一，确定目标市场。在市场总人口数中确定某一细分市场的目标市场总人数，此总人数是潜在顾客人数的最大极限，可用来计算未来的或潜在的需求量。

第二，确定地理区域的目标市场。算出目标市场占总人口数的百分比，再将此百分比乘上地理区域的总人口数，就可以确定该区域目标市场数量的多寡。

第三，考虑消费限制条件。考虑产品是否有某些限制条件足以减少目标市场的数量。

第四，计算每位顾客每年平均购买数量。从购买率/购买习惯中，即可算出每人每年平均购买量。

第五，计算同类产品每年购买的总数量。以区域内的顾客人数乘以每人每年平均购买的数量就可算出总购买数量。

第六，计算产品的平均价格。计算产品的平均价格。利用一定的定价方法，算出产品的平均价格。

第七，计算购买的总金额。把第五项所求得的总购买数量，乘以第六项所求得的平均价格，即可算出购买的总金额。

第八，计算企业的购买量。将企业的市场占有率乘以第七项的购买总金额，再根据最近5年来公司和竞争者市场占有率的变动情况，作出适当的调整，就可以求出企业的购买量。

第九，需要考虑的其他因素。有关产品需求的其他因素，例如，若是经济状况、人口变动、消费者偏好及生活方式等有所改变，则必须分析其对产品需求的影响。根据这些信息，客观地调查第八项所获得的数据，即可合理地预测在总销售额及顾客人数中公司的潜在购买量。

（三）市场需求的8种类型

市场需求是开展市场营销各项工作的根本。如果不能正确分析、把握市场需求，则会使市场营销工作迷失方向。根据需求水平、时间和性质的不同，可归纳出8种不同的需求状况。

（1）负需求。负需求是指绝大多数人对某个产品感到厌恶，甚至愿意出钱回避它的一种需求状况。在负需求情况下，应分析市场为什么不喜欢这种产品，是否可以通过产品重新设计、降低价格等积极营销方案，来改变市场的信念和态度，将负需求转变为正需求。

（2）无需求。无需求是指目标市场对产品毫无兴趣或漠不关心的一种需求状况。通常，市场对产品无需求由下列原因引起：①人们一般认为对个人无价值的东西；②人们一般认为有价值，但在特定的市场无价值的东西；③新产品或人们不熟悉的物品等。无需求时应刺激市场营销，即通过大力促销及其他市场营销措施，努力将产品所能提供的利益与人的自然需要和兴趣结合起来。

（3）潜伏需求。潜伏需求是指相当一部分消费者对某物有强烈的需求，而现有产品或服务又无法满足的一种需求状况。在潜伏需求状况下主要工作是开发市场营销，即开展市场营销研究和潜在的市场范围测量，进而开发有效的物品和服务来满足这些需求，将潜伏需求变为现实需求。

（4）下降需求。下降需求是指市场对一个产品或几个产品的需求呈下降趋势的一种需求状况。一般情况下，需求天生就存在"需求向下倾斜的规律——当一种物品的价格上升时（同时其他条件不变），他的需求量减少。或者，换句话说，如果市场上一种物品投入市场的数量多，那么，其他条件相等，它就只能以较低的价格出售"。

（5）不规则需求。不规则需求是指某些物品或服务的市场需求在一年的不同季节，或一周不同的日子，甚至一天的不同时间上下波动很大的一种需求状况。在不规则需求情况下的工作是协调市场营销，即通过灵活的定价、大力促销及其他刺激手段来改变需求的时间模式，使物品或服务的市场供给与需求在时间上协调一致。

（6）充分需求。充分需求是指某个物品或服务的目前需求水平和时间等于预期的需求水平和时间的一种需求状况。这是企业最理想的一种需求状况。但是，在动态市场上，消费者偏好会不断发生变化，竞争也会日益激烈。因此，在充分需求状况下应做好维持市场营销工作，即努力保持产品质量，经常测量消费者满意程度，通过降低成本来保持合理的价格，并激励推销人员和经销商大力推销，千方百计维持目前的需求水平。

（7）过量需求。过量需求是指市场需求超过了企业所能供给或所供给的水平的一种需求状况。在过量需求情况下应降低市场营销，即通过提高价格、合理分销产品、减少服务和促销等措施，暂时或永久地降低市场需求水平，或者是设法降低来自赢利较少或服务需要不大的市场的需求水平。需要强调的是，降低市场营销并不是杜绝需求，而是降低需求水平。

（8）有害需求。这一需求是指市场对某些有害物品或服务的需求。对于有害需求的情况，应做好反市场营销工作，即劝说喜欢有害产品或服务的消费者放弃这种爱好和需求，大力宣传有害产品或服务的严重危害性，大幅度提高价格，以及停止生产供应等。降低市场营销和反市场营销的区别在于，前者是采取措施减少需求，后者是采取措施消灭需求。

以上8种需求，均在需求侧的管理甚至改革之列。例如，对于负需求，应该将负需求转变为正需求；对于有害需求，应当采取措施消灭这种需求；对于不规则需求，此时的工作是协调市场营销，即通过灵活的定价、大力促销及其他刺激手段来改变需求的时间模式，使物品或服务的市场供给与需求在时间上协调一致。

拓展任务

（1）分析案例中的美容师 Balla 如何满足顾客的需求。
（2）美容院的顾客应如何分类？

用服务征服美容院顾客的需求

展望眼前与未来，美容院用以计算价值的单位已不再是产品，而是客户关系。加强与顾客的关系，了解不同顾客需要，分别提供满足的方案，做到让顾客满意，让顾客对美容院产生依赖感，创造双赢的局面，是 21 世纪美容院得以生存和发展的关键。

据调查，顾客离开美容院的原因在于得不到想要的服务，这同价格没太大关系，更深层次的原因在于：①45％是因为"服务"；②20％是因为没人关心顾客；③15％是因为顾客发现了更好的产品；④15％是因为顾客发现了更便宜的价格；⑤剩余5％源于其他原因。从65％的高比例可以看出，服务体系不到位导致了顾客离开美容院。

美容行业是服务+技术的行业，属于服务行业的范畴。想要得到顾客的认可与忠诚，关键是提高顾客对服务的满意度。那么，什么才是好服务？

南京佳采有个美容师叫 Balla，这个美容师的手法技术一般，所以在她手上的顾客只有12人。而她需要每月做到至少3万的业绩才能达到她的个人目标，她只有一个诀窍：就是把顾客当作皇后一样服侍。每次顾客预约时间点10分钟前就帮顾客把水果削好，并切成小块以方便顾客进食；当顾客到店后，亲自帮顾客换鞋，并清洁手用水果叉，亲自将切成块的水果一块一块地放进顾客的嘴里，让顾客感到自身非常尊贵。

好服务是达到顾客的期望值，而不仅限于满足顾客需求。满足顾客的需求是顾客对你的要求，不能算是好服务。美容院提供的产品或服务水平超出顾客期望越多，顾客的满意状况就越好。为顾客提供个性化服务，就要提供针对每个顾客不同需求及潜在需求的、有别于其他标准服务的、超出顾客想象之外的、具有附加价值的服务。

（资料来源：爱问网）

项目二　了解市场的主要类型

任务引入

Esprit 成为中产阶级的生活时尚

从 2005 年开始，Esprit 在中国连续保持了 50%的增长，并且在内地已经有超过 300 家门店。除了上海、北京、大连、广州 4 个开展零售业务的城市以外，还迅速开发了深圳、成都、武汉、西安、温州、杭州、南京、天津等上百个城市的特许经营。作为一个时尚服饰品牌，Esprit 在 1992 年才借道中国香港进入中国内地，营销投入在同类品牌中并不算太多，那么，它迅速发展的动力来自何方呢？

1. 目标锁定 25 岁以上的成年人

从 2004 年起，Esprit 开始在广告宣传中大力树立新的形象：Esprit 不再是一个青少年品牌，而是目标客户群为 25～40 岁、有一定经济基础、喜欢时尚惬意人士的休闲服装品牌。

Esprit 做出这一调整事出有因。美国零售咨询公司 NPD Group Port 的每周调查发现，2004 年 2～7 月，美国青少年产品的零售额下降了 6%，而 25～34 岁消费者的零售额增长了 9%。NPD 的首席分析师科恩表示，Esprit 将目标客户锁定在 25 岁以上人群是非常明智的。

2. 每年 7000 新品，总有一款适合你

Esprit 品牌风格独特，是"从街头风格的时装如 DKNY 品牌、CK 品牌到职业服装风格的 Anne Klein Ⅱ品牌的巧妙结合"。在国际时装界，Esprit 的产品一直以朝气蓬勃、活泼开朗的形象独树一帜，其产品的设计风格具有浓郁的加利福尼亚色彩，充满加州的沙滩、阳光的韵味和无拘无束的感觉。

3. 从每一个细节感动消费者

Esprit 的成功，很大程度上归功于了解消费者心理，随时掌握消费者对于 Esprit 的产品、广告及服务的反应，及时调整并引导消费。消费者从 Esprit 产品感受到的是生活的愉悦与悠然自得、兴之所至的真情自我，以及与潮流趋势同步的投入感。Esprit 品牌获得千千万万消费者的认同，在于其背后所象征的精神与态度。这种精神态度固然抽象，但 Esprit 产品所带来的时尚与舒适感觉，以及强调质优便宜的卖点，却可实实在在地被真切体会到。

4. 不仅仅是衣饰，更是"生活中的时尚"

在 Esprit 品牌服装中，从来不可能出现紧身的鸡尾酒会晚礼服，也不可能出现令人窒息的弹力紧身服装及跛足高跟女鞋。宽松棉背心、下装配以宽脚长裤或是柔软的及小腿肚长的棉质裙，是 Esprit 品牌的典型形象。Esprit 带给人们的是一种北加州的生活方式，明媚的阳光、亮丽的色彩、户外运动及永远的青春和群众生活意识。其"在乎心态而非年龄"的设计理念，更把潮流带出了年龄的限制。

5. 关爱地球和人类，彰显社会责任

世界地球日的宣传活动每年都举行一次，目的是引起公众对环境生态的关注。Esprit 总是踊跃参与世界地球日的宣传活动，把印有"绿色环保"口号的 T 恤衫给职员穿着，在店内张贴环保海报，又鼓励消费者在市区种植树木及进行清扫活动。

（资料来源：道客巴巴《市场营销经典案例》）

学习任务

任务一　认识消费者市场

一、消费者市场的内涵

消费者市场又称生活资料市场，是指由为了满足生活消费而购买商品和服务的个人或家庭而构成的市场。生活消费是产品和服务流通的终点，因此，消费者市场也被称为最终产品市场。

组织市场是指以某种组织为购买单位的购买者所构成的市场，其购买目的是为了生产、销售、出租、维持组织运作或履行组织职能等。

二、消费者市场的特征

（1）分散性。消费者市场的购买者是个人或家庭，不仅购买者人数众多，而且地域分布广。从城市到乡村，从国内到国外，消费者市场无处不在。

（2）差异性。消费者人多面广，由于在年龄、性别、性格、职业、收入、教育、居住区域、民族、宗教信仰等方面的差异，消费者在市场需求、消费习惯、消费结构、购买行为等方面存在很大的差异性。

（3）易变性。随着生产力的快速发展与消费水平的不断提高，消费者的需求在总量、结构与层次上也在不断地变化。消费需求呈现出由少到多、由粗到精、由低级到高级的发展趋势。越来越多的消费者不喜欢一成不变的商品或服务，而是希望商品或服务能够不断翻新。加之市场商品供应的日益丰富和企业竞争的逐渐加剧，消费者对商品的挑选余地更大，消费潮流也是日新月异，商品的流行周期越来越短，往往令人难以把握。

（4）替代性。消费者市场产品种类众多，很多同类产品、功能相似的不同产品之间往往存在替代关系，消费者常常在替代品之间进行选择，导致消费者市场的竞争异常激烈，这与组织市场相比差异性很大。

（5）非专业性。消费者市场商品种类繁多，大多数消费者不可能对所购买的每一种商品都非常熟悉。消费者对大多数商品的质量、性能、价格、使用、维护、保管乃至市场行情往往缺乏专门的甚至是必要的知识，只能根据个人感觉和喜好做出购买决策，大多数属于非专业性购买，很容易受个人情感、广告宣传、推销活动和他人意见的影响或诱导。

（6）网络化。20世纪90年代中叶开始发展的互联网技术，使得电子商务大大改变了消费者的购买行为，将消费者带入了全新的网络交易时代，人们的购买模式较之传统的线下交易发生了巨大的变化：一些消费者开始习惯于通过网络来搜索想购买的商品，并且在网上进行出价、比价，最终完成交易过程；冲动性购买大幅增加；要求便利、主动参与产品定制等也屡见不鲜。对此，企业也要顺应时代的需要，通过电子商务手段做好网络交易。

三、消费者市场的购买对象

消费者市场的购买对象是多种多样的，主要有以下几种类型。

1. 按消费者的购买习惯划分

（1）便利品。便利品是指购买者购买次数频繁、希望购买方便、只需花最小精力与最少时间去比较品牌、价格的消费品，如食用油、盐、酱、醋等。

（2）选购品。选购品是指消费者往往要花费较多的时间对购买对象的质量、价格、样式、适用性、厂商等进行比较之后才会做出购买决策的产品，如服装、家具、服务等。一般来说，选购品的价格较高，消费者对这类商品了解也不多，购买间隔时间较长，购买频率低。经营选购品的商家，应该将销售网点设在商业网点比较集中的地区，并将产品的销售点相对集中，以便顾客进行比较和选择。

（3）特殊品。特殊品是指具有独特的品质、风格、造型、工艺等特性，或者消费者对其具有特殊偏好并愿意花费较多时间去选择、购买的商品。如古玩、名家字画、奢侈品、供收藏的特殊邮票和钱币等。消费者在购买前对这些商品已经有了一定的认识，对某些特定的品牌和商标有特殊偏好，不愿接受代用品。特殊品的生产经营者应注意树立品牌意识，争创名牌产品，赢得消费者的青睐。

2. 按产品的耐用性和是否有形划分

按这一标准可以将产品划分为非耐用品、耐用品和服务三类。

（1）非耐用品。非耐用品是指使用次数较少、寿命较短、消费者购买频繁的产品，如洗涤用品、食盐、饮料等。经营非耐用品的商家，要尽可能地建立广泛的销售网渠道，方便消费者购买。

（2）耐用品。耐用品是指能多次使用、寿命较长、消费者购买频率较低的产品，如电视机、小轿车、住房等。经营耐用品的商家，要求有较雄厚的资金，能够提供更多更好的销售服务和质量保证。

（3）服务。服务是指非物质实体产品，是出售无形的活动、效益或满意，如餐饮、保险、娱乐、教育、咨询等。服务产品的生产与消费不可分割，不易储存，不经久，消费者比数注重服务产品的质量。因此，经营服务业要加强服务产品质量管理，密切购买者与经营者的关系，提高经营者的信誉以及对购买者的适应性，以满足顾客的差别化、个性化的服务产品需求。

四、消费者购买行为模式

消费者购买行为是指消费者为获取、购买、使用、评估和处置预期能满足其需要的产品和服务所采取的各种行为。通过对消费者行为进行研究，掌握消费者购买行为的规律性，以便有针对性地开展市场营销活动。

分析消费者购买行为一般包括以下7个方面的问题：

①消费者市场由谁构成？（Who）　　　　　购买者（Occupants）
②消费者购买什么？（What）　　　　　　　购买对象（Objects）
③消费者为什么购买？（Why）　　　　　　购买目的（Objectives）
④购买活动中有谁参与？（Who）　　　　　购买组织（Organizations）
⑤消费者在什么时间购买该产品？（When）　购买时间（Occasions）
⑥消费者在什么地方购买该产品？（Where）　购买地点（Outlets）
⑦消费者怎样购买？（How）　　　　　　　购买方式（Operations）

五、消费者购买行为类型

消费者购买行为类型可以从以下不同的角度进行划分。

1. 根据消费者购买行为的复杂程度划分

（1）复杂型。这是消费者初次购买差异性很大的耐用消费品时所发生的购买行为。购买这类商品时，通常需要一个认真考虑的过程，广泛地搜集各种相关信息，对可供选择的产品进行全面评估，在此基础上建立起对某牌号产品的信念与态度，最后慎重地做出购买决策。

（2）习惯型。习惯型又称简单型，是消费者购买差别性不大、价值低、购买频率高又比较熟悉的商品时发生的购买行为。因为消费者对所选购牌号的产品比较了解，主要依据过去的知识和经验习惯性地做出购买决策，购买决策时几乎不涉及信息搜集和品牌评价这两个购买阶段。消费者从刺激需要、引起动机到决定购买，需要的时间较短。

针对这一类型的消费者，企业应该努力提高产品质量，加强广告宣传，树立良好的品牌形象，使产品受到消费者的偏爱，成为他们习惯购买的对象。

（3）多变型。多变型的购买行为是指消费者了解现有各品牌和品种之间的明显差异，在购买产品时并不深入搜集信息和评估比较就决定购买某一品牌产品，购买时随意性较大，只在消费时才加以评估，但是在下次购买时又会转换到其他品牌。消费者转换品牌的原因不一定与他对该产品是否满意有联系，主要目的是为了寻求产品的多样性。

2. 根据消费者性格特征划分

（1）习惯型。消费者是某一种或某几种品牌的忠诚顾客，消费习惯和偏好相对固定，购买时心中有数，目标明确。

（2）理智型。消费者做出购买决策前对不同品牌加以仔细比较和考虑，相信自己的判断，不容易受他人影响，决策后不易动摇。

（3）冲动型。消费者易受产品外观、包装、广告宣传、相关群体的影响，决定轻率，易于动摇和反悔。

（4）经济型。消费者对价格特别敏感，对产品是否物美价廉特别看重。企业在促销过程中，要注意宣传自己的产品物美价廉的优点。

（5）情感型。消费者对产品的象征意义比较重视，联想力较丰富。如有些宾馆在对客房编号时，专门在每个房间号前后加"8"，就是为了迎合某些旅客希望"发财"的心理。

六、消费者市场购买决策

1. 消费者购买决策的参与者

根据购买决策的参与者在购买活动中所起的作用，可将其分为以下几类。

（1）发起者。发起者是首先想到或提议购买某种产品或服务的人。

（2）影响者。影响者是指其看法或意见对最终决策具有直接或间接影响的人。

（3）决定者。决定者即最后做出购买决策的人。其决定是否购买、买什么、买多少、何时买、何处买、如何购买。

（4）购买者。购买者是执行购买决策、实施实际购买行为的人。

（5）使用者。使用者即消费或使用所购商品或服务的人。

2. 消费者购买决策过程

（1）认识需要。认识需要是消费者购买决策过程的起点。当消费者认识到某种尚未满足的需要的存在，即消费者的期望状况与其实际状况的离差时，便产生购买动机。引起消费者认识需要的刺激来自人体内在的生理活动（如饥渴、冷热等）和外界的刺激（如流行时尚、相关群体等的影响）。

企业可以采用不同的促销方式去激发和诱导顾客的需要，不断扩大产品的销售。

（2）搜集信息。在一般情况下，消费者的需要有一个从弱到强的变化过程，因此，在采取购买行为之前往往要搜集与需要相关且密切联系的信息，以便进行购买决策。

消费者信息的来源主要有以下4个方面：

①个人来源。个人来源是指消费者从家庭成员、亲友、邻居、同事和其他熟人那里获得信息。

②商务来源。商务来源是指消费者从广告、推销人员、中间商、商品包装、产品说明书、商品陈列中获得信息。

③公共来源。公共来源是指消费者从大众媒体如电视、广播、报纸、杂志等的宣传报道和消费者组织等方面获得信息。

④经验来源。经验来源是指消费者从亲身接触、使用、实验商品的过程中获得信息。

以上4种信息来源对消费者购买行为的影响程度是不同的。一般而言，消费者获得信息最多的来源渠道是"商务来源"与"公共来源"，而消费者认为可信度最高的是"个人来源"和"经验来源"。

（3）评价选择。消费者对搜集的信息进行分析、整理，对可供选择的商品进行分析、对比和评估，最后确定选择。消费者对搜集的各种产品信息的评价选择主要从以下几个方面进行。

①分析产品属性。产品属性是产品能够满足消费者需要的特性。消费者一般将某一种产品看成一系列属性的集合，如消费者关心照相机的拍照清晰度、速度、体积大小、价格等，或关心牙膏的洁齿及防治牙病功能、香型等，这些特征是大多数消费者感兴趣的特征。

②建立属性等级。消费者不一定对产品的所有属性都视为同等重要，他们会给产品有关属性赋予不同的重要性权重，多数消费者往往把注意力集中在同他们的需求密切相关的产品特征上。例如，有牙病的消费者特别关心牙膏的杀菌功能这一属性，并将这一属性在牙膏的所有属性中赋予非常重要的权重。

③确定品牌信念。品牌信念指消费者对某品牌的某一属性已达到何种水平的评价。消费者对每一种牌号的产品，根据其获得的产品特征信息形成某种牌号信念，从而影响消费者的购买行为。

④形成"理想产品"。消费者的需求只有通过购买产品或服务才能得以满足，而他们所期望的从产品中得到的满足，是随产品每一种属性的不同而变化的，这种满足程度与产品属性的关系，可用效用函数描述。效用函数，即描述消费者所期望的产品满足感随产品属性的不同而有所变化的函数关系，表明消费者

要求该属性达到何种水平他们才会接受。每个消费者对不同产品属性的满足程度不同，形成不同的效用函数。

⑤做出最后评价。消费者从众多可供选择的品牌中，通过一定的评价方法，对各种品牌进行评价，从而形成对这些牌号产品的态度或某种产品的偏好。

（4）购买决策。当消费者对搜集的信息进行综合评价，并根据一定的选购模式进行判定后，就会形成明确的购买意向。但购买意向不一定会导致购买行为，相关群体的态度、意外情况（如失业、收入减少、家庭变故、商品涨价等）等因素都会使消费者改变或放弃原有的购买意图。

（5）购后感受。消费者购买商品或服务后，通过自己的消费与使用及他人的评价，会对购买的商品或服务产生不同程度的满意或不满意，由此形成购后感受，这将影响消费者以后的购买行为，并对相关群体产生影响。因此，对企业而言，消费者的购后感受是一种极其重要的信息反馈，关系到企业及其产品在市场上的命运。

七、影响消费者购买行为的主要因素

消费者的购买决策深受其不同的经济、文化、个人和心理因素组合的影响。

1. 经济因素

经济因素主要包括商品价格、商品效用、机会成本、经济周期等因素。经济因素是决定消费者购买行为的首要因素，决定着消费者能否发生以及发生何种规模的购买行为，决定着所购商品的种类和档次。

（1）商品价格。价格的高低是影响消费者购买行为最直接的因素。一般情况下，质量相同而价格不同的商品或服务，价格低的比价格高的对消费者的吸引力更高，收入低的消费者对商品价格的敏感性比收入高的消费者要高。

（2）商品效用。商品效用是人们在消费商品或服务时所获得的满足程度。消费者之所以购买某种商品主要是由于该种商品具有能够满足其某种欲望的效用。消费者得到这种商品的数量越多，他们的需要得到满足的程度就越高。但是，消费者购买某种商品的数量越多，获得的边际效用反而会越少。

（3）机会成本。机会成本是指一个人购买某种商品或从事某项工作时，所不得不放弃的购买另一种商品或从事另一项工作的价值。由于在特定时间内，消费者的购买能力总是有一定限度的，所以当其持有货币的量一定时，往往会选择机会成本最小的购买对象。

2. 文化因素

文化因素主要包括社会阶层、文化与亚文化、相关群体、家庭等方面。

（1）社会阶层。社会阶层是指具有相似的社会经济地位、利益、价值观念和生活方式的人们所组成的群体。处于不同社会阶层的消费者，其经济状况、价

值观念、生活方式、兴趣和消费特征都有所不同,对不同企业及其产品有着不同的偏好,因而表现出不同的消费需求与购买行为。

(2) 文化与亚文化。文化是企业宏观环境的因素之一,是影响人们需求和行为的最基本因素,不同文化环境中的风俗习惯、伦理道德、价值观念和思维方式等对消费者购买行为的影响具有巨大差异。每一文化中又包含着若干亚文化群,如民族亚文化群体、宗教亚文化群体、种族亚文化群体、地理区域亚文化群体等。

(3) 相关群体。相关群体指能够直接或间接影响消费者态度、价值观和购买行为的个人或集体。一个人的消费习惯、生活方式、对产品牌号的选择,都在不同程度上受到相关群体的影响,主要表现在:一是示范性,即相关群体为消费者展示了新的消费行为和生活方式;二是仿效性,即相关群体会影响个人的态度和自我概念,从而引起人们仿效的欲望,影响人们的商品选择;三是一致性,即相关群体能产生一种令人遵从的压力,影响人们选购与其一致的产品和与其偏好相同的品牌。在生产经营企业的营销活动中,企业应注意消费者行为中相关群体的作用,明确目标市场的相关群体及其影响消费者的程度,然后,用不同的营销策略来满足消费者的不同需求。

(4) 家庭。家庭是社会的细胞,也是社会中最重要的消费品购买组织。家庭对消费者的购买行为有着显著的影响,但对购买决策的影响程度,因不同家庭形态、不同的家庭生命周期阶段、不同的家庭角色成员购买不同的商品或服务而呈现出不同的特点。

3. 个人因素

(1) 年龄层与生命周期阶段。不同年龄层与生命周期阶段的消费者,客观上存在生理和心理上的差别,因此,所需商品与服务也不尽相同,对同一商品或服务的评价、选择的角度及价值观念等也会存在很大差异。对此,企业应了解目标市场消费者所处的年龄层与家庭生命周期,以便制定与之相适应的营销决策。

(2) 职业。个人的消费模式受职业的影响是极为明显的,同种职业的人往往有着相类似的需求,而不同职业的人的需求差异却很大。如教师对书籍等文化用品需求较多,而影星、歌星在高档的服饰、化妆品、社交、文娱等方面需求较多。企业要针对目标市场消费者的不同职业,生产经营各种不同的产品或服务。

(3) 收入。消费者的收入水平是决定消费者购买行为的根本性的经济因素。如果消费者仅有购买欲望,但是没有一定的收入作为购买能力的保证,购买行为就无法实施。只有同时具备购买愿望和支付能力,才能实施购买行为。不同的收入水平,也决定着需求的不同层次和倾向。因此,对于那些受收入水平影响较大的商品或服务,企业要密切关注目标市场消费者的收入状况的变化,以便采取相应的策略,对产品或服务进行重新定位、调整价格,以便继续吸引目标消费者。

(4）个性、自我观念与生活方式。实践证明，消费者的个性类型、自我观念对产品和牌号的选择有很大的相关性，"外向"型的消费者表现欲强，喜欢参加社交活动，求"新"心理较强，往往是新产品的首批购买者；而"内向"型的消费者社交活动较少，表现欲不强，求"新"心理不强，一般喜欢购买大众化的产品或服务。不同生活方式的消费者对商品的价值观、评价与选择也不尽相同。

4. 心理因素

消费者购买行为受动机、感知、学习、信念和态度等4个心理因素的影响。

（1）动机。每个人在特定的时间里都有许多需要，但大部分需要不会形成动机，从而激发人们为满足需要而采取行动，只有当需要达到很强烈的紧张程度时，才会转化为动机。可见，动机是一种被刺激的需要。心理学家曾提出许多关于人类动机的理论，其中最著名的是美国心理学家亚伯拉罕·马斯洛（Abraham Harold Maslow）的"需要层次"理论。

马斯洛的"需要层次"理论认为：人类的需要具有层次性。根据需要的重要性，人类的需要可分为5个层次：

第一，生理需要。这是人类最原始、最基本的需要，包括衣、食、住、行等方面的需要。生理需要是最强烈的，也是不可缺少的最低层次的需要。

第二，安全需要。这是确保人身安全和健康的需要，如对社会保险、医疗保健、饮食卫生等方面的需要。

第三，社交需要。这是指人们对归属感、被接纳、友谊、爱情等的需要。

第四，尊重的需要。这是指人们期望获得他人的尊敬、受人重视、名誉、地位、自尊心等需要。这些方面得到满足，会使人产生自信、成就感、荣誉感、被人信任。如果这类需要得不到满足，容易使人产生自卑感、无助感和无能感等。

第五，自我实现的需要。这是人类最高的需要，是指通过发挥个人最大的才能与潜能，实现自己的理想和抱负。

需要层次越低其强度越大。在一般情况下，人们在一个层次的需要相对满足了就会向高一层次的需要发展。一般来说，需要强度的大小与需要层次的高低成反比，即层次越低，强度越大。

（2）感知。当消费者产生购买动机后，便可能会采取购买行为，但会采取何种行为，则视其对客观情景的感知如何。所谓感知，是指个人通过看、听、嗅、触、味等5大感官功能来搜集、选择、组织并解释外界信息的过程。它是人们对外界刺激在心理上的反应，是个体对于社会和物质环境的最简单、最初步的理解，属于感性认识。

感知过程是一个有选择性的特殊的心理过程。感知的这种特殊性，使消费者对不同的外界刺激甚至是相同的外界刺激的感知会有所不同。感知过程主要包括

3个方面，即选择性注意、选择性曲解和选择性记忆。

①选择性注意。在众多信息中，人们容易接受对自己有意义的信息以及与其他信息相比有明显差别的信息。从心理学的角度分析，有3种情况能引起人们的注意：一是与目前需求相关的信息或刺激物，二是预期将要出现或等待出现的信息或刺激物，三是变化大、异乎寻常的信息或刺激物。

②选择性曲解。人们常常会按照个人的认识或意愿来解释客观事物或信息，即"先入为主"。由于存在选择性曲解，消费者愿意接受的信息不一定与信息的本来面貌相一致。比如，某人偏爱长虹电视机，当别人向他介绍其他品牌电视机的优点时，他总是设法挑出其毛病或加以贬低，以维持自己认为"长虹电视机最好"的固有认识。

③选择性记忆。人们在感知过程中更容易记住与自己的态度和信念一致的信息，而容易忘记与自己的态度和信念不一致的信息。比如，某一顾客，对自己家中使用的西门子冰箱非常偏爱，听到别人谈论西门子冰箱的优点时会记得清清楚楚，而对其他品牌的冰箱的优点却容易忽视或根本不放在心上，并且当他再买冰箱或向他人推荐时，就很可能选择其记住优点的那种品牌的冰箱。

（3）学习。学习是指人们通过实践和由于经验而引起的行为改变。消费者在购买和消费商品或服务的实践中，逐步获得和积累经验甚至教训，并且会根据这些经验或教训来指导或调整今后的购买行为，这也是一个学习的过程。消费者的学习是通过驱使力、刺激物、提示物、反应和强化等5个因素的相互影响、连续作用而形成的。

（4）信念和态度。人们通过学习过程，产生信念和态度，从而影响人们的行为，包括消费行为。这里的信念是指一个人对某一事物的信任程度，消费者对商品或服务的信念可以建立在科学的、经验的、偏见的、误传的基础上。态度则是指一个人对某一事物的认识、评价、感情、行为意向等。信念和态度是影响消费者购买行为的重要因素，二者是密切关联的，不同的信念可导致不同的态度，而对某种商品或服务的信念和态度一旦形成，是很难改变的，具有相对的稳定性。

任务二　分析产业市场

一、产业市场的内涵

产业市场属于组织市场的一种。组织市场是指由各种组织机构形成的对企业产品和劳务需求的总和。组织市场购买商品与劳务是为了组织进一步生产、再加工或转售，或者向其他组织提供服务。根据购买产品目的的不同，组织市场又可分为产业市场、中间商市场和政府市场3种类型。

1. 产业市场

产业市场也称为生产者市场或企业市场，是指所购买的产品或服务是为了进一步生产其他产品或服务，以供出售、租赁或提供给其他消费者的个人或组织。对于产业市场的内涵，应从以下两个方面来把握：

一是产业市场由各种营利性的制造业和服务业买主构成。这些买主分布在农业、林业、渔业、牧业、矿业、制造业、建筑业、运输业、通信业、银行业、保险业和其他服务业。这些用户购买的原材料、零配件、设备、燃料、交通工具和办公用品等商品，统称为生产资料（其中，出售给中间商的消费品、供给的福利品除外）。

二是用户购买商品不是为了个人或家庭生活消费，而是为了再加工，以供出售、租赁或供给。每个参与商品购销活动的用户，一般都同时具有买者和卖者的双重身份。商品被用户购买后，该商品以原有的物质形态或经过加工后的另一种物质形态仍然停留在生产领域或流通领域，需要继续流通，直至销售给最终消费者，才脱离流通领域进入消费领域。

2. 中间商市场

中间商市场又称为转卖者市场，是指那些通过购买产品或服务以转售或租赁给他人以获得利润为目的的个人或组织。转卖者市场由各种批发商和零售商组成。批发商是购买产品或劳务并将之转卖给零售商、其他商人、工业用户及其他机关团体的商业单位但其一般不会将商品大量卖给最终消费者；而零售商的主要业务则是将产品或劳务直接销售给最终消费者。

3. 政府市场

政府市场是由那些为了执行政府职能而采购或租用产品或劳务的各级政府单位组成。其购买者是该国各级政府的采购机构。各国政府掌握了相当大的国民收入，所以，政府市场是一个潜力巨大的市场。

二、产业市场的特征

1. 购买者数量少，购买量大

生产资料的购买者主要是各类企事业单位。购买的目的是为了满足其一定规模生产经营活动的需要，因而购买者的数量很少，用户往往限定在某种行业或几种行业。但由于生产集中和规模经济，要达到一定的生产批量，一次的购买规模、数量必然很大。

2. 用户地理位置比较集中

由于国家的产业政策、自然资源、地理环境、交通运输、社会分工与协作、销售市场的位置等因素对生产力空间布局的影响，容易导致其在生产分布上的集中，从而使这些生产资料购买者在地理位置上相对集中，企业把生产资料卖给企业购买者的费用就可以降低。我国现代化大工业主要集中于东北、华北、东南沿海一带。

3. 派生需求

产业市场是"非最终消费者"市场，该市场的需求是派生需求，即产业市场需求是从消费者对消费品的需求中派生出来的。生产者购买生产资料用品，是为了向消费市场提供产品，其最终目的是为了满足消费需求。因而，市场上某种消费品的需求发生变动，必然会引起相关生产资料需求的变动。因此，生产资料供应者不仅要了解直接服务对象的需求情况，而且要了解连带的消费者市场的需求动向，同时，企业还可通过刺激最终消费者对最终产品的需求来促进自己的产品销售。

4. 需求缺乏弹性

产业市场对许多产品与服务的需求受价格变动的影响较小，短期需求尤其如此，是"缺乏价格弹性"的需求。形成这一特点的主要原因是：

（1）企业为了保证正常的连续生产，必须不断地补充生产资料，一般不会因价格变动而改变生产方向和政策。

（2）即使生产资料价格在短期内上涨，但生产者不可能立刻对生产工艺、技术、产品结构进行调整以适应价格变动，使得产业市场需求缺乏弹性。

（3）由于产业市场需求的派生性，因此，只要最终消费者需求量不变，则生产该产品所需要的生产资料价格即使上涨，也不会导致生产者对该生产资料需求量的迅速下降。同理，如果生产资料价格下降，而最终消费者对用该生产资料生产的产品需求并未上升，生产者对该生产资料的需求量也不会很快增加。

5. 需求的服务性

生产资料在生产消费中，一般都有一定的技术要求。用户对一些专业性强的或新兴的生产资料，由于缺乏使用经验或必要的技术力量，很需要对这类生产资料的性能、操作、维修等方面的技术服务。可见，生产资料的销售服务是生产资料需求的重要组成部分，供货者应当为用户提供培训、维修、调试等一系列售前、售中、售后服务，使用户能充分发挥所购生产资料的功能和效用，取得良好的经济效益，并便于建立良好的产供双方长期合作关系。

6. 购买的专业性

由于产业用品技术性强，企业的采购人员通常是经过训练的专业人员。他们对所需设备的性能、原材料的质量、零件的规格以及供应者提供的产品是否符合质量要求等都心中有数，较少受广告宣传的影响，对产品的质量要求比较严格。这就要求工业品的营销人员也应该具备较强的专业背景，熟练掌握产品结构、性能、使用及安装调试等知识，以便做好销售服务。

三、产业市场购买行为分析

产业市场的购买对象。产业市场上的用户需求与购买行为因产品类别的不同而存在很大差异。用户购买不同类型产品的购买需求、购买方式、交易条件,甚至是购买程序均存在不同。关于产业市场购买对象的分类方法很多,一般将其分为如下几类。

1. 生产装备

生产装备大多价格昂贵,体积庞大,结构复杂,技术性能要求高,对企业生产效率及产品质量至关重要,包括重型机械、设备、厂房建筑、大中型的电子计算机等。

生产装备的购置对生产用户而言是一项重大决策,需要大量的资金,往往需要资金融通,需分期折旧收回。向用户提供直接、专门的推销和服务(如安装、调试、培训人员、保修、交货等),甚至是专门的产品设计与制造,对于销售者而言,较之定价要重要得多。

2. 轻型设备

轻型(或附属)设备通常有统一规格,属标准化产品,使用寿命较短,价格较低,对生产的重要性相对较差,如电动和手工工具、叉车、微型电机等。其购买可从一般经营资金中支付,通常由少数几个人即可做出购买决策,可从几家相互竞争的厂家中选择购买,价格竞争起一定的作用。

3. 零部件

零部件是已完工的产品,并将构成用户产品的一个组成部分,如小型电机、集成电路块、紧固件、仪器、仪表等。

零部件的出售,重要的是按用户规定要求生产并及时交货,以免延迟交货影响购买厂家的正常生产,造成损失。购买厂家往往希望在两家以上的竞争供应商之间进行选择,以获得有利价格。

4. 加工过的材料

加工过的材料包括经过加工而又并非零部件的材料,如钢板、玻璃、焦炭、皮革、三合板等。加工过的材料市场与零部件市场在两方面存在差异:

①零部件通常设有备件(维修件)市场;②客户使用加工过的材料的方式通常不同于零部件,客户一般将加工过的材料切割或压制成所需的形状,这样,对产品的品牌没有太多要求,而重在要求规格相符,质量一致,交货及时。

由于加工过的材料一般有多个供应来源,这类产品差异性又不大,因此,供应商之间主要靠服务竞争,价格折扣也起着一定的作用。

5. 原材料

原材料是处于生产过程起点的海产品、农产品、林产品和矿产品等,如原木、铁矿石、谷物、原油等。这类产品大多有规定的标准和等级，质量差别不大。供货方有多次供货能力，价格折扣、数量折扣及向不同供货方采购产品的运费和成本在竞争中起较大作用。

6. 消耗品

维护、修理和办公用品是维持企业日常经营所需要的，但不参与构成制成品的实体，如清洁用品、办公用品、润滑油、锯条等。消耗品大多是标准品，卖方之间的市场竞争激烈。消耗品单价较低，购买批量小，通常按年需要量签订合同，根据规定期限依次进货，其购买计划完全可以通过计算机实现自动订货。销售价格优惠、数量折扣、按期交货均起到一定的作用。该产品多渠道供应，有广泛的可获性。

7. 服务

服务是产业市场购买的所有无形产品的总称。很多情况下，服务与实体产品一起被购买，如某项服务合同是某项设备购买合同的一部分。不过，产业市场购买的"纯服务"项目也很多，如金融服务、财产保险、建筑设计、维修服务、广告、运输、人员培训、市场调研、审计及各种咨询服务等。

四、产业市场的购买形式

消费者市场的购买形式比较简单，大多是一手交钱，一手交货，通过零售商购买。相比之下，产业市场的购买主要是直接购买、互惠购买、租赁和招投标采购。

1. 直接购买

由于产业市场的购买专业性强，购买批量大，用户数量少，市场相对较集中，因此，产业市场的产品分销采用直接渠道比较多，由供应商直接派销售人员上门推销，并签订购买合同。那些单价高、技术含量高的设备，以及大批量、连续供货的零配件尤其如此，有的甚至需要供货商按特殊要求定制。直接购买程序比较复杂，组织购买需要报价表、（卖方）购买建议提案、购买合同等必要的文件。

2. 互惠购买

互惠购买也是产业市场常见的一种购买形式。产业购买者往往选择那些购买自己产品的企业作为供应商，相互购买对方的产品并相互给予优惠的交易条件，实行"互惠交易"。这样，有助于双方建立稳定的购销关系。

3. 租赁

在设备的购买上，产业市场的购买者日益转向租赁，以代替完全购买。产业市场的购买者采用租赁形式取得一定时期内设备的使用权，不仅可以缓解资金短缺压力，在不追加大量投资的情况下实现设备技术更新，还可以避免设备折旧的风险。出租者可以通过租赁设备取得收益，提高设备利用效率，降低其无形损耗，双方均受益。

4. 招投标采购

采用招投标采购形式采购产品的主要是政府机构、学校、医院等非营利性组织。在大多数国家，这些用户是企业不能忽视的大客户。在招投标采购中，采购合同以招标的形式发出，有意向的卖方均可在规定的期限内提交产品报价（通常是密封的），报价最低者中标。招投标采购形式给所有潜在的供应商赢得了订货合同的公平机会，并有助于资金的合理支出。

五、产业市场的购买类型

产业市场购买决策过程的复杂程度和决策项目的多少，取决于其购买类型。产业市场购买类型有3种，即直接重购、修正重购和全新购买。

1. 直接重购

直接重购是指用户根据常规的生产需要和过去的供销关系进行重复性采购。这是一种常规的、重复性的采购行为，决策过程较简单，决策项目最少，容易掌握其规律。购买者只需按以往的订货目录，向原来的供货商订货，履行手续即可，基本上不需要制定新的购买决策。

2. 修正重购

修正重购是指企业出于各种原因，适当改变要采购的某些产品的规格、价格、数量等，或想重新选择、更换供应商。这种购买类型比较复杂，介于直接重购与全新采购之间，是企业为了满足优化产品结构、改进工艺流程、扩大生产、寻找新的供应商等方面的要求而采取的购买决策。

3. 全新购买

全新购买是指企业第一次采购某种生产资料用品，并在市场上寻找新的供应商。这种购买类型最为复杂，影响采购的因素最多，参与决策的人数多，决策项目多，用户要围绕许多项目拟订若干采购方案，从中择优实施。

六、产业市场购买决策

产业市场购买决策，大多属于集体决策，决策团队的成员往往来自不同的部门、带有不同的身份，直接或间接参与产品采购过程的各项决策。参与购买决策过程的所有成员形成一个采购中心或决策单位。

1. 采购决策团队特点

（1）参与购买的决策者众多，有技术专家、高级管理人员、采购专家、财务主管，有时还有最高管理者或产品实际操作使用者。

（2）采购人员多经过专业训练，对所购产品的技术细节比较了解。

（3）采购中心的所有成员具有同一采购目标，并分担购买决策风险。

2. 采购决策团队角色

(1) 倡议者。倡议者又称发起者，是指确认购买需求的人。他们可能是组织内的使用者或其他人。倡议者确认需求的方式（如抗议、要求、成本节约建议、解决问题、投资机会等）能影响确认过程的很多方面和具体的要求。

(2) 使用者。使用者是指组织中实际使用（或拒绝使用）产品或服务的成员（如生产工人、维修工程师、秘书等）。他们可以在购买过程中扮演其他角色（如倡议者、影响者），他们在决定购买是否可行方面有重要作用。在许多场合中，使用者首先提出购买建议，并协助确定产品规格。

(3) 影响者。影响者是指企业内外一切对最后购买决策有影响的人，通常是技术人员，如工程师、质量控制专家和研发人员。他们通过提供用于指导对供应商进行评估的信息或者指定采购规格，协助确定产品规格等购买要求参数，从而影响采购决策。作为影响者，技术人员尤为重要。有时采购的组织会从外面雇用顾问，这些人也会影响采购决定。

(4) 决策者。决策者是指最终对产品和服务做出选择的人，他们可以是高级、中级甚至初级的管理人员。对于销售人员来说，最难确定的就是决策者的身份。在经常性采购中，采购者常常是决策者，而在复杂采购中，公司领导人常常是决策者。

(5) 采购者。采购者是指被企业正式授权具体执行采购任务的人员，他们负责选择供应商和具体洽谈购货合同的条款。在复杂的采购工作中，采购者还包括那些参加合同谈判的高级人员。

(6) 控制者。控制者是指能阻止卖方销售人员与企业采购中心成员接触，或控制外界与采购有关的信息流入企业的人。例如，不允许销售代表与经理通话或见面的电话接线员、接待员、秘书，坚持"预定程序"的守旧的管理人员等。

七、产业市场购买决策过程

产业市场购买决策过程按其购买类型的不同而各异。直接重购的购买过程所经历的阶段最少；修正重购的购买过程多些；而在全新购买这种复杂的购买类型中，购买过程的阶段最多，要经过 8 个阶段。

1. 认知需求

生产资料采购企业的购买过程起始于企业认识到某种需要的存在，并能通过购买某种产品或服务而得到满足。认知需求是由企业的内部刺激和外部刺激引起的。内部刺激主要来自于：①存货水平下降到基本存量以下，需要重新采购；②对现在供应的产品在规格上有新的要求；③开发新产品所必需的新原料、新设备等；④原有供应商的产品不符合新的要求，需寻求新的供应商；⑤设备出现故障，需重新购置等。

外部刺激主要来自于：①营销环境因素出现较大的变化；②供应企业营销组合策略的影响，如促销活动的影响等。

2. 确定需求

企业在认知需求后，需要进一步分析需求，确定所需产品的特征、数量等。如企业为了开发换代产品而购买生产资料，其购买设备要求必须先进，材料质量要求要高，并根据企业生产规模和目标产量确定采购数量。对此，供货单位营销人员应及时向采购方介绍自己产品的功能、特点，使其了解自己的产品，协助采购人员确定需求方向。

3. 需求说明

企业在确定需求后，需要有关专家小组对拟购产品进行价值技术分析及详细的技术说明，以作为采购人员采购时的取舍标准。

4. 寻找供应商

企业对拟购产品做出具体规定之后，就需通过查阅工商企业名录、广告、询问其他企业、派采购员出访或通过咨询公司提供信息资料等形式寻找供应商，并通过分析、评价，排除信誉欠佳或供货能力不足的企业，初步确定合适的少数供应商。

5. 征求供货信息

采购企业邀请符合标准的供应商提供有关建议，取得预购产品的相关信息资料，如商品目录、价目表、质量标准等，并对这些信息资料进行分析、评价。对此，供货企业的营销人员必须善于提出与众不同的建议书，提高客户的信任度，争取成交。

6. 选择供应商

企业采购中心通过供应商所提供的产品质量、数量、价格、信誉、交货期限及技术服务等来评估供应商，以选择符合企业要求的最终的供应商。

7. 选择订货方式

采购企业首先向确定的供应商发出订货单，准确地列出拟购产品的技术质量要求、品种、规格、数量、交货日期与地点、付款方式、保险单及产品保证等。供应商保证按订货单供货。其次，选择订货方式。一般有"定期采购交货"与"一揽子合同"两种形式。生产企业为了减少库存量，实现零库存采购，往往采用"一揽子合同"的订购方式。

8. 购后评价

产品购进使用后，企业采购部门还要向使用部门征求意见，了解其对产品使用的满意度，并对各个供应商的绩效进行评价，以决定是继续、修正还是停止向该供应商采购。因此，供应商必须事先了解使用者的反应，以便争取主动，提高重复购买率。

八、影响产业市场购买行为的主要因素

在产业市场上,购买者在制定采购决策时往往受到多种因素的影响和制约。韦伯斯特—温德模型主要研究 4 组影响因素:环境因素、组织因素、人际因素和个人因素。

1. 环境因素

环境因素是指企业外在的客观环境,包括政治法律环境、经济环境、技术环境、文化环境、地理环境等,是企业不可控因素。这些环境因素中,经济环境对用户采购决策的制约作用最大,如国民经济发展状况、市场需求趋势、价格、产业结构等都直接影响着企业生产资料的采购。因此,买卖双方都必须熟知环境的变化,做出正确的购买决策与营销策略。

2. 组织因素

组织因素属于企业内部因素。每个产业用户都有自身的经营目标、经营政策、业务程序、组织机构和规章制度等,形成较完备的管理体系。这些因素必然会影响到用户的购买动机和购买决策。对此,供应企业应当了解购买用户的组织体系和运作情况,如了解有哪些人参与购买决策、各自的地位高低与权力大小、用户的购买标准等,以便针对性地采取相应的营销策略。

3. 人际因素

人际因素泛指企业内部的认识关系。一般而言,产业市场用户购买活动具体由企业不同职位、不同身份的成员所组成的"采购中心"来执行。企业"采购中心"包括倡议者、使用者、影响者、决策者、采购者、控制者,这些成员共同参与购买决策过程,因其在组织中的地位、职权、影响力以及彼此的关系不同而对购买决策产生不同的影响。

4. 个人因素

产业市场购买行为多数属理性行为,但参加采购决策的仍然是由具体的人员来实施,而每个人在做出决定和采取行动时,都不可避免地受其自身年龄、收入、教育、个性、职务、志趣及对风险态度的不同等因素的影响。如受过良好教育的年轻采购人员,往往对供应商很挑剔;有丰富采购经验的老采购员,善于抓住对方的漏洞、弱点而获得交易上的利益。因此,供应企业的营销人员要经常与采购人员打交道,了解不同采购人员的心理、偏好、风格等,以采取有力措施,尽可能消除由于用户采购人员的个人因素而可能出现的障碍,甚至可以通过采购人员打开交易通道。

任务三　分析服务市场

一、服务市场的范畴

服务市场是指提供劳务和服务场所及设施，不涉及或甚少涉及物质产品的交换的市场形式。传统的服务市场是狭义概念，即指生活服务的经营场所和领域，主要指旅社、洗染、照相、饮食和服务性手工业所形成的市场。

现代服务市场是一个广义的概念，所涉及的行业不仅包括现代服务业的各行各业，而且包括物质产品交换过程中伴生的服务交换活动。现代服务市场所涉及的服务业的范围包括金融服务业、公用事业、个人服务业、企业服务、教育慈善事业、各种修理服务、社会公共需要服务部门和其他各种专业性或特殊性的服务行业。

二、服务市场类型

服务市场是组织和实现服务商品流通的交换体系和销售网络，是服务商品生产、交换和消费的综合体。服务市场与一般商品市场相互依存、相互作用，存在着密切联系。服务市场是一个庞大的市场系统，根据不同的标准，可以将服务市场划分为以下几种类型：

（1）生产服务市场。生产服务市场主要是指以满足企业生产活动为目的，直接为企业生产过程提供服务的市场。主要包括：机器设备维修服务、生产线的装配、零部件的更换、机器的保养服务；生产经营管理活动服务；劳动力的培训服务。

（2）生活服务市场。生活服务市场主要是指以满足人们生活需要为目的，提供满足人们生活需要的服务商品的市场。主要包括：加工性服务、活动性服务、文化性服务。

（3）流通服务市场。流通服务市场主要是指提供商品交换服务和金融业服务的市场。主要包括：生产过程服务，如保管、包装、搬运等业务；交换性服务，如柜台销售、业务洽谈等商业活动；金融业服务，如存贷款、储蓄、支票管理、结算和代客户转移支付等服务。

（4）综合服务市场。综合服务市场主要是指交叉性服务市场。主要包括公共事业服务、运输服务、旅游服务、信息传递服务等。

三、服务市场的作用

服务市场的发展对市场体系的发展与完善和推动国民经济快速发展具有重要作用。

（1）有利于深化社会分工，节约劳动时间。在社会生产过程中，当生产水平不高，社会分工不发达，并且生产规模狭小时，生产过程中所有与生产有关的活动往往都由企业独自完成。随着社会分工日趋发达，市场范围不断扩大，而企业的生产规模也逐渐扩大，生产中的一些辅助性的或为生产创造条件的劳动就逐步分离出来，由专门的服务部门来承担和负责。因此，服务市场的快速发展有利于节约劳动时间，深化社会分工，提高企业的劳动生产率。

（2）有利于促进国民经济各部门密切配合。在市场经济中，国民经济各部门之间存在着紧密的联系，人们之间的各种经济交往也十分活跃。而服务业的经济活动恰恰主要是围绕着这种联系和经济交往展开的。同时，服务业的发展对国民经济各部门的发展起着制约或调节的作用。主要体现为：一方面，服务业的容量和发展规模直接推动或限制国民经济各部门的发展；另一方面，服务产品供给量的变动，对各部门的生产及经营的规模和结构的调整起着重要的作用。

（3）有利于吸纳劳动力，扩大就业容量。随着社会经济的持续快速发展，社会资本有机构成呈逐渐提高的趋势，直接导致对劳动的需求不断下降。而服务业大多为劳动密集型产业，能够吸纳大量劳动力，扩大就业容量。目前，我国的劳动就业形势十分严峻，服务业无疑成为我国吸纳劳动力，增加劳动就业的主渠道。

四、服务市场运行的特点

服务市场又称服务产品市场，是服务产品交换关系的集合。它既是市场体系的一个组成部分，又是商品市场形成、发展和完善的条件或经济环境。在传统经济条件下，服务市场伴随着商品市场而存在；在现代经济条件下，服务市场迅猛发展，成为独立于实物商品市场之外的有机部分，并充当市场体系中具有生命活力的组成因素。

服务市场运行中的供求机制有别于商品市场。其突出特点是服务产品的生产能力与购买能力之间的矛盾在通常情况下难以暴露，只有在矛盾相当尖锐激化的时候才反映出来，在一般情况下，人们不大注意也不太关心服务市场的供求关系，这表明服务市场的供求弹性大，服务市场运行的自由度高。例如海港由于泊位少，装卸能力不足，在平时难以觉察，直到压船压港，问题积压严重时，才暴露出海港泊位少、装卸能力不足的矛盾。

服务市场是伴随着商品市场出现的，但服务市场的发展却在第二次世界大战以后的几十年间，尤其是在20世纪的后20年间。纵观服务市场的发展变化过程，显示出如下的趋势：

（1）服务市场规模扩大快，服务营销发展速度快。

（2）服务领域不断拓宽，服务市场结构日渐完善。

（3）国际服务市场中依然存在着区域间的差异，发达国家的领先地位与发展中国家的滞后状态形成反差。

任务四 分析技术市场

一、概述

技术市场是技术商品的营销场所和领域,包括软件技术市场、硬件技术市场、一体化技术市场。软件技术市场指通过学术交流会、成果鉴定会、报告会以及信息传递和咨询服务等形式营销技术信息的市场;硬件技术市场指通过科技成果展览和技术协作攻关营销技术产品的市场;一体化技术市场指技术信息和技术产品融为一体的营销市场。

技术市场的交换关系,主要是技术成果的生产者、经营者、消费者之间的关系。

二、技术市场的特点

(1) 技术商品是知识商品,以图纸、数据、技术资料、工艺流程、操作技巧、配方等形式出现。

(2) 技术商品交易实质是使用权的转让。

(3) 技术商品转让形式特殊,往往通过转让、咨询、交流、鉴定等形式,直到买方掌握了这项技术,交换过程才完成。

(4) 技术商品价格确定比较困难,价格往往由买卖双方协商规定。技术市场在我国经济发展中具有重要作用。它同科技经济发展之间存在着良性循环的关系;它能促进科技成果迅速转化为现实的生产力;它有利于科研与生产的密切结合;它能促进科技人员合理流动,优化科技人才的合理配置,有利于减少人才资源的浪费。

三、技术市场的分类

技术市场属于商品经济范畴,哪里有技术商品生产与交换,哪里就有技术市场。

按照地区,技术市场可以分为本埠技术市场、省区技术市场、全国技术市场和国际技术市场。

按照产业,技术市场可分为工业技术市场、农业技术市场、交通运输技术市场、建筑技术市场。

按照技术商品的形态,技术市场可分为软件市场、硬件市场和综合技术市场等。软件市场一般采取报告会、学术交流会、成果鉴定会、技术信息交流以及技术咨询服务等形式;硬件市场一般采取技术成果交易会、展览会和技术协作攻关等形式;综合技术市场是多种新产品、新工艺、新装备和新技术的展销活动。

技术市场统计指标分类办法主要依据如下：

（1）国家发展改革委、科学技术部、工业和信息化部、商务部、知识产权局《当前优先发展的高技术产业化重点领域指南（2011年度）》，2011。

（2）科技部、财政部、国家税务总局《中国高新技术产品目录》，2006。

（3）国家统计局《国民经济行业分类 GB/T2260-2005》，2005。

（4）国家统计局《最新县及县以上行政区划代码》（截至2005年12月31日）。

（5）国家统计局、国家工商行政管理局《关于划分企业登记注册类型的规定》，1998。

（6）国家海关总署《2003年国别（地区）统计代码表》，2003。

四、技术市场的组织形式

（1）科技交流会和科技商店。它们都是以科技成果为交易内容的。其区别在于前者是一种集市性质的市场，后者则是常设的市场。

（2）咨询服务公司。它的业务内容非常广泛，主要包括决策咨询服务、工程技术咨询服务、管理咨询服务等。

（3）行业技术开发。服务的重点是行业内的中小企业。

（4）许可证贸易。通常指许可方通过与被许可方签订书面合同，允许被许可方在一定条件下使用专利权人所拥有的某种技术的一种贸易，已成为技术贸易的主要形式之一。

五、技术市场的经营范围

技术市场与一般的实物性商品市场不同，有其特定的经营方式和经营范围。技术市场的经营方式和范围主要包括：

（1）技术开发。它是由掌握技术的一方受另一方的委托，就某种技术项目所进行的研究、设计、试制、应用推广等项活动的经营业务。

（2）技术转让。它是指技术成果由一方转让给另一方的经营方式。所转让的技术包括获得专利权的技术、商标，以及非专利技术，如专有技术、管理方法等。

（3）技术承包。它是指一方根据另一方的要求，通过合同的形式，就某一工程技术项目的研究、开发、设计、生产、应用全面负责。在一般情况下，技术承包含有大量非技术性内容，如采购、运输、辅助劳力等。

（4）技术咨询。它是指掌握技术和知识的一方受另一方的委托，提供各种可供选择的决策依据的一种智力服务形式。技术咨询的内容主要包括政策咨询、管理咨询、工程咨询等。

（5）技术服务。它是指拥有技术的一方为另一方解决某一特定技术问题所提供的各种服务。如进行非常规性的计算、设计、测量、分析、安装、调试，以及提供技术信息、改进工艺流程、进行技术诊断等。

（6）技术中介。它是指为技术商品的供需双方提供中间服务的经营方式。其主要内容是提供信息、组织洽谈，或提供其他的辅助服务。

（7）技术培训。它是指一方为另一方提供某种知识或技能培训的经营活动。职业上岗培训和继续工程教育等一般的成人教育，不能纳入技术市场的经营范围。

（8）技术入股。它是指一方以技术作为投资，与另一方合作，共同组成经济实体的技术交易形式。

六、技术市场的贸易类型

技术市场的贸易类型主要有技术转让与引进、技术咨询与服务、技术许可证贸易等3大类型。

1. 技术转让与引进

技术转让是指技术商品从输出方转移到输入方的一种经济行为。对输出方来说是技术转让，对输入方来说是技术引进。以技术转让与引进为主要内容的技术贸易已成为国际上传播技术的重要方式。

2. 技术咨询与服务

技术咨询与服务是以技术传授、技能交流、技术规划、技术评估、技术服务、技术培训为主要内容的一种经营活动，它是技术贸易活动中的一个基本形式。因此，技术咨询与服务是使决策科学化的一种有效形式。技术咨询与服务包括决策咨询、工程技术咨询、管理咨询、专业咨询和信息咨询5种类型。

3. 技术许可证贸易

技术许可证贸易是当前国际上技术贸易的一种主要形式，是一种把技术买卖双方以契约或许可证形式固定下来的，受到合同法或专利法保护的技术贸易类型。技术许可证贸易按转移的使用权不同，可分为独占许可证、排他许可证、普通许可证、可转让许可证和互换许可证5种。技术许可证贸易按转移技术内容的不同，可分为专利许可证贸易、商标许可证贸易、专有技术许可证贸易3种。

拓展任务

（1）联系产业市场营销实际，掌握产业市场需求与购买行为特点，认识到分析产业市场的必要性与重要性。

（2）结合案例，分析产业市场的购买特点。

（3）能分析某一工业品/服务的产业市场及其购买行为，并提出建设性的营销策略。

利乐模式：工业品营销的新出路

利乐集团（以下简称"利乐"）是全球最大的饮料纸包装生产商之一。在中国，蒙牛、伊利、娃哈哈、汇源、王老吉等知名品牌都先后选用了利乐作为纸包装的供应商，而且，在中国，利乐在同行中还基本上没有遇到有力的竞争对手，已经处于垄断地位。单单说蒙牛、伊利吧，它们的主力品种——常温牛奶产品，都是100%选用利乐包装，由此可见利乐是何等的厉害。

1. 重视品牌营销而不仅仅依赖于技术上的强势地位

与一般的工业品企业不同，尽管利乐在技术上也有相当的强势地位，但它对品牌的建设更加重视。从2005年开始，利乐通过"利乐，保护好品质"的健康诉求成功打响品牌第一战，它不甘心做幕后英雄，在中国市场尤其注意品牌形象建设。2006年开始，利乐又通过尝试"品牌联合"推广模式进行品牌提升，取得了不错的成效。利乐品牌在中国包装市场已形成相当强大的影响力。

2. 率先创新自己的价值定位，转换身份，赢得主动

现在的利乐，从来不将自己看作一个单纯的供应商的身份，而是将自己定位在"企业服务商"这个角度。在利乐看来，"利乐提供给客户者包装材料，服务的不仅仅是生意的解决方案，也不仅仅是设备或者包装材料，甚至不仅仅是服务"。

3. 不仅仅满足于在企业客户中建立认知，而是率先向消费者"示爱"，创造更大的市场影响力

当年英特尔公司花费数亿美元在全球打响"Intel Inside"战役时，许多人都以为这是英特尔公司头脑发昏的举动。直到后来，消费者在终端选电脑首先看有没有Intel芯片，甚至将Intel芯片当成电脑先进不先进的标准时，竞争对手才恍然大悟。英特尔公司无疑是聪明的。它不仅仅满足于企业客户对自己的认可，因为有时候，仅仅被企业客户和行业对手认可，其实也是非常危险的，这意味着自己的话语权还不够强大，甚至地位并不平等。因此，它将自己的诉求对象延伸到最终的消费客户，在消费者心目中建立影响，完成对消费者的教育工作，从而获得了更大的博弈能力。

4. 利乐并不陶醉在与大客户的合作中，而是将未来的发展重心放在了数量更多的中小企业身上

不管是英特尔公司，还是利乐，都很明白这一点的重要性。因此，它们在完成对优质客户的占领后，又盯上了行业中成长性良好的中小企业。比如，利乐对西安银桥乳业这样的中小规模企业的开发，就体现了这一战略意图。"合纵连横"方能自保，看来英特尔公司和利乐都是深谙这一举措的要害的。

正是通过以上方法的巧妙运用，利乐在中国市场如鱼得水，市场份额数年来一直节节攀升。尽管竞争对手也在不断加入，如瑞士SIG集团康美包、美国国际纸业，这些后来者的生产线已经出现在蒙牛、伊利、光明等利乐的核心客户车间

中,此外,诸如青岛人民印刷、山东泉林等国内企业的包装材料也出现在利乐的生产线上,但利乐的高明之处就在于,并不仅仅将产品作为自己的唯一竞争法宝,而是更加"加强自己的全方位服务,比如供应链、技术支持等"(利乐企业某副总裁语),将企业客户和消费一起捆绑进自己的利益战车当中来。

(资料来源:道客巴巴网)

项目三　识别与分析市场竞争者

任务引入

白药搅了邦迪的"局"

20世纪初，美国强生公司的一名员工埃尔·迪克森（Dickson）将粗硬纱和绷带黏合，发明了一种外科轻微创伤用快速止血产品。工厂主管凯农将它命名为Band-Aid（邦迪）。邦迪创可贴实际上是由具有弹性的纺织物与橡皮膏胶粘剂组成的长条形胶布。

云南白药很快发现消费者认知领域中邦迪创可贴实际上等于一条胶布，那好了，云南白药就可以在这个里面进行认知的拆解切割，进行概念再造。云南白药是有药的创可贴，这样就在整个行业里，在这个认知里切上一道，建立一个新的认知范式。当这种认知范式建立之后，白药创可贴的产品定位马上就可以提出来。

第一个优势：开辟新战线，迅速分割市场

白药创可贴以"含药"作为与邦迪相区别的产品差异点，这样就使得白药创可贴在极短时间内就在消费者心目中获得一个据点，在毫无竞争优势的情况下，凭借"含药"概念迅速占据既能止血又能消炎、止痛这块凭空分割出来的战略之地。

第二个优势：借势成名，以强制强

云南白药恰好找到了邦迪的最薄弱环节，"给邦迪加点白药"，这无疑是告诉消费者，白药创可贴是含药的创可贴，不是普通胶布，仅凭这一点，云南白药创可贴就站在了邦迪的肩膀上，邦迪在小创伤市场的近十年殚精竭虑的打拼，瞬间变成了为含药创可贴的奠基性打工。云南白药借用强生的方法，结合白药更明显的疗效，轻松地实现了"借势成名，以强制强"的竞争目的。

第三个优势：替代效应

事实上，云南白药的止血、消炎功能早已为中国的消费者所熟悉。"含药"概念一经提出，白药贴的优势、白药贴的特色、白药贴的风格、白药贴的与众不同马上就凸显出来了，在不含药占了绝对优势的小创伤护理产品中，它就显得卓尔不群，说到治伤就离不开它，而且表现的是一种天下第一的形象。白药毫不费力地取代了不含药创可贴的市场主导地位。

第四个优势：市场第一效应

这种差异定位使得白药实现了产品品牌之间的类的区别，创造出独一无二的第一优势。这种所谓的"第一"的优势可谓与生俱来、得天独厚，形成了营销学上难得一见的第一效应——"第一说法、第一事件、第一位置、第一产品"。因为创造第一，才能在消费者心中造成难以忘怀、不易混淆的优势效果。即便将来有产品仿冒跟进，也无法打破白药创可贴在消费者心中树立起来的"含药、止痛、消炎、止血、方便"的第一形象。

第五个优势：形成市场垄断

这样的定位一旦建立，就等于制造出一个高难度的市场进入壁垒，它轻易地将邦迪及一些小品牌拒于市场之外，无论何时何地，只要消费者产生了相关的需求，就会自动地、首先想到这个率先提出"含药"概念的品牌，云南白药创可贴便能达到"先入为主"的效果。基于对手的竞争取向、排他性的进入壁垒与原创性的第一主张，它无形中提高了其他小创伤止血产品的进入门槛和市场运营的成本。

第六个优势：形成品牌效应

"含药"概念的定位，为云南白药100年的历史文化提供了延伸空间，其悠久的历史使消费者获得了充分的心理安全度，消费者信赖白药创可贴是因为云南白药的品牌效应，它能赋予含药创可贴的利益远远高于开发不含药创可贴。

一个小小的"含药"定位，顺利地帮助云南白药创可贴完成了与邦迪创可贴的消费认知切断，它带来的事实是，在2001年前云南白药创可贴还只能仰视邦迪，到了2008年6月，其销售额已经高达3亿元（其中包括白药牙膏及其他透皮产品约1.5亿元），白药创可贴一跃成为创可贴江湖唯一能和其平起平坐的"武林高手"。这意味着邦迪主导的小创伤口市场竞争格局完全被打破，市场份额被迫重新分配，邦迪在未来的中国创可贴市场拓展中不得不直接面对这个风格沉稳泼辣的竞争对手。

（资料来源：全球品牌网）

学习任务

任务一　识别竞争者

一、行业竞争者识别

由于竞争者首先存在于本行业之中，企业应先从本行业出发识别竞争者。提供同类产品/服务或者可以相互替代产品的企业共同构成一个行业，如汽车行业、金融行业等。由于同行业企业之间的产品/服务的相似性与可替代性，在同行业内部，如果一种商品的价格发生变化，就会引起相关商品的需求量的变化。因此，企业需要全面了解本行业的市场竞争状况，制定针对行业竞争者的战略与策略。

二、市场竞争者识别

企业还可以从市场的角度识别竞争者。凡是满足相同的市场需要或者服务于同目标市场的企业，无论是否属于同一行业，都可能是企业的现实或潜在的竞争者。从满足消费者需求出发，基于市场的角度去发现竞争者，可以从更广泛的角度来有效识别企业的现实竞争者和潜在竞争者，有利于企业在更广泛的领域中制定相应的竞争战略。

基于市场角度，企业可以按以下4个层次对市场竞争者进行界定。

1. 品牌竞争者

同一行业中，以相似的价格，向相同的顾客群提供类似产品与服务的企业互为品牌竞争者。如通用汽车公司的别克轿车，将福特、丰田及其他中档汽车生产商视作企业的竞争对手，而不会把生产高档车的奔驰公司和生产低档车的汽车公司当作自己的竞争者。

2. 行业竞争者

企业把那些提供与本企业相类似的或易于相互替代的产品与服务的企业，视为自己的行业竞争对手。在这一竞争层面上，别克汽车公司将把所有的汽车制造商（不论是生产高档还是低档汽车）看作它的竞争对手。

3. 形式竞争者

在这一竞争层面上，企业会把那些能满足消费者某种相同的需要或欲望的产品形式的企业，视作本企业的竞争者。例如，能帮助消费者解决"代步"问题的产品形式很多，有汽车、卡车、摩托车、自行车等交通工具，因此，在形式竞争者这一方面，别克公司的竞争对手就不仅仅是汽车制造商，还应包括卡车、摩托车、自行车等产品的制造商。

4. 愿望竞争者

愿望竞争者是指提供不同的产品以满足不同需求的竞争者。如消费者要选择一种万元消费品，他所面临的选择就可能有电脑、电视机、摄像机、出国旅游等，这时电脑、电视机、摄像机以及出国旅游之间就存在着竞争关系，成为愿望竞争者。

任务二 分析市场竞争者

一、竞争者的市场目标分析

竞争者通常会有多个侧重点不同的市场目标组合，如市场占有率、技术领先、服务领先、成本领先、获利能力等。了解竞争对手的市场目标组合的侧重点非常关键,可以预知竞争对手的市场反应、竞争策略发展动向等。如,一个以"低成本领先"为主市场目标的竞争者,对其他企业在降低成本方面的技术突破十分重视,而对其增加广告预算则不太注意。

二、竞争者的竞争策略分析

市场竞争者之间采取的竞争策略有的不同,有的类似。竞争策略越类似,市场竞争就越激烈。在多数行业中,根据竞争者所采取的主要竞争策略的不同,可将竞争者划分为不同的竞争群体。

1. 同一策略群体的竞争者

凡采取类似竞争策略的企业,可以划分为同一策略群体。如美国的通用电气公司、惠普公司和施乐公司都提供中等价格的各种电器,因此,可将它们划分为同一竞争群体。属于同一策略群体的竞争者一般采用类似的策略,相互之间存在着激烈的竞争。

2. 不同策略群体的竞争者

凡采取不同竞争策略的企业,可以划分为不同策略群体。在不同的策略群体之间也存在着竞争,因为:①企业之间目标市场相同,相互之间存在争夺目标顾客的竞争;②竞争策略差异不够明确,导致顾客混淆了企业之间的差别;③企业竞争策略的多元性,使不同策略群体之间的竞争策略发生交叉;④企业可能改变或扩展自己的竞争策略,加入另一策略群体行列。

一般而言,实力有限的中小型企业适于进入竞争不太激烈的群体,而实力雄厚的大型企业则可考虑进入竞争性强的群体。

三、竞争者的优势与劣势评估

各个竞争者是否能够成功有效地实施其策略并完成其目标,需视其资源和能力而定。为此,企业必须正确地评估每一个竞争对手的优势与劣势,做到知己知彼,才能有针对性地制定正确的市场竞争策略,以避其锋芒、攻其弱点、出其不意,实现企业营销目标。

1. 竞争者的优劣势评判

竞争对手的优劣势主要通过其在市场上的表现来进行判断,主要体现在以下几个方面(见表2-1)。

表2-1 竞争者的优劣势体现

项目	内容
产品	产品的市场定位;产品的适销性;产品组合的宽度、深度等
销售渠道	销售渠道的广度与深度;销售渠道的效率与实力;销售渠道的服务能力

(续上表)

项目	内容
市场营销	市场营销组合的水平；市场调研与新产品开发的能力；销售队伍的培训与技能
生产与经营	生产规模与生产成本水平；设施与设备的技术先进性与灵活性；专利与专有技术；生产能力的扩展；质量控制与成本控制；区位优势；员工状况；原材料的来源与成本；纵向整合程度
研发能力	企业内部在产品、工艺、基础研究、仿制等方面所具有的研究与开发能力；研究与开发人员的创造性、可靠性、简化能力等方面的素质与技能
资金能力	企业的资金结构；筹资能力；现金流量；资信度；财务比率；财务管理能力
组织	组织成员价值观的一致性与目标的明确性；组织结构与企业策略的一致性；组织结构与信息传递的有效性；组织对环境因素变化的适应性与反应程度；组织成员的素质
管理能力	企业管理者的领导素质与激励能力；协调能力；管理能力；管理者的专业知识；管理决策的灵活性、适应性、前瞻性

2. 竞争者信息的获取

竞争情报系统（Competitive Intelligence System，CIS），是企业竞争战略管理实践中新出现的概念。竞争情报，就是有关自己、竞争对手、竞争环境以及由此引出的相应竞争策略的情报研究，是企业为获得和（或）维持竞争优势而采取决策行动所必需的信息。

因此，企业需要建立自己专门的情报信息组织机构，并由专门的人员通过合法的渠道（如二手资料、企业家个人经历或传闻、推销人员、顾客、中间商、供应商、市场咨询公司、市场调研公司等），搜集、分析、处理竞争对手的信息资料，建立竞争者档案，为企业经营决策服务。

3. 竞争对手情报的获取途径

（1）公开资料。"情报的95%来自公开资料，4%来自半公开资料，仅1%或更少来自机密资料"。理论上是这么说，但在我国，从公开信息源获取的情报还是很有限的。所以，企业要有善于在公开资料中找到部分有用信息的能力。

①企业名录。企业名录中的信息如企业规模、产品、产量、销量、销售额等不仅有助于初步确定竞争对手，了解其产品等一般情况，还可以借助统计年鉴等其他资料加工出所需的新信息，如产品的市场占有率、市场覆盖率、市场销售增长率、市场扩大率、竞争产品分布、竞争结构、同类企业实力比较等。

②产品样本。产品样本文献具有可靠性较强、产品和技术信息较完整、及时及相对新颖的特征。产品样本是对定型产品的型号、技术规格、原理性能、技术参数所做的具体介绍，也附有结构图和照片。产品说明书的内容更详尽，往往还列出产品的工作原理、用途、效率、结构特点、操作规程、使用、保养和维修方法等。产品说明书和单项产品样本直观性强、数据多，是从事计划、开发、销售、外贸专业人员了解产品、掌握市场情况的重要信息源。

③报纸和简报。报纸和简报，尤其是行业报纸、经济信息类报纸和地方性报纸，是了解行业竞争态势的重要窗口。这类报纸与简报常常刊登有上市公司股票交易简况、上市公司年度报告、工业企业规模/实力排序（有关"50强"或"百强"销售额或营业收入的排序）、竞争产品名单（按类排列的、市场占有率较高的"名牌产品"）；专家对某行业或产品竞争状况的分析，如价格战、商战的报道是许多报纸的热点，通过"点评""现象透视""热点追踪""访谈"等专栏分析文章可以了解许多极有用的竞争性信息。

④专利文献。专利文献具有详尽、内容广泛、专利说明书既是技术文件又是法律文件的特点，在传递竞争信息方面发挥着以下重要的作用：是新产品开发的重要信息源；是市场竞争的重要手段；监视竞争对手的专利申请活动，以阻止对手申请专利成功，或抢先于对手申请同类专利；专利权的保护；专利情报作为"预警"系统。

⑤上市公司年报。上市公司的年度报告是极为有用的竞争情报信息源，几乎囊括了所有作为商业秘密的工业普查资料上的企业财务信息：营业收入、净利润、总资产、股东权益、每股收益、每股净资产、股东户数、持股数、名列前几名的股东情况、股本变化及股本结构、资金运用、会计政策、原材料、投资、负债、债券、库存等，以及客户情况、内部管理、人事等信息，不仅有数量指标，还有质量指标，可供分析时参考。

⑥非上市公司财务信息。非上市公司财务信息主要来源于政府机构（如统计局、主管部门的出版物）、行业协会、信用调查机构、行业和地方报纸、行业性期刊等。这些渠道集中了行业方面的企业动态、竞争态势、市场状况、各种消息、人员情况。其中，期刊包括学术性（技术性）期刊、评述性期刊（政策、进展、成就、趋势）、通讯性期刊（快报、短讯、消息、最新成果、人员流动）、资料性期刊（实验数据、技术规范、法规、统计资料、商情）。

（2）电子信息源中的竞争情报。

①数据库。情报人员可以用任何一个反映竞争对手特征的有检索意义的词作为检索入口；可以通过把多个字段结合起来检索出一系列满足特定需要的信息。数据库的储存容量大，检索效率高。一个有经验的情报人员一次为时4小时的联机库检索量，相当于他花4个星期在图书馆里查到的信息量。

②企业网站。许多公司在网上公布了大量信息,因此,竞争情报工作常从监测竞争对手的网页开始。通过监测竞争对手的网页,可了解其产品种类的增减;查询其新闻发布内容,可知道它们是否在进行新的促销活动,是否得到了新的顾客或新的联盟;点击"招聘专栏",可以了解其正在招聘什么人。定期监测有时可得到意外的收获。

③从网上讨论获得信息。可以从电子邮件、新闻服务和一些查询工具进入各种讨论小组,从而获得一些有价值的情报。Internet 上的电子论坛一般是专题讨论,相当一部分电子论坛为公司所有,主题围绕其产品和服务,利用它就可以对行业内产品及服务进行讨论,了解供应商、销售商及消费者对产品的反应,获得竞争对手对本企业产品的评价,还可以了解参加讨论的人的情况,利用网上工具获取作者信息,建立资料库,必要时可长期联系,跟踪获得有用情报。

(3) 本企业内部的竞争情报源。大量竞争情报(也许多达所需信息的80%)来自本企业。不少本企业职工通过各种渠道有意或无意地掌握了这些信息,且具有分析信息的知识和能力。他们的专业知识、实践经验和社会关系本身就是宝贵的信息源。

(4) 人际关系网(第三方)信息源。第三方是指与本企业和竞争对手都发生联系的个人和机构的总称,包括用户、经纪人、股评家、市场调查机构、银行、广告公司、咨询机构、中间商、行业主管部门、行业协会、大众媒体、消费者组织、质量检验部门、储运部门等。可以通过第三方渠道获得所需的竞争情报,第三方渠道如下。

①询问关键客户。许多公司的客户既买本公司的产品也买竞争对手的产品,对同行展示的新产品非常了解,是公司的重要信息源。通过关键客户了解相关竞争情报的一个有效方法是密切参与客户的活动而从中获取有价值的信息。

②询问供应商。企业供应商可以提供的信息包括对手的生产产量或生产计划安排,供应商向对手供货的数量(可间接推算其产量),根据供应商的生产效率和能力以及本公司的需求数量,间接推算竞争对手的需求量和生产规模。

③询问竞争对手。可以采用以下方法:打电话或索要其销售宣传资料;把企业名称录入邮寄品名单中,以便定期得到销售手册和直接邮寄的东西来监测竞争对手;聘请管理顾问和设计顾问;利用招聘会询问竞争对手的前雇员或为对手工作过的求职大学生;参加学术交流。

(5) 会议信息的搜集。各种经济类会议已成为企业搜集市场信息的主要来源之一。例如技术交流会、产品鉴定会、专题讨论会、展览会和展销会、技术贸易会、招标会、信息发布会、洽谈会、科技集市、各类交易会等。

会议除了可以得到论文、产品说明书、产品目录这类文献外,还有各展台的文字图片介绍、参考价值较高的科技或市场信息手册,在技术招标、咨询服务和人才交流活动中产生的大量文件以及更多的洽谈、经验交流、录音录像等非文字信息。这种产品密集、商家密集、同行密集的场合是获取技术信息、市场信息和人才信息的最好机会。

任务三　规划市场竞争战略

企业在分析竞争对手的基础上，要根据自身的经营目标、资源和环境，以及在目标市场上的地位来规划、制定有效的竞争战略，以取得竞争优势。

一、基本竞争战略

基本竞争战略是由美国哈佛商学院著名的战略管理学家迈克尔·波特提出的，有成本领先战略、差异化战略、集中化战略3种类型。

1. 成本领先战略

成本领先战略是指企业努力降低产品的生产成本和分销成本，从而使企业的产品价格低于竞争者产品的价格，以迅速扩大销售量，提高市场占有率。成本领先战略要求企业有较强的经济实力、较大的市场份额，或者有廉价而可靠的多种要素来源。

企业实施成本领先战略的方式主要有简化产品、改进设计、降低材料成本、降低人工费用、实行生产革新和自动化、降低管理费用等。

2. 差异化战略

差异化战略是指企业大力发展别具一格的产品线或营销项目，以争取在产品或服务等方面比竞争者有独到之处，从而取得差异优势，使顾客甘愿接受产品的较高价格。差异化战略要求企业有较强的创新开发能力与管理能力，使产品因特色而"溢价"。差异化战略的实施方式常见的有产品差别化、技术差别化、分销网络差别化、服务差别化、人员差别化、形象差别化等。

3. 集中化战略

集中化战略是指企业集中力量为某一或几个细分市场提供最有效的服务，更好地满足一定顾客的特殊需要，从而争取局部的竞争优势。集中化战略的核心是瞄准某个特定的用户群体、某种细分的产品线或某个细分市场，其实施方式主要有：产品线集中化战略、顾客集中化战略、地区集中化战略、低占有率集中化战略等。如，美国AFG玻璃公司将有色钢化玻璃瞄准了微波炉、淋浴室玻璃门等细分市场，市场占有率达到70%以上。

二、市场竞争地位战略

1. 市场领先者战略

市场领先者是指其产品在行业同类产品的市场上拥有最大的市场份额的企

业。一般而言，在绝大多数行业中都有一个被公认的市场领先者。领先者企业的行为在行业市场中有举足轻重的作用，处于主导地位。作为领先者，是市场竞争的一个导向点，其他企业可以向它挑战、模仿或避免与之竞争。市场领先者必须时刻保持警惕，防止其他企业发起挑战或利用其弱点占据其市场领先者的地位。为了保持市场统治地位，市场领先者应采取以下战略：

（1）扩大市场需求总量。处于市场主导地位的领先企业，其营销战略首先是扩大总市场，即增加总体产品需求数量。通常可以运用 3 条途径：

①通过市场渗透、市场开发、地理扩展等策略发现新用户来扩大市场需求量，但产品必须足够吸引新的使用者，以增加购买者数量的竞争潜力。

②根据市场需求动态，寻找、开辟产品新用途。如杜邦公司用最初制作降落伞的尼龙纤维生产尼龙丝袜、衬衫面料，进而制作汽车轮胎、沙发椅套和地毯，不断延长尼龙纤维的生命周期。发现产品新用途使杜邦公司声名大震。

③通过促使消费者在更多场合使用其产品、增加消费者使用产品的频率、增加消费者每次消费的使用量等办法，来增加用户对产品的使用量，进而扩大市场需求量。

（2）保护现有市场份额。市场领先者在扩大总市场规模的同时，必须时刻注意自身的现行业务不被竞争者侵犯。为使自身的市场统治地位不被侵犯，企业必须不安于现状，必须不断创新、求变，成为本行业新产品构思、顾客服务、分销效益和成本降低方面的领先者。

（3）提高市场占有率。扩大市场份额是市场领先者增加收益、保持领导地位的一个重要途径。有关对利润影响的研究表明，盈利率是随着市场份额而线性上升的，结果显示，市场超过 40% 的企业将得到 30% 的平均投资回报率，即市场份额超过 40% 的企业是占有 10% 市场份额企业的 3 倍。因此，市场领先者要不断扩大市场份额，即使在市场规模不变的情况下，也要采取积极的战略，取得更大的市场份额。

2. 市场挑战者战略

市场挑战者是指在市场上仅次于市场领先者，凭借其规模与实力随时可以向市场领先者或其他企业发起攻击，以夺取更大的市场份额的企业。如百事可乐公司、福特汽车公司等。挑战者通常可以在这些领先者的领域里仔细寻找那些未被发现的消费需求和消费者的不满，也可以依靠产品创新向领先者发起进攻。施乐公司就是通过干印代替湿印从 3M 公司夺得了复印机市场的统治地位。

（1）确定战略目标和挑战对象。大多数市场挑战者的战略目标是提高市场占有率，进而达到提高投资收益率和利润率的目的。一般来说，挑战者可以选择以下几种类型的攻击目标：

①攻击市场领先者。这是一种既有风险又具潜在价值的战略，颇具吸引力，

因为一旦挑战成功，挑战者企业的市场地位将会发生根本性的改变。

②攻击与自身实力相当的企业。挑战者抓住有利时机，向那些势均力敌的企业发动进攻，将其顾客吸引过来，夺取其市场份额，扩大本企业的市场。这种战略风险小，甚至有可能改变企业的市场地位。

③攻击实力较弱的企业。挑战者可以适时兼并、收购那些经营出现困难的中小企业，夺取这些企业的市场份额，以壮大自身实力，扩大市场占有率。

（2）选择进攻战略。

①正面进攻。挑战者集中全力向竞争对手的主要市场进行攻击，可以采取全面的正面进攻，即对被攻击方的营销组合进行全面的、一对一的攻击；也可选择有限的正面进攻，即选择以产品或价格或服务等策略为基础的正面进攻。

②侧翼进攻。挑战者有时亦可采取"声东击西"战略，佯攻其正面实际攻击其侧翼。这一进攻战略较之正面"避实就虚"的战略原则集中优势力量进攻有更多的成功机会，具体可以采取两种策略：一种是地理性侧翼进攻，即在某一地理范围内针对竞争者力量薄弱的地区市场发动进攻；另一种是细分性侧翼进攻，即寻找还未被市场领先者企业覆盖的商品和服务的细分市场迅速填空补缺。

③包围进攻。挑战者开展全方位、大规模的进攻策略。挑战者必须拥有优于竞争对手的资源，并确信围堵计划的完成足以打垮对手时，可采用包围进攻策略。具体策略有：第一是产品围堵，即向所有攻击的目标市场推出本企业富有特色与优势的产品；第二是市场围堵，即将产品推向所有与竞争者相关的市场，部分地占领其销售渠道。一位美国的竞争对手评价日本精工表时说："它们在式样、特征、用户偏好和任何可以刺激消费者的东西上都击中了目标。"

④迂回进攻。即尽量避免正面冲突，在竞争对手没有防备或不可能防备的市场领域发动进攻，是一种最间接的进攻策略。具体有3种进攻策略：实现产品多角化；以现有产品进入新市场，实行市场多元化；研发新技术，开发新产品，取代现有产品。

⑤游击进攻。挑战者主要是以小型的、间断性的游击式攻势干扰竞争对手，以积聚自身实力，最终获得市场。这一进攻战略主要适用于规模较小、力量较弱、无力发动正面进攻或有效的侧翼进攻的企业。

3. 市场追随者战略

市场追随者是指安于次要市场地位现状，维持现有市场份额，避免与其他企业尤其是市场领先者的正面持续竞争，而宁愿紧随其后或采取互不干涉战略以维持共处局面的企业。但是市场追随者并非没有竞争战略，他们通常应用其特有的能力积极活动，一般有以下3种跟随方式。

（1）紧密跟随战略。跟随者在各个细分市场和营销组合方面，尽可能仿效市场领先者，从不激进地冒犯领先者的市场领域，甘愿充当"复制者"，有些甚至被看成靠拾取领先者的残余谋生的寄生者，甚至沦为"伪造者"。

（2）距离跟随战略。跟随者在目标市场、产品创新、价格水平、分销渠道等方面追随市场领先者，但与市场领先者保持一定距离与若干差异的战略。

（3）选择跟随战略。跟随者不是盲目跟随市场领先者，而是择优跟随，在跟随的同时还不断发挥自己独创性的战略。跟随者之中有些可能发展成为挑战者。如在我国改革开放早期，某些日本企业参观了我国著名的瓷都景德镇，掌握了景德镇瓷器的生产工艺，回国后经过充分的分析与研究，开发出高档次的瓷器，占领了国际市场上高价位瓷器市场，对我国的瓷器产品形成了很大冲击。

4. 市场补缺者战略

市场补缺者是指精心服务于市场中的某一部分，通过专门化经营获取利润，占据有利市场位置的企业。补缺战略成功的关键是专业化，可以在市场、顾客、产品及营销组合等方面实行专业化经营。选择市场空缺时，多重补缺比单一补缺更能减少风险。因此，企业通常会选择两个或两个以上的市场空缺，以确保企业的生存与发展。

拓展任务

（1）分析茅台和五粮液两个酒业品牌是如何进行市场竞争的？其各自的营销特征是什么。

（2）市场领先者类型的企业如何保持市场的优势？

（3）你认为高端酒的竞争除了从价格上比拼还有哪些竞争手段？

茅台与五粮液之"战"

被誉为中国"国酒"的茅台和被誉为中国"酒业大王"的五粮液是中国白酒行业的"绝代双骄"，两者相克相生、共同发展。

1. 茅台：稳健追随，反制反超

因为产能有限，又缺少子品牌呼应，所以茅台实施的是"一年上价、一年上量"的稳健跟随价格策略。在前两次的涨价风波中，大家都认为茅台的价格与"国酒"地位不相符，但是茅台依然采取跟随策略。其实，在跟随行动中，既是竞争为本，也是顾客为本。也就是说，在五粮液带动的"牛市"中，茅台既享受了行业繁荣带来的充分利润，也尽量不伤害到消费者的利益，维系了顾客。进入2006年，茅台产能已无法满足市场的需求。于是，以资源为本的涨价就自然而然地发生了，同时也包含着消费者需求无形而有力的推动。这一切，都显得理所当然。在价格战中，通过企业的跟随策略、营销铺垫、寻找时机，最终把3种战略思维融合在一起，形成了组合聚变的效应。此时，再也没有人说茅台的价格问题了。

2. 五粮液：猛涨限量，拉开距离

五粮液集团在制定五粮液的价格政策时，要综合考虑到五粮液的档次、声誉和地位，将五粮液的价格维持在一个较高的层次上，执行强势五粮液价格。为保持这种价格强势，五粮液集团采取了3方面措施：①进一步提高和稳定产品质量；②进一步提高包装质量；③有针对性地控制产品投放量。

五粮液的目的就是，不断增大与竞争对手的价格差距，以此给自己释放更多的空间，构筑起缓冲平台。这也是五粮液屡次与茅台拉开价格差距的原因——凌驾于"国酒"价格之上，五粮液体现出的价值自然不言而喻。

在茅台和五粮液这三年多的长跑中，会发现3种价格战的战略思维：竞争为本、顾客为本和资源为本。

（资料来源：百度文库）

项目四　市场营销环境分析

任务引入

"都是 PPA 惹的祸"

"早一粒，晚一粒"的康泰克广告曾是国人耳熟能详的医药广告，而康泰克也因为服用频率低、治疗效果好而成为许多人感冒时的首选药物。可自从 2000 年 11 月 17 日，国家药监局下发《关于立即停止使用和销售所有含有 PPA 的药品制剂的紧急通知》，并在 11 月 30 日前全面清查生产含 PPA 药品的厂家之后，一些消费者平时较常用的感冒药如"康泰克""康得""感冒灵"等都因为含 PPA 而成为禁药。

此次列入"暂停使用"名单的有 15 种药，但大家只记住了康泰克，原因是其"早一粒，晚一粒"的广告非常有名。由于含 PPA 的感冒药被撤下货架，中药感冒药出现热销景象，感冒药品牌从"三国鼎立"又回到了"春秋战国"时代。

中美史克"失意"，三九"得意"，三九医药集团想借此机会做一个得意明星。三九生产的正是中药感冒药。三九结合中药优势造舆论，不失时机地推出广告用语："关键时刻，表现出色"，颇为引人注目。

也想抓住这次机会的还有一家中美合资企业——上海施贵宝，它借此机会大量推出广告，宣称自己的药物不含 PPA。

在这些大牌药厂匆匆推出自己的最新市场营销策略时，一种并不特别引人注意的中药感冒药板蓝根销量大增，供不应求。

PPA 事件后，经过一年多的角逐，感冒药市场重新洗牌，新的主流品牌格局已经形成。调查显示，"白加黑""感康""新康泰克""泰诺""百服宁"等品牌在消费者中的知名度位居前列。

企业作为市场经济组织或社会细胞，总是在一定的环境条件下开展市场营销活动的，而环境条件是不断变化的，一方面，它给企业造就新的市场机会；另一方面，又给企业带来某些威胁。因此，营销环境对企业的生存和发展具有重要意义。企业必须重视对国际营销环境的分析与研究，并根据其不断的变化进行营销战略和策略的调整。案例中的中美史克公司在这场 PPA 风波中的表现就是很好的说明。

（资料来源：道客巴巴《市场营销学案例集》）

学习任务

任务一 分析市场营销环境系统构成

一、市场营销环境的内涵

从市场营销的角度来看，企业的市场营销环境是指企业外部与内部影响市场营销活动的相关因素的总和。营销环境是企业的生存空间，是营销活动的基础与条件。企业分析市场营销环境，旨在避免环境威胁，寻求市场机会，把企业的外部环境与内部因素有机地结合起来，协调发展，取得动态平衡，使企业的营销活动与环境相适应，以达到营销活动的最佳目标。

二、市场营销环境系统

1. 微观营销环境

微观营销环境是指直接影响和制约企业经营活动的环境因素，它包括顾客、供应商、营销中介、竞争者和公众。这些因素与企业营销活动有着密不可分的联系，与企业之间形成了协作、竞争、服务、监督的关系，组成了企业的市场营销系统，直接影响和制约着企业服务目标市场的能力。

2. 宏观营销环境

宏观营销环境是指大范围影响企业营销决策的社会约束力量，来自于企业的外部，因而也称为外部环境，包括人口、经济、自然、科学技术、政治法律、社会文化等几个方面。微观营销环境对企业营销活动的影响是直接的，而宏观营销环境对企业营销活动的影响和制约往往是间接的，它不仅直接影响企业所处的微观环境，而且为企业成长、发展提供机会或者构成威胁，制约着企业的发展空间。

三、市场营销环境分析方法

1. 环境威胁与市场机会的分析评价法

环境的发展变化给企业营销带来的影响大致可分为两类，即环境威胁与市场机会。分析环境威胁与市场机会时，通常运用"环境威胁分析矩阵图"（见图2-1）和"市场机会分析矩阵图"（见图2-2）。

（1）环境威胁分析。营销者对环境威胁的分析主要结合两方面来考虑：一是环境威胁对企业的影响程度，二是环境威胁出现的概率大小，并将这两个方面结合起来。

在图2-1的4个象限中，第1象限是企业必须高度重视的，因为其危害程度高，出现的概率大，企业必须严密监视和预测其变化发展趋势，并及早制定应对策略；第 2 象限和第 3 象限也是企业所不能忽视的，因为第 2 象限上的因素虽然出现概率低，一旦出现却会给企业营销带来极大的危害；第 3 象限虽然对企业影响不大，但出现的概率却很高，对此企业也应当给予关注，准备应有的对策措施；对第 4 象限主要是观察其发展变化，看其是否有向其他象限发展变化的可能。

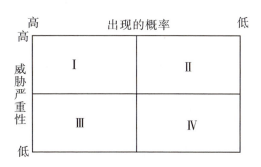

图 2-1　环境威胁分析矩阵

（2）市场机会分析。有效地捕捉和利用市场机会，是企业营销成功和发展的前提。只要企业能够密切关注营销环境变化带来的市场机会，适时地做出成功的可能性的恰当评价，并结合企业自身的资源和能力，及时将市场机会转化为企业机会，就能够开拓市场、扩大销售，提高企业的市场占有率。

分析评价市场机会主要考虑两个方面：一是市场机会的潜在吸引力大小，二是市场机会带来的成功可能性大小。

图 2-2　市场机会分析矩阵

在图 2-2 的 4 个象限中，第 1 象限是企业必须重视的，因为其潜在的吸引力与成功的可能性都很大，是企业应当把握并全力发展的机会；第 2、第 3 象限同样也是企业不可忽视的市场条件，因为第 2 象限市场机会虽然成功的可能性较低，但一旦出现会给企业带来很大的潜在利益；第 3 象限虽然潜在利益不大，但出现的概率很高，因此需要企业充分关注，并制定相应的营销措施与对策；第4象限上的潜在吸引力与成功可能性都较低，企业主要是观察其发展变化，并依据变化情况及时采取措施。

（3）综合环境分析。在企业实际面临的营销环境中，单一的威胁环境与机会环境是极少见的，一般情况下，都是机会与威胁并存、利益与风险并存的综合营销环境。

根据企业综合环境中机会水平和威胁水平的不同，形成4种不同类型的企业营销环境。面临不同的威胁及机会环境，企业营销部门要制定恰当的营销对策。

理想环境，即高机会水平和低威胁水平的环境。这是企业难得的好环境。企业应当及时抓住机遇，开拓市场。

成熟环境，即低机会水平和低威胁水平的环境。这是一种较为平稳的环境。企业一方面要按常规经营、规范管理，正常运营以取得平均利润；另一方面要积蓄力量，为进入理想环境或冒险环境做准备。

冒险环境，即高机会水平和高威胁水平的环境。这种环境存在较大利益的同时还面临着较大的风险，企业必须加强调查研究，进行全面的环境分析，审慎决策，降低风险，争取利益。

困难环境，即低机会水平和高威胁水平的环境。这种环境风险大于机会，企业处境困难，企业必须设法扭转局面，果断决策，改变环境或转移目标市场，重新定位以求发展。

2. SWOT 分析法

（1）SWOT 分析法的内涵。SWOT 分析法也称态势分析法，在20世纪80年代初由美国旧金山大学管理学教授韦里克提出，其核心是通过对企业自身条件与外部环境进行综合分析，从而明确企业可以利用的市场机会与可能面临的威胁，并将这些机会与威胁同企业的优劣势相结合，形成企业不同的战略措施。SWOT 分析法包括分析企业的优势（Strength）、劣势（Weakness）、机会（Opportunity）和威胁（Threat）。

（2）SWOT 分析的内容。①企业的优势与劣势分析（见图2-3）。主要着眼于企业自身实力及其与竞争对手的比较。当两个企业处在同一市场或者它们都有能力向同一顾客群体提供产品和服务时，如果其中一个企业有更高的盈利率或盈利潜力，说明这个企业比另外一个企业更具有竞争优势。也就是说，竞争优势是指一个企业超越其竞争对手的能力。②企业的环境机会与环境威胁的分析。③制定企业战略。企业运用SWOT分析模型对自身条件和外部环境进行分析后，形成应对环境的战略设想，并制定适合企业实际的SWOT战略，以谋求企业的进一步发展。

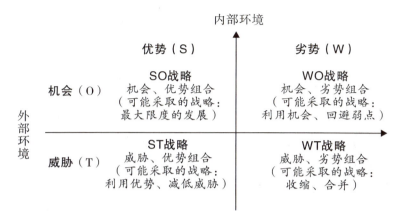

图 2-3 SWOT 矩阵分析

任务二　分析企业宏观营销环境

一、政治与法律环境分析

1. 政治局势

政治局势是指企业营销所处的国家或地区的政治稳定状况。政局的稳定性事关政府政策的连续性和可持续性，政治的动荡不稳必然会影响经济环境，必然会给企业营销活动造成一种不确定的、十分不利的环境。"国家稳，则企业稳；国家乱，则企业乱"。如果一国政局不稳，社会矛盾尖锐，频繁发生文化分裂、宗教冲突、罢工、战乱、政权更迭等政治事件，则会对企业营销活动产生十分不利的影响。

2. 方针政策

国家或地区在不同时期，根据不同需要制定一些经济与社会发展战略、各种经济政策来改变社会资源的配置，扶持和促进某些行业的发展，并通过制定方针、政策来对企业的营销活动产生影响。目前国际上各国政府采取的对企业营销活动有重要影响的政策和干预措施主要有：进口限制、税收政策、价格管制、外汇管制、国有化政策等。

3. 国际关系

国际关系包括国家之间的政治、经济、文化、军事等关系。这种国际关系主要包括两个方面的内容：一是企业所在国与目标市场国之间的关系；二是国际营销企业目标市场国与其他国家之间的关系。

4. 法律法规

企业开展市场营销活动，必须了解并遵守国家或政府颁布的各项有关经营、贸易、投资等方面的法律法规。从事国际市场营销活动的企业，既要遵守本国的法律，还要了解和遵守目标市场国的法律法规制度以及有关的国际法规、国际惯例与国际市场规则。

二、经济环境分析

1. 经济发展状况

企业的市场营销活动要受到一个国家或地区的经济发展水平的制约与影响，不同的经济发展阶段，其居民收入不同，导致社会购买力有差别，消费者对商品的市场需求也不一样。就消费者市场而言，处于经济发展水平比较高的国家和地区，企业在市场营销方面侧重于产品的款式、性能及特色，品质竞争多于价格竞争；处于经济发展水平比较低的国家和地区，企业营销活动侧重于产品的功能及实用性，价格竞争多于品质竞争。

2. 收入因素

（1）国民总收入。国民总收入也称作国民生产总值（Gross National Product，GNP），指一个国家在一定时期内的国民在国内、国外所生产的最终产品和劳务的价值总和。国内总收入也称作国内生产总值（Gross Domestic Product，GDP），指在一定时期内一个国家的国土范围内，本国和外国居民所生产出的供最终使用的全部产品和劳务的价值总和。一般而言，一个国家的 GNP 与 GDP 二者数额相差不大，但如果一个国家在国外有大量投资和大批劳务输出人员，则该国的 GNP 往往会大于 GDP。

$$国民生产总值 = 国内生产总值 + 国外净要素收入$$

（2）人均国民收入。人均国民收入是一国在一定时期内（通常为一年）按人口平均的国民收入占有量，反映国民收入总量与人口数量的对比关系。人均国民收入是综合反映一国经济发展水平、经济实力、人民生活水平的重要标志，也是衡量一国经济实力和人民富裕程度的重要指标，在一定程度上影响市场需求结构。一般而言，人均国民收入高，增长快，则市场购买力就强，市场需求就大；反之则小。因此，国民总收入和人均国民收入两个指标可以综合测定市场潜力。

（3）消费者收入水平。

①个人可支配收入。个人可支配收入是指个人收入中扣除各种税款（所得税等）和非税性负担（如工会费、养老保险、医疗保险等）后的余额。它是消费者个人可以用于消费支出或储蓄的部分，形成实际的购买力。

②个人可任意支配收入。个人可任意支配收入是指个人可支配收入中减去用于维持个人与家庭生存所必需的费用（如水电、食物、燃料、衣着、住房等项

开支）和其他固定支出（如学费等）后剩余的部分，这部分收入是消费者可任意支配的，因而是消费需求变化中最活跃的因素，也是企业开展营销活动所要考虑的主要对象。个人可任意支配收入一般用于购买高档耐用消费品、旅游、储蓄等，是影响非生活必需品和劳务销售的主要因素。

③家庭总收入。许多产品的消费是以家庭为基本消费单位的，如冰箱、电视、空调等，因此家庭总收入的高低会影响很多产品的市场需求。一般而言，家庭总收入高，则购买力强；反之，则购买力弱。

3. 消费结构

消费结构受消费者收入水平的影响。消费者收入的变化会引起消费者支出模式和消费结构的相应变化。用于考察消费收入与消费支出之间关系最常用的是"恩格尔定律"（Engel's Law）。德国统计学家恩斯特·恩格尔（Ernst Engel）将消费构成划分为饮食开支、衣着开支、住房及修建开支、购买各种生活用品与服务性开支、娱乐性开支5个方面。

"恩格尔定律"指出：

随着收入的增加，家庭用于购买食品的支出占家庭收入的比重会下降。

随着收入的增加，家庭用于住宅修建、家庭用具等方面的开支将维持大体不变的比例。

随着收入的增加，家庭用于服装、交通与娱乐方面的开支所占比例会上升。

联合国以恩格尔系数作为划分、衡量一个国家或地区的贫富标准：①恩格尔系数>59%为绝对贫困；②50%<恩格尔系数<59%为勉强度日；③40%<恩格尔系数<50%为小康水平；④30%<恩格尔系数<40%为富裕；⑤恩格尔系数<30%为最富裕。

4. 储蓄与信贷

消费者的购买力还受到储蓄与信贷的直接影响。消费者收入一定时，储蓄越多，现实的消费量就越小，但潜在消费量就越大；反之，储蓄越少，现实消费量就越大，但潜在消费量越小。较高的储蓄率会推迟现实的消费支出，加大潜在的购买力。分析一个国家或地区储蓄的主要经济指标包括储蓄额、储蓄率、储蓄增长率。

三、人口环境分析

1. 人口规模与增长

人口规模与市场容量有着密切的联系，在收入水平和购买力大体相同的条件下，人口数量的多少直接决定了市场规模和市场发展的空间。从全世界的角度来看，世界人口正呈现出爆炸性的增长趋势，根据联合国发布的人口报告，2050年世界人口预计将达到93亿人。世界人口的迅速增长意味着人类需求的增长和世界市场的扩大，也给企业带来了无限商机。

人口的增长对企业开展营销活动产生两个方面的影响：①新增人口不仅带来了社会基本生存需求如衣、食、住、行等物质方面需求的扩大，还会连带产生教育等多方面的需求，从而为企业营销带来许多新的市场机会；②人口增长速度将会限制经济的发展，限制人均国民收入的提高，导致某些市场吸引力下降。

2. 人口分布

世界人口不仅增长快，而且在不同的地区与国家之间分布很不平衡。人口分布的集中度对市场需求、经营成本、营销策略等方面会产生很大的影响。

人口的地理分布对企业营销活动产生很大的影响，主要表现在以下两个方面：①不同的地理环境，表现为消费需求和购买行为上的明显差异。如在气候暖热地带，消费者对保暖服装和供暖设备的需求减少，而对空调设备的需求增加；干燥地区市场上对加湿器的需求增加，而湿热地区，会增加对除湿机或其替代品的需求；②人口地理分布的动态性对企业营销活动也会产生较大影响。随着一些发展中国家农村人口城市化，城镇人口迅速增加，城镇人口密度增大，为企业增加商业网点、扩大城镇市场提供了良好的市场机会。同时，人口城市化带动了周边农村的发展，加强了城镇与乡村之间的社会联系，也增加了很多市场机会。

3. 人口结构

人口结构包括年龄结构、家庭结构、教育结构等。企业必须注意人口结构的变化对企业营销活动所产生的巨大影响。

（1）年龄结构。目前，世界人口年龄结构呈现两大趋势：①人口老龄化成为一个全球性现象。人口的老龄化预示着老年保健品和滋补品、老年医疗卫生用品（如药物、眼镜、助听器等）、老年健身运动器材、老年服饰、老年娱乐用品和老年社会服务（如敬老院、养老院等）等市场需求将逐步兴旺，从而为那些生产经营此类产品与服务的企业提供更为广阔的营销空间；②世界范围内人口出生率低，儿童与少年人口在总人口中所占比例下降。这一变化必然会对经营儿童及少年商品的行业和企业的营销活动产生较大的影响。一方面，这年龄层比例的下降，对相关企业的进一步发展必然产生不利影响，带来市场威胁，促使其调整营销战略。但另一方面，随着经济水平的发展，人们收入水平的提高，很多家庭普遍重视孩子身体素质的提高与智力开发，出现追求高质量生活的趋势，对高档的儿童及少年商品及服务的需求日趋强烈，这又为企业进一步更新这一年龄层的产品及服务提供了良好的市场机会。

（2）家庭结构。很多产品的购买是以家庭为单位的，家庭的数量、规模、成员结构、婚姻状况、家庭决策方式等因素在很大程度上影响着以家庭为消费单位的各类商品，如家庭耐用消费品。

（3）教育结构。人们的受教育程度与文化层次不同，影响其对商品或服务的价值、功能、款式等的评价与选择，从而影响企业的营销活动。从世界范围来看，人口受教育程度在不同国家与地区间存在巨大差异，企业应充分重视目标市场国人口的受教育情况与文化层次，重视不同文化水平地区之间的差异，有针对性地开展市场营销活动。

四、科学技术环境分析

1. 对企业营销管理的影响

企业管理水平的高低是影响企业能否赢利的重要因素。掌握与运用最新的管理技术已成为企业竞争的主要策略与手段。科学技术的高速发展，使电话、传真、计算机网络、扫描装置、光纤通信等现代设备在企业管理中得以日益普及与普遍应用，从根本上改变了企业管理的方式与手段，极大地提高了管理工作效率，使企业管理工作日益现代化。另外，企业管理信息系统（MIS，包括电子订货系统、商业电子数据交换系统、信用卡系统等）的广泛应用，极大地提高了企业的总体运作水平和管理水平，加速企业经济效益的增长及规模的扩张。

2. 对企业营销活动的影响

科技的日益进步对企业营销观念、营销内容、营销方式等方面的调整与变革产生了深远的影响：①现代信息技术的发展，为企业提供了计算机辅助设计系统（CAD）、计算机辅助制造系统（CAM）及计算机决策支持系统（DSS）等。这些信息系统的应用，不仅大大缩短了产品设计开发周期，降低了设计费用，而且能为企业提供多套产品设计、开发方案，在产品外观与性能等方面更能满足消费者的多种需求与个性化需求，从而使企业更具有竞争力；②信息高速公路的广泛普及，加快了企业信息的搜集、处理、传递和反馈的速度，使得企业与消费者之间的市场交易更为直接、便利与迅速，更少地依赖于中间商，从而大大降低了商品交易的费用和管理的成本，提高了管理的质量和效率，提高了企业的经济效益；③信息技术的发展导致新型零售业态——网络商店的出现，这种不需要店面、装潢、货架、营业员，且成本低、无库存、全天候服务以及全球化经营的新型经营方式，使零售商业结构和消费者购物习惯发生了很大变化，为企业提供了新的市场机会，也使企业的营销战略与市场营销组合策略进入了一个深刻而全面创新的时代。

五、自然环境分析

1. 自然资源日益短缺

从发展趋势来看，地球上绝大部分自然资源的人均占有量都将趋于短缺，对人口大国而言尤其明显。资源的匮乏给许多企业的发展带来很大的威胁，导致企业资源价格上升，产品成本增加，企业效益下降。在"买方市场"的市场经济条件下，要想将这些增加的成本转嫁给消费者并不是一件容易的事，往往会给企业开拓市场带来障碍。但同时也给相关企业带来了良好的发展机会，如水资源的短缺，给那些节水、循环用水设备的行业或企业提供了广阔的市场空间；由于矿产品的能源供应日益紧张，从而催生了大量的节能产品，许多企业由此获得了巨大的经济效益。面对自然资源的日趋匮乏，企业在研究、开发新产品时，要将自然环境因素考虑进去，开发节能、低耗、环保的产品，这对开拓、占领目标市场大有裨益。

2. 环境污染加剧

由于许多工业生产活动中的废气、废水、固体废弃物的不合理排放与处理，对自然环境造成严重的污染和破坏。环境问题日益成为世界各国政府与公众广泛关注的一大世界性问题，人们越来越关注生存环境的质量，关注绿色产品或服务的消费。这些无疑会给企业造成很大的压力，但同时也给企业创造了良好的营销机会，为那些控制污染的设备与产品，不破坏生态环境的新产品、新材料创造了良好的市场机会，如绿色营销已成为现代市场营销的新趋势，催生了众多绿色产品、绿色技术、绿色包装和绿色市场。对企业而言，要充分认识到自然环境的破坏对企业营销活动的影响，贯彻执行国家有关资源使用的限制规定和对环境污染治理的具体措施，在生产经营活动中坚持正确的绿色营销观念，积极研究开发绿色产品，开拓绿色市场，以促进企业获得可持续发展与良好的竞争力。

3. 政府干预加剧

随着资源短缺、环境污染的加剧，为了有效地保护生态环境、限制环境污染，各国政府已开始采取一些行之有效的措施，制定和实施关于环境管理系列的标准，开展对环境污染形成和影响的研究，并开展国际间的合作。如德国政府坚持不懈地追求环境的高质量，荷兰成功地推行了"国家环境保护政策计划"，我国已将保护环境、促进发展列为一项长期的基本国策，并相应地采取了诸如立法、经济、行政干预和舆论监督等措施与手段。此外，随着我国市场经济的进一步发展，我国将从高消耗资源的粗放型经济增长模式转变为资源开发与节约并举的集约型经济增长模式，国家强化资源管理，制定和完善资源政策及法令法规，如《关于开展资源综合利用若干问题的暂行规定》等。

六、社会文化环境分析

1. 风俗习惯

不同的国家、地区及民族，长期以来形成了各自不同的风俗习惯、文化传统，如居住、饮食、服饰、礼仪、社会文化活动、婚丧等方面，由此产生了对商品或服务的不同需求。企业必须了解目标市场的风俗习惯，有针对性地开展营销活动。

2. 宗教信仰

宗教是构成社会文化的重要因素之一，宗教对人们的消费需求和购买行为的影响很大，不同的宗教信仰在思想观念、生活方式、宗教活动、禁忌等方面各有其特殊的传统，这将直接影响人们的消费习惯与消费需求。因此，企业在营销活动中也要注意到不同的宗教信仰的消费习惯与需求，以避免由于矛盾和冲突给企业营销活动带来损失。

3. 价值观念

价值观念是人们对客观事物的评价标准，而态度是基于价值观念对某一事物的认识、评价、感情、行为意向等。不同的文化环境，人们对时间、成就、财富、变革、风险等都有其不同的价值观念与态度，从而影响人们的消费行为。价值观念与态度是影响消费者购买行为的重要因素，二者密切关联，不同的价值观念可导致不同的态度，而一旦形成对某种产品或服务的价值观念与态度，是很难改变的，具有相对的稳定性。

4. 审美观念

不同地域、不同民族的人们往往有不同的审美观。这种审美观上的差异将影响人们对商品或服务的评价与选择。如对商品实体的色彩、形状、标记、形态和式样等方面的欣赏或褒贬。同处欧洲，德国人认为绿色比蓝色美观，而在荷兰，蓝色被认为是女人专用的颜色。荷花在我国历来非常受人们的喜爱，荷花图案也常常用做商标、包装、产品宣传等方面，但是如果将印有荷花图案的产品销往日本，将会很不受欢迎，甚至遭到消费者的抵制，因为日本人忌讳荷花。

5. 社会阶层

社会阶层是具有相同或相似经济地位、社会身份、价值观念和生活方式的社会群体的总称。处于不同社会阶层的消费者其经济状况、价值观念、生活方式、兴趣爱好和消费特征都有所不同，对不同企业及其产品有着不同的偏好，因而表现为不同的消费需求与购买行为。

任务三　分析企业微观营销环境

一、企业

企业是为满足消费者需求而提供商品或服务的经济组织，它由各个职能部门组成，包括计划、财务、采购、生产、研发、营销等部门。各个部门之间既相互独立，又相互协调与配合，共同构成企业生产经营管理系统。因此，企业开展市场活动不单纯是营销部门的孤立行为，而是企业的整体行为。

二、供应商

1. 资源供应的可靠性

市场需求千变万化，企业必须及时调整市场营销与生产计划，客观上要求供应商提供的各类资源也要同步跟上，即原材料、零配件、设备、能源等资源不能与生产经营脱节，否则将可能影响到企业产品的产量、销售量与交货期，使企业营销活动无法正常进行。因此，企业必须与供应商保持密切的联系，及时了解和掌握其变化与动态，使各类资源的供应在数量上、时间上和连续性上能得到切实的保证。

2. 资源供应的价格及其变动

原材料价格是构成企业产品价格的一个组成部分，原材料价格的变动必然影响企业的产品成本、产品价格和利润的变化。因此，企业要密切关注资源供应的价格变化趋势，尤其是对原材料与主要零部件的价格现状及趋势做到心中有数。

3. 资源供应的质量水平

资源供应的质量包括资源本身的内在质量与各种售后服务质量。原材料与零配件质量的好坏直接影响企业产品的质量，供应商售后服务的质量高低直接影响企业营销服务的能力，企业应重视协调好与供应商的合作与采购关系。

三、营销中介

1. 中间商

中间商是协助企业寻找顾客或直接与顾客交易的商业性企业，主要有批发商、零售商、代理商等。

2. 物流机构

物流机构是指协助企业承担商品保管、储存、装卸、分拣、配送的专业物流企业，包括仓储、货运、装卸等机构。其作用在于确保企业营销渠道中的物流畅通无阻，为企业创造时间和空间效益，为企业营销活动服务，及时、快捷地满足消费者需求。企业选择物流企业的基本要求是企业信誉好、经营安全、物流准时、配送准确、费用经济、服务配套。

3. 营销服务机构

营销服务机构是指为企业营销活动提供专业服务的中介机构，包括市场调研公司、广告公司、传媒机构、营销咨询公司、审计事务所及律师事务所等。

4. 金融机构

金融机构包括银行、信用公司、保险公司和其他为企业营销活动提供资金融通、投资和保险业务的机构。

四、顾客

顾客是企业产品与服务的直接购买者或使用者的总称。企业通常把顾客群称为目标市场，并按一定标准将其划分为消费者市场、生产者市场、中间商市场、社会集团市场与国际市场。顾客是企业服务的对象，顾客的变化意味着企业市场的获得和丧失，企业的一切市场营销活动都必须以顾客为中心。企业市场营销的最终目的就是通过有效地提供产品与服务来满足目标市场的需求。

五、竞争者

企业的市场营销活动面临着不同类型的竞争者，企业必须识别出这些竞争者，并通过制定与实施有效的竞争战略与营销策略，取得市场竞争优势。企业的竞争者包括愿望竞争者、行业竞争者、形式竞争者、品牌竞争者4种类型。

六、公众

1. 金融公众

金融公众是影响企业获取资金能力的各种金融机构，如银行、投资公司、保险公司、证券公司等。

2. 媒体公众

媒介公众是指与企业和外界发生联系并具有影响力的大众媒体，包括报纸、杂志、广播、电视和互联网等大众媒体。这些媒体既是企业广告的主要媒体，也对企业建立良好的企业形象具有十分重要的作用，企业必须与这些媒体建立友善的关系。

3. 政府公众

政府公众是指对企业营销活动有影响的相关政府机构，如税务局、工商局、物价局、执法部门等政府职能部门，企业要争取目标市场所在地各级政府职能部门的理解与支持。

4. 社区公众

社区公众主要是指企业及其目标市场所在地区的居民、地方官员、地方群众团体等。社区公众如同企业的"邻居"，企业应处理好与社区公众的关系，避免与其发生利益冲突，多举办一些社区公益活动。

5. 一般公众

一般公众并不购买企业产品，不是以组织形式对企业采取行动，但企业的形象却影响其对产品和企业营销活动的态度，如学校、医院、慈善团体等。实际上，一般公众是上述各类关系公众之外的社会公众。许多企业通过集资、捐款及其他公益活动，在一般公众中树立其社会大家庭中好成员的形象。

6. 内部公众

内部公众是指企业内部的全体员工。企业内部公众的工作积极性、有效性等积极态度会对企业营销活动产生直接或间接的影响，处理好与内部公众的关系也是企业搞好外部公众关系的重要前提。

拓展任务

（1）掌握企业营销环境构成及其对市场营销活动的影响，认识到营销环境分析的重要性。

（2）运用合适的营销环境分析方法分析企业营销环境，有效地将知识转化为技能，提高学生分析问题、解决问题的能力。

沃尔玛的 SWOT 分析

1. 优势

沃尔玛是著名的零售业品牌，它以物美价廉、货物繁多和一站式购物而闻名。沃尔玛的一个焦点战略是人力资源的开发和管理。优秀的人才是沃尔玛在商业上成功的关键因素，为此，沃尔玛投入时间和金钱对优秀员工进行培训并培养其忠诚度。

2. 劣势

沃尔玛建立了世界上最大的食品零售帝国。尽管它在信息技术上拥有优势，但因为其巨大的业务拓展，可能导致其对某些领域的控制力不够强。因为沃尔玛的商品涵盖了服装、食品等多个部门，它可能在适应性上比起更加专注于某一领域的竞争对手存在劣势。

3. 机会

沃尔玛采取收购、合并或者战略联盟的方式与其他国际零售商合作，专注于欧洲或者大中华区等特定市场。沃尔玛可以通过新的商场地点和商场形式来获得市场开发的机会。建立更接近消费者的商场和在购物中心内部的商店可以使过去仅仅是大型超市的经营方式变得多样化。沃尔玛的机会存在于对现有大型超市战略的坚持之中。

4. 威胁

沃尔玛在零售业的领头羊地位使其成为所有竞争对手要赶超的目标。沃尔玛的全球化战略使其可能在其业务国家遇到政治上的问题。沃尔玛的多种消费品的成本趋向下降，原因是制造成本的降低。造成制造成本降低的主要原因是生产外包倾向于世界上的低成本地区，这导致了价格竞争，并在这些领域内造成了通货紧缩。此外，恶性价格竞争也是一个威胁。

（资料来源：豆丁网）

综合测评

- 情景一

世界各地人们基本消费的需求，如牙齿防蛀等，很少会有不同。但是消费者认知的独特性与当地市场的特殊性，将会左右不同的营销策略。"宝洁"在美国以外的市场推销其产品失败的一些教训便是一种很好的说明。

第二次世界大战之后,"宝洁"不顾各地消费者的习惯和口味,采取直接引进产品的做法,迅速地向国际市场扩张。例如,"宝洁"在英国引进一种香料油味道的牙膏,但并不受欢迎。因为英国人很讨厌香料油味道。香料油在当地被用作药膏,而不是被用于食物或牙膏。"宝洁"在英国推出"杜恩"洗发精后的冬天,使用者开始接连不断地抱怨在洗发精瓶中发现有结晶。这是因为"宝洁"忽略了英国家庭的浴室温度通常低于结晶温度。

数年后,"宝洁"进入日本市场,将过去的教训抛在脑后。"起儿"洗衣剂就是"宝洁"打入日本市场的第一个产品。这个产品直接从美国进口,它拥有一项产品优势,即可依据各种洗涤温度来清洗衣物。但是日本妇女一向用自来水洗涤衣服,多种温度的洗衣方法对于她们来说毫无意义。因此,产品销售量不佳。

(资料来源:网络资料改编)

(1) 试分析"宝洁"在英国、日本失败的原因。
(2) 结合案例分析影响消费者购买行为的因素。

● 情景二

韩国把制作精良的夹克衫的最后一道工序放在意大利完成。然后,在夹克衫上挂上"意大利制造"的品牌,并提高价格向外出售。马自达在美国并不出名,因此,它聘请美国演员詹姆斯·加纳作巡回广告。耐克公司利用美国著名的篮球明星迈克尔·乔丹在欧洲促销它的运动鞋。企业的又一战略是使本地行业获得世界一流质量的美誉,如比利时巧克力、法国红酒、爱尔兰威士忌酒、波兰火腿、哥伦比亚咖啡和德国啤酒。

(资料来源:网络资料改编)

(1) 这是属于影响消费者购买行为的哪一个因素?
(2) 该因素是如何发挥作用的?

学习评价与反馈

任务模块	任务指标	自评	互评
知识	掌握市场的概念	☆☆☆☆☆	☆☆☆☆☆
知识	能分析消费者市场、产业市场、服务市场和技术市场	☆☆☆☆☆	☆☆☆☆☆
技能	能结合市场环境的变化分析市场需求	☆☆☆☆☆	☆☆☆☆☆
技能	能在分析市场竞争者后，规划科学、合理的市场竞争战略	☆☆☆☆☆	☆☆☆☆☆
素养	培养长远的战略规划意识	☆☆☆☆☆	☆☆☆☆☆
素养	养成用多维的市场环境分析营销实践问题的思维习惯	☆☆☆☆☆	☆☆☆☆☆
评价与反馈			

备注：
　　通过自我评价和在老师指导下实施第三方评价与反馈来判定自己对本模块知识与能力的掌握情况。同时，根据评价与反馈来督促自己进一步将尚未掌握、达到的知识、能力点补充巩固，以促进学习成果的达成度。

模块三 | Module Three

开展市场调研与预测
Conduct Market Research and Forecast

没有调查就没有发言权。
No investigation, no right to speak.
——毛泽东 Mao Zedong

 学习内容—The Learning Content

- 项目一　了解市场调研
- 项目二　熟悉市场调研的类型和步骤
- 项目三　掌握常用的市场调研方法
- 项目四　熟悉市场调查预测

☞学习指南

一、学习目的

在了解市场调研的基础上，分析市场调研的内容，熟悉市场调研的类型和步骤。掌握市场调研的方法后，能应用直接调查法、问卷调查法和抽样调查进行市场调查。掌握市场预测的概念后，能分析市场预测的4大原则，并熟悉市场预测的基本要素。掌握市场预测的程序后，能分析市场预测的内容；界定市场预测的类型；评价市场预测的作用，并应用主要的市场预测方法对未来市场需求量及影响需求因素进行分析研究和预测。

二、学习领域

在学习市场调研的含义、特点、类型及程序的基础上，全面理解、掌握市场调研和市场预测的方法。

三、学习方式

在自主学习本教案提供的学习知识的基础上，在百度文库中阅读市场调研的基本理论，上网搜集市场调研方法的相关资料，讨论交流如何根据市场调研环境进行市场预测。

四、预期学习成果

（1）了解市场调研的内涵，能分析市场调研的内容及作用。
（2）熟悉市场调研的类型和步骤。
（3）掌握市场调研的方法，把直接调查法、问卷调查法和抽样调查应用到调研实践中。
（4）熟练运用市场调查预测方法进行市场预测分析。

项目一　了解市场调研

任务引入

吉列公司市场调查的成功案例

吉列公司创建于1901年，其产品因使男人刮胡子变得方便、舒适、安全而大受欢迎。进入20世纪70年代，吉列公司的销售额已达20亿美元，成为世界著名的跨国公司。然而吉列公司的领导者并不满足，而是想方设法继续拓展市场，争取更多用户，就在1974年，公司推出了面向妇女的专用"刮毛刀"。

根据市场调查结果，吉列公司精心设计了新产品，它的刀头部分和男用刮胡刀并无两样，采用一次性使用的双层刀片，但是刀架则选用了色彩鲜艳的塑料，并将握柄改为弧形以利于妇女使用，握柄上还印压了一朵雏菊图案。这样一来，新产品立即显示了女性的特点。

为了使雏菊刮毛刀迅速占领市场，吉列公司还拟定了几种不同的"定位观念"，到消费者之中征求意见。这些定位观念包括：突出刮毛刀的"双刀刮毛"，突出其创造性的"完全适合女性需求"，强调价格的"不到50美分"，以及表明产品使用安全的"不伤玉腿"等。

最后，公司根据多数妇女的意见，选择了"不伤玉腿"作为推销时突出的重点，刊登广告进行刻意宣传。结果，雏菊刮毛刀一炮打响，迅速畅销全球。

（资料来源：豆丁网）

学习任务

任务一　了解市场调研

市场调研的含义和手段随着商品经济的发展而变化。在简单的商品经济条件下，商品经济的规模相对较小，市场范围狭小，商品的供求比较稳定，市场的变化也比较微小，对商品的生产和销售影响甚微，因此，也不需要对市场进行深入细致的调研。这期间市场调研主要是针对顾客所做的调研，即以购买商品、消费商品的个人或组织为对象，以探讨商品的购买、消费等各种事实、意见及动机。这是一种狭义的市场调研。

一、市场调研是企业实现生产目的的重要环节

企业生产的目的是为了满足民众日益增长的物质和文化生活需要，为此，首先要了解民众需要什么，以便按照消费者的需要进行生产，尤其是消费者的需要在不断变化，这就不但要调研，而且要及时进行调研。因此，市场调研是国民经济各部门制订计划及企业实现生产目的的重要一环。

二、市场调研是企业进行决策或修订策略的客观依据

企业的管理部门或有关负责人要针对某些问题进行决策或修正原定策略——产品策略、定价策略、分销策略、广告和推广策略等，通常需要了解的情况和考虑的问题是多方面的，例如：①产品在哪些市场的销售前景较好？②产品在某个市场上的销售预计可达到什么样的数量？③怎样才能扩大企业产品的销路，增加销售数量？④如何去掌握产品的价格？⑤应该使用什么方法去组织产品推销。

三、市场调研也是改进企业的生产技术和提高业务管理水平的重要途径

当今世界，科学技术发展迅速，新发明、新创造、新技术和新产品层出不穷，日新月异。通过市场调研所得到的情况和资料有助于我们及时了解世界各国的经济动态和有关科技信息，为本企业的管理部门和有关决策人员提供科技情报。

四、市场调研更是增强企业的竞争力和应变能力的重要手段

市场的竞争是激烈的，情况也在不断地发生变化。市场上的各种变化因素可以归结为两类：①"可控制因素"，如产品、价格、分销、广告和推广等；②"不可控制因素"，如"国内环境"和"国际环境"所包括的有关政治、经济、文化、地理条件、战争与国外分支机构等因素。

任务二 分析市场调研的内容

市场调研的内容十分广泛，企业因调研的目的和要求不同，其调研的内容和侧重点也不同。一般来讲，企业市场调研的内容主要包括以下几个方面：

一、基本调研

1. 调研市场需求情况

市场商品需求，是指一定时期内消费者在一定购买力条件下的商品需求量。居民购买力是指城乡居民购买消费品的货币支付能力。市场需求调研就是了解一定时期在企业负责供应或服务的范围内，人口的变化，居民生活水平的提高，购

买力的投向，购买者的爱好、习惯、需求构成的变化，对各类商品在数量、质量、品种、规格、式样、价格等方面的要求及其发展趋势等，了解消费者对服务、旅游方面的各种需求，特别充分重视农村广大市场需求及其变化等。

2. 调研生产情况

就是要摸清社会产品资源及其构成情况，包括生产规模、生产结构、技术水平、新产品试制投产、生产力布局、生产成本、自然条件和自然资源等生产条件的现状和未来规划，并据此测算产品数量和产品结构及其发展变化趋势。通过调研，掌握工农业生产现状及其发展变化，对市场将要产生什么样的影响，以及影响程度的大小等。

3. 调研市场行情

具体调研各种商品在市场上的供求情况、库存状况和市场竞争状况，特别是影响市场商品价格运动因素的调研，供求关系运动对商品价格的影响。供不应求，价格就会上升；供过于求，价格就会下降。要了解有关地区、有关企业、有关商品之间的差别和具体的供求关系。也就是说，要了解对比有关地区、企业同类商品的生产经营成本、价格、利润以及资金周转等重要经济指标，以掌握它们的流转、销售情况和发展趋势等。

二、专项调研

1. 市场环境调研

市场环境就是影响企业市场营销的宏观市场因素，一般为企业不可控制的因素，主要包括以下调研内容：

（1）政策法规的调研。这是指企业要了解和掌握一定时期内国家关于各行业发展的方针的政策；有关价格、税收、信贷、财政和外贸等方面的政策和法规；政府颁布的有关法律和法令，如环境保护法、消费者权益保护法、质量法、广告法、经济合同法和公司法，等等。认真分析这些政策和法规对市场营销的影响。

（2）经济状况调研。这是指企业要了解和掌握国民经济发展状况，包括国民生产总值、工农业生产总值、国民收入、经济发展速度；还有消费者收入水平，包括个人收入、家庭收入、人均收入、个人可支配收入和个人可任意支配收入；同时，企业还要了解消费结构的变化趋势会带来什么影响。

（3）社会环境调研。这是指企业要了解并掌握一定时期和一定范围内全社会人口的数量、人口增长速度、人口密度、地理分布、人口流动性、年龄结构、家庭单位及其文化、教育、职业等结构的变化。同时，掌握相关社会团体对各类消费者需求的影响。

（4）社会时尚调研。这是指企业要了解和掌握一定时期内某种消费行为在社会中的流行趋势、流行周期及流行影响，并进而采取措施，适应或引导社会时尚的变化。

（5）科技发展动态调研。这是指企业要了解和掌握一定时期与本企业生产有关的科技发展动态，新技术、新工艺、新产品的研制情况，以便及时将新的科技成果运用到企业生产经营活动中。

（6）自然环境。这是指企业要了解和掌握原材料、燃料等资源的供应情况和地区内的地理位置、气候条件和气象变化规律等。

2. 市场需求调研

（1）现实需求调研。主要弄清楚整个市场在一段时期内需要某种商品的能力，也就是最大可能的需求量（即市场容量）及其变化趋势。它是企业选择目标市场，确定企业生产规模，制订生产经营市场计划的重要依据。

（2）潜在需求调研。主要是要弄清楚今后一段时间内需要的产品类型及其需求量。它是企业开发新产品、改进现有产品、开辟新市场的主要依据。

3. 产品研究

企业是从事各种产品或劳务的生产经营单位。企业向社会提供的产品和劳务是否适销对路、质量是否优良、价格是否合理等，直接关系到企业经营的成败。因此，产品调研主要是产品的市场需求调研，它着重了解市场需要什么产品，这种产品的需求量是多少等。因此，产品调研是市场需求预测的重要依据。现代企业生产在产品的调研对象、具体内容和侧重点上各有不同，但调研的内容不外乎以下几个方面：①产品生命周期；②产品形式部分，包装质量；③产品销售前、后的服务工作；④分析老产品的性能，研究如何改进老产品；⑤大力开发新产品；⑥对竞争者产品进行比较和分析。

4. 市场竞争调研

（1）产品竞争能力调研。体现产品竞争能力的强弱除了新技术因素之外，最主要的是产品质量和价格。进行产品竞争能力的调研，就是要向使用单位和消费者详细了解对本企业产品和市场上同类产品的评价，在质量上各有什么长处和短处，在价格上哪个最合适，本企业的产品在市场上处于何种地位，哪个企业的产品在市场上竞争力最强，在质量上和价格上有什么优势，等等。

（2）同类产品水平与经营特点调研。同类产品水平实质就是同类企业同类产品的出产水平。产品的竞争实际上是企业的生产力水平的竞争。企业进行这方面的调研，首先，要摸清楚生产同类产品的企业的生产情况，如生产同类产品的企业有多少家，它们各自的规模怎样，产量有多大，设备状况、技术力量、产品成本、产品质量以及协作单位如何，等等，根据调研资料建立生产情况档案；其次，要摸清楚竞争对手的经营方式。

5. 消费者调研

购买本产品的消费者是个人还是团体，其性别、年龄、职业、居住区域、收入水平、消费结构，谁是主要购买者、谁是使用者、谁是购买决策者，消费者的欲望和动机、影响消费者购买决策的因素、消费者的购买习惯等都是消费者调研的重要内容。

另外，还有大众媒体、广告研究、价格研究、证券调研、房产调研、IT 行业、汽车、家电、通信、环保等各个行业的市场调研。总之，市场调研的内容及范围十分广泛，其功能也愈显重要。

拓展任务

（1）这类调查是市场调查吗？
（2）你认为利用这些方法得到的调查结果有助于企业调整营销组合要素吗？
（3）这些方法是否可以用来评价服务质量？

"喝牛奶了吗？"

调研人员在不懈努力揭示消费者的购买动机。这方面的努力产生了一些非同寻常的市场调研技术。"喝牛奶了吗？"这一广告攻势的成功得益于"outside-the-box"技术。该广告的创意来自于一项消费者实验。Omnicom 集团下属的Goodbye，Silverstein & Partners 公司要求 10 多个人一周内不喝牛奶并在日记中记录下他们的感受。第五天时，一个人说，当看到盛猫食的饭碗时，他非常渴望喝牛奶。这家位于旧金山的广告代理商重新设计了电视广告画面，画面的背景是一只猫在喵喵直叫。

另外一种非常规技术叫无防护行为或下意识反应。例如，位于康涅狄格州 Westport 的 Greenfield 咨询集团，其调研者们经常在商店里悄悄地走到购买者旁轻声地说："哎，这么多的品牌，我真不知道选哪个。"此时，毫无戒心的顾客就会更加坦诚地谈他们对各种品牌的印象，而不像面对调研者那样拘谨和有所保留。

与此相关的是清晨突击调查技术。为 Kellogg's 公司制作广告的芝加哥 Leo Burnett 公司的企划部总监凯瑟琳·德索伦（Catherine De Thoren）说，他们派出调研人员，让他们在太阳升起的时候上门拜访调研对象，以便弄清楚"在早晨 7：05 人们在干什么"。

（资料来源：豆丁网）

项目二 熟悉市场调研的类型和步骤

任务引入

电动自行车消费者调研方案

调查背景

由于改革开放后,居民收入日益提高,汽车在一般社会大众日常生活中所扮演的角色已由奢侈品转变为必需品。然而,随着汽车数量的大幅增长,所造成的空气污染、噪音污染等问题也愈加严重,能源耗费问题亦不容忽视。于是,可降低环境污染并减少不必要资源浪费的电动自行车顺应环境保护、节约资源之需而产生,目前在国内一些大城市蓬勃发展起来。生产电动自行车的厂家也日益多起来,竞争也日趋激烈。

调查目的

某厂家为了增强竞争力,了解电动自行车使用者与潜在使用者的需求与建议,以作为研究改进电动机车的有效参照,组织对全国3个主要电动自行车城市进行调查。

调查内容

(一)电动自行车使用状况分析

- 骑车经验分析
- 行驶速度分析
- 每日行驶里程数分析
- 每日行驶时间分析
- 主要用途分析
- 搭载情况分析
- 交通状况分析
- 电动自行车更换频率分析
- 使用满意度分析
- 使用情况分析

(二)电动自行车需求分析

- 理想的电动自行车外形分析
- 充电方式分析

- 公共设施的配合分析
- 愿意购买价格分析
- 购买可能性分析
- 欲购买的原因分析
- 不想购买的原因分析
- 购买时机分析

（三）电动自行车需求分析（试骑后）

- 购买可能性分析
- 购买原因分析
- 不想购买原因分析
- 购买时机分析

调研地区、对象、样本

将南京市、苏州市、武汉市3个地区18～60岁的公民作为抽样母体，并依抽样地区、性别、年龄3个变量进行分层比例抽样，分配各组样本数。

样本分配见表3－1：

表3－1 样本分配表

项目类别		样本数（个）
地 区	南京市	216
	苏州市	58
	武汉市	110
性 别	男	195
	女	189
年 龄	16～24岁	82
	25～29岁	63
	30～34岁	64
	35～39岁	61
	40～44岁	41
	45～49岁	29
	50～54岁	25
	55～60岁	19
合计		384

（资料来源：刘艳良《市场调查与预测》，东北大学出版社2006年版）

学习任务

任务一 分析市场调研的类型

一、探索性调研

探索性调研是对企业或市场上存在的不明确的问题进行调研。例如，某企业最近一段时间产品销售量下降，原因不明。是产品质量出了问题，还是价格过高？是服务不好，还是市场上出现了新的竞争性产品？对上述问题，企业可以对一些用户、中间商或企业营销人员进行试探性的调研，从中发现问题的症结所在，并明确地提出来，以便确定调研的重点。探索性调研常常是对企业扩展方向和规模所进行的调查研究，或者为了弄清楚某一问题、范围、情况和原因等进行的调查研究。

二、描述性调研

描述性调研是对市场上存在的客观情况如实地加以描述和反映，从中找出各种因素的内在联系。企业大多数的市场调研都属于描述性调研，如对市场需求潜力、市场占有率、分销渠道、促销方式等所进行的调查研究。根据了解和掌握的资料，从中找出相关因素，即各因素之间的关系，为进一步进行因果性调研和预测性调研提供资料和依据。与探索性调研相比较，描述性调研需要事先拟定一个调查研究计划以及准备搜集资料的步骤。由于描述性调研的任务是对某个市场问题找出答案，因此，调研计划要周密，对资料可靠性的要求较高。描述性市场调研的内容很广，它是市场调研的重要组成部分，对于取得市场信息资料十分重要。

三、因果性调研

因果性调研是对市场上出现的各种现象之间或问题之间的因果关系进行调研，目的是找出问题的原因和结果。例如，消费者为什么喜欢某一产品，为什么销量增加；产品销售增长与广告费、技术服务费、消费者收入增长关系的关联等。因果性调研旨在找出这些关联中什么是"因"、什么是"果"，哪一个"因"是主要的，哪一个"因"是次要的，各个"因"的影响程度是多少等。因果性调研是在描述性调研的基础上进行的，通过搜集有关市场变化的实际资料，并运用逻辑推理和统计分析的方法，找出它们之间的因果关系，从而预测市场的发展变化趋势。

四、预测性调研

预测性调研是对未来市场需求变化及其趋势进行估计。预测性调研是否科学与准确，关系到企业生产经营的方向正确与否，关系到企业能否掌握市场的主动权。

从上述分析可知，探索性调研主要是发现问题并提出问题；描述性调研主要是说明问题；因果性调研主要是分析问题产生的原因；预测性调研主要是估计未来发展的趋势。这4种调研类型是相互联系、逐步深入的关系。应该说，任何企业的市场调研都离不开这4种类型，只不过是侧重点有所不同。

任务二　市场调研的操作步骤

一、确定调查任务

确定调查任务是调研过程的起点，也是调研过程中最重要和最困难的问题。只有任务明确，才能为调研决定方向，使调研人员的调研活动有明确的目的，区别搜集的数据是否恰当适用。例如：企业产品的销量连续下降的原因何在？是消费者的需求发生了变化？是用户对产品质量有意见？是对产品价格有看法？是对售后服务不满意？是经济不景气？还是市场上有竞争性产品？调研人员对这些问题要认真仔细地分析，并做试探性调查，以缩小问题范围，然后抓住问题的关键所在，确定一个或几个调查目标，集中力量进行调查。

二、选定调研方法

调研方法属于技术性问题。调研方法的正确与否，对调研结果会产生很大的影响。以上介绍的3种市场调研的基本方法各有优缺点，各自适应不同的对象和范围。调研人员应根据确定的调研任务和所需信息的性质进行选定。

三、选定样本

在确定调查任务和调研方法的同时，调查者必须确定被调查对象，并从其总体中选取一部分有代表性的对象作为样本。选择的目的是为了保证样本的代表性和调查结果的准确性。

四、制订调研计划

调研计划是市场调研的行动纲领，其内容必须具体，一般应包括：调研目的、数据的搜集和处理；调查的内容；调查的方法与技术；调查日程安排；经费估计以及人员的安排。

五、实地调查

实地调查就是调研人员按计划规定的时间、方法、内容进行具体实地调查，获取所需的资料。

六、整理分析资料

整理分析资料就是把调查搜集到的资料进行整理和统计分析。调查所搜集到的资料是零散的，其中一些资料可能是片面的、不真实的，这就有必要对资料加以整理和分析，严格筛选，去粗取精，去伪存真，以保证资料的系统完整和真实可靠。在对资料进行整理时，要检查资料是否存在不全、重复、有差错、前后矛盾等问题。如发现上述问题，应予以补充、剔除、删改和订正。

七、写出调查报告

调查报告是调研结果的文字形式，是用事实材料对所调查的问题作出系统的分析说明，提出结论性的意见。调查报告应力求简明扼要，所用统计数字要准确无误，分析问题要客观，并提出解决问题的意见。

拓展任务

（1）汉堡王（Burger King）会怎样利用以下的调查信息？
（2）以下调查是描述性、诊断性还是预测性的？
（3）以下调查是基础性的还是应用性的？为什么？

快餐趋势

快餐公司每年花费 10 多亿美元的促销费来吸引消费者。有关快餐销售的理论有很多。TacoBell 公司将其认为最重要的因素缩写成 FACT：Fast food（快餐食品）、Accurate Orders（准确无误）、Cleanliness（清洁）和 Temperature（食品温度适当）。

消费者声称，到餐馆的方便程度要比快捷的服务更重要。密苏里芬顿（Fenton）的 Maritz 市场调研公司调查了许多消费者，其中 26% 的成年人说在选择餐馆时，地理位置是最重要的因素。男性比女性更注重方便，他们的比率分别为 31% 和 23%。65 岁以上的老年人并不像年轻人那样注重这一点。

一般美国人认为，在餐馆地理位置之外最重要的是快餐本身。25% 的被调查者说，在选择餐馆时食物的质量是决定性因素。这可能意味着他们认为食物更为重要，但也可能意味着他们更注重在不同时间、不同地点得到品质相同的食物。妇女、年轻人、老年人比其他人更注重食物的品质。

只有12%的成年人说他们会根据服务的速度来选择快餐，只有8%的成年人认为价格是决定性因素。25岁以下的成年人的收入低于平均收入，所以他们比一般消费者更注重价格，价格是他们选择餐馆最重要的因素。

中年人不太关注菜单上的内容，这可能是因为他们经常带着孩子，而孩子在任何时候要的食物基本上是一样的。35～44岁的成年人中有3%的人声称他们的选择主要是受孩子偏好的影响，这或许可以解释为什么他们不像其他年龄段的人那样关注食品的品质和菜单的内容。不过，他们非常关注价格和时间。这一年龄段的人对价格的关注程度仅次于年轻人，对快捷服务的关注程度仅次于55～64岁的老年人。中年人最有可能根据品牌名称做出决策，这可能也是由于他们的孩子的缘故。

（资料来源：上学吧网）

项目三　掌握常用的市场调研方法

任务引入

"3·15"调查与宣传活动方案

一、确定调查目的

为促进治理经济秩序、净化消费环境，根据中国消费者协会确定的"诚信、维权""3·15"主题，为了解和保护消费者权益，大力宣传《消费者权益保护法》《产品质量法》等法律法规，揭示锦州消费者权益保护意识的现状及主要生活消费品的消费倾向，为不断提高我市消费者权益保护工作水平、保证市场合理供求做出努力。

二、确定调查对象和调查单位

调查对象：锦州市所有消费者
调查单位：锦州市每一位消费者

三、确定调查项目

消费者权益保护意识
消费者生活消费倾向

四、制定调查提纲和调查表

见所附调查问卷

五、确定调查时间和调查工作时间

调查时间：2014年3月
调查工作时间：2014年3月1—31日

六、确定调查地点（可选择地点）

地点	班组	备注
中百商厦	12广告1班	
锦州百货大楼	035101	

（续上表）

地点	班组	备注
金凌商场	035205	
中大商城	12广告2班	
新玛特超市	12广告1班	
大福源超市	035205	
锦州房地产交易中心	12广告2班	
桥南家具销售中心	035101	

七、确定调查方式和方法

调查方式：街头拦截式访问

方法：询问法

八、确定调查资料整理和分析方法

调查资料整理方法：统计分组法

分析方法：定性分析与定量分析相结合

九、确定提交报告的方式

3000字以上综合分析报告

十、制订调查的组织计划

成立"3·15"行动领导小组

成立"3·15"行动工作小组

（资料来源：刘艳良《市场调查与预测》，东北大学出版社2006年版）

学习任务

任务一　直接调查法

一、询问法

询问法，是指调查人员通过口头语言或者书面语言的方式，以见面、问卷、电话或互联网等方式，向被调查者询问，以此搜集所需要的市场资料的方法。

根据调查者与被调查者接触方式的不同，询问法又可分为面谈调查、邮寄调查、电话或互联网调查、留置调查等。

1. 面谈调查

面谈调查是指调查人员与被调查者直接面谈，询问有关问题的方法。面谈调查的交谈方式，可以采取个人访问，也可以采取集体座谈；可以安排一次面谈，也可以进行多次面谈。具体的交谈方式，应根据市场调查的目的和要求而定。

面谈调查具有直接性和灵活性的特点，能够根据被调查者的具体情况进行深入的询问，从而获得较多的第一手资料。面谈调查可以使调查人员对被调查者进行直接观察，有利于判断被调查者回答问题的实事求是的程度，以及问题回答的可靠程度。另外，通过面谈调查了解的问题准确率高，有助于提高调查结果的可信度。

2. 邮寄调查

邮寄调查是指将事先拟定好的调查问卷通过邮寄的方式寄给被调查者，由被调查者根据要求填写后寄回的一种调查方式。邮寄调查的主要好处是，调查空间范围大，可以不受调查者所在地区的限制，只要是通邮的地方，都可以被选定为调查的对象范围；样本的数目较多，而费用支出较少；被调查者有充裕的时间来考虑；可以避免面谈中受到调查人员倾向性意见的影响。

邮寄调查的主要缺点是回收率较低，因而容易影响样本的代表性，并且需要花费较长的时间才能取得调查的结果。

3. 电话互联网调查

电话或互联网调查是调查者通过电话或互联网向被调查者询问有关调查内容或征询意见的一种调查方法。这种方法的优点是，能迅速、经济地搜集到资料，成本低；被调查者没有调查人员在场的心里压迫感和为难感，可坦率交谈。缺点是，被调查者仅限于电话用户或互联网用户，总体不够完整；不易获得对方的合作；难于深入调查，只能简单回答问题。

4. 留置调查

留置调查是由调查人员将调查问卷当面交给被调查者，说明填写要求，并留下问卷，让被调查者自行填写，再由调查人员定期收回的一种市场调查方法。

留置调查法的优点是，调查问卷回收率高，被调查者可以当面了解填写问卷要求，澄清疑问，时间较充裕，便于思考回忆。其主要缺点是，调查地域范围有限，调查费用较高，也不利于对调查人员的工作进行有效的监督。

二、观察法

观察法，是通过观察被调查者的活动取得第一手资料的一种调查方法。运用观察法搜集资料，调查人员同被调查者可以不发生接触，而是由调查人员直接或借助仪器把被调查者的活动按实际情况记录下来。例如，要调查女式服装的需求，调查者可到市中心、繁华要道，直接观察、记录行人的衣着式样、颜色、质量等情况。这种调查方法的优点是：可以客观地搜集、记录被调查者的现场情况，结果比较真实可靠。缺点是，知其然而不知其所以然，只能了解被调查对象活动的结果，而不能观察到产生这种结果的原因。如消费者的购买心理、购买动机、购买偏好等，都无法观察出来；调查费用较高；观察费时。

三、实验法

实验法，是指在市场调查中通过小规模的试验来了解企业产品在市场的适应情况，取得资料，分析总结市场情况的调查方法。例如，为掌握市场对某种商品调整价格后的反应，可先在小范围内进行试验，观察价格提高或降低对商品销售量的影响程度，以及各有关方面的反应，以此作为在大范围内合理调整价格的依据。实验法应用的范围很广，比如要了解某种新产品的需求情况；调查广告宣传、商品陈列的效果；某种商品在改变品种、改变价格、改进质量、改变包装装潢等方面对销售的影响，都可运用实验法。这种调查方法的优点是：方法科学，通过小规模试销，能够比较准确地看出未来销售的趋势。缺点是：实验所需时间较长；费用较高；选择做实验的市场不一定具有典型性；可变因素难以把握，实验的结果也不易比较。

任务二 问卷调查法

一、调查问卷的构成

1. 被调查者的基本情况

这是指与调查内容有关的被调查者的一些特征情况，如姓名、性别、年龄、家庭人口、文化程度、工作单位、职业、所在地区等，列入这些项目，是为了对调查资料进行分类和分析。

2. 调查内容本身

这是调查问卷最基本的组成部分，是指所需调查内容的具体项目。例如，对电话需求调查，主要内容包括被调查者现有电话数量、品牌、规格以及计划购买量的要求等调查项目。

3. 调查问卷的说明

问卷的开头必须以亲切的口吻请求被调查者合作和表示谢意，然后说明问卷的要求、方法、回收时间、注意事项等。

4. 编号

为了便于把调查资料进行分类归档，还需对问卷加以编号。

二、问卷命题方法

常见的问卷命题方法有以下几种：

(1) 是非题。问题的答案只有两个,要求被调查者从中选择一个。一般用"是"或"否","有"或"无"来回答。例如:

您家有冰箱吗?

有□　无□

(2) 多项选择题。问题的答案有若干个,被调查者可从中选择一个或几个。例如:

您曾用过什么牌子的手机?

诺基亚□　　摩托罗拉□　　三星□　　TCL□　　其他_____

(3) 自由回答题。问卷上提出的问题可由被调查者自由回答,不受任何约束。例如:

您为什么想购买三星手机?_____

(4) 程度评定题。要求被调查者表示自己对某个问题的认识程度。例如:

您认为三星手机的质量如何?

很好□　好□　较好□　　一般□　不好□　很差□

(5) 顺位题。要求被调查者按照自己的认识程度对表中所列的答案按先后顺序回答。例如:

请根据您的看法,按品牌喜爱程度给下列各项按①至④依次排列,在方框内填上相应号码。

诺基亚□　　三星□　　摩托罗拉□　　索尼□

三、问卷设计的注意事项

问卷设计的好坏,直接影响到调查效果。在设计时应注意以下几个问题:

(1) 根据调查的主题,将需要调查的问题全部反映在问卷上,无关的问题不要列入。

(2) 要注意询问语句的措辞和语气。问卷要用亲切的语气询问;要尽量避免使用笼统或多义词提问,如"通常""一般""基本"等;避免提出含糊不清、使人难以理解的问题;避免提出别人不愿回答或难以回答的问题;避免引导性的提问。

(3) 注意问题编排的顺序。为了方便填表人回答问题,调查问卷所提出的问题要有顺序,排列应先易后难。开始提出的应是一些简单、易答、有趣的问题,以引起被调查者的兴趣和合作,然后逐步深入地提出所需了解的问题。

任务三 抽样调查法

一、抽样调查简述

抽样调查是一种非全面调查，它是从全部调查研究对象中，抽选一部分单位进行调查，并据以对全部调查研究对象做出估计和推断的一种调查方法。显然，抽样调查虽然是非全面调查，但它的目的在于取得反映总体情况的信息资料，因而，也可起到全面调查的作用。根据抽选样本的方法，抽样调查可以分为概率抽样和非概率抽样两类。概率抽样是按照概率论和数理统计的原理从调查研究的总体中，根据随机原则来抽选样本，并从数量上对总体的某些特征做出估计推断，对推断出可能出现的误差可以从概率意义上加以控制。习惯上将概率抽样称为抽样调查。

二、抽样调查的特点

抽样调查是从研究对象的总体中抽取一部分个体作为样本进行调查，据此推断有关总体的数字特征，如经济性好、实效性强、适应面广、准确性高等。

抽样调查是根据部分实际调查结果来推断总体标志总量的一种统计调查方法，属于非全面调查的范畴。它是按照科学的原理和计算，从若干单位组成的事物总体中，抽取部分样本单位来进行调查、观察，用所得到的调查标志的数据以代表总体，从而推断总体。

抽样调查数据之所以能用来代表和推算总体，主要是因为抽样调查本身具有其他非全面调查所不具备的特点，主要包括：

（1）调查样本是按随机的原则抽取的，在总体中每一个单位被抽取的机会是均等的，因此，能够保证被抽中的单位在总体中的均匀分布，不至于出现倾向性误差，代表性强。

（2）它是以抽取的全部样本单位作为一个"代表团"，用整个"代表团"来代表总体，而不是用随意挑选的个别单位代表总体。

（3）所抽选的调查样本数量，是根据调查误差的要求，经过科学的计算确定的，在调查样本的数量上有可靠的保证。

（4）抽样调查的误差，是在调查前就可以根据调查样本数量和总体中各单位之间的差异程度进行计算，并控制在允许范围以内，调查结果的准确程度较高。

基于以上特点，抽样调查被公认为是非全面调查方法中用来推算和代表总体的最完善、最有科学根据的调查方法。

三、抽样调查的步骤

抽样调查的一般步骤如下：①界定总体；②制定抽样框；③实施抽样调查并推测总体；④分割总体；⑤决定样本规模；⑥决定抽样方式；⑦确定调查的信度和效度。

四、抽样调查的适用范围

第一，不能进行全面调查的事物。有些事物在测量或试验时有破坏性，不可能进行全面调查。如，电视的抗震能力试验，灯泡的耐用时间试验等。

第二，有些总体从理论上讲可以进行全面调查，但实际上不能进行全面调查的事物。如，了解某个森林有多少棵树，职工家庭生活状况如何等。

第三，抽样调查方法可以用于工业生产过程中的质量控制。

第四，利用抽样推断的方法，可以对某种总体的假设进行检验，来判断这种假设的真伪，以决定取舍。

五、抽样调查的分类

（一）概率抽样

1. 随机抽样——简单随机抽样法

这是一种最简单的一步抽样法，它是从总体中选择出抽样单位，从总体中抽取的每个可能样本均有同等被抽中的概率。抽样时，处于抽样总体中的抽样单位被编排成 1～n 编码，然后利用随机数码表或专用的计算机程序确定处于 1～n 间的随机数码，那些在总体中与随机数码吻合的单位便成为随机抽样的样本。

这种抽样方法简单，误差分析较容易，但是需要样本容量较多，适用于各个体之间差异较小的情况。

2. 随机抽样——系统抽样法

这种方法又称顺序抽样法，是从随机点开始在总体中按照一定的间隔（即"每隔第几"的方式）抽取样本。此法的优点是抽样样本分布比较好，有好的理论，总体估计值容易计算。

3. 随机抽样——分层抽样法

这是根据某些特定的特征，将总体分为同质、不相互重叠的若干层，再从各层中独立抽取样本，是一种不等概率抽样。分层抽样利用辅助信息分层，各层内应该同质，各层间差异尽可能大。这样的分层抽样能够提高样本的代表性、总体估计值的精度和抽样方案的效率，抽样的操作、管理比较方便。但是抽样框较复杂，费用较高，误差分析也较为复杂。此法适用于母体复杂、个体之间差异较大、数量较多的情况。

4. 随机抽样——整群抽样法

整群抽样是先将总体单元分群，可以按照自然分群或按照需要分群，在交通调查中可以按照地理特征进行分群，随机选择群体作为抽样样本，调查样本群中的所有单元。整群抽样样本比较集中，可以降低调查费用。例如，在进行居民出行调查中，可以采用这种方法，以住宅区的不同类型将住户分群，然后随机选择群体作为抽取的样本。此法的优点是组织简单，缺点是样本代表性差。

5. 随机抽样——多阶段抽样法

多阶段抽样是采取两个或多个连续阶段抽取样本的一种不等概率抽样。对阶段抽样的单元是分级的，每个阶段的抽样单元在结构上也不同，多阶段抽样的样本分布集中，能够节省时间和经费。调查的组织复杂，总体估计值的计算复杂。

6. 随机抽样——等距抽样

等距抽样也称为系统抽样或机械抽样，它是首先将总体中各单位按一定顺序排列，根据样本容量要求确定抽选间隔，然后随机确定起点，每隔一定的间隔抽取一个单位的一种抽样方式。

7. 随机抽样——双重抽样

双重抽样，又称二重抽样、复式抽样，是指在抽样时分两次抽取样本的一种抽样方式，其具体为：首先抽取一个初步样本，并搜取一些简单项目以获得有关总体的信息；然后，在此基础上再进行深入抽样。在实际运用中，双重抽样可以推广为多重抽样。

8. 随机抽样——按规模大小成比例的概率抽样

按规模大小成比例的概率抽样，简称为 PPS（Probability Proportional to Size）抽样，它是一种使用辅助信息，从而使每个单位均有按其规模大小成比例的被抽中概率的一种抽样方式。其抽选样本的方法有汉森—赫维茨方法、拉希里方法等。

PPS 抽样的主要优点是使用了辅助信息，减少了抽样误差；主要缺点是对辅助信息要求较高，方差的估计较复杂等。

9. 随机抽样——任意抽样

随意抽取调查单位进行调查（与随机抽样不同，不保证每个单位有相等的入选机会），如：柜台访客调查，街头路边拦人调查。

10. 非随机抽样——重点抽样

只对总体中为数不多但影响颇大（标志值在总体中所占比重颇大）的重点单位进行调查。

11. 非随机抽样——典型抽样

挑选若干有代表性的单位进行研究。

12. 非随机抽样——配额抽样

在对总体作若干分类和样本容量既定情况下,按照配额从总体各部分进行抽取调查单位。

(二)非概率抽样

非概率抽样就是调查者根据自己的方便或主观判断抽取样本的方法。它不是严格按随机抽样原则来抽取样本,所以失去了大数定律的存在基础,也就无法确定抽样误差,无法正确地说明样本的统计值在多大程度上适合于总体。虽然根据样本调查的结果也可在一定程度上说明总体的性质、特征,但不能从数量上推断总体。

拓展任务

(1)这份调查问卷属于抽样调查吗?
(2)抽样调查的适用范围是什么?
(3)影响抽样误差的主要因素有哪些?

抽样调查

为了解普通居民对某种新产品的接受程度,需要在一个城市中抽选 1000 户居民开展市场调查,在每户居民中,选择 1 名家庭成员作为受访者。

一、总体抽样设计

由于一个城市中居民的户数可能多达数百万,除了一些大型的市场研究机构和国家统计部门之外,大多数企业都不具有这样庞大的居民户名单。这种情况决定了抽样设计只能采取多阶段抽选的方式。根据调查要求,抽样分为两个阶段进行,第一阶段是从全市的居委会名单中抽选出 50 个样本居委会,第二阶段是从每个被选中的居委会中,抽选出 20 户居民。

二、对居委会的抽选

从统计或者民政部门,我们可以获得一个城市的居委会名单。将居委会编上序号后,用计算机产生随机数的方法,可以简单地抽选出所需要的 50 个居委会。如果在居委会名单中还包括了居委会户数等资料,则在抽选时可以采用不等概率抽选的方法。如果能够使一个居委会被抽中的概率与居委会的户数规模成正比,这种方法就是所谓 PPS 抽样方法。PPS 抽样是一种"自加权"的抽样方法,它保证了在不同规模的居委会均抽选 20 户样本的情况下,每户样本的代表性是相同的,从而最终的结果可以直接进行平均计算。当然,如果资料不充分,无法进行 PPS 抽样,那么利用事后加权的方法,也可以对调查结果进行有效推断。

三、在居委会中的抽样

在选定了居委会之后,对居民户的抽选将使用居委会地图来进行操作。此时,需要派出一些抽样员,到各居委会绘制居民户的分布图,抽样员需要了解居委会的实际位置、实际覆盖范围,并计算每一幢楼中实际的居住户数。然后,抽样员根据样本量的要求,采用等距或者其他方法,抽选出其中的若干户,作为最终访问的样本。

四、确定受访者

访问员根据抽样员选定的样本户,进行入户访问。以谁为实际的被调查者,是抽样设计中最后一个问题。如果调查内容涉及的是受访户的家庭情况,则对受访者的选择可以根据成员在家庭生活中的地位确定,例如,可以选择使用计算机最多的人、收入最高的人、实际负责购买决策的人等。

如果调查内容涉及的是个人行为,则家庭中每一个成年人都可以作为被调查者,此时就需要进行第二轮抽样,因为如果任凭访问员人为确定受访者,那么,最终受访者就可能会偏向某一类人,例如家庭中比较好接触的老人、妇女等。

在家庭中进行第二轮抽样的方法是由美国著名抽样调查专家基什(Leslie Kish)发明的,一般称为KISH方法。访问员入户后,首先记录该户中所有符合调查条件的家庭成员的人数,并按年龄大小进行排序和编号。随后,访问员根据受访户的编号和家庭人口数的交叉点,在表中找到一个数,并以这个数所对应的家庭成员作为受访者。

(资料来源:网络资料改编)

项目四　熟悉市场调查预测

任务引入

金星中国公司

产品的销售概况

金星中国公司在世界范围内的销售形势是乐观的，由于各国显示器生产厂家纷纷在中国办厂或大批向中国放货，行业中的竞争日趋激烈，金星中国公司的销售量却增长不大，除去竞争因素，另一个重要因素是企业内部未充分挖掘潜力，尤其是缺乏科学的战略性的市场预测，缺乏一套行之有效的经营管理信息系统，致使该公司销售形势处于一种"凭市场摆布"的局面。因此，当该公司面临不利的宏观经济环境时，便不能做出灵敏的反应，去制订有力的对策，以取得营销的主动权。

产品市场分析和营销计划系统总框架

在世界范围内，金星中国公司是有一定的优势的，但其中国市场销售情况表明，该公司产品在中国市场销路已经潜伏着危机，为此金星中国公司提出开发一个"市场营销管理信息决策系统"，其主要功能是为该公司管理人员提供可靠、及时的市场信息。

为了实现目标功能，系统包括4个功能模块：①市场预测和分析；②计划和市场研究；③订货和用户服务；④调运和分配。

本章着重对市场营销的预测分析和计划模块进行重点研究和论述。因为预测分析和计划研究是市场经营管理的首要环节，它是企业作出正确经营决策的前提和依据。

（资料来源：价值中国网）

学习任务

任务一　掌握市场预测的概念

市场预测就是在市场调查获得的各种信息和资料的基础上，通过分析研究，运用科学的预测技术和方法，对市场未来的商品供求趋势、影响因素及其变化规律所做的分析和推断过程。

预测为决策服务，是为了提高管理的科学水平，减少决策的盲目性，我们需要通过预测来把握经济发展或者未来市场变化的有关动态，减少未来的不确定性，降低决策可能遇到的风险，使决策目标得以顺利实现。

任务二　分析市场预测的四大原则

一、相关原则

（1）正相关是事物之间的"促进"。比如，居民平均收入与"百户空调拥有量"；有企业认识到"独生子女受到重视"而推知玩具、教育相关产品和服务的市场；某地区政府反复询问企业一个问题——"人民物质文化生活水平提高究竟带来什么机遇"，这实际上是目前未知市场面临的一个最大机遇，该地区先后发展的"家电业""厨房革命""保健品"应该是充分认识机遇和细化实施的结果。这也体现了企业的机遇意识。2010年进行的人口普查，有专家提出那些资料是企业的"宝"，就看你怎么认识了，如某大型家具企业起家把握的一个最大的机遇是"中国第三次生育浪潮生育的这些人目前到了成家立业的高峰"。

（2）负相关，是指事物之间相互"制约"，一种事物发展导致另一种事物受到限制，特别是"替代品"。比如资源政策、环保政策出台必然会导致"一次性资源"替代品的出现，像"代木代钢"发展起来的PVC塑钢；某地强制报废助力车，该地一家"电动自行车"企业敏锐地抓住了机遇，也是一样的道理。

二、惯性原则

任何事物发展都具有一定的惯性，即在一定时间、一定条件下保持原来的趋势和状态，这也是大多数传统预测方法的理论基础。比如"线性回归"和"趋势外推"等。

三、类推原则

这个原则也是建立在"分类"的思维高度，关注事物之间的关联性。

（1）由小见大——从某个现象推知事物发展的大趋势。例如现有人开始购买私家汽车，您预见到什么？运用这一思路要防止以点代面、以偏概全。

（2）由表及里——从表面现象推知实质。例如"统一食品"在昆山兴建基地，无锡的"中萃面"应意识到什么？"海利尔"洗衣粉到苏南大做促销，"加佳洗衣粉"意识到可能是来抢市场的。换个最简单的例子，一次性液体打火机的出现，真的就有火柴厂没有意识到威胁。

（3）由此及彼——引进国外先进的管理和技术也可以用这一思路解释。请记住一句话：在发达地区被淘汰的东西，到落后地区可能有市场。

(4) 毛泽东说过一句话："我们绝不当李自成。"可见历史的东西对以后的发展是极有指导性的。换句话说，多年前谁敢想象自己家有空调、电脑、电话？那么设想一下，你能不能想想10年后您会拥有自己的汽车？这种推理对商家是颇具启发的。你能总结一下中国家庭电视机的发展规律吗？也许，你从中就能找到商机。

(5) 由远及近——比如国外的产品、技术、管理模式、营销经验、方法，因为可能比较进步，就代表先进的方向，可能就是"明天要走的路"。

(6) 自下而上——从典型的局部推知全局，一个规模适中的乡镇，需要3台收割机，这个县有50个类似的乡镇，可以初步估计这个县的收割机可能的市场容量为150台。

(7) 自上而下——从全局细分，以便认识和推知某个局部。例如，我们想知道一个40万人的城市女士自行车的市场容量，40万人当中有20万女性，去掉12岁以下及50岁以上的女性还有10万，通过调查千人女性骑自行车比率（假设60%），那么就可以得出该城市女士自行车可能的市场容量为6万。这种类推对大致了解一个市场是很有帮助的。

四、概率推断

我们不可能完全把握未来，但根据经验和历史，很多时候能大致预估一个事物发生的大致概率，根据这种可能性，采取对应措施。扑克、象棋游戏和企业博弈型决策都在不自觉地使用这个原则。有时我们可以通过抽样设计和调查等科学方法来确定某种情况发生的可能性。

任务三　熟悉市场预测的基本要素

要搞好市场预测，必须把握预测的4个基本要素：

一、信息

信息是客观事物特性和变化的表征和反映，存在于各类载体，是预测的主要工作对象、工作基础和成果的反映。

二、方法

方法是指在预测的过程中进行质和量的分析时所采用的各种手段。预测的方法按照不同的标准可以分成不同的类别。按照预测结果属性可以分为定性预测和定量预测；按照预测时间长短的不同，可以分为长期预测、中期预测和短期预测；按照方法本身，更可以分成众多的类别，最基本的是模型预测和非模型预测。

三、分析

分析是根据有关理论所进行的思维研究活动。根据预测方法得出预测结论之后，还必须进行两个方面的分析：一是在理论上要分析预测结果是否符合经济理论和统计分析的条件；二是在实践上对预测误差进行精确性分析，并对预测结果的可靠性进行评价。

四、判断

对预测结果采用与否，或对预测结果依据相关经济和市场动态所作的修正需要判断，同时对信息资料、预测方法的选择也需要判断。判断是预测技术中重要的因素。

任务四 掌握市场预测的程序

市场预测是一项有章可循的工作，进行市场预测必须按照一定的程序，否则就会影响到预测工作的效率和预测结果的可靠性。市场预测的程序包括 6 个步骤：确定预测对象、制订预测方案、搜集数据资料、选择预测方法、预测组织实施和评估预测结果。

一、确定预测对象

市场预测的第一步就是确定预测对象，明确预测的内容和项目。比如，要预测 2019 年空调在市场上需求的变动趋势，预测对象可以是总需求量、挂式空调的需求量、立式空调的需求量，也可以是 1.5P、2P、3P 空调等的需求量。明确预测对象是市场预测的基础，否则市场预测就是盲目的。

二、制订预测方案

确定了预测对象之后，接下来就是要制订预测方案，以确保市场预测工作得以顺利进行。预测方案包括预测进度时间安排、预测所使用的方法、预测的费用和预算等。

三、搜集数据资料

市场调查工作实际上就是在进行搜集数据资料，它是市场预测的基础，所搜集数据和资料的质量会直接影响到市场预测的质量，因此，在搜集数据资料时，一定要注意数据资料是否全面、准确可靠、适用。

四、选择预测方法

数据资料搜集工作结束后，则需根据这些数据资料选择预测方法。市场预测的方法没有好坏之分，只有适合与不适合的区别，数据资料的类型和预测的目标在一定程度上决定了预测方法的选择，因此，一定要综合考虑各种情况选择适当的预测方法，才能确保预测的精确性和可靠性。此外，选择预测方法时还需要考虑成本问题，尽可能选择既适用成本又低的预测方法。

五、预测组织实施

预测组织实施即具体操作进行市场预测。而对于相同的数据资料，采用不同的预测方法，既可能会得到相同的结果，也有可能会得到不同的结果。因此，企业在对重大问题进行预测时，为了确保预测的可靠性，降低决策的风险，一般情况下不会只依靠一种预测方法进行预测，往往会同时采用多种预测方法进行预测，对预测的结果进行相互验证。

六、评估预测结果

评估预测结果是指由研究人员从理论和实践两个方面对预测结果的可信度和预测结果是否符合实际情况所进行的评价，同时也是对市场预测活动的经验总结。这既能丰富研究人员的经验，便于他们在未来更有效地进行市场预测，又能帮助企业选择市场调查与预测机构。

任务五　分析市场预测的内容

一、市场需求预测

市场需求预测是指在市场调查的基础上，通过运用定性分析与定量分析相结合的方法，对一定时期内特定区域的某类市场或全部市场的需求走向、需求潜力、需求规模、需求水平、需求结构和需求变动等因素进行的市场预测。由于市场需求的大小和市场规模的大小对企业的投资决策和资源配置等具有重要影响，所以市场需求预测是市场预测的一项重点内容。

二、市场供给预测

市场供给预测是指对某一时期和一定范围的市场供应量、供应结构、供应变动因素等进行的分析预测。市场供给的大小，反映了市场供应能力的大小，是决定市场供求状况的重要变量。市场供给预测主要包括对进入市场的商品资源总量及其结构和各种具体商品的市场可供应量变化的预测。

三、消费者购买行为预测

消费者购买行为预测是对消费者的消费能力、消费水平和消费结构进行预测，分析不同消费群体的消费特点和需求差异、分析消费者的购买习惯及消费倾向等的变化，研究消费者购买什么、何时购买、为何购买以及如何购买等问题。消费者购买行为预测目的是为市场需求潜力推测、目标市场选择、产品开发和制定营销策略提供决策依据。

四、产品销售预测

产品销售预测是利用市场调查的资料和历史资料，对产品销售规模、销售结构、销售变化趋势、市场占有率和覆盖率、销售渠道变动、销售费用和销售利润变化等做出预测和推测，分析影响销售变化的因素，寻求扩大商品销售的途径。

五、市场行情预测

市场行情预测是对整个市场或某类商品的市场形势和运行状态进行预测分析。其目的是研究、掌握市场周期波动的规律、推测市场经济状态和变化趋势、分析价格水平的变动趋势，为企业经营决策提供依据。

六、市场竞争格局预测

市场竞争格局预测是对产品的同类企业的竞争状况进行的预测分析，包括对产品产量的分布格局、销售量的分布格局、产品销售区域格局、产品质量、价格、品牌知名度和满意度等要素构成的竞争格局以及变化态势进行分析、评估和预测。

七、企业经营状况预测

企业经营状况预测是利用企业内部的统计资料、财务数据和有关市场调查资料，对企业的资产、负债、收入、成本费用、利润等方面，以及赢利能力、偿债能力、经营效率等变化趋势进行预测分析。其主要目的是正确判断和把握企业资产配置和经济效益的变化趋势，寻找资源最优化的配置和提高企业的经济效益。

任务六　界定市场预测的类型

根据不同的标准，市场预测的分类结果也不尽相同。目前，市场预测的分类情况主要有以下几种。

一、按照使用的预测工具分类

根据市场预测所选择的预测工具是否做出量化的判断，可以将市场预测分为定性预测和定量预测两大类，后面章节会详细介绍这两种预测工具。

1. 定性预测

定性预测是基于预测者个人的知识和经验，分析事物过去和现在的变化规律，对事物的未来发展变化趋势和状态做出大致的估计和判断。定性预测会受到预测者个人的经验、能力的影响，因此，就要求预测者拥有丰富的知识和经验，否则定性预测的结果准确度不高。

2. 定量预测

定量预测是根据市场调查搜集的数据和资料，运用科学的统计分析方法和数学模型对事物的发展变化进行量化推断的预测方法。与定性预测相比较，定量预测较少地受预测者个人主观因素的影响，它是通过量化数据指标来说明预测结果，使得预测结果更客观、更可靠、更具有说服力。但是，当缺乏量化的数据或资料，或者获取这些数据或资料的成本过高、难度过大时，往往就使用定性预测的方法。

二、按照市场预测的时间层次分类

以市场预测的时间层次作为分类标准，市场预测可以分为短期预测、中期预测和长期预测3类。

1. 短期预测

短期预测又称近期预测，它是指对一年以内市场发展变化的预测。包括年度预测、季度预测和月度预测，主要为企业的日常经营决策提供依据。

短期预测是市场预测中时间最短的一类，也是企业使用最为广泛的一类。短期预测的目标明确，且不确定性因素的影响小，能够确保预测的准确度。

2. 中期预测

中期预测是指预测一年以上、五年以内的市场发展前景，中期预测常用于市场潜力产品供求变化等的预测。

3. 长期预测

长期预测是指在五年以上的市场预测，是市场预测中时间最长的一类。

预测的准确度与预测的时间密切相关，一般情况下，预测期越短，所面临的不确定性的变化就越少，预测的结果就越准确；反之，预测期越长，所面临的不确定性变化就越多，预测的结果就越不准确。因此，短期预测的结果最可靠，其次是中期预测，长期预测的结果最不可靠。

三、按照市场预测的空间层次分类

按照市场预测的空间划分，市场预测可以分为国际市场预测和国内市场预测两大类。

1. 国际市场预测

国际市场预测是根据来自国际市场的数据和资料对世界范围的市场动态进行的预测。它对于跨国经营的企业不仅是必要的，而且是非常重要的。跨国经营企业的业务涉及不同国家，而这些不同国家的国际市场又存在一定的差异，因此，有时候需要根据不同国家的情况进行不同的预测。由于国际市场预测的范围宽广、不同国家之间存在较大差异，所面临的不可控制性因素较多，而搜集资料的难度较大、成本较高，所以预测的难度较大。

2. 国内市场预测

国内市场预测是指对我国国内市场变化情况进行的预测，可以分为全国性市场预测和区域性市场预测。全国性市场预测是以全国范围为目标市场，对全国范围的市场状况进行预测；区域性市场预测是以某一区域作为目标市场，对这一区域的市场状况进行预测。全国性市场预测比区域性市场预测的范围更广，预测的难度更大。

四、按照市场预测的范围分类

按照预测范围的不同，市场预测可以分为宏观市场预测和微观市场预测。

1. 宏观市场预测

宏观市场预测是以整个国民经济、部门、地区的市场活动为范围进行的预测，主要预测经济、文化、政治、技术发展态势，以及供求关系的变化和总体市场运行的态势。

2. 微观市场预测

微观市场预测是指对企业所进行的生产、销售等活动的预测。比如，预测企业产品的销售量、市场需求量等。

微观市场预测是宏观市场预测的基础和前提，宏观市场预测是微观市场预测的综合与扩大。

五、按照产品的层次分类

按照产品的层次，市场预测可以分为单项商品预测、同类商品预测和商品总量预测。

1. 单项商品预测

单项商品预测是指对某种具体商品市场需求量进行的预测。比如，对三星9100手机市场需求量的预测。

2. 同类商品预测

同类商品预测是指对某一类产品的预测。比如，对家电产品、服装类产品、食品的预测。

3. 商品总量预测

商品总量预测是指对各种商品的市场未来需求总量的预测。比如，对消费者在一年内所需的生活必需品总量的预测。

任务七 评价市场预测的作用

一、市场预测是企业进行经营决策的主要依据

企业的经营活动必须建立在正确的决策基础之上。企业科学决策的地位和作用越来越突出，能否进行科学决策已经成了企业成功与失败的关键，而科学的市场预测是进行正确决策的前提和依据。通过市场预测，能够获得决策所必需的未来发展的信息，有效地预见市场未来发展趋势，为企业确定生产经营方向、制订生产经营发展计划提供依据。

二、市场预测有助于提高企业的竞争力

随着经济、科学技术的快速发展，市场竞争日益激烈，产品生命周期缩短，更新换代的速度加快，消费者的需求也快速发生变化。通过市场预测，一方面能够及时地了解消费者的需求变化，从而保证企业提供的产品与服务能够更好地满足消费者的需求，提高顾客的满意度和忠诚度，增强企业的竞争力。另一方面，还可以了解竞争对手的情况，并预测竞争对手对企业可能采取的竞争策略，从而便于企业提前做好准备，在竞争激烈的市场中处于主动地位，提前制定出切实可行的营销策略，提高企业的竞争力。

三、市场预测有助于实现企业的经营目标

市场预测是企业营销活动决策的基础，科学的预测有助于企业降低决策的不确定性，做出科学而又正确的决策，有效地抓住市场机会，确保企业经营目标的实现；而不科学的预测，则会导致企业盲目地做决策，缺乏科学性和正确性，导致企业贻误商机，进而导致严重的损失，甚至陷入经营的困境。为此，企业需要进行大量的经营决策。为了提高决策的效率和效果，需要通过预测了解经济发展、技术变革、政策调整及未来市场变化的有关动态，降低决策可能遇到的风险，顺利实现决策的目标。

拓展任务

（1）根据家电市场调查的内容确定小组市场预测的方向。
（2）应用所学内容进行一次家电市场的市场预测。
（3）把所预测结果汇报给指导老师。

某家电企业的专家预测

　　某家电企业研发出一种新型的空调，打算在第二年投放市场，但是生产部门人员与营销部门人员对于该新型空调的看法不一致。生产部门认为该款新型空调性能优良，技术先进，具有良好的销售前景；而营销部门则认为该款新型空调成本过高，价格过高，理念过新，不宜为广大消费者所接受，所以对未来的销售前景难以把握，对于是否进行批量生产最好不要太早作出决定。为了使大家统一认识，该家电企业邀请了空调设计与生产专家、销售经理、销售人员、市场调研专家等，为其提供新型空调生产成本、价格、性能、质量及其他空调生产与销售的情况等。会议组织者邀请各位专家基于提供的资料鼓励他们针对新型空调畅所欲言。最后，综合各位专家提出的意见，整理出关于该新型空调的竞争能力与市场需求的材料，在此基础上对新型空调市场未来的销售情况作出判断和推测。

　　（资料来源：刘艳良《市场调查与预测》，东北大学出版社2006年版）

综合测评

● 情景

"有路必有丰田车"——丰田进军美国市场

　　"车到山前必有路，有路必有丰田车"，这则广告对大多数中国人来说已经是再熟悉不过了。然而，丰田车面前原来是没有路的，路是靠丰田人一步步走出来的。

　　在美国的小型车市场上，也并非没有竞争对手，德国的大众牌小型车在美国就很畅销。丰田公司雇用美国的调查公司对"大众"汽车的用户进行了详尽的调查，充分掌握了大众牌汽车的长处和缺点，除了车型满足消费者需求之外，大众牌汽车的高效、优质的服务网打消了美国人对外国车维修困难的疑虑；暖气设备不好、后座间小、内部装饰差则是众多用户对"大众"车的抱怨。

　　于是，丰田公司决定生产适合美国人需要的小型车，以国民牌汽车为目标，吸收其长处，克服其缺点，生产出按"美国车"进行改良的"光冠"小型车。性能比大众牌高两倍，车内空间也高出一截，连美国人个子高、手臂长、需要驾驶间大的因素都考虑进去了。

　　市场调查和市场细分只解决了"生产什么"和"为谁生产"的问题，要真正让顾客把车买回家还需下一番功夫。当时，丰田公司遇到的问题有3个：如何建立自己的销售网络；如何消除美国人心目中的"日本货就是质量差的劣等货"的旧印象；如何与德国的小型车抗衡。

　　面对挑战，在"我有人有"之中如何进入市场呢？

　　为了吸引客户，丰田公司在进入市场的早期采用了低价策略，"光冠"定价在 2000 美元以下，"花冠"定价为 1800 美元以下，比美国车和德国车都低了很多，连给经销商的赚头也比别人多，目的是在人们心目中树立起"质优价廉"的形象，以达到提高市场占有率，确立长期市场地位的目的，而不是拘泥于亏与赚的短期利益。

此外，丰田公司为占领市场，实施了经营、售后服务和零配件供应一体化，以优质的服务来打消客户对使用丰田车的顾虑。1965 年，在"光冠"车进入美国市场前，丰田公司已在美国建立了 384 家经销店和能存放 200 万美元的汽车零部件的仓库；1976 年，在美国已有 1000 家销售、服务"一体化"的零售店。每个店都设立了供应零部件的门市部，并配有懂礼节、技术精的维修人员，在售后服务上给丰田车的客户吃了一颗"定心丸"。

为了满足不同层次、不同爱好的消费者的需求，从 1965 年起，他们把不同的车型、发动机、传动装置、座位、颜色、轮胎进行不同方式的组合，形成"皇冠""花冠""光冠"等 4 大系列的就有 100 种式样。"丰田"把这种策略称作"扩大选择范围的体制"。

为使每位顾客都能从丰田公司的销售网满意而归，"丰田"的销售部门创造了"每日订货制度"，各销售店即使没有顾客需要的车种，也可以随时接受订货，然后立即上报给销售公司，销售公司再反馈到生产厂，短则 10 天，长则 1 个月，客户即可取货。

丰田公司开拓美国市场的战略和策略，是对企业极有意义的一堂市场营销课，值得企业学习和借鉴。

（资料来源：豆丁网）

（1）丰田公司在开拓和占领美国市场时采用了什么战略？其好处是什么？

（2）丰田公司巩固美国市场的成功之处何在？

（3）丰田公司之所以能在短期内迅速打开美国市场，得益于何种营销管理理念？

学习评价与反馈

任务模块	任务指标	自评	互评
知识	了解市场调研的内涵；熟悉市场调研的类型和步骤；掌握市场调研的常用方法	☆☆☆☆☆	☆☆☆☆☆
	了解市场预测的内容与方法；评价市场预测的作用	☆☆☆☆☆	☆☆☆☆☆
技能	能根据实际需要正确应用市场调研方法开展市场调研	☆☆☆☆☆	☆☆☆☆☆
	能应用市场调研方法，按照实际要求撰写规范的市场调研报告	☆☆☆☆☆	☆☆☆☆☆
素养	在营销调研中培养严谨的逻辑思维	☆☆☆☆☆	☆☆☆☆☆
	在应用市场预测方法中培养具备市场的前瞻性素养	☆☆☆☆☆	☆☆☆☆☆
评价与反馈			
备注：通过自我评价和在老师指导下实施第三方评价与反馈来判定自己对本模块知识与能力的掌握情况。同时，根据评价与反馈来督促自己进一步将尚未掌握、达到的知识、能力点补充巩固，以促进学习成果的达成度			

模块四 | Module Four

掌握市场选择与进入的方法
Mastering the Way of Market Selection and Entry

故谋莫难于周密，说莫难于悉听，事莫难于必成。
Therefore, when it comes to plan, it is most difficult to do thorough and rigorous. It is most difficult to persuade the other party to listen to the opinions of the other party. The hardest thing to do is to make things succeed.
——《鬼谷子·摩篇》Guiguzi · Mo Article

 学习内容—The Learning Content

- 项目一　了解 STP 营销战略理论
- 项目二　掌握市场细分
- 项目三　掌握确定目标市场的方法
- 项目四　掌握市场定位方法

☞学习指南

一、学习目的

通过市场选择与进入的方法，熟悉 STP 营销战略的内容，掌握 STP 营销战略的市场细分（Segmentation）、目标市场（Targeting）、市场定位（Positioning）3 种策略的要素；能根据实际营销情景正确实施目标市场的选择和定位分析，并初步确定占领目标市场的策略。

二、学习领域

本模块主要学习 STP 营销战略的基本知识，学习市场的细分方法和如何确定目标市场的方法，同时学习如何实施市场定位。

三、学习方式

在自主学习本教案提供的学习知识基础上，通过图书馆同类馆藏图书和网络文献平台，阅读和学习有关市场选择与进入方法的相关文献资料。

在老师的指导下或通过小组讨论交流如何精准选择目标市场、如何准确定位市场的有关资讯，提升自己对市场选择与进入的理论的理解和实际操作能力。

四、预期学习成果

（1）熟悉 STP 营销战略的内涵，掌握 STP 战略方法。
（2）能应用 STP 营销战略正确地进行市场细分和实施目标市场定位。
（3）能使用相关知识解决市场选择与进入期间出现的疑问。
（4）能够对市场上的各种产品、品牌进行市场细分，并说明其细分的依据及成功的理由。

项目一　了解 STP 营销战略理论

任务一　了解 STP 营销战略理论

众所周知，由于一个企业不可能满足所有消费者的需求，企业只有以市场上的部分特定顾客为其服务对象，才能充分发挥其优势，提供更有效的产品和服务。因此，明智的企业会率先制定一个进攻的目标，再对目标范围内消费者的需求详加分析，根据某一分类标准将市场细分化，并从中选出有一定规模和发展前景且符合企业目标和能力的细分市场作为企业的目标市场。但只是确定了目标市场是远远不够的，因为企业这时还是"一厢情愿"的阶段，何况其选中的目标市场也许恰恰也被其他企业看中，很可能存在多家企业的竞争。如何让目标顾客以自家企业的产品作为他们的购买目标，才是关键。

市场细分和目标市场选择是寻找"靶子"，而定位就是将"箭"射向靶心。为此，企业需分析竞争对手情况，挖掘自己的竞争优势，找出竞争优势与消费者需求的最佳结合点，从而将产品定位在目标消费者所偏爱的位置上。

因此，准确地选择目标市场，有针对性地满足某一消费群体的特定需要，就成为企业成功进入市场的关键，也是企业目标市场营销战略要解决的核心问题。

一、STP 战略理论概述

营销理论中将市场细分、目标市场、市场定位 3 个步骤或 3 种策略称为目标市场营销战略的三要素，也称为 STP 营销战略。

营销大师科特勒曾说："现代战略营销的中心，可定义为市场营销就是市场细分、目标市场和市场定位。"市场细分是企业战略营销的起点，市场细分不是对产品进行分类，而是对消费者进行分类。如鲜牛奶生产，我们可以依据人群不同，把它细分为婴儿鲜奶、学生鲜奶、成人鲜奶、病人鲜奶等细分的子市场，我们也可依据购买力不同细分为特新鲜的（生产出厂一个小时内）鲜牛奶、保质期间一天内的鲜牛奶、保质期间三天内的鲜牛奶、保质期间一周内的鲜牛奶，而不是生产一种产品来满足所有的消费人群。

二、STP 营销战略的全过程

实际上，目标市场营销战略中 3 个步骤正是市场定位的全过程，所以 STP 营销战略的全过程可以用图 4-1 表示。因此，对于企业而言，市场定位的基本前提就是要细分市场，寻找市场的空白点，确定目标市场，从而进行定位。

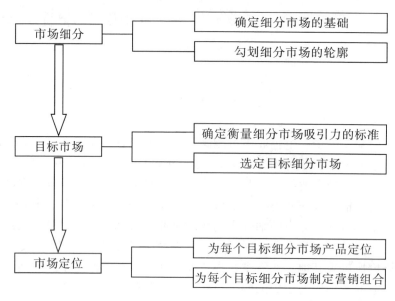

图 4-1　STP 营销战略的全过程

项目二　掌握市场细分

任务一　熟悉市场细分战略的形成与作用

一、市场细分战略的形成

第一阶段：大量营销（Mass Marketing）

在这一阶段，市场物资短缺，产品供不应求，企业奉行大量生产观念。在生产观念指导下，企业从生产出发，把消费者看作具有相同需求的整体市场，认为只要价格便宜，消费者就会接受，于是大量生产和销售单一产品，以较低的价格吸引所有的消费者，结果，市场上充斥着式样相似的单一产品。

第二阶段：产品差异化营销（Product Different Marketing）

随着科学技术的进步，产品数量日益丰富，供不应求向供过于求转变，卖方之间的竞争日趋激烈，企业开始意识到产品差异的潜在价值，开始奉行产品观念。在产品观念指导下，企业从产品出发，生产和销售两种或更多的不同式样、花色和价格的产品，供消费者选择，以期扩大销售量。但这种差异并不是专门针对某类消费者的不同需要而设计，更不是在市场细分的基础上出现的。

第三阶段：目标营销（Target Marketing）

随着生产力水平的提高，消费者的购买能力和对商品的选择能力也在提高。如何才能够满足不同消费者的需求，便成了企业经营的重任。企业开始奉行以市场为中心、以消费者为中心的市场观念。企业营销者开始通过对市场细分，选择一至两个或更多的细分市场作为目标市场，针对目标市场的需要研制和开发新产品，提高企业的市场占有率。

二、市场细分的作用

（一）市场细分是制定市场营销战略的关键环节

市场营销战略包括选定目标市场和决定适当的营销组合两个基本观念。在实际应用上，有两种途径：①从市场细分到营销组合，即先将一个异质市场细分为若干"子市场"，然后从若干子市场中选定目标市场，采取与企业内部条件和外部环境相适应的目标市场策略，并针对目标市场设计有效的市场营销组合；②从营销组合到市场细分，即在已建立了营销组合后，对产品组合、分销、促销及价格等作出多种安排，将产品投入市场试销；再依据市场反馈的信息，研究消费者对不同营销组合的反应有何差异，进行市场细分，选定目标市场；再按照目标市场的需求特点，调整营销组合。

（二）市场细分有利于发现市场营销机会

市场营销机会是已出现于市场但尚未得到满足的需求。这种需求往往是潜在的，一般不易发现。运用市场细分的手段便于发现这类需求，并从中寻找适合本企业开发的需求，从而抓住市场机会，使企业赢得市场主动权。

（三）市场细分能有效与竞争对手相抗衡

在企业之间的竞争日益激烈的情况下，通过市场细分，有利于发现目标消费者群的需求特性，从而调整产品结构，增加产品特色，提高企业的市场竞争能力，有效地与竞争对手相抗衡。

（四）市场细分能有效地拓展新市场，扩大市场占有率

企业对市场的占有不是轻易就能拓展出来的，必须从小到大，逐步拓展。通过市场细分，企业可先选择最适合自己占领的某些子市场作为目标市场。当占领这些子市场后再逐渐向外推进、拓展，从而扩大市场占有率。

（五）市场细分有利于企业扬长避短，发挥优势

每一个企业的营销能力对于整体市场来说，都是有限的。所以，企业必须将整体市场细分，确定自己的目标市场，把自己的优势集中到目标市场上。否则，企业就会丧失优势，从而在激烈的市场竞争中遭受失败。特别是有些小企业，更应该注意利用市场细分原则，选择自己的市场。

任务二　掌握市场细分的原则与依据

一、市场细分的原则

企业可根据单一因素，亦可根据多个因素对市场进行细分。选用的细分标准越多，相应的子市场也就越多，每一个子市场的容量相应就越小。相反，选用的细分标准越多，子市场就越少，每一个子市场的容量则相对较大。如何寻找合适的细分标准，对市场进行有效细分，在营销实践中并非易事。一般而言，成功、有效的市场细分应遵循以下基本原则：

（一）可衡量性

指细分的市场是可以识别和衡量的，亦即细分出来的市场不仅范围明确，而且对其容量大小也能大致做出判断。有些细分变量，如具有"依赖心理"的青年人，在实际中是很难测量的，以此为依据细分市场就不一定有意义。

（二）可进入性

指细分出来的市场应是企业营销活动能够抵达的，亦即企业通过努力能够使

产品进入并对顾客施加影响的市场。一方面，有关产品的信息能够通过一定媒体顺利传递给该市场的大多数消费者；另一方面，企业在一定时期内有可能将产品通过一定的分销渠道运送到该市场。否则，该细分市场的价值就不大。比如，生产冰淇淋的企业，如果将我国中西部农村作为一个细分市场，恐怕在一个较长时期内都难以进入。

（三）有效性

即细分出来的市场，其容量或规模要大到足以使企业获利。进行市场细分时，企业必须考虑细分市场上顾客的数量，以及他们的购买能力和购买产品的频率。如果细分市场的规模过小，市场容量太小，细分工作烦琐，成本耗费大，获利小，就不值得去细分。

（四）对营销策略反应的差异性

指各细分市场的消费者对同一市场营销组合方案会有差异性反应，或者说对营销组合方案的变动，不同细分市场会有不同的反应。一方面，如果不同细分市场顾客对产品需求差异不大，行为上的同质性远大于其异质性，此时，企业就不必费力对市场进行细分。另一方面，对于细分出来的市场，企业应当分别制订出独立的营销方案。如果无法制订出这样的方案，或其中某几个细分市场对是否采用不同的营销方案不会有大的差异性反应，便不必进行市场细分。

二、市场细分的依据

（一）消费者市场细分依据

一种产品的整体市场之所以可以细分，是由于消费者或用户的需求存在差异性。引起消费者需求差异的变量很多，实际中，企业一般是组合运用有关变量来细分市场，而不是单一采用某一变量。概括起来，细分消费者市场的变量主要有4类，即地理变量、人口变量、心理变量、行为变量。以这些变量为依据来细分市场就产生出地理细分、人口细分、心理细分和行为细分4种市场细分的基本形式。

1. 按地理变量细分市场

按照消费者所处的地理位置、自然环境来细分市场，比如，根据国家、地区、城市规模、地域、气候、经济发达程度等方面的差异将整体市场分为不同的小市场（见表4-1）。地理变量之所以作为市场细分的依据，是因为处在不同地理环境下的消费者对于同一类产品往往有不同的需求与偏好，他们对企业采取的营销策略与措施会有不同的反应。比如，在我国南方沿海一些省份，某些海产品被视为上等佳肴，而内地的许多消费者则觉得味道平常。又如，由于居住环境的差异，城市居民与农村消费者在室内装饰用品的需求上大相径庭。

表4-1　按地理变量市场细分指标

一级变量	二级变量	划分标准
地理变量	地区	东北、华北、西北、华中、华南、西南
	省市	北京、上海、武汉、广州、深圳
	城市规模	特大型、大型、中型、小型、城镇、农村
	地域	南方、北方
	气候	东部地区、中部地区、西部地区
	经济发达程度	发达、较发达、落后

2. 按人口变量细分市场

指按人口统计变量，如年龄、性别、家庭规模、家庭生命周期、收入、职业、受教育程度、宗教、种族、国籍等为基础细分市场（部分指标见表4-2）。消费者需求、偏好与人口统计变量有着密切的关系，比如，只有收入水平很高的消费者才可能成为高档服装、名贵化妆品、高级珠宝等的经常买主。人口统计变量比较容易衡量，有关数据相对容易获取，由此构成了企业经常以它作为市场细分依据的重要原因。

表4-2　按人口变量市场细分指标

一级变量	二级变量	划分标准
人口变量	年龄	6岁以下、6～11岁、12～19岁、20～34岁
	性别	男、女
	家庭收入	800元以下、800～1500元、1500～2000元
	职业	专业技术人员、管理人员、普通员工
	受教育程度	小学及以下、初中、高中、大学
	家庭生命周期	青年、中年、老年

（1）性别。由于生理上的差别，男性与女性在产品需求与偏好上有很大不同，如在服饰、发型、生活必需品等方面均有差别。

（2）年龄。不同年龄的消费者有不同的需求特点，如青年人对服饰的需求，与老年人的需求差异较大。青年人需要鲜艳、时髦的服饰，老年人需要端庄素雅的服饰。

（3）收入。高收入消费者与低收入消费者在产品选择、休闲时间的安排、社会交际与交往等方面都会有所不同。比如，同是外出旅游，在交通工具以及食宿地点的选择上，高收入者与低收入者会有很大的不同。正因为收入是引起需求差别的一个直接而重要的因素，因此在诸如服装、化妆品、旅游服务等领域根据收入细分市场相当普遍。

（4）职业与教育。指按消费者职业的不同，所受教育的不同以及由此引起的需求差别细分市场。比如，农民购买自行车偏好载重自行车，而学生、教师则喜欢轻型的、样式美观的自行车；又如，由于消费者所受教育水平的差异所引起的审美观具有很大的差异，诸如不同消费者对居室装修用品的品种、颜色等会有不同的偏好。

（5）家庭生命周期。一个家庭，按年龄、婚姻和子女状况，可划分为7个阶段。在不同阶段，家庭购买力、家庭成员对商品的兴趣与偏好会有较大差别。

单身阶段：年轻，单身，几乎没有经济负担，新消费观念的带头人，娱乐导向型购买。

新婚阶段：年轻夫妻，无子女，经济条件比最近的将来要好。购买力强，对耐用品、大件商品的欲望、要求强烈。

满巢阶段：年轻夫妻，有6岁以下子女，家庭用品购买的高峰期。不满足现有的经济状况，注意储蓄，购买较多的儿童用品。

满巢阶段：年轻夫妻，有6岁以上未成年子女。经济状况较好。购买趋向理智型，受广告及其他市场营销刺激的影响相对减少。注重档次较高的商品及子女的教育投资。

满巢阶段：年长的夫妇与尚未独立的成年子女同住。经济状况仍然较好，妻子或子女皆有工作。注重储蓄，购买冷静、理智。

空巢阶段：年长夫妇，子女离家自立。前期收入较高。购买力达到高峰期，较多购买老年人用品，如医疗保健品。娱乐及服务性消费支出增加。后期退休收入减少。

孤独阶段：单身老人独居，收入锐减。特别注重情感、关注等方面的需要及安全保障。

除了上述方面，经常用于市场细分的人口变数还有家庭规模、国籍、种族、宗教等。实际上，大多数公司通常是采用两个或两个以上人口统计变量来细分市场。

3. 按心理变量细分市场

指根据购买者所处的社会阶层、生活方式、个性特点等心理因素细分市场（见表4-3）。

表4-3 按心理变量市场细分指标

一级变量	二级变量	划分标准
心理变量	社会阶层	下、中、上
	生活方式	简朴型、时尚型、奢华型
	个性特点	被动、爱交际、命令型

(1) 社会阶层。社会阶层是指在某一社会中具有相对同质性和持久性的群体。处于同一阶层的成员具有类似的价值观、兴趣爱好和行为方式，不同阶层的成员则在上述方面存在较大的差异。很显然，识别不同社会阶层的消费者所具有的不同的特点，将为很多产品的市场细分提供重要的依据。

(2) 生活方式。通俗地讲，生活方式是指一个人怎样生活。人们追求的生活方式各不相同，如有的追求新潮时髦，有的追求恬静、简朴，有的追求刺激、冒险，有的追求稳定、安逸。

(3) 个性特点。个性是指一个人比较稳定的心理倾向与心理特征，它会导致一个人对其所处环境做出相对一致和持续不断的反应。俗语说："人心不同，各如其面。"每个人的个性都会有所不同。通常，个性会通过自信、自主、支配、顺从、保守、适应等性格特征表现出来。因此，个性可以按这些性格特征进行分类，从而为企业细分市场提供依据。在西方国家，对诸如化妆品、香烟、啤酒、保险之类的产品，有些企业以个性特征为基础进行市场细分并取得了成功。

4. 按行为变量细分市场

根据购买者对产品的了解程度、态度、使用情况及反应等，将他们划分成不同的群体，叫行为细分。许多人认为，行为变量能更直接地反映消费者的需求差异，因而成为市场细分的最佳起点。按行为变量细分市场主要包括：

(1) 购买时机。根据消费者提出需要、购买和使用产品的不同时机，将他们划分成不同的群体。例如，城市公共汽车运输公司可根据上班高峰时期和非高峰时期乘客的需求特点划分不同的细分市场并制定不同的营销策略；生产果珍之类清凉解暑饮料的企业，可以根据消费者在一年四季对果珍饮料口味的不同，将果珍市场消费者划分为不同的子市场。

(2) 使用数量。根据消费者使用某一产品的数量大小细分市场。通常可分为大量使用者、中度使用者和轻度使用者。大量使用者人数可能并不多，但他们的消费量在全部消费量中占有很大的比重。

(3) 使用者状况。根据顾客是否使用和使用程度细分市场。通常可分为经常购买者、首次购买者、潜在购买者、非购买者。大公司往往注重于将潜在使用者变为实际使用者，较小的公司则注重于保持现有使用者，并设法吸引使用竞争对手产品的顾客转而使用本公司产品。

(4) 品牌忠诚程度。企业还可根据消费者对产品的忠诚程度细分市场。有些消费者经常变换品牌，另外一些消费者则在较长时期内专注于某一或少数几个品牌。通过了解消费者品牌忠诚情况和品牌忠诚者与品牌转换者的各种行为与心理特征，不仅可为企业细分市场提供一个基础，同时也有助于企业了解为什么有些消费者忠诚于本企业产品，而另外一些消费者则忠诚于竞争企业的产品，从而为企业选择目标市场提供启示。

(5) 追求的利益。消费者购买某种产品总是为了解决某类问题，满足某种需要。然而，产品提供的利益往往并不是单一的，而是多方面的。消费者对这些利益的追求时有侧重，如对购买手表，有的追求经济实惠、价格低廉，有的追求耐用可靠和使用维修的方便，还有的则偏向于彰显社会地位等，不一而足。

(6) 购买的准备阶段。消费者对各种产品了解程度往往因人而异。有的消费者可能对某一产品确有需要，但并不知道该产品的存在；还有的消费者虽已知道产品的存在，但对产品的价值、稳定性等还存在疑虑；另外一些消费者则可能正在考虑购买。针对处于不同购买阶段的消费群体，企业应进行市场细分并采用不同的营销策略。

(7) 对产品的态度。企业还可根据市场上顾客对产品的热心程度来细分市场。不同消费者对同一产品的态度可能有很大差异，如有的很喜欢并持肯定态度，有的持否定态度，还有的则持既不肯定也不否定的无所谓态度。针对持不同态度的消费群体进行市场细分，在广告、促销等方面应当有所不同。

部分指标划分见表 4-4。

表 4-4 按行为变量市场细分指标

一级变量	二级变量	划分标准
行为变量	使用者状况	大量使用者、中度使用者、轻度使用者
	追求的利益	无、一般、较强、非常强
	品牌忠诚度	质量、服务、经济、时尚
	对产品的态度	关心、漠然、否定、敌视
	使用数量	从未使用、偶尔使用、经常使用

(二) 生产者市场细分的依据

许多用来细分消费者市场的标准，同样可用于细分生产者市场。如根据地理、追求的利益和使用率等变量加以细分。不过，由于生产者与消费者在购买动机与行为上存在差别，所以，除了运用前述消费者市场细分标准外，还可用一些新的标准来细分生产者市场。

1. 用户规模

在生产者市场中，有的用户购买量很大，而另外一些用户购买量很小。以钢材市场为例，像建筑公司、造船公司、汽车制造公司，对钢材需求量很大，动辄数万吨地购买，而一些小的机械加工企业，一年的购买量也不过几吨或几十吨。企业应当根据用户规模大小来细分市场，并根据用户或客户规模的不同，企业的营销组合方案也应有所不同。

2. 产品的最终用途

产品的最终用途不同也是工业者市场细分标准之一。工业品用户购买产品，一般都是供再加工之用，对所购产品通常都有特定的要求。比如，同是钢材用户，有的需要圆钢，有的需要带钢，有的需要普通钢材，有的需要硅钢、钨钢或其他特种钢。企业此时可根据用户要求，将要求大体相同的用户集合成群，并据此设计出不同的营销策略组合。

3. 工业者购买状况

根据工业者购买方式来细分市场。工业者购买的主要方式如前所述，包括直接重购、修正重购及新任务购买。不同购买方式的采购程度、决策过程等各不相同，因而可将整体市场细分为不同的小市场群。

任务三　掌握市场细分的方法

一、单一因素方法

只考虑一个因素而将市场细分为若干个。如年龄因素分为老、中、青、儿童，就把市场细分为4个，即老年市场、中年市场、青年市场、儿童市场。

二、综合因素方法

把市场细分要考虑的因素综合起来，同时对市场进行细分。如收入因素分为高、中、低，地理因素分为城镇、农村，就把市场细分为6个子市场（见表4-5）。

表4-5　按综合因素划分

城镇市场	农村市场
收入高—城镇市场	收入高—农村市场
收入中—城镇市场	收入中—农村市场
收入低—城镇市场	收入低—农村市场

三、系列因素方法

运用两个或两个以上因素对市场进行细分。从中选择一个或多个适合于本企业产品的细分市场。如生产鲜奶的企业，将产品（消费者需要）和市场（消费者群体）组合成不同细分市场，共 12 个。从中选择其中 4 个子市场（见表 4-6）。

表 4-6　按系列因素划分

产品 市场	特新鲜牛奶	鲜牛奶	牛奶奶粉
家庭年收入 10 万元以上	A11	A12	A13
家庭年收入 3～10 万元	A21	A22	A23
家庭年收入 1～3 万元	A31	A32	A33
家庭年收入 1 万元以下	A41	A42	A43

项目三　掌握确定目标市场的方法

任务一　熟悉目标市场选择的模式与战略

一、目标市场选择的模式

所谓目标市场，是指在企业打算进入并实施相应营销组合的细分市场，或打算满足的具有某一需求的顾客群体。企业在选择目标市场时有5种可供参考的市场覆盖模式。

（一）市场集中化

这是一种最简单的目标市场模式，即企业只选取一个细分市场，只生产一类产品，供应某一单一的顾客群，进行集中营销，例如某服装厂商只生产儿童服装。选择市场集中化模式一般基于以下考虑：企业具备在该细分市场从事专业化经营或取胜的优势条件；限于资金能力，只能经营一个细分市场；该细分市场中没有竞争对手；准备以此为出发点，取得成功后向更多的细分市场拓展。

（二）选择专门化

采用此法选择若干个细分市场，其中每个细分市场在客观上都有吸引力，并且符合公司的目标和资源，但在各细分市场之间很少有或者根本没有任何联系，然而每个细分市场都有可能赢利。这种多细分市场目标优于单细分市场目标，因为这样可以分散公司的风险，即使某个细分市场失去吸引力，公司仍可继续在其他细分市场获取利润。

（三）产品专门化

用此法集中生产一种产品，企业向各类顾客销售这种产品。例如显微镜生产商向大学实验室、政府实验室和工商企业实验室销售显微镜。企业准备向不同的顾客群体销售不同种类的显微镜，而不去生产实验室可能需要的其他仪器。企业通过这种战略，在某个产品方面树立起很高的声誉。如果产品（这里是指显微镜）被一种全新的显微技术代替，就会发生危机。

（四）市场专门化

专门化是指专门为满足某个顾客群体的各种需要而服务。例如，企业可为大学实验室提供一系列产品，包括显微镜、示波器、本生灯、化学烧瓶等。企业专门为这个顾客群体服务，而获得良好的声誉，并成为这个顾客群体所需各种新产品的销售代理商。但如果大学实验室突然削减经费预算，它们就会减少从这个市场专门化企业购买仪器的数量，企业就会产生危机。

（五）市场全面化

全面化是指企业想用各种产品满足各种顾客群体的需求。只有大企业才能采用这种全面市场覆盖战略，例如国际商用机器公司（计算机市场）、通用汽车公司（汽车市场）和可口可乐公司（饮料市场）。

以上模式可用图4-2进行总结。

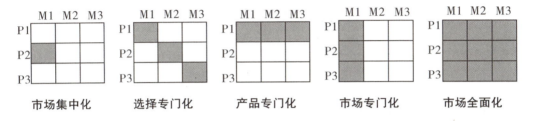

图4-2　目标市场覆盖模式（注：P＝产品；M＝市场）

二、确定目标市场营销战略

企业对细分市场评估之后，就要决定采取何种营销战略，即企业的目标市场营销战略，通常有3种选择。

（一）无差异性市场营销战略

企业面对整个市场，只提供一种产品，采用一套市场营销方案吸引所有的顾客（见图4-3）。无差异性市场营销战略将细分市场之间的需求差异性忽略不计，只注重其需求的共性。例如，早期的可口可乐就是只有一种口味、一种规格的瓶式包装、一样的广告词。这种战略的优点在于生产经营的品种少、批量大，能节省各项成本和费用，提高利润率。但由于忽略了需求的差异性，缺点也十分明显。首先，一种产品能迎合所有顾客的需求是罕见的；其次，如果许多企业同时采取了这种战略，就会造成较大共性市场上竞争激烈，难以获利，而其他较小市场部分的需求得不到满足。

图4-3　无差异性市场营销战略

（二）差异性市场营销战略

差异性市场营销战略是指把整个市场划分为若干个需求与愿望大致相同的细

分市场,然后根据资源及营销实力选择两个以上甚至全部细分市场作为目标市场,并为各目标市场制定不同的市场营销组合策略(见图4-4)。

这种战略面对的仍是整个市场,但其重点是各细分市场之间的差异性,即针对每个细分市场的需求特点,分别为之设计不同的产品,采取不同的市场营销方案,满足各个细分市场上不同的需要。

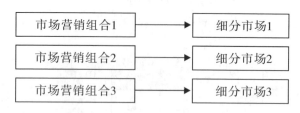

图4-4 差异性市场营销战略

(三)集中性市场营销战略

集中性市场营销战略就是企业选择一个或少数几个子市场作为目标市场,制订一套营销方案,集中力量为之服务,争取在这些目标市场上占有大量份额(见图4-5)。这种战略最适于实力不强的小企业,或出口企业在最初进入外国市场时采用。开始时选择一个不被竞争者重视的子市场作为目标,集中力量在这个目标市场上努力经营,提供高质量的产品和服务,赢得声誉后再根据自己的条件逐渐扩展到其他市场上去。日本的企业就是运用这种战略在汽车、家电、手表等行业的全球市场上取得了惊人的份额。

这种战略的优点是,由于目标集中,能更深入地了解市场需要,使产品更加适销对路,有利于树立和强化企业形象及产品形象,在目标市场上建立巩固地位;同时,由于实行专业化经营,可节省生产成本和经营费用,增加赢利。但其缺点是,如果目标过于集中,把企业的资源押在一个小范围的市场上,一旦这个市场发生突然变化,如消费者偏好的突然变化,强大竞争者的进入等,就会使企业措手不及,导致亏损,因而实行这种战略时要做好应变准备,加强风险意识。

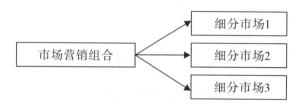

图4-5 集中性市场营销战略

任务二 掌握影响目标市场营销战略选择的因素

上述3种市场营销战略各有利弊，它们各自适用于不同的情况，企业在选择营销战略时，必须全面考虑各种因素，权衡利害得失，慎重作出决策。这些因素主要包括：

（1）企业的实力，包括企业的设备、技术、资金等资源状况和营销能力等。如果企业的实力较强，则可实行差异性较大的方法。

（2）市场差异性的大小，即市场是否"同质"。如果市场上所有顾客在同一时期偏好相同，购买的数量相同，并且对营销刺激的反应相同，则可视为同质市场，宜实行无差异性市场营销战略；反之，如果市场需求的差异性较大，则为异质市场，宜采用差异性或集中性市场营销战略。

（3）产品生命周期的阶段。对处于不同生命周期阶段的产品，应采取不同的目标市场营销战略。处于介绍期和成长期的新产品，营销重点是启发和巩固消费者的偏好，不宜提供太多的品种，最好实行无差异性市场营销战略或针对某一特定子市场实行集中性市场营销战略；当产品进入成熟期时，市场竞争激烈，消费者需求日益多样化，可用差异性市场营销战略以开拓新市场，满足新需求，延长产品的生命周期。

（4）竞争者的战略。一般来说，企业的目标市场营销战略应该与竞争者有所区别，甚至反其道而行之。如果强大的竞争对手实行的是无差异性市场营销战略，企业则应采取集中性市场营销战略或更深一层的差异性市场营销战略；如果企业面临的是较弱的竞争者，必要时可与之"对着干"，采取与之相同的战略，凭借实力击败竞争对手。当然，这些只是一般原则，并没有固定模式，营销者在实践中应根据竞争双方的力量对比和市场具体情况来抉择。

项目四　掌握市场定位方法

任务一　熟悉市场定位的概念与方法

一、市场定位的概念

市场定位通常也被称为产品定位或竞争性定位。作为市场营销理论的重要概念和方法，市场定位是根据竞争者现有产品在市场上所处的地位和消费者或用户对产品某一特征或属性的重视程度，努力塑造出本企业产品与众不同的、给人印象鲜明的个性，并把这种形象和个性特征生动有力地传递给目标顾客，使该产品在市场上确定强有力的竞争位置。总之，市场定位是塑造一种产品在市场上的位置，这种位置取决于消费者或用户怎样认识这种产品。

二、市场定位的方法

1. 初次定位

指企业必须从零开始，运用所有的市场营销组合，使产品特色确定符合所选择的目标市场。但是，企业要进入目标市场时，往往是竞争者的产品已经露面或已形成了一定的市场格局。这时，企业就应该认真研究同一产品竞争对手在目标市场的位置，从而确定本企业产品的有利位置。

2. 对峙定位

指企业选择靠近于现有竞争者或与现有竞争者重合的市场位置，争夺同样的顾客，彼此在产品、价格、分销等各个方面差别不大。这种定位方法有一定的风险性，但是能激励企业学习竞争者的长处，发挥自己的优势。

3. 避强定位

指企业避开目标市场上强有力的竞争对手，将自身位置确定于市场"空白点"，开发并销售目标市场上还没有的某种特色产品，开拓新的市场领域。其优点是能较快立足于市场，在目标顾客心目中树立一种形象。由于风险较小，成功率较高，很多中小企业乐意采用。但空白的细分市场往往也是有一定难度的市场。

4. 比附定位

比附定位就是比拟名牌，攀附名牌来给自己的产品定位，借名牌之光而使自己的品牌生辉。比附定位的主要办法有3个：

一是甘居"第二"。就是明确承认本门类中另有最负盛名的品牌，自己只不过是第二而已。这种策略会使人对企业产生一种谦虚诚恳的印象，相信企业所说的是真实可靠的，这样自然而然地就使消费者记住这个通常不易进入人们心中的品牌。

二是攀龙附凤。首先承认同一门类中已有卓有成就的名牌，本品牌虽自愧不如，但在某地区，或在某一方面还可与这些最受顾客欢迎和信赖的品牌并驾齐驱，平分秋色。如内蒙古的宁城老窖，以"宁城老窖——塞外茅台"的广告诉求来定位，就是一个较好的例子。

三是奉行"高级俱乐部策略"。就是企业如果不能取得第一名，或攀附第二名，便退而采用此策略，借助群体的声望和模糊数学的手法，打出入会限制严格的俱乐部式的高级团体牌子，强调自己是这一高级群体的一员，从而提高自己的地位形象。如可宣称自己是某某行业的 3 大企业之一、50 家大企业之一、10 家驰名商标之一等。

5. 属性定位

即根据特定的产品属性来定位。如广东客家酿酒总公司生产的"客家娘酒"，将其定位为"女人自己的酒"，突出这种属性，对女性消费者来说就很具吸引力。因为一般名酒酒精度都较高，女士们多数无口福享受，"客家娘酒"宣称为女人自己的酒，就塑造了一个相当于"XO 是男士之酒"的强烈形象，不仅可在女士心目中留下深刻的印象，而且还可能会成为不能饮高度酒的男士指定选用的品牌。

6. 利益定位

即根据产品所能满足的需求或所提供的利益、解决问题的程度来定位。如白玉牙膏定位为"超洁爽口"，广东牙膏定位为"快白牙齿"，洁银牙膏定位为"疗效牙膏"，宣称对牙周炎、牙龈出血等多种口腔疾病有显著疗效。这些定位都各能吸引一大批顾客，分别满足他们的特定需求。

任务二　掌握市场定位的步骤和战略方法

一、市场定位的步骤

实现产品市场定位，需要通过识别潜在竞争优势、企业核心竞争优势定位和制定发挥核心优势的战略 3 个步骤来实现。

（一）识别潜在竞争优势

这是市场定位的基础。通常企业的竞争优势有成本优势和产品差别化优势。成本优势使企业能够以比竞争者低廉的价格销售相同质量产品，或以相同的价格水平销售更高质量水平的产品。产品差别化优势是指产品独具特色的功能和利益与顾客需求相适应的优势，即企业能向市场提供在质量、功能、品种、规格、外观等方面比竞争者能够更好地满足顾客需求的能力。为实现此目标，企业首先必须进行规范的市场研究，切实了解目标市场需求特点以及这些需求被满足的程度。一个企业能否比竞争者更深入、更全面地了解顾客，是能否取得竞争优势、实现产品差别化的关键。另外，企业还要研究主要竞争者的优势和劣势，知己知彼，才能战而胜之。可以从以下3个方面评估竞争者：一是竞争者的业务经营情况，估测其近三年的销售额、利润率、市场份额、投资收益率等；二是评价竞争者的核心营销能力，主要包括产品质量和服务质量的水平等；三是评估竞争者的财务能力，包括获利能力、资金周转能力、债务偿还能力等。

（二）企业核心竞争优势定位

所谓核心优势，是与主要竞争对手相比（如在产品开发、服务质量、销售渠道、品牌知名度等方面），在市场上可获取明显的差别利益的优势。显然，这些优势的获取与企业营销管理过程密切相关。因此，识别企业核心优势时，应把企业的全部营销活动加以分类，并对各主要环节在成本和经营方面与竞争者进行比较分析，最终定位和形成企业的核心优势。

（三）制定发挥核心优势的战略

企业在市场营销方面的核心优势不会自动地在市场上得到充分表现。对此，企业必须制定明确的市场战略来充分表现其优势和竞争力。譬如，通过广告传导核心优势战略定位，使企业核心优势逐渐形成一种鲜明的市场概念，并使这种概念与顾客的需求和追求的利益相吻合。

二、市场定位战略

差别化是市场定位的根本战略，具体表现在以下方面：

（一）产品差别化战略

产品差别化战略指从产品质量、产品款式等方面实现差别。寻求产品特征是产品差别化战略经常使用的手段。在全球通讯产品市场上，曾有摩托罗拉、诺基亚、西门子、飞利浦等颇具实力的跨国公司，通过实行强有力的技术领先战略，在手机、IP电话等领域不断地为自己的产品注入新的特性，走在市场的前列，吸引顾客，赢得竞争优势。实践证明，在某些产业特别是高新技术产业，如果某一企业掌握了最尖端的技术，率先推出了具有较高价值和创新特征的产品，它就能够拥有一种十分有利的竞争优势地位。

产品质量是指产品的有效性、耐用性和可靠程度等。比如，A品牌的止痛片比B品牌疗效更高，副作用更小，顾客通常会选择A品牌。但是，这里又带来新的问题，A产品的质量、价格、利润三者是否完全成正比例关系呢？一项研究表明：产品质量与投资报酬之间存在着高度相关的关系，即高质量产品的赢利率高于低质量和一般质量的产品，但质量超过一定的限度时，顾客需求开始递减。显然，顾客认为过高的质量，需要支付超出其质量需求的额外的价值（即使在没有让顾客支付相应价格的情况下可能也是如此）。

产品款式是产品差别化的一个有效工具，对汽车、服装、房屋等产品尤为重要。日本汽车行业中流传着这样一种说法："丰田的安装，本田的外形，日产的价格，三菱的发动机。"这体现了日本4家主要汽车公司的核心专长，说明"本田"外形设计优美入时，颇受年轻消费者的喜欢。

（二）服务差别化战略

服务差别化战略是指向目标市场提供与竞争者不同的优异服务。企业的竞争力越能体现在顾客服务水平上，市场差别化就越容易实现。如果企业把服务要素融入产品的支撑体系，就可以在许多领域建立"进入障碍"。因为，服务差别化战略能够提高顾客总价值，保持牢固的顾客关系，从而击败竞争对手。

服务战略在很多市场状况下都有用武之地，尤其是在饱和的市场上。对于技术精密产品，如汽车、计算机、复印机等，服务战略的运用更为有效。

强调服务战略并没有贬低技术质量战略的重要作用。如果产品或服务中的技术占据了价值的主要部分，则技术质量战略是行之有效的。但是，竞争者之间技术差别越小，这种战略作用的空间也越小。一旦众多的厂商掌握了相似的技术，技术领先就难以在市场上有所作为。此外，还有人员差别化战略和形象差别化战略。

综合测评

• 情景

本田摩托车进入美国市场的过程

一、美国摩托车市场

20世纪50年代以前，世界摩托车行业的鼻祖是美国的哈林·戴维森（Harley Davidson）。1903年，设在戴维森家后院的摩托车作坊生产出了第一辆哈林·戴维森摩托车，由此，这种先进便捷的交通工具便逐渐取代了马匹。摩托车问世初期需求量很大，产品供不应求。到1915年，哈林·戴维森摩托车的年产量达1.8万辆。不久，更有竞争力的福特T型车出现了，它比摩托车更为宽敞、舒适、便利，能携带更多的物品，而且价格相当低，比一辆哈林·戴维森摩托车贵不了多少，有时甚至低于哈林·戴维森摩托车的价格，因此，为数众多的消费者转而投向汽车市场，成了T型车的拥戴者。可以说，美国四轮汽车的社会，只有部分爱好者才骑摩托车。这种现象一直持续到20世纪50年代末。

让我们来看看当时美国摩托车市场的消费群体吧。这个市场的覆盖面相当狭窄，几乎可以认为摩托车骑手们只有两类人：一类是专业赛车手，他们是摩托车的行家车手，他们以摩托车作为谋生的工具，本身对机械技术等方面也相当在行，熟悉车辆的性能；另一类就是流浪汉、流氓等不良分子，这些人往往穿着黑皮夹克、戴着墨镜在街上恣意横行，骚扰市民，破坏治安，引起社会各阶层的反感和憎恶。20世纪50年代的美国市场，摩托车的年销售量为15万辆左右。

此时，在太平洋的彼岸，一家日本企业正在暗暗盘算着如何进军美国摩托车市场，争夺它们的市场份额。这就是日本的本田公司，它的社长本田宗一郎后来被称为"日本摩托车之父"。1960年，有40多万辆摩托车在美国注册登记。这比15年前第二次世界大战结束时大约增加了20万辆，不过，它比其他机动车辆的数量要少得多。但是，到了1964年，仅仅4年时间，由于本田公司的到来，摩托车的数量增至96万辆，两年后达到140万辆，到1971年约达到400万辆。

二、美国刮起"本田旋风"

1959年，本田公司在洛杉矶创办了"美国本田技术研究工业公司"，开始了新的创业历程。

本田公司一反美国企业的做法，没有把目标顾客只限定于摩托车的爱好者，而是在美国市场上制定了一种具有明显差异的扩展摩托车需求的策略，其要点就是发展轻便摩托车，并直接对新主顾做广告。无疑，这是一种创新，打破了美国的"摩托车只属于一部分爱好者"的观念。1960年春天，本田公司在美国已设有40个销售点，生意兴隆的景象开始出现。

这一年，本田的销售量大约是2.21万辆。他们甚至还得到了一个意外收获。员工们为了节约经费，没有购买汽车，而是把公司的50cc的超小型摩托车作为代步工具。本来，按本田公司的预想，美国人追求的是效率和速度，理所当然会喜爱大型摩托车，这种超小型的摩托车是不会令他们感兴趣的。奇怪的是当他们驾驶50cc超小型摩托车出去的时候，人们纷纷打听这种车的出处。由于超小型摩托车具有小巧、轻便、漂亮的特点，其一面市便引起美国消费者的注意，购买需求日益上涨。本田公司开始想方设法与运动商店、收割机修理店、五金商店、超级市场，甚至学校的书店等保持联系。他们采用了先试用的方式，总是说："请你先试用三个星期吧！好用了再买也不迟。"公司的工作人员还组成旅游团，周游整个美国，向市民兜售本田产品。此外，公司还组织销售人员骑车装作新顾客试车的样子兜风，进行巡展。

这一系列促销措施引来了一批批新顾客。到1961年年底，本田公司在美国已拥有500家销售点。在洛杉矶、威斯康星、新佐治亚这3个地方的销售店，就有150名本田公司的销售员在工作。超小型摩托车在美国打了一个漂亮仗，但本田公司也没有放弃向大型摩托车销售市场的拓展。

经过以上一系列的努力后，本田摩托车在美国有了知名度。为了进一步使本田形象在美国消费者心中扎下根，进一步推进大型和小型两种摩托车的销售业务，本田美国分公司不惜血本地展开了强大的宣传攻势。

本田力图促进"骑摩托车很好玩"这种观念的确立。20 世纪 60 年代前期，广告的基本主题是"假日与本田"和"寻求快乐，请找本田"。为了宣传这个主题，本田还必须改善因一些报刊依然广泛宣传的"穿黑皮夹克的摩托车手"给人们造成的不良形象。大多数美国人喜欢驾驶汽车，讨厌开着摩托车横冲直撞的人。这种观念成了本田需要克服的首要障碍。

此后，本田摩托车继续风靡美国，本田公司也因此获得了"世界第一摩托厂家"的称号。

后来，本田公司在摩托车市场成功的基础上，又如愿以偿地把本田汽车成功地推向美国市场。本田汽车以其节约能源、小巧轻便而同样深受美国消费者欢迎。1976 年，本田公司的"雅阁"汽车因其质优价廉，一面市便掀起了购买热潮，还被美国的《汽车趋向》杂志评为最佳进口车。

（资料来源：何建民《现代营销管理案例分析》，上海外语教育出版社 2001 年版）

（1）本田公司如何进行市场细分和确定目标市场？
（2）本田公司如何发现与创造消费者对摩托车的需求？

学习评价与反馈

任务模块	任务指标	自评	互评
知识	熟悉 STP 营销战略的内容，掌握 STP 营销战略的市场细分（Segmentation）、目标市场（Targeting）、市场定位（Positioning）3 种策略的要素	☆☆☆☆☆	☆☆☆☆☆
	了解并掌握营销战略对市场选择与进入的作用	☆☆☆☆☆	☆☆☆☆☆
技能	能应用 STP 营销战略正确地进行市场细分和实施目标市场定位	☆☆☆☆☆	☆☆☆☆☆
	能运用相关知识解决市场选择与进入期间出现的疑问；能够对市场上的各种产品、品牌进行市场细分，并说明其细分的依据及成功的理由	☆☆☆☆☆	☆☆☆☆☆
素养	养成具有创新、严谨的逻辑思维	☆☆☆☆☆	☆☆☆☆☆
	养成具备市场的前瞻性分析问题和解决问题的素养与能力	☆☆☆☆☆	☆☆☆☆☆
评价与反馈			

备注：
　　通过自我评价和在老师指导下实施第三方评价与反馈来判定自己对本模块知识与能力的掌握情况。同时，根据评价与反馈来督促自己进一步将尚未掌握、达到的知识、能力点补充巩固，以促进学习成果的达成度

模块五 Module Five

掌握市场营销的主要策略
Mastery of Marketing Main Strategy

谋先事则昌，事先谋则亡。
If you plan well before action, things will be easy to succeed; if there is not enough plan before action, it will be easy to fail.
——刘向《说苑》Liu Xiang · Shuoyuan

学习内容—The Learning Content

- 项目一　掌握产品策略
- 项目二　掌握价格策略
- 项目三　掌握分销渠道策略
- 项目四　掌握促销策略

☞ 学习指南

一、学习目的

在营销的世界中，作为营销的参与者，我们必须围绕着顾客诉求进行相关活动。产品价值是顾客诉求的核心，因此，营销者要做的就是通过采取各种策略来实现价值。通过本模块的学习，可以掌握创造价值、传播传递价值的策略与方法。

二、学习领域

本模块在学习营销基本理论的基础上，主要学习实现产品价值的主要策略，围绕产品整体概念进行研究和学习，通过学习价格策略、渠道策略、促销策略的内容与方法，与产品策略相匹配，形成整体的企业营销策略。

三、学习方式

认真研习与阅读课本，掌握基础的营销策略理论。结合相关营销案例，将所学营销策略加以识别、分析、总结，把较为精彩的策略用记录的方式制成册，也可通过互联网进行搜索阅读相关营销策略的资料。

四、预期学习成果

（1）认识产品组合策略、产品整体的基本概念。
（2）对自己周围或自己接触过的产品或市场上见过的产品进行较为准确的分类。
（3）能正确对产品进行生命周期、定价的因素的分析。
（4）根据产品提出产品包装策略并制定相应的定价策略。
（5）根据给定的企业背景资料，分析企业所采用的是什么类型的分销渠道。
（6）根据企业实际情况，制定针对性的营销促进策略及营销公关策略。
（7）能应用常见的促销方式解决具体的促销问题。
（8）编写一份完整的产品促销方案。

项目一　掌握产品策略

任务引入

埃隆·马斯克的电动汽车

随着全球能源和环境问题不断凸显，发展新能源汽车已成为世界各国的共识。在全球电动车产业炙手可热的今天，特斯拉（Tesla）无疑是那颗最耀眼璀璨的新星，电动汽车界当之无愧的"苹果"。

一、特斯拉的新产品

创造特斯拉电动汽车的是从南非来美国的埃隆·马斯克（Elon Musk），一个地地道道为了实现梦想的移民。自2008年以来，特斯拉汽车共发布了3款全新的电动汽车产品，售价比市面上其他电动汽车产品贵出2～4倍。由于售价较高，同类型电动汽车竞争者对特斯拉汽车都不太看好，但是出乎意料的是，特斯拉的电动汽车在全球产生了轰动效应，产品一经上市就供不应求，特别是在中国，售价近80万元的特斯拉Model X车型，几乎遭到中国消费者的秒杀，首批产品瞬间被预订一空。

二、特斯拉的创新

那么，到底是什么成就了今天的电动汽车豪华品牌？归根结底，特斯拉汽车发现了顾客的真实需求，即价值。特斯拉通过发现电动汽车对于消费者的内在需要，并把需要变成了核心产品。特斯拉的核心价值在于：其一，产品的外观设计，新颖时尚具有未来设计感，特别是Model X车型，车门向上开启，独特的设计成就了产品价值，从而使消费者愿意为产品支付高达80万元的价格；其二，特斯拉核心价值在于安全，特斯拉电动车都具有先进的计算系统，时尚的液晶显示器，时刻记录着汽车行驶中的一切数据，给予驾驶者更安全的乘坐体验；其三，特斯拉汽车核心价值在于速度，速度从0到100公里/时仅需要2.5秒，这种速度相当于法拉利跑车的速度，极大地满足了消费者对于汽车速度的追求。

（资料来源：搜狐网）

任务一　了解产品与产品组合的概念

一、产品的概念

所谓产品,是指能够提供给市场,使消费者注意、购买、使用和消费的任何东西。它包括有形产品和无形产品,有形产品如液晶电视、电脑等具有物质特性的产品;无形产品如美容服务、养生技巧,能让你变得更健康、更富有等不能"触摸到"的方面。因此,产品可以是吃的早餐谷物,也可以是填写纳税申报单的服务人员,甚至可以是减肥。

在市场营销学中,习惯将产品层次化,产品主要可以分为5个层次,包括核心产品、形式产品、期望产品、附加产品和潜在产品(见图5-1)。

图5-1　整体产品层次

(1)核心产品是指消费者购买某种产品时所追求的利益,是消费者需求的核心部分,是整体产品概念中最基本、最主要的内容,消费者购买产品,并不是为了获得产品本身,而是为了获得满足自身某种需要的效用和利益。核心产品通常是指一种抽象的意念。例如,观众收看电视节目的主要目的是为了娱乐消遣,妇女购买化妆品的主要目的是为了美丽动人。

(2)形式产品是指提供给目标市场的产品实体和服务形象。它通常由产品的质量、特色、品牌、式样、包装等有形因素构成。如具体的电视节目(如新闻联播、天气预报),具体形式的化妆品(如眼影、口红、腮红)等。

(3)期望产品是指购买者在购买产品时期望得到的与产品密切相关的一整套属性和条件。不同的人对这种期望是不同的。例如,旅馆的客人期望得到清洁整齐干净的床位、洗浴服务、饮食服务等。

(4)附加产品是指消费者在购买产品时所得到的全部附加服务和利益,如提供信贷、免费送货、设备安装、保证、销售服务等。但是附加产品不是免费赠送的，是一种有偿服务，顾客在取得的同时必须付出一定的成本，如你在买肥皂的时候，你会享受除了洁净以外的芳香、增艳等附加功能，即附加产品。但是这不是免费的，明显，没有此附加功能的肥皂肯定比有此附加功能的肥皂便宜，所以附加产品是顾客可以选择要或者不要的但必须付出代价的产品。

（5）潜在产品是指现有产品包括所有附加品在内的，可能发展成为未来最终产品的潜在状态产品，是指除了现有产品的可能演变趋势和前景。如最初的显像管电视机，如今市面上基本绝迹了，取而代之的是液晶电视机。

总而言之，产品的 5 个层次都从不同角度体现了现代营销观念，以顾客需求为中心，所有内涵都围绕着需求展开，最终是要提供给消费者最高的产品价值。

二、产品组合的相关概念

产品组合，是指一个企业生产经营的全部产品线和产品项目的组合或结构，根据产品生命周期理论，产品都有从诞生、成长至衰退的过程。因此，企业不应该只经营单一产品，需要同时经营多种产品。企业不管是开发新产品还是淘汰疲软产品，都是为了形成企业最佳的产品组合。最佳的产品组合是企业提高竞争能力和保持持续稳定发展的必要条件。

绝大多数企业的产品组合一般都由广度、深度及关联性构成。产品组合广度是指一个企业的产品组合中所包含的产品线的数目，所包含的产品线越多，说明广度越大。产品组合深度是指企业经营的每个产品线中所包括的产品项目的平均数的多少，平均项目越多，深度越大。产品组合广度与深度的定量要依据各个企业所处竞争环境具体分析，而不应该一味地追求多或少，兼听则明，要洞察市场环境。最后，各产品线在最终用途、生产条件、分销渠道和其他方面相互关联的程度称为产品组合关联性。例如格力电器所生产的产品都是与家电或电子有关，那么它的产品组合关联性是较强的。相反，通用电器自从托马斯·爱迪生创建公司以来，自今所涉及的业务有十大行业，如能源、航空发动机、资本金融、医疗等，其各类产品或服务的关联性较小。

三、产品策略与产品组合策略

产品是企业为满足消费者需求或期望而提供的一种综合服务，在现代市场营销的概念中，产品已经被赋予了新的意义，一方面是满足顾客所需，另一方面还要为顾客所需提供更优质的服务，与此同时，更重要的是，要让消费者能够主动参与并体验消费过程，从中获得产品利润最大化的过程，所以产品策略应该是企业最先要搞清楚的一个重大问题。

产品策略是指企业制定经营战略时，首先要明确企业能提供什么样的产品和服务去满足消费者的要求，也就是要明确资源调配与企业目标的问题。可以说，企业成功与发展的关键在于产品满足消费者的需求的程度以及产品策略正确与否。

产品策略是市场营销4P组合的核心，是价格策略、分销策略和促销策略的基础。从社会经济发展看，产品的交换是社会分工的必要前提，企业生产与社会需要的统一是通过产品来实现的，企业与市场的关系也主要是通过产品或服务来联系的，从企业内部而言，产品是企业生产活动的中心。因此，产品策略是企业市场营销活动的支柱和基石。

产品组合策略要根据市场情况和经营状态对产品组合的广度、深度和关联性实行不同的有机组合，产品组合不是静态的，而是动态的组合，企业的内外部条件在不断变化，产品组合也应随之进行调整，增删一部分产品线及产品项目，使产品组合达到合理化、最佳化的状态。常用的产品组合策略有以下3种：

（一）产品项目缩减策略

产品项目缩减指企业根据市场环境变化，结合企业产品自身优劣势，适当减少一部分产品项目，这样有利于企业集中优势资源，增强企业核心竞争力。在以下情况下，企业应考虑适当减少产品项目：已进入衰退期的亏损的产品项目；无力兼顾现有产品项目而放弃的无发展前途的产品项目；市场出现疲软时的一部分次要产品项目。

（二）产品项目补充策略

产品补充是针对产品项目而言，在原有档次的范围内增加的产品项目，它是一种战术性决策。这一决策的目标是多方面的：通过扩大经营来增加利润，满足消费者差异化的需求，防止竞争对手乘虚而入，利用过剩的生产能力，等等。进行决策时要注意的是：必须根据实际存在的差异化需求来增加产品项目，以动态的观点来认识产品线补充，且必须使新的产品项目有足够的销量。

（三）产品线延伸策略

产品线延伸是产品档次的扩展，经营范围的伸长，因此是一种战略性决策。值得注意的是，产品线延伸是针对产品的档次而言，在原有档次的基础上向上、向下或双向延伸，都是产品线的延伸。

向上延伸策略指的是企业以中低档产品的品牌向高档产品延伸，进入高档产品市场。一般来讲，向上延伸可以有效地提升品牌资产价值，改善品牌形象，一些国际著名品牌，特别是一些原来定位于中档的大众名牌，为了达到上述目的，不惜花费巨资，以向上延伸策略拓展市场。

向下延伸策略指的是企业以高档品牌推出中低档产品，通过品牌向下延伸策略扩大市场占有率。一般来讲，采用向下延伸策略的企业可能是因为中低档产品市场存在空隙，销售和利润空间较为可观，也可能是在高档产品市场受到打击，企图通过拓展低档产品市场来反击竞争对手，或者是为了填补自身产品线的空档，防止竞争对手的攻击性行为。

双向延伸策略指的是原定位于中档产品市场的企业掌握了市场优势以后，决定向产品大类的上下两个方向延伸，一方面增加高档产品，另一方面增加低档产品，扩大市场阵地。

任务二　认识产品周期与开发新产品

在市场营销学科体系中，存在着很多客观规律，其中，产品具有周期属性是非常重要且不能忽视的一种。

一、产品周期

产品周期也称产品生命周期，是指产品从投入市场开始到被市场淘汰为止所经历的全部时间过程。典型的产品生命周期包括导入期、成长期、成熟期、衰退期4个阶段。产品生命周期的长短受消费者需求变化、产品更新换代的速度等多种因素的影响。

产品生命周期各阶段由于受到市场诸多因素的影响，生命周期内其销售量和利润额在不同时期或阶段有所不同。因此，产品生命周期各个时期或阶段一般是以销售量和利润额的变化来衡量和区分的。

（一）导入期特点与营销策略

导入期也称投入期、介绍期，其策略一般指新产品刚刚投入市场且存在经营风险背景下的营销策略。由于刚进入市场，不容易被人们所接受，往往只是一些具有新潮意识或敢于尝试的消费者愿意购买，所以销售额上升较慢，通常不能为企业提供利润，甚至还会带来亏损，但是企业为了有更好的发展与新的市场，通常愿意做导入期的尝试。

导入期的主要营销策略包括：第一，明确促销活动的重点。促销活动的重点是向消费者宣传介绍产品的性能、用途、质量，使消费者尝试使用新产品。第二，正确选择价格策略。价格上可采取低价渗透策略，迅速扩大销售量，占有一定的市场，或采取高价掠取策略，提高赢利。第三，把促销与价格组合应用得当。

（二）成长期特点与营销策略

成长期又称畅销期，指产品经过导入期成功后，转入成批生产和扩大市场销售阶段，最主要特点是销售额迅速增长，可能达到导入期的销售额的数倍。这个时期的产品质量有了较大提高，市场竞争开始出现，生产与推销成本不断下降，展现出光明的前景。消费者对该类产品也有了初步认识，购买兴趣和欲望日益增强，购买者增加。

成长期的主要营销策略包括：第一，提高质量。为适应市场需求，集中企业必要的人、财、物资源，改进和完善生产工艺，改进产品质量，增加花色品种，扩大产品批量。第二，进一步细分市场，扩大目标市场。第三，改变广告宣传目标。由介绍期以提高知名度为中心转为以树立企业和产品形象为中心，为产品争创名牌，提高品牌的知名度与偏爱程度，促使潜在顾客认品牌购买。第四，降低价格。原来采用高价进入市场的产品，在这一阶段要根据竞争形势的要求降低价格，争夺低收入、对价格敏感的潜在顾客。第五，按照高绩效的分销渠道体系要求，真正建立起满足企业需要的分销渠道体系。

（三）成熟期特点与营销策略

成熟期是产品生命周期的一个"鼎盛"时期，重要的特点是销售量达到了顶峰，并形成由盛转衰的转折点。因此，成熟期产品特点集中体现在以下几方面：市场需求量已趋于饱和，销售量达到最高点，生产批量大、成本低，利润也达到最高点，销售量和利润增长缓慢，甚至接近零和负数。

成熟期的主要策略有3种：第一，市场改良策略。开发新的目标市场，寻求新顾客。其主要方式有：一是发展产品的新用途，二是寻求新市场。第二，产品改良策略。通过对产品自身作某种改进，来满足消费者不同需要，从而为消费者寻求新用途，使销量获得回升。可以从产品的特性、质量、式样和附加产品等方面进行改革。第三，市场营销组合改良策略。对产品、定价、分销渠道和促销这4个因素加以改革，以刺激销售额的回升，通常做法有降价、增加广告、改善销售渠道，以及提供更多的售后服务等。

（四）衰退期特点与营销策略

衰退期，又称滞销期，是指产品不能适应市场需求，逐步被市场淘汰或更新换代的阶段。

衰退期的主要特点如下：第一，产品需求量、销售量和利润迅速下降。第二，新产品进入市场，突出表现为价格竞争，且把价格压到极低的水平。

衰退期的营销策略如下：第一，立刻替代策略。如果企业已准备好替代的新产品，或者该产品的资金能够迅速转移，或者该产品的存在危害了其他有发展前途的产品，应当机立断，放弃经营。第二，逐步放弃策略。如果企业立刻放弃该产品将会造成更大损失，则应采取逐步放弃的策略。第三，自然淘汰策略。企业不主动放弃该产品，继续沿用以往营销策略，保持原有的目标市场销售渠道，直到产品完全退出市场为止。其中可以采用把企业人财物集中到最有利的细分市场以获取利润的集中策略，以及对目标市场做出调整的转移策略。第四，衰退期放弃该产品后，可主动开发新产品，为企业创造新的利润增长点。

二、开发新产品

根据产品生命周期理论，任何产品都会经历从开始投入市场到最后被淘汰退出市场的生命周期。因此，对于企业来说，必须不断地开发新产品和淘汰疲软产品，提高企业的竞争能力和保持持续稳定的发展。企业若不开发新产品，则无法在激烈的市场竞争中生存，不断创新才是企业生存与发展的唯一途径。

任务三　掌握品牌与包装策略

在现代营销观念中，品牌赋予了产品更高的价值，这种价值可以体现在多方面，如更高的产品品质、更高的市场呼声，重要的是赋予了产品灵魂，因此，产品品牌是市场发展的必然结果，通过品牌的建立使产品具有更高的售价与价值。

一、品牌与品牌策略

品牌是一个名称、术语、标记、符号、图案，或是它们的相互组合，用于识别产品的经营者和区别竞争者的同类产品。品牌是具有经济价值的无形资产，用抽象化的、特有的、能识别的心智概念来表现其差异性，从而在人们的意识当中占据一定位置的综合反映。品牌建设具有长期性。

品牌策略指的是企业合理、有效地使用品牌，以充分发挥品牌效用的方法。企业经常采取的品牌策略包括：

（一）无品牌策略

对大部分品牌来讲，采用品牌可实现品牌的积极作用。但是，并不是所有产品都必须采用品牌，因为采用品牌要发生一定的费用。一般来讲，企业使用无品牌策略是为了节省包装和广告费用，便于存货管理。以下商品通常不使用品牌：①不因制造而形成特点的产品；②临时性或一次性生产的产品；③生产简单、消费者选择性不大的产品，如钉子、纽扣和针线；④原材料或初级加工产品，如木、沙、石等。

（二）品牌归属策略

在品牌归属上，企业有3种可供选择的策略：①使用自己的品牌，即企业品牌，也称生产者品牌、全国性品牌。②将其产品大批量地卖给中间商，中间商再用自己的品牌将产品转卖出去，即中间商品牌，也称自有品牌。③有些产品用自己的品牌，有些产品用中间商品牌，即混合品牌，企业选择生产者品牌或中间商品牌，要综合考虑各相关因素，分析收益损失，最关键的问题是要看生产者和中间商谁能在这个产品的分销链上占据主导地位、拥有更好的市场信誉和拓展市场的潜能。一般而言，在生产者或制造商的市场信誉良好、企业实力较强、产品市场占有率较高的情况下，宜采用生产者品牌或以生产者品牌为主；相反，在生产者或制造商资金拮据、营销实力薄弱的情况下，不宜选用生产者品牌，而应选择中间商品牌或以中间商品牌为主。

(三) 品牌统分策略

品牌统分策略主要是指产品如何命名的问题,是大部分或全部产品使用一个品牌,还是各种产品分别使用不同的品牌。总体来讲有 4 种可供选择的策略:①统一品牌策略。是指企业生产的所有产品使用同一种名称的品牌,如海尔集团的所有家电产品都使用"海尔"这一品牌。这种策略可以节省品牌设计的费用,扩大企业知名度,适合市场声誉较好、名气较大的企业,或属于同一细分市场的产品使用,否则任何一种产品质量出现问题,都会殃及企业其他产品,造成连带影响。②个别品牌策略。是指对各种产品分别采用不同的品牌。这种品牌策略适合产品差别较大、产品系列内品种较多、产品系列之间的关联度较小的企业采用。③分类品牌策略。是企业各类产品分别采用不同的品牌,即一类产品使用一个牌子。如果企业生产的产品性质差异很大,最好采取该品牌策略。比如,美国斯威夫特公司既生产火腿又生产化肥,两种产品的性质截然不同,该公司便以"普莱姆"(Premium)作为火腿品牌,以"维哥洛"(Vigoro)作为化肥品牌,分别销售。④企业名称加个别品牌。指企业生产的各种产品都冠以统一的企业名称,后面再加上具体的品牌名称。如康师傅红烧牛肉面、康师傅冰红茶;苹果手机的 iPhone 6、iPhone 6 Plus 等。

(四) 多品牌策略

多品牌策略是指企业同时经营两种或两种以上相互竞争的品牌。该策略由宝洁公司首创。传统营销理论认为,单一品牌延伸能降低宣传成本,易于被消费者接受,便于企业形象的统一。宝洁公司则认为,单一品牌容易在消费者当中形成固定的印象,不利于产品的延伸,并非万全之策。尤其是像宝洁公司这种横跨多行业、拥有多种产品的企业。比如,宝洁公司的洗发露占用"潘婷"这个品牌,就会在消费者心中造成"潘婷"就是洗发露的印象,如果再用"潘婷"去命名其他产品,就不易被接受。

(五) 品牌延伸策略

品牌延伸策略是指企业利用其成功品牌的声誉来推出改良产品或新产品,包括推出新的包装规格、口味和式样等。比如,美国桂格麦片公司成功地推出桂格超脆麦片之后,又利用这个品牌及其图样特征,推出奶粉、饮料、雪糕等新产品。由此可见,企业采用这种策略,可以节省宣传、介绍新产品的费用,使新产品能迅速、顺利地打入市场。

二、包装策略

包装是指将产品盛放于某种容器内或进行外部包扎。产品包装是一项技术性和艺术性很强的工作,通过对产品的包装可以达到多种效果。包装设计应适应消费者心理,显示产品的特色和风格,包装形状、大小应为运输、携带、保管和使用提供方便。包装的作用主要表现在以下几个方面：

(1) 保护商品，是指保护商品质量安全和数量的完好无损，是商品包装最原始、最基本的目的。包括：第一，保护商品本身。因为商品在从生产领域向消费领域转移过程中，要经过多次运输和储存的环节，其中会出现震动、挤压、碰撞、日晒、变质等情况，造成一些不必要的损失。第二，安全（环境）保护。有些商品可能是有毒的、有腐蚀性的，使用包装，可防止对安全（环境）造成危害。

(2) 方便运输，是指产品的物质形态有气态、液态、固态、胶态等，若不进行包装，则无法运输、携带、储存和点检。包装有利于仓库作业，合理堆放，保护商品品质，同时便于计数，有利于管理。

(3) 识别商品，是指不同产品采用不同包装，或同类产品不同厂家、不同品牌，采用不同的包装，可以使消费者易于识别。同时，通过产品包装，企业可以与竞争者的同类产品有所不同，不易仿制和伪造，有利于维护企业信誉，增强企业竞争力，提高经济效益。

(4) 促进销售，是指产品采用包装后，首先进入消费者视觉的往往不是产品本身，而是包装。能否引起消费者的兴趣和激发购买动机，在一定程度上取决于产品的包装，因而包装成了"无声推销员"。产品经过包装，尤其是加上装潢后，商品更加美化。一个好的包装还可以增加产品的价值，引起或刺激消费者的兴趣，从而促进产品的销售。

(5) 增加赢利，是指在运输过程中，包装能减少损坏、变质等情况，减少损耗，从而减少支出，增加利润；另外，由于包装可以刺激消费者的购买欲望，使销售量增加，进而也增加利润。而且，有精美包装的商品往往能以更高的价格出售。

包装是产品整体不可或缺的一部分，符合设计要求的包装固然是良好的包装，但良好的包装只有同包装策略相结合才能发挥应有的作用，常用的包装策略主要包括以下几种：

(一) 类似包装策略

类似包装策略，是指企业生产的所有产品在包装外形上采用相同或相似的图案、近似的色彩和共同的特征，使消费者容易发现是同一家企业的产品。其好处是可以节省包装设计的成本，有利于提高企业的整体声誉，特别是新产品容易进入市场。但如果企业产品品质相差太大，则不宜采用这种策略。

(二) 等级包装策略

等级包装策略，是指企业依据产品的不同档次、用途、营销对象等，采用不同的包装，比如优质的包装与普通的包装、豪华包装与简易包装等。

（三）配套包装策略

配套包装策略，是指企业依据人们生活消费的组合习惯，将几种有关联的产品配套包装在同一包装物内。如把茶壶、茶杯、茶盘、茶碟放在一起进行包装。这种策略不仅有利于充分利用包装容器的空间，而且便于顾客配套购买商品，以一物带多物增加销售，扩大销量，更可带动新产品上市。

（四）复用包装策略

复用包装策略，是指包装物本身是一件有价值的商品，待所包装的商品使用完毕后，包装物可移作其他用途。这样可以利用消费者一物多用的心理，使他们得到额外的利益；同时，包装物在使用过程中，也可起到广告宣传的作用，提醒和吸引消费者购买或重复购买。

（五）附赠品包装策略

附赠品包装策略，是指利用包装中附赠物品或给顾客各种奖励，借以吸引顾客购买和重复购买，其形式多种多样。这种策略对儿童和青少年特别有效，如麦当劳的儿童套餐。

（六）创新包装策略

创新包装策略，指为克服现有包装的缺点，吸引新顾客，废弃旧式包装，采用现代化的包装材料、容器和科学的包装技术；或为适应市场而修改现有包装，显示产品特点、体现消费潮流等。

拓展任务

（1）通过以下案例来理解产品策略。
（2）通过以下案例进行思考，分析合适的时机实施多产品策略的因素。
（3）从图书馆或互联网搜集杰克·特劳特（Jack Trout）对产品策略的定位。

产品结构单一陷窘境，金嗓子转型卖饮料

"保护嗓子，请用金嗓子喉宝"这句广告语早已家喻户晓，然而，最近这个主打"金嗓子喉宝"的金嗓子企业，居然开始卖饮料了。

金嗓子在2015年的财报中显示，该公司的收入由金嗓子喉片、金嗓子喉宝系列产品及其他产品3部分构成，其中金嗓子喉片占到收益总额的91.8%。在2012—2014年，金嗓子喉片（OTC）的收益贡献分别为92.4%、92.4%和90.6%。金嗓子对于单一产品的依赖度非常大，这也给企业的运营带来了潜在风险。过去几年，金嗓子虽然业绩表现不俗，但是业绩和净利润的波动却非常大，产品结构构成单一则意味着公司整体收入直接受到该产品的影响。对于金嗓子而言，除了利润和收益的考量之外，还有一个不得不提的初衷——产品线的丰富

化。为了改变倚重单一产品的发展模式，金嗓子试图通过饮料新品类来破局，且金嗓子喉片在清嗓利喉方面的知名度也给饮料产品奠定了品牌基础。金嗓子在 2015 年的财报中进一步透露，植物饮料是一种传统的中式饮料，且中国茶饮料的市场需求有继续增加的潜力，金嗓子准备开发植物饮料来迎合客户需求，争取通过销售植物饮料令毛利率达到约 20%。

关于植物饮料，金嗓子表示，预期在 2016 年上半年通过各种零售渠道试验性推出。这款饮料在京东上进行了为期一个月的众筹，截至 2016 年 5 月 4 日活动结束前，已经筹得超过 34 万元，是目标金额的 228%。根据众筹规则，支持 119 元可以获得 24 罐 300 毫升的饮料，附赠一个马克杯和一个月"唱吧"会员，平均下来每罐是 4.95 元。市面上还称"承诺众筹支持者的价格将低于预期市场价"，由此推算，市场售价应该在 5 元或以上。

如今，在医药领域，"大健康"这个概念的火爆程度堪比"互联网思维"和"大数据"。药企在寻求转型时，跨界食品饮料产业成了常见选项，"健康"更是最容易打的一张牌。比较出名的是江中集团的猴菇饼干，2016 年 3 月，老字号同仁堂也推出了两款凉茶和乌龙茶饮料。

（资料来源：http：//news.163.com/16/0503/01/BM3 RCOHU00014AED.hml）

项目二　掌握价格策略

任务引入

"如家"的价格策略

"如家",作为一家经济型商务酒店,满足的是一群生于20世纪80年代至90年代、基本都是独生子女且家庭环境不错、经常出差但公司给的出差住宿费报销额度仅在200元左右、好的宾馆住不起、差的又不愿意住的白领精英和业务骨干们。他们出差在外,整天忙着业务,深夜才回到宾馆休息,第二天清早又要出门,因此他们对宾馆的服务只有2.5个需求,即"洗个热水澡,一个安稳觉和一顿丰盛的早餐"。明确了提供的价值,即"适度生活,自然自在",产品和定价的策略就不言自明了。按照"蓝海战略"的框架,价值的创造可以从4个方面着手,剔除什么?气派的大堂、房间内外豪华的装饰、齐全的康体娱乐设施以及享受性的服务。减少什么?人员配置、餐厅、不适用的客房设施,分体空调代替中央空调,冬天只用暖气。增加什么?床和床具的舒适温馨程度、卫生间的优越条件、早餐的丰盛程度。创造什么?温馨的色彩和房间装饰、免费宽带上网、图书提供。

这些让出差的"白骨精"们倍感体贴与温馨的服务,促销价格做到仅89元一晚就可以睡一个大床。"如家"2002年由首都旅游集团与携程旅行网联合投资创办,目前遍及全国30个省、直辖市,覆盖超过200多座主要城市,以直营和特许并存的模式经营连锁酒店1000多家,成为全国规模最大的连锁酒店品牌。"如家"以高入住率——90%以上(高于星级酒店的70%)、高赢利性——价格在168～298元,平均毛利率达到50%～60%、高成长性——营收年复合增长率达到132%,在酒店服务业开创了一片崭新的蓝海。

(资料来源:陈明《营销其实很美很单纯》,华南理工大学出版社2012年版)

任务一　掌握影响定价的因素

价格是商品价值的货币表现。影响定价的因素是多方面的,不仅包括定价目标产品成本、其他市场营销组合等企业内部因素,还包括市场需求状况、竞争者产品状况、消费者心理、国家政策法规等企业外部因素。在此,我们需要对每个主要因素一一进行分析研究。

一、成本因素

产品的价格由成本、流通费用、利润和税金4要素构成。企业定价时首先考虑的是产品成本。它是产品定价的基础因素，是企业经济核算盈亏的临界点。产品定价应该补偿成本，这是保证企业再生产的最基本条件。降低产品成本，是企业竞争的一个重要手段。

产品的定价，必须保证总成本得到补偿，这就要求产品价格不能低于平均成本费用。所谓产品平均成本费用，包括平均固定成本费用和平均变动成本费用，因此企业产品定价的临界点是产品的总成本，如果售价大于总成本，则企业产生赢利，反之则亏损。

二、供求关系对价格的影响

在市场经济条件下，由于价值规律和供求规律的自发作用，当商品供不应求时，商品价格就会上涨；当商品供过于求时，商品价格就会下跌。供求影响价格，价格调节供求，这是价值规律和供求规律的必然结果，我国由于政府对市场价格实行有效的宏观调控，企业定价并不完全只受供求关系的影响。但从全局性、长期性来看，在其他因素不变的情况下，商品供应量总是随着价格的上升而增加，随着价格的下降而减少；而商品需求量也会随着价格的上升而减少，随着价格的下降而增加。因此，企业定价必须认真考虑价值规律的客观要求，根据市场供求状况，及时制定或调整价格，以利于供求平衡。

在研究供求关系对价格的影响时，通常用需求价格弹性进行趋势预判。需求价格弹性是指商品的需求量因价格变动而引起变化的程度。弹性的大小，通常用需求与价格变动幅度之比来计算。计算结果即弹性系数常见的需求价格弹性，主要有缺乏弹性和富有弹性两种情况。

需求价格弹性计算公式：$E = (\Delta Q/Q_0)/(\Delta P/P_0)$

公式中，E 为需求价格弹性系数；P 为价格；Q 为需求量。

当需求价格弹性系数 $E > 1$ 时，需求变动大于价格变动，表明该商品的需求对其价格变化较为敏感，需求富有弹性。

当需求价格弹性系数 $E < 1$ 时，需求变动小于价格变动，表明该商品的需求对其价格变化的反应较为迟钝，需求缺乏弹性。

当需求价格弹性系数 $E = 1$ 时，需求变动与价格变动相等，弹性不变。

影响需求系数弹性的因素很多，主要有以下几个方面：

（1）消费者对产品的需要程度。消费者对生活必需品的需要依赖程度大且比较稳定，因而生活必需品的需求弹性小；消费者对高档消费品和奢侈品的需求强度小且不稳定，因而高档消费品、奢侈品的需求弹性越大。

(2) 商品本身的独特性和知名度。越是独具特色和知名度高的名牌商品，消费者对价格越不敏感，需求弹性越小；反之，则需求弹性越大。

(3) 替代品和竞争性商品种类的多少。一般情况下，凡替代品和竞争性商品少，其需求弹性较小；反之，需求弹性较大。需求弹性小的商品，降价对促销效果并不明显；需求弹性大的商品，价格一经调整，就会引起市场需求的较大变化。相比较而言，选购商品的价格弹性比方便商品大，但比特殊商品要小。

(4) 消费者的收入水平。同一产品对不同收入水平的人来说，需求弹性是不同的。因为一种产品对于高收入水平的人来说可能是必需品，需求弹性小，但对于低收入水平的人来说则可能是奢侈品，需求弹性大。

(5) 消费者对产品的偏好程度。形成偏好的，缺乏需求弹性；未形成偏好的，需求弹性大。企业定价时必须依据商品不同的需求弹性，即充分了解市场需求对价格变动的反应状态，才能制定出较为合适的价格。

三、市场竞争因素

市场竞争也是影响价格制定的重要因素。面对瞬息万变的竞争态势，企业定价策略会有所调整。按照市场竞争程度的不同，可以分为完全竞争、不完全竞争、寡头竞争与完全垄断4种情况。

（一）完全竞争

所谓完全竞争又称为自由竞争，它是一种理想化的极端状况。在完全竞争条件下，买卖双方大量存在，卖方提供的产品都是同质的，在质量与功能上的差异很小，企业可以自由选择生产，买方也能充分地获得市场情报，自由选择商品进行采购。在这种情况下，买卖双方都不能对产品价格施加影响，只能在市场既定价格下从事生产和交易。完全竞争仅存在于理论中，在现实的市场经济中是不存在的。

（二）不完全竞争

不完全竞争是介于完全竞争与完全垄断之间，在现实中是存在最为普遍、典型的一种市场竞争状况。不完全竞争条件下，至少有两个以上买者或卖者，少数买卖成员还对价格和交易数量起着较大的影响作用，所提供的同类商品和服务开始有所差异，各方取得的市场信息也不充分，它们的活动受到一定的限制，在产品质量、销售渠道、促销活动等方面展开竞争。因此，在不完全竞争情况下，企业的定价策略有较大的回旋余地，既要考虑到竞争对手采取的价格策略，也要考虑到自身定价策略对竞争态势的影响。

（三）寡头竞争

这是竞争和垄断的混合物，也是一种不完全竞争。一个行业中只有少数几家企业生产和销售产品，它们在整个市场份额中占有绝对优势，价格实际上已经由它们共同控制。各个"寡头"之间相互依存相互影响，如果一个寡头企业调整价格则会引起其他寡头企业的连锁反应。因此，寡头企业之间需要密切注意对方的战略变化。寡头又可分为完全寡头垄断和不完全寡头垄断两种。这两种寡头虽然都不是完全的垄断者，但每个垄断寡头都会对价格产生重要作用。

（四）完全垄断

这是一种与完全竞争截然相反的情况，即一种商品的供应完全由某一个独家企业所控制，形成垄断市场。在完全垄断的竞争条件下，交易的数量与价格均由垄断者单方面决定。在现实中也很少见到这种完全垄断的企业。通常有政府垄断和私人垄断之分。这种垄断一般有特定条件，如垄断企业可能是拥有专利权、专营权或特别许可经营权等。由于垄断企业控制了进入这个市场的各种要素，所以它能完全控制市场价格。从理论上讲，垄断企业有完全自由定价的可能，但在现实中其价格也会受到政府干预及消费者情绪等方面的限制。

四、消费者心理因素

价格的制定和变动对消费者心理和购买行为往往带来不同的反应。通常消费者在选购商品时，总是根据某种商品能为自己提供效用的大小来判定该商品的价格，定价高于或低于消费者的心理期望值，就很难被消费者接受。例如，商务通刚上市时200多元基本销不动；提价到2380元，就开创了一个行业。消费者心理和购买习惯上的反应非常复杂。

常见的消费心理有两种。一种是预期心理，反映消费者对未来一段时间内市场上商品供求及价格变化趋势的一种预测。一般情况下，涨价会减少购买。但实际情况是，当预测商品是一种涨价趋势，往往涨价会引起消费者抢购；而降价则会使更多的消费者驻足观望，减少购买。所谓的"买涨不买落"就是消费者预期心理的一种表现。另一种是认知价值。认知价值是指消费者心理上对商品价值的一种估计和认同，以消费者的商品知识、积累的购物经验及对市场行情的把握为基础，同时也取决于个人的兴趣和爱好。消费者在选购时常把商品价格与内心形成的认知价值作比较，当确认价格合理、物有所值时才会做出购买决策。

五、国家政策法规因素

政府在自觉运用价值规律的基础上，为了维护经济秩序，通过制定各项政策、法规对价格进行宏观管理、调控或干预，或通过利用生产、税收、金融、海关等手段间接地控制价格。因此，企业在经营过程中应密切注意货币政策、贸易政策、法律和行政调控体系等对市场流通和价格的影响，有效规避政策风险。除了受以上几项因素影响外，企业或产品的形象、通货膨胀、国际市场竞争和价格变动等因素都会对产品的定价产生不同程度的影响。只有综合、全面地研究影响价格的多种因素，企业才能制定出较为合理的商品价格。

任务二　认识定价的主要程序与方法

一、定价主要程序

企业定价程序，主要分为以下几步：

（一）确定定价目标

任何企业制定价格，都必须考虑目标市场和市场定位战略。假如企业经过认真分析，决定为高收入群体设计生产高档奢华时装，这一定位决定了产品的价位一定要高。此外，企业还要考虑一些具体的经营目标，如利润额、销售额、市场占有率等。常见的定价目标主要有：维持生存、利润最大化、市场占有率最大化、产品质量最优化等。

（二）测定市场销量潜力

一是测定在一定价格水平上，假定竞争者的价格不变，产品可能达到的销售量。将此数量与企业的供给能力相比较，若企业供给能力不足，则可考虑定较高的价格；反之，若供给能力过剩，也可以定较低的价格。二是测定需求的价格弹性。如果需求弹性大，调高价格就会引起营业收入下降，降低价格就可使销售总收入上升；如果需求弹性小，调高价格可增加营业总收入，降低价格，则销售总收入下降。

（三）估算成本

产品成本水平因受产品生产数量的制约，要待生产过程结束后才能准确地算出。但成本作为企业定价的重要依据，只要有产品完工待销便可估算。因而，应该在定价前对成本有一个比较准确的预测。

（四）分析竞争者的产品与价格

在有竞争者的市场上，竞争者的质量和价格水平，以及竞争者可能对企业定价的反应都是企业定价的重要依据。

（五）选择定价方法

在确定了定价目标、已知需求数量和需求弹性、估算成本、分析竞争产品后，就可选用适当的定价方法，为产品确定一个基本的价格。

（六）确定最终价格

产品基本价格确定后，还需要考虑其他因素，如消费者心理、销售季节以及其他营销因素，综合确定产品最终价格。

二、定价主要方法

定价方法是企业在特定的定价目标指导下，依据对成本、需求及竞争状况等影响因素的综合分析，运用价格决策理论，对产品价格进行计算的具体方法。常用的定价方法有成本导向定价法、竞争导向定价法和需求导向定价法。

（一）成本导向定价法

成本是企业生产经营过程中所发生的实际耗费。以产品单位成本为基本依据，加上预期利润来确定价格的方法叫成本导向定价法，它是中外企业最常用的一种基本定价方法。成本导向定价法又衍生出了成本加成定价法、目标收益定价法、边际贡献定价法、盈亏平衡定价法等几种具体的定价方法。

（二）竞争导向定价法

企业通过研究竞争对手的生产条件、服务状况、价格水平等因素，依据自身的竞争实力，参考成本和供求状况来确定商品价格。这种定价方法统称为竞争导向定价法。其特点是虽然商品成本或市场需求变化了，但主导竞争者的价格未变，企业就应维持原价。反之，虽然成本或需求没有变动，但竞争者的价格变动了，相应地就要调整商品价格。竞争导向定价法主要包括：随行就市定价法、产品差别定价法、密封投标定价法、拍卖定价法。

（三）需求导向定价法

现代市场营销观念认为，企业的一切经营活动必须以消费者需求为中心。那种只考虑产品成本和企业利润，而不考虑竞争状况及顾客需求的定价，是一种生产导向观念下的定价方法。因此，需求导向定价法就是根据市场需求状况和消费者对产品的感觉差异来确定价格，又称为"市场导向定价法"或"顾客导向定价法"。其特点是企业对平均成本相同的同一产品，随着市场需求的变化也会灵活有效地调整其价格差异。需求导向定价法主要包括：理解价值定价法、需求差异定价法、逆向定价法。

任务三　掌握定价及调价策略

一、定价策略

价格决策不仅是一门科学，更是一门营销艺术。所谓定价策略，是指企业为了在目标市场上实现定价目标，给商品制定的一个基本价格和浮动的幅度。定价策略是企业的一种重要营销手段，因此，企业应在全面分析各种因素的基础上，选择适当的定价策略。

（一）新产品定价策略

新产品的市场定价策略主要有取脂（撇脂）定价和渗透定价两种。

1. 取脂定价策略

取脂定价策略是比喻从鲜奶中撇取乳酪。它是指在产品投放市场时，将价格制定得很高，以便在短期内赚得更多利润，因此，也称为高价策略。

高价策略适用于需求弹性较小的细分市场。对于专利保护商品和竞争对手仿制可能性不大的商品，可考虑选择此种策略。高价格获得高收益，容易引起竞争者介入，此时，企业应采取适当降价，以便取得竞争优势，扩大销售额。从上述分析可以看出，高价策略是一种追求短期利益最大化的策略，从长期发展的观点来看是不可取的。

2. 渗透定价策略

渗透定价策略也称为低价策略，它是在新产品投放市场时，制定比较低的价格，这样可以容易接近消费者，刺激需求，争取市场的主动权，一般适用于需求弹性大的商品，企业可以通过增加需求、扩大产销量、降低成本等来实现企业的获利目标。

(二) 心理定价策略

心理定价策略，是指在进行价格决策时，以消费者心理状况为主要因素进行定价，常采取以下方式：

1. 习惯定价

某些商品，由于市场上同类产品种类多，已经形成了一种消费者取得共识的习惯价格，如日用品中的火柴、酱油、肥皂、卫生纸等，除个别生产者难以改变外，即使成本降低，如果降价，也会引起消费者对品质的怀疑；同时，如果价格调高至超过一般消费者可接受的程度，必定会引起消费者的不满。因此，这类产品成本提高时，可在分量、品质、包装上进行适当的变动，使消费者逐渐习惯。

2. 尾数定价

尾数定价是使产品价格带有尾数，而不是整数。例如，一双皮鞋标价 49.99 元，而不标 50 元；某种牙膏标价 4.99 元，而不标 5 元；等等。因为消费者认为，这种价格计算精确，购买放心；价格没有超过预期，心里感到便宜。这种策略适用于价格较低的商品。

3. 声誉定价

在顾客中有良好声誉的企业、商号或品牌的商品，价格一般高于其他商品，但消费者也乐意接受。因为它满足了某些购买者显示地位的欲望，是个人价值的一种体现。声誉定价适宜于一些质量不易鉴别的商品，如药品、保健品、化妆品等，但采用此策略，一定要慎重，一般商品和商店如乱用此策略，可能会失去市场。

4. 招徕定价

招徕定价即用低价格吸引顾客，满足消费者购买便宜商品的心理需求。超级市场和百货公司将少数几件商品价格定得很低，甚至低于成本，目的在于吸引顾客在购买这些低价商品的同时购买其他商品，以求在总量上扩大销售。

5. 分级定价

它是指零售商将商品分为不同档次、级别，分别制定价格。这种定价使顾客按需购买，减少选购时间；使零售商简化管理，便于进货。

(三) 折扣定价策略

折扣是一种减价策略，即按照原定价格少收顾客部分货款。折扣定价策略常有如下形式：

1. 数量折扣

为了鼓励顾客多购买，根据其购买商品所达到的数量标准，给予不同的折扣，购买量越多、折扣越多。其折扣方式分为累积数量折扣和非累积数量折扣两种。累积数量折扣，即规定在一定时期内顾客购买商品达到一定数量（额），就给予一定的价格折扣。它适合于长期性的交易活动，以便吸引住顾客，建立长期交易关系。非累积数量折扣，指按照顾客一次购买总量的多少给予不同的折扣，目的是鼓励顾客一次大量购买，从而降低企业销售成本，对买卖双方都有利。

2. 现金折扣

现金折扣又称付款折扣，它是对付款及时、迅速或提前付款的顾客给予的价格折扣。如在付款条件中注明"5/10 净价 30"，指在成交后 10 天内付款，可获 5% 的现金折扣，但最迟应在 30 天内付清全部货款。现金折扣的目的是鼓励顾客按期或提前付款，以加快企业资金周转，减少呆账发生。

3. 季节折扣

季节折扣是指生产经营季节性商品的企业，为了鼓励中间商淡季进货，或鼓励顾客淡季购买，而给予的一定的价格折扣优惠。这种折扣的主要目的是为了保证生产企业的生产能均衡进行。

4. 中间商折扣

中间商为企业进行广告宣传、布置橱窗、展销等推广，生产企业在价格方面应给予一定的折扣。折扣的多少，随行业、产品及中间商推广功能而定。

5. 旧货换新折扣

旧货换新折扣是指企业对耐用消费品，消费者可以以旧换新，新商品价格减去旧货折算价格，为消费者的实际支付价。

(四) 价格补贴策略

补贴是由制造商或批发商传递给零售商并给予其销售职员用于主动销售某种商品的费用。补贴一般用于新项目、周转较慢的项目或较高毛利差额的产品，其折扣方式有如下两种：一是广告补贴，是指通过价格削减，给予渠道中公司的优惠，鼓励它们做广告或促销其供应商在当地的产品。二是仓储补贴，是指给予中间商获取某种商品的货架空间的补贴。仓储补贴主要用于获取仓储补贴连锁超市经营新产品的目的，因为超市没有足够的货架位置经营所有可获得的新产品，它们有动力为给予它们仓储补贴的供应商的新产品提供空间。

(五) 地理价格策略

是指依据商品流通费用（如运输成本、仓储、保险、装卸等），需要由买卖双方分担不同费用而确定的一种策略。地理价格策略具体形式有以下几方面：

1. 产地价格

产地价格指商品报价为生产地起货价格，由买主负担全部运输、保险等费用。国际贸易中指在某种运输工具上交货，称为 FOB 价（Free On Board），即商品价格。商品所有权也从离开仓库（岸）时起转移到买方。

2. 统一运送定价

统一运送定价是指企业对不同地区的顾客实行统一价格加运费，运费按平均运费计算，这种定价简便易行，有利于争取远方顾客，与邮政定价类似。

3. 区域定价

区域定价，是指将商品的销售市场划分为数个区域，在每个区域内实行统一价，一般区域较远的价格应高些。

4. 免收运费定价

免收运费定价是指运费全部由卖方承担的定价，运费包括在价格中，其目的是为了迅速促成交易，增加销售，使平均成本降低到足以补偿多出的运费开支，以达到市场渗透，在市场竞争中站稳脚跟的目的。

(六) 商业信用价格策略

商业信用是指企业之间以赊销、预付形式提供并与商品交易直接联系的一种信用方式，它是市场经济高度发展的必然产物。商业信用与折扣不同，它不是让价的百分比，但又与价格有着联系。商业信用价格策略的形式主要有以下几方面：

1. 赊销

赊销是商业信用的一种主要形式，它是一种短期信用，卖方不向买方收取其他费用，但在规定期限内必须付清货款。这样，给买方一定的融通资金的时间。这种信用方式，作为债权人的卖方要付出一定的代价，但在市场竞争中采用这种竞争形式，能够吸引顾客购买。

2. 分期付款

分期付款是指对一些价值大、生产周期长的产品，要求购买者首期支付一定预订金，其余货款分若干期支付的一种销售方式。预订金一般为货款的 10% 左右，它的性质仍然是一种现汇交易，分期付款在国外是一种非常流行的购物方式，特别是价值较大的耐用品，如汽车、家用电脑、住房等。采用这种方式，实质上也等于给购买者一定优惠，企业可以吸引潜在购买者，加快商品流通。采用分期付款是建立在买卖双方互相了解基础上的一种高级信用交易方式，在房地产市场上被广泛采用。

二、调价策略

企业商品定价后,由于宏观环境变化,影响企业定价的各种因素也处在动态变化之中,企业商品价格处于浮动状态。因此,企业面临着调高价格和调低价格两种选择。

(一)提价策略

提高价格会引起顾客及中间商不满,但在通货膨胀条件下,企业不得不提价。提高价格的原因主要包括:

(1)成本因素。由于原材料、人工费等价格上涨,使企业产品成本上升,如果仍维持原有价格,会影响正常利润。

(2)需求因素。市场上出现供不应求的情况,促使价格上升。

(3)竞争因素。竞争者提高价格,本企业也跟着提价。

(4)策略因素。利用提高价格,使顾客认为"优质高价",以树立产品的良好形象,创名牌产品。

产品提价,消费者和竞争者都会作出不同的反应。为了减少企业在交易中的风险,企业可采取如下措施:①限时报价;②在销售合同中载明随时调价的条款;③把供货和服务分开,并分别进行定价;④减少现金折扣和数量折扣;⑤提高订货的起点量;⑥对高利润的产品和市场加强营销力量;⑦降低产品质量,减少产品功能和附加服务。

企业在采用提价策略时,为消除顾客的反感心理,一般应注意如下几个问题:①公开成本上升的真正原因。对顾客说明涨价的理由,使顾客认为本企业产品涨价是合理的,是可以接受的。②努力提高产品质量。使顾客感觉到产品质量提高了,花色品种多,愿意支付较高价格。③附送赠品。使顾客感到有新的附加利益,从而冲淡对涨价的不满。④增加数量。使顾客感到涨价的原因是因为产品的分量增加了。

(二)降价策略

降价策略是指企业的商品在市场上达到饱和期或产品处于衰退期,消费者失去了该产品的消费兴趣,需求弹性变大。企业为了吸引对价格比较敏感的购买者和低收入需求者,维持一定的销量所采取的降价策略。由于确定何时降价、降价幅度大小要考虑企业综合实力和产品生命周期及销售季节、消费者对产品态度等因素,所以企业在采用降价策略时必须谨慎分析和判断,并根据实际情况选择好时机和制定最优降价策略。

拓展任务

（1）详细阅读案例，并通过互联网搜索拓展分析以下知识点：①白酒营销特性；②白酒行业定价规律；③白酒行业调价一般原则。

（2）通过案例讨论产品涨价应该考虑哪些具体因素。

（3）总结白酒行业价格制定应该考虑哪些方面的因素。

这个白酒旺季，涨价如同走钢丝

历史总是在惊人的相似中重复，白酒产业就是如此。1998年和2008年，是两个相隔10年的时间节点，却在重复着同样的事件。而站在这两个时间节点上看，白酒产业的兴衰发展，与整个大环境表现出了同步的趋势。例如，1998年亚洲金融危机之后，高端白酒的价格大幅下跌，之后新税政策的实施使整个产业格局发生了重大调整，以致整个白酒产业用了3年的时间来恢复元气。直到2003年之后，白酒产业才开始出现恢复性增长，名酒的价格（如五粮液、茅台）也开始走入上升通道。而2008年世界金融危机爆发后，国内高端酒同样没有躲过量价齐跌的命运。当时，金融危机的阴霾还没有散去，新的酒类消费税政策刚刚实施，白酒产业，却要以一场集体涨价的狂欢来应对严峻的大环境了。

一、酒类企业涨价阵营分化

2009年7月初，新税政策还没有落地，行业内就已经炒得沸沸扬扬，而大众媒体则扮演了一个推波助澜的角色。在大众媒体的口水声中，一些区域强势的白酒企业就开始酝酿全线或者部分涨价。沱牌曲酒率先发布公告，宣布"陶醉""舍得"系列产品的对外售价在原价格基础上上涨6.5%～10%，"舍得"的出厂价因此提高30元左右。此外，区域名酒如汾酒、西凤也调整了中高端部分产品价格，涨价幅度在10%左右。据悉，除了这些企业高调对外宣布涨价外，洋河蓝色经典、今世缘、衡水老白干等企业也完成了全线产品或部分产品的提价。

除了区域强势企业积极涨价外，经销商甚至是消费者对涨价的预期很高。不少经销商表示，名酒的价格上涨的可能性很大。而且和以往不同的是，今年会普遍上调，茅台终端价格上调的空间很大，即使一向低调或者涨价预期不明显的水井坊、剑南春等，价格上涨20元都没有问题。

除了渠道商对涨价乐观外，也有不少消费者认为，消费税势必会促使高端酒涨价，他们为了在需要的时候少花钱，都提前买好了酒，以备过节时用。

2009年7月28日，新消费税调整内容终于揭开了面纱：白酒生产企业销售给销售单位的白酒，生产企业消费税计税价格低于销售单位对外销售价格70%以下的，消费税最低计税价格由税务机关根据生产规模、白酒品牌、利润水平等情况在销售单位对外销售价格50%～70%范围内自行核定。在消费税正式出台后，高端酒（如五粮液、茅台、剑南春、国窖1573、水井坊等）并没有如大家所料的那样顺势提价，而是表现出了与区域强势企业截然不同的态度。

与区域强势企业"闻风而涨"相比，高端酒在消费税出台后的涨价问题上，表现得相当谨慎和低调。当时，高端酒中除了五粮液有来自企业的"口头"指示提价之外，其他名酒的企业都在按兵不动。茅台终端价格虽有所上涨，但是据来自渠道上的消息称，茅台的出厂价并没有调整。同样，剑南春、水井坊的厂家也没有任何变化。有经销商反映，国窖1573终端价格也有所上涨，但是，国窖1573只是在出厂价之外多收取了一个市场保证金，在正常销售的情况下保证金将退回经销商，因此，国窖1573的出厂价也没有调整。高端品牌和区域强势品牌在涨价问题上分化出了两个不同的阵营。

二、名酒涨价，真的如预期的那么乐观吗？

消费税出台了，涨价的理由很充分，也很必要。但是，2009年的情况是如此的复杂，对于树大招风的高端名酒来说，涨还是不涨，这是个问题。

其一，全球金融危机对整个消费产生了重大影响。这个情况，从2008年下半年的旺季时高端酒的市场表现来看，就反映得很清楚了。1998年的亚洲金融危机，使高端酒出现了量价齐跌的惨状，白酒产业用了3年的时间恢复元气。2008年全球经济危机和1998年的大不相同，对整个市场的影响的深度与广度和1998年的亚洲金融危机不可同日而语，2008年下半年已经有所体现。

其二，现在涨价季节不对。当时正是经销商压货的时候，市场需求还没有出现大幅增长。虽然消费税的推出给涨价提供了一个"由头"，但是不能和需求的增长同步，涨价势必会遭遇较大的阻力，影响涨价效果。

其三，当时两大行业巨头、也是准确把握了市场周期变化和涨价时机的高手——五粮液、茅台的表现来看，他们对涨价变现得谨慎而且低调。一向激进的五粮液虽已经出招，但在业内人士看来，五粮液的涨价更像是投向水面的一枚石子，带有很浓的试探性色彩。2009年8月18日，零售终端接到了来自五粮液的"口头"涨价指令，要求终端涨价40元，当时，五粮液的各大片区销售人员正在督察终端零售价格的上调。而五粮液的经销商则反映，并没有收到来自企业的涨价文件，当时五粮液的出厂价也没有调整，这和以往五粮液涨价以文件形式下达经销商有很大不同。据此分析，五粮液的这一行动带有很强的试探意味，既可以观察市场的反应，又给自己留下了回旋余地。如果市场能够顺利接受涨价结果，五粮液则可以同步提高出厂价；如果市场对新价格接受难度很大，"终端指导价"由市场调节也是商业规律的正常现象。

新税政策的实施不是涨价的基础，而是理由。名酒的价格不是由企业决定的，而是由市场决定的。

三、涨价的平衡艺术和惊险性

对于名酒企业来说,价格就是其价值指标,因此,价格对于高端酒的意义非同一般。可以说,无论是名酒企业还是名酒经销商,在运营上很大一部分内容是在对赌价格,对赌市场。

对于名酒企业来说,提价策略考验的是他们的综合平衡艺术。他们在涨价中要综合考量以下几个变化:①市场总需求量的变化。企业需要准确把握宏观环境对白酒市场的影响;②品牌溢价的变化。企业需要考虑消费者对品牌价值及其变化的打分;③企业对渠道的掌控力。只有对渠道的良好掌控,才能顺利推动产品完成从上游到终端的价格传导;④企业对渠道利润分配的合理把握。企业需要考虑经销商在涨价中获得合理的利润,这也是厂商博弈的主题内容;⑤企业还要把握和竞争者的心理较量。涨价既是市场的需要,也是竞争的需要,价格策略既能体现品牌价值,也能体现竞争关系。综上所述,企业在涨价中不但要平衡供给与需求的矛盾,还要平衡企业与渠道的矛盾,平衡自身与竞争者的矛盾。

对于经销商来说,卖名酒和非名酒不同的是,除了作为经销商应有的渠道利润,价格的变化所带来的不确定收益似乎更具有吸引力。大部分名酒的经销商在经营中对名酒的市场和价格的预期变化作出判断,据此作出是否囤货的决策。如果决策错了,要么错失机会,要么造成亏损。但如果决策对了,则可能会赚得盆满钵满,大大超过顺价销售的经营利润。名酒的经营形势越复杂,对于乐在其中的名酒经销商来说,无疑让这种冒险游戏变得更加刺激和惊险。因此,无论是企业还是经销商,这个旺季的涨价如同走钢丝一样,充满了挑战和刺激。

(资料来源:《糖烟酒周刊》,2009 - 09 - 25)

项目三　掌握分销渠道策略

任务引入

格力电器的分销渠道冲突

我们通常所说的渠道冲突更多的是垂直渠道冲突和水平渠道冲突。作为一条价值链上的厂家与商家，因为都是独立的经济利益主体，所以在合作中，追求各自经营目标的双方必然会导致双方的冲突，这也就是我们常说的垂直渠道冲突。水平渠道冲突是指在一个公司的渠道系统中处在同一水平的不同中间商之间的竞争。现阶段，某些经销商为了牟取利益而违反销售合同，将货物在其他区域低价销售，以冲击其他经销商的合法利益。这也就是我们常说的"窜货"，本案例就是围绕垂直渠道冲突和水平渠道冲突为主题而展开。

一、垂直渠道冲突

1. 由于供货、物流管理引起的渠道冲突问题

空调是季节性很强的产品，同时又由于自然环境以及天气的不确定性，因此，在空调销量的预测与实际市场问题上，常常会有很大的差距，因此，经销商与厂商常常会有矛盾：当天气突然炎热或寒冷时，对空调的需求会大幅度增加，但由于时间紧急以及供货能力的限制，往往可能出现断货的情况，此时商家处于有求于厂家的地位；当天气较为舒适时，厂家希望商家能有一定的库存来减少自己的存储成本，同时也是为了避免货源紧张时期的调配及运输压力，此时厂家处于有求于商家的地位。因此，经常会出现商家不同时期不同嘴脸的现象，长此以往，厂家与商家之间就会产生物流管理方面的矛盾，从而引起渠道冲突。

事实上，经销商和厂商在物流问题上是常常会产生矛盾的。经销商是从生产厂家那里购买到商品，取得商品的所有权，然后把它作为自己的商品销售出去，其特征是经销商拥有商品所有权。因为市场决定了经销商的利益，所以在供货问题上经销商希望旺市时能够及时提到货，而淡市时能够少积压存货。但是从格力的角度讲，无论是淡市还是旺市都希望能够大规模出货，这就会和经销商产生矛盾。

2. 经销商"店大欺厂"与厂家产生的矛盾

由于各省大经销商手里掌握着二级经销商和终端用户的资源，同时，有些经

销商自恃其在渠道中有着较强的销售能力，同时经销商在厂家销售额中占有较大的比重，因此常常向厂家提出一些不合理的要求，包括价格、资金、结算方式等，从而导致了双方的矛盾。

而在 2004 年 2 月，格力和国美之间也上演了一场厂商大战。成都国美的 6 家店开始了"空调大战"计划，对几乎所有品牌空调进行大幅度促销，其中把格力两款畅销空调的价格大幅度下降，零售价原本是 1680 元的 1P 挂机被降为 1000 元，零售价原本为 3650 元的 2P 柜机被降为 2650 元，降价幅度为所有品牌空调降价之首。

格力方面认为国美单方面擅自大幅度降价破坏了格力空调在市场中长期稳定、统一的价格体系，并有损其一线产品的良好形象。因此，格力向成都国美要求"立即终止低价销售行为"。成都国美方面则坚持说这是商家的一次正常促销活动，坚持继续降价。交涉未果，格力决定正式停止向成都国美供货。2004 年 3 月 9 日，国美北京总部向全国销售分支发布了"把格力清场，清库存"的"格力封杀令"。

3. 厂家与经销商在资金结算方面的冲突

以国美为例，国美是完全依赖厂家的"账期"生存的。所谓"账期"，就是厂家给商家无偿铺货，并约定在一定时期内，销售额达到一定额度时双方再进行货款结算。如商家利用销售额已满但账期未到来打时间差，将这笔钱滚两圈甚至多圈为自己赚钱。这个钱就是商家未付厂家而是利用"账期"自己再赚钱的"资本"。尽管商家利润完全控制在厂家手中，但商家并不领厂家的情，反而变本加厉地向厂家要入场费、庆典费、好处费等费用，搞得厂家苦不堪言。

格力向来是以先交款后发货而在行业内著称的，2003 年销售额突破 100 亿元人民币，2004 年销售额突破 138 亿元人民币，这当中没有一分钱应收账款，可以说是个奇迹，因此，如果要按照国美的规矩办，显然从利益上是有损于格力的，同时也是在破坏格力自己定下的游戏规则。当然，国美从自身来讲要是屈从于格力的游戏规则，无疑就牺牲了自己的游戏规则。于是，双方的矛盾就不言而喻了。

二、水平渠道冲突

1. 价格管理混乱

格力也曾经采用过"三级批发制"来定价，即总经销价、一批发价、二批发价、三批发价，最后加个建议零售价。这种价格体系中每一个阶梯都有一定的折扣，这就使得窜货在经济上成为有利可图的行为，因为两个阶梯的价格折扣便可以成为相当丰厚的利润。同时，按照经济学里正常的人都是理性的经济人，那么窜货则属于理性经济人的正常行为。所以，只要处于较高级别的经销商想获取较高的利润，那么这个价格体系所产生的利润空间差异就非常大，也就是说，这个价格体系构成了经销商窜货的经济动因。同时，当时的经销商和格力是通过合同而构建起来的买卖关系，商人无利不往，所以发生窜货也就不足为奇了。

尽管后来格力也对销售政策作了一些调整，例如统一经销商所拿到的一手价格，但是在具体执行时，各大经销商还是有相当的灵活性，导致窜货屡屡发生，其他小经销商经常抱怨，当这种抱怨无法得到有效而及时的解决时，这些经销商也被迫加入到低价销售的队伍中。

2. 对业务员不合理的奖酬制度

格力早期对业务员是实行提成制的，提成点为销售额的1%。应该说，在格力发展的初期，这套奖励制度还是有效的。但是随着格力的迅速壮大，企业的销售员为了多拿提成，往往不顾企业的销售政策而越区发货，从而做大销售额，以牟取公司提成。甚至有些道德品质恶劣的业务员，已决定跳槽却临走前跟经销商勾结，获得厂里的支持，然后向其他地区抛售，引起区域冲突。提成制的另一个问题就是忽略了中国各省份的人口、经济水平、天气、以往市场的开拓情况等非常重要的因素。由于中国省份众多、面积大、人口分布不均匀，这就导致了提成制对每一个业务员来说不是很公平。例如，江苏省、重庆市、武汉市等地夏天气温较高，而且当地的经济水平也较高，从而业务员相对容易开展工作；而在西北地区夏天天气较凉爽，收入水平也较低，这就导致业务员在开展工作时的难度大大提高。

3. 对经销商不合理的销售目标要求

很多企业为完成当年的销售目标，经常会采用砸价行为，因为如果完不成目标，国企领导就有可能保不住位置，而对于民营企业则有可能失去大经销商的代理资格，所以为了完成目标，他们会不择手段，甚至包括采用窜货的手段来实现。

此外，空调属于季节性较强的产品，同时，天气的不确定性导致产品消费量的不确定性。所以，理性的企业在初次与经销商洽谈时，一般都有一个产品的试销期（多为三个月或三批进货量），通过试销期的运作情况，来确认是否正常履行唯一经销商的合约。由于许多经销商看中产品后，为了拿到经销权，往往会在试销期间全力以赴，以争取作为经销商（正式认可）后得到各种各样的优惠和支持，如广告、推广、促销等各方面的费用。而厂家往往容易被经销商在试销期内的销量所迷惑，在签订正式经销合约时就会以此为基量，再加上广告、推广、促销投入后的市场销售提升预估，形成一个年度目标，完成了就给予多少年终奖励。于是，经销商为了获得一个诱人的年终奖励，就拼命去做，当本地市场无法消化这些量时，便产生了越区销售的念头。如此一来，整个市场就出现了无序化销售。

4. 经销商的恶意窜货

格力在与经销商的合作上，有"年终奖励"这一项，这本来是为了鼓励经销商在本区域内完成年度销售目标，规范、有序运作市场，保障经销商利益的一种有实际意义的措施。但是，有些经销商为了加大自己在格力销售额当中的分量，从而以此增加自己在渠道中的影响力，牢牢把握住话语权，以低于出厂的价格大量销货入侵其他地区，借以打击其他经销商，而亏损的部分则通过吃格力年终返利来弥补，这么做的最直接的后果就是危害了二、三级经销商的利益，同时影响这些经销商的积极性。

（资料来源：网络资料改编）

任务一 了解分销渠道及相关概念

一、分销渠道的概念

分销渠道是指产品在从制造商向消费者转移的过程中，所经过的中间商联结而成的通道。它具有以下特征：

（1）分销渠道反映某一特定产品或服务价值实现的全过程。其起点是制造商，终点是最终消费者或工业用户。

（2）分销渠道是由一系列参加商品流通过程、相互依存、具有一定目标的各种类型的机构结合起来的网络体系。其组织成员通常包括制造商、批发商、零售商和消费者以及一些支持分销的机构，如运输公司、独立仓库、银行和市场咨询研究机构、广告公司等。

（3）分销渠道的核心业务是购销。商品在分销渠道中通过一次或多次购销活动转移所有权或使用权，流向消费者或工业用户。购销次数的多少，说明了分销渠道的层次和参与者的多少，表明了分销渠道的长短。

（4）分销渠道是一个多功能系统。它不仅要发挥调研、购销、融资、储运等多种职能，在适宜的地点，以适宜的价格、质量、数量提供产品和服务，满足目标市场需求，而且要通过分销渠道各个成员的共同努力，开拓市场，刺激需求，并进行自我调节与创新。

二、分销渠道的功能

分销渠道的主要功能体现在以下几个方面：

（1）沟通信息。搜集并发布关于市场营销环境中现有的和潜在的消费者、竞争者及其他影响者的信息。

（2）促进销售。通过人员推销、广告、公关活动及其他促销方式吸引和说服顾客和潜在顾客。

（3）洽谈生意。渠道成员之间达成有关产品的价格、采购条件、进货条件以及售后服务的协议，并提出订单。

（4）融通资金。中间商购进产品并保持存货需要投入资金，这部分投入在产品实际抵达消费者之前就已经垫支，保证了厂商的再生产活动。所以，中间商购进产品行为实际是融通资金。

（5）实体分配。分销渠道除了完成产品交易过程外，同时还要完成产品实体从生产者到消费者的空间移动，使消费行为成为现实。产品从生产领域到消费领域的转移过程中会面临许多不确定因素。

（6）风险承担。产品从生产领域转移过程中会面临许多不确定因素和物质实体的损耗，如市场需求变动、不可抗拒的天灾人祸、运输、储存及装卸过程中的商品破损等。这些风险均要由分销渠道成员承担。

三、分销渠道的结构类型

分销渠道的结构是渠道的长度结构和宽度结构的统一体。

（一）长度结构

长度结构根据产品在流通过程中经过的流通环节的多少来划分。分销渠道可分为直接渠道与间接渠道、短渠道与长渠道等类型。

直接渠道是指产品从生产者流向最终消费者的过程中不经过任何中间商转手的分销渠道。直接渠道是产业用品分销渠道的主要类型。

间接渠道是指产品从生产领域经过中间商再转移到消费者或用户手中的分销渠道。间接渠道是消费品分销渠道的主要类型，有些工业品也采用间接渠道。

为分析和决策方便，我们把直接渠道及间接渠道中只经过一个中间商环节的渠道定义为短渠道，而将经过二级及以上中间商环节的渠道称为长渠道。

（二）宽度结构

宽度结构根据渠道同一层级使用同类型中间商的多少来划分。使用同类中间商较多的，称为宽渠道；反之，则为窄渠道。一般我们将分销渠道宽度分为3种类型：

（1）密集性分销渠道。又称为广泛分销渠道，即制造商通过尽可能多的批发商或零售商经销其产品。密集性分销渠道通常能扩大市场覆盖面，提高购买的便捷性，从而尽可能地全面渗透目标市场。一般来说，日用品和食品、工业品中的标准化和通用型商品及经常性易消耗品，采用这种渠道。

（2）选择性分销渠道。即制造商按一定条件在某一层级上优选少量中间商分销其商品。选择性分销渠道可以集中使用制造商的资源，充分利用经销商的专业销售能力。这类渠道多适用于选购品、特色产品、工业品中的机器设备等。

（3）独家分销渠道。即制造商在某一地区市场、某一层次上只选择一家中间商经销其商品。独家分销可以得到经销商最大程度的配合，但如果选择不慎，也可能影响企业的商品销售，或者面对经销商无理要求而处于被动的境地。

任务二 认识分销渠道的参与者

作为分销渠道重要成员的中间商，有两种基本形式：批发商和零售商，这是根据它们在商品流通过程中地位和作用的不同而划分的。

一、批发与零售的性质

零售，是指将商品或劳务销售给最终消费者用于生活消费的经济活动。不论由谁经营，归谁经营，也不论以何种方式在何处销售商品或劳务，都属于零售范畴。凡是以经营零售业务为主要收入来源的组织和个人，均属于零售商。批发，就其性质而言，与零售不同。凡是以进一步转卖或加工生产为目的的整批买卖货物劳务的经济活动，都属于批发交易。专门从事批发交易的组织和个人，均为批发商。例如，面包商将面包卖给消费者是零售，卖给饭店（作为商品供应市场）是批发；棉花商将棉花卖给消费者是零售，卖给纺织厂（作为原料）是批发。由此可见，批发商和零售商虽然都是中间商，但其性质不同。二者之间的主要区别可概括为以下几点：

（1）服务对象不同。批发商以转卖者和制造商为服务对象；零售商以最终消费者为服务对象。

（2）在流通过程中所处地位不同。批发商处于流通过程的起点和中间环节，批发交易结束后流通过程仍在继续进行；零售商处于流通过程的终点，商品售出后就离开流通领域而进入消费领域。

（3）交易数量和频率不同。由于批发是供转卖和加工生产的买卖活动，所以批发商的交易一般是数量大频率低，属于资金密集型行业；而零售一般是零星交易，频率很高，基本属于劳动密集型行业。

（4）营业网点的设置不同。批发网点不但市场覆盖面宽，并且一般开设在租金低廉的地段；零售网点面向广大消费者，点多面广，一般多开设在人口稠密的繁华地区。上述批发与零售商业的不同之处，决定了批发商业与零售商业在组织管理和经营策略等方面都存在着许多不同的特点，营销者需要研究和掌握这些特点，作为决策的依据。

二、批发商

产品从生产领域进入流通领域，一般是先经过批发环节，然后再到零售环节。下面分别研究批发商的功能和类型。

批发商的主要功能有以下几个方面：

（一）购买

批发商的购买活动，是商品流通过程的起点，批发商凭借丰富的经验与市场预测知识，预计市场对某些商品的需要情况，先行组织货源随时供应客户，使零售商能节省进货过程中所花费的时间、人力与费用。对于制造商来说，因批发商每批进货量较大，也可节省营销费用。

（二）分销

分销的功能对于制造商与零售商具有同等的效用。通常，制造商出于运输管理及管理成本考虑，不愿意小批量出售；而零售商限于资金条件，无力大量购买，限于人力，也不可能向每个制造商去购买。批发商既可以向制造商做大量购买，又可将货源分割成小单位转售给零售商。

（三）运输产品

运输是产品借助动力实现在空间上的位置转移，是商品流通中的一个重要环节。批发商在购进、分销和促销活动中，发挥了中间商的集中、平衡与扩散等功能，并促成商品交换。批发商在采购商品后，还要担负组织产品运输的任务，及时、准确、安全、经济地组织产品运输，可以使制造商避免积压，可以使零售商减少库存量。

（四）储存

产品储存是商品流通的一种"停滞"，也是商品流通不断进行的条件。批发商能充分利用仓储设备，创造时间效用，使零售商随时可获得小批量库存，可调节市场供求在时间上的矛盾，起到"蓄水池"的作用。

（五）资金融通

零售商向批发商实行信用进货时，能减少经营资金需要。资金力量雄厚的批发商，也可以采用预付款的方式，以资助制造商。

（六）风险负担

制造商将产品出售给批发商后，产品因损耗、失去时尚性及其他原因而引起的产品不满意时，要求包退包换；在产品降价时，承担削价损失。这一切经营风险也都转让给了批发商。

（七）其他服务

批发商还可以为零售商提供宣传、广告、定价、商情等服务。

三、零售商

零售商的基本任务，是将产品直接供应给最终消费者。零售活动是产品从流通领域进入最终消费领域的全过程，零售环节是商品流通的终结阶段。零售商的功能，主要表现在以下两个方面：

（一）对消费者提供服务

零售商最主要的功能，是通过销售产品满足消费者需要，因此，零售商有责任供应消费者以数量充足、品种齐全、质量优良、价格合理的产品，并在营业地点、时间与服务方式上，尽量方便顾客购买。此外，零售商为消费者承担一定的风险责任，如保证所售产品的质量，允许退换，以及提供修理服务等；较大的零售商往往还提供分期付款服务，国外大型零售商店还采取记账付款办法。

（二）对制造商与批发商的服务

零售网点是制造商与批发商接近消费者的前哨阵地，为他们传递市场信息，以便根据市场需要安排生产和组织货源。在激发消费者的购买欲望时，零售商对消费者进行指导，并在其按市场需要进货时，零售商扮演着消费者的发言人角色，向制造商提出要求，促进和引导按需生产。零售商将大量产品分割为销售者需要的分量，并组织运输、储存活动，能够减少制造商及批发商的负担。

四、新型分销渠道

（一）连锁经营

连锁经营是指由同一公司统一经营管理若干门店，实施统一的集中采购、统一的经营服务、统一的品牌标志政策，通过标准化技术和多店铺扩张方式实现发展的一种经营模式。连锁经营按照所有权构成不同，可以划分为正规连锁、特许连锁和自愿连锁3种方式；按照业种的不同，可以划分为零售业连锁、饮食业连锁、服务业连锁；按照分布区域，可以划分为国际性连锁、全国性连锁和区域性连锁。

（二）特许经营

特许经营是指特许权所有人（即特许人）通过协议授予受许人使用特许人已经开发出的品牌、商号、经营技术的权利，并由特许人负责提供相关经营信息、技术培训、业务支持，受许人则需要支付相关的费用。特许经营有两种主要类型：生产型特许，如可口可乐公司、汽车销售、品牌专卖等；经营型特许，如麦当劳、肯德基等。特许经营具有以下特点：

（1）特许系统由一个特许人和若干个受许人组成，其核心是特许权的转让，受许人之间无横向联系。

（2）受许人对自己的店铺拥有实际的控制权，人事和财务均是独立的，特许人无权干涉。

（3）特许人提供的不仅是相关的品牌和技术，而且负有对受许人进行长期业务支持和提供服务的责任。

（4）受许人必须缴纳相关的特许费用，包括加盟费、特许权使用费、广告分摊费等。

（三）网络销售

互联网的出现，改变了人类的生活、工作方式，也改变了商业活动的模式，给经济发展带来了无限的活力和商机。网络销售是指综合利用网络、电子计算机和数字交换等多种技术,把商品或服务从制造商手里转移到消费者手里的经营活动。与其他分销方式相比,网络销售具有许多无法比拟的优势:

(1) 市场的全球化。网络的全球互联性使企业的营销活动可以获得广泛的接触面。例如,可以通过互联网与世界市场直接沟通,成为世界经济中的一分子,获得平等的交易机会。

(2) 信息的丰富化。网络的信息丰富多彩,可以说是无限的,企业既可以从网上获取自己想要的信息,又可以在网上发布有关本企业的商品、服务等信息。

(3) 沟通的交互化。顾客与企业可以开展互动交流。顾客可以从网上获取企业的商品或服务信息,可以向企业咨询、洽谈、订货;企业可以按照顾客的要求进行个性化服务,可以通过配送系统向顾客送货。企业还可以与其他企业进行网上交流,加强业务往来。

(4) 交易的高效化。可以使企业迅速获得市场信息,及时调整自己的生产经营策略,迅速地把自己的产品或服务推向市场,达到出奇制胜的效果。

(5) 销售的直接化。企业直接向顾客销售产品,不必采用间接渠道,从而减少分销环节,降低渠道费用;企业可以根据顾客订货量的多少,组织生产、供货,从而减少库存。

(6) 网络的全时化。网络的全天候运行,可以使企业随时待命,一年365天,一天24小时,从不间断,从而提高服务质量和服务响应速度。

(7) 服务的标准化。网络的文字、图像、声音等,可以给顾客提供标准化、规范化的服务,不存在服务态度不好的问题。顾客还可以长期保存有关的内容。

任务三 掌握分销渠道的设计方法

一、影响分销渠道设计的因素

(一) 产品因素

(1) 单价高低。一般来说,产品单价低,其分销渠道就应该长、宽、多;反之,分销渠道就适合短、窄、少。因为产品的单价低毛利少,企业只有大批量销售方能赢利。一些大众化的日用消费品,通常都经过一个以上批发商,由批发商卖给零售商,再由零售商卖给消费者。而单价高的产品,一般采用短渠道。

(2) 时尚性。对时尚性较强的产品(如时装),消费者的需求容易变迁,要尽量选择短的分销渠道,以免错过市场时机。

(3) 体积和重量。体积和重量大的产品(如大型设备),装卸和搬运困难,储运费用高,应选择较短而窄的分销渠道,最好采用直销渠道;反之,可以选择较长而宽的分销渠道,利用中间商推销。

(4) 易损易腐性。如果产品容易腐蚀变质(如食品),或者容易破损(如玻璃制品),应尽量采用短渠道,以保证产品使用价值,减少商品损耗。

(5) 技术性。一般来说,技术性能比较高的产品,需要经常的或特殊的技术服务,生产者直接出售给最终用户,或者选择有能力提供较好服务的中间商经销,分销渠道是短而窄的。

(6) 产品市场生命周期。新产品试销时,许多中间商不愿经销或者不能提供相应的服务,生产企业应选择短而窄的分销渠道,或者代销策略,以探索市场需求,尽快打开新产品的销路。当新产品进入成长期和成熟期后,随着产品销量的增加,市场范围的扩大,竞争的加剧,分销渠道也呈"长、宽、多"的发展趋势。此时,采用经销策略就比代销更为有利。企业衰退期,通常采用缩减分销渠道的策略,以减少损失。

(二) 市场因素

(1) 潜在顾客数量。潜在顾客的多少,决定着市场的大小。潜在顾客数量越多,市场范围越大,越需要较多中间商转售,生产企业多采用长而宽和多渠道分销策略;反之,就适宜采用直接销售或短渠道分销策略。

(2) 目标市场的分布状况。如果某种产品的销售市场相对集中,渠道销售只是分布在某一或少数几个地区,生产者可以直接销售;反之,如果目标市场分布广泛,分散在全国乃至国外广大地区,则产品只有经过一系列中间商方能转售给消费者。

(3) 市场需求性质。消费者市场与生产者市场是两类不同需求性质的市场,其分销渠道有着明显的差异。消费者人数众多,分布广泛,购买消费品次数多、批量少,需要较多的中间商参与产品分销,方能满足其需求。产品用户较少,分布集中,且购买生产资料的次数少、批量大,产品分销多采用直接销售渠道。

(4) 消费者的购买习惯。消费者购买日用品的频率较高,又希望就近购买,其分销渠道多为"长、宽、多",而对于选购品和特殊品,消费者愿意花较多时间和精力去挑选,宜采用短而窄的分销渠道。

(5) 市场风险。当生产企业面临较大的市场风险时,如市场不景气、销售不稳定、新开辟的目标市场情况不明等,一般选择少数几家中间商或运用代销策略进行销售。

(6) 竞争者的分销策略。企业选择分销渠道,应了解竞争对手采用的分销策略。一般来说,企业应尽量避免与竞争对手使用相同的分销策略,除非其竞争能力超过竞争对手或者没有其他更合适的渠道可供选择与开拓。

（三）企业因素

企业的声誉、资金和控制渠道的能力。企业声誉高、资金雄厚、渠道管理能力强，可以根据需要灵活地选择分销渠道，甚至建立自己的分销系统。而实力有限的企业则只能依赖中间商销售产品。

企业的销售能力。企业具有丰富的市场销售知识与经验，有足够的销售力量和储运设施，就可自己组织产品销售，减少或不用中间商；反之，就需要借助于中间商。

可能提供的服务。如果生产企业广告宣传力度大，能派出维修人员对中间商进行技术培训，能提供各项售后服务，中间商会愿意经销其产品；反之，则难以取得中间商的合作。

企业的产品组合。如果生产企业产品组合的深度与广度大，则零售商可直接进货，不必经过批发环节，可以采取短而宽的分销渠道。否则，只好采取长而宽的分销渠道。

企业的经济效益。每一种分销渠道都有利弊得失，企业选择时，应进行量、本、利分析，核算各种分销渠道的耗费和收益的大小，从而作出最有利于提高经济效益的决策。

（四）营销环境因素

营销环境涉及的因素极其广泛。如一个国家的政治、法律、经济、人口、技术、社会文化等环境因素及其变化，都会不同程度地影响分销渠道的选择。

二、选择分销渠道的原则

（一）经济性原则

选择任何一条分销渠道总是要力求降低成本，并保证分销渠道发挥最大的市场营销功能，促使企业获得最佳经济效益。

（二）时间性原则

经济原则的目标是节约劳动、降低成本，其核心则是节约时间。选择分销渠道更要讲究时间效率，只有最先将新产品推向市场，才能争取到更多的新顾客。

（三）竞争性原则

一个企业只有其所选择的分销渠道优于竞争对手选择的渠道，才能实现高效营销，在竞争中取胜。选择分销渠道，也要充分发挥自己的优势，扬长避短，注意顺形势应变，随机会而迁。

（四）应变性原则

由于市场需求的瞬息万变，市场竞争的日趋激烈，现代企业选择分销渠道，在市场上都必须具备一定的应变能力，同时还要有长远眼光。渠道该长则长，该短则短，一切以满足消费需要、提高经济效益而发展变化。

（五）消费者满意原则

产品是为了满足消费者的需要，如果制造商的产品不能让广大消费者满意，就不可能实现其价值和使用价值。因此，企业只有树立消费者满意的原则，在配送、贮存、理货、上架等各个环节提高服务技能和营销技巧，才能吸引大批的消费者购买。

三、分销渠道的设计

企业的分销渠道是在充分考虑上述各影响因素的基础上设计的。具体包括下列3个方面的内容：

（一）确定渠道模式

即决定分销渠道的长度。企业设计分销渠道首先是要决定采用什么层次类型的分销渠道，是派推销员上门推销或是以其他形式自销，还是借助中间环节分销，如果决定利用中间商，还要进一步决定利用什么类型和规模的中间商。

（二）确定中间商的数目

即决定渠道的宽度。这主要取决于产品本身的特点、市场容量的大小和需求面的宽窄，通常有3种分销渠道类型可供选择，即前面所述的密集性分销、选择性分销和独家经销。

（三）规定渠道成员彼此的权利和责任

在确定了渠道的长度和宽度之后，企业还要规定与中间商彼此之间的权利和责任，在双方签约时应包括以下内容：如对不同地区、不同类型的中间商和不同的购买量给予不同的价格折扣；提供质量保证和降价保证，以促使中间商积极进货；规定交货和估算条件，以及彼此为对方提供哪些服务，如产方提供零配件、代培技术人员、协助促销等服务；销方提供市场信息和各种业务统计资料等。

任务四　掌握分销渠道的管理方法

企业在作出了分销渠道的结构、中间商选择之后，还必须对使用哪些中间商、怎样激励中间商、如何考核评价中间商等问题作出决策。同时，随着环境的变化，还应对分销渠道进行调整。

一、对中间商的选择

对中间商的选择，一般包括以下几个主要方面：

（一）能够供企业选择的类型与数目

主要指企业选择的中间商是何种类型，即是代理商、批发商还是零售商？能供企业选择的中间商有多少？有能力且愿与本企业合作的中间商有多少？

（二）销售对象

主要指中间商的销售服务对象是哪些消费者群？一般来讲，应与企业的目标市场相一致；另一方面，中间商所处位置应能方便消费者购买。

（三）中间商的声誉

主要考察中间商是否为本企业的目标顾客所信任和尊敬，中间商的资信状况如何，等等。

（四）中间商的经营能力

主要指中间商的销售力量如何，推销员的素质如何，资金实力强弱，是否有足够的仓储、运输能力，能否为顾客提供良好的技术指导和售后服务，等等。

（五）竞争情况

主要考察中间商是否经销本企业竞争对手的产品，本企业产品能否与竞争对手的产品相抗衡，等等。

二、对中间商的激励

企业对选择的中间商采取一定的激励手段，有利于调动中间商的积极性，以扩大企业商品的销售，提高市场占有率。

对中间商采取的激励措施有：①向中间商提供物美价廉、适销对路的产品。这有利于减少中间商的风险，为其创造一个良好的销售环境；②合理分配利润。企业应根据中间商的情况，灵活运用定价策略和技巧，给中间商一定的价格回扣，以保护中间商的合理收益；③生产企业的广告促销活动，一般很受中间商欢迎，费用可由生产企业承担，也可由生产者与中间商合理负担。同时，生产企业也可协助中间商开展其他促销活动，如商品陈列、橱窗布置、培训推销人员等；④资金援助。生产企业为中间商提供资金援助，有利于中间商放手进货，积极推销产品，常采用售后付款和先付部分货款、待货售出后再付全部货款两种方式；⑤与中间商建立伙伴关系。要保证企业产品在市场长久不衰，在产品质量保证的前提下，必须保证分销渠道的畅通。

三、对分销渠道的调整

分销渠道的参与者都是独立的经济实体，他们有各自的经济利益。为了提高分销渠道的效率，就必须尽力协调解决渠道中的矛盾冲突，对渠道进行适当的调整。

（一）分销渠道系统中的主要矛盾

主要矛盾有4种：①横向渠道的矛盾。指为同一目标市场服务的几个企业或者系统之间为争夺顾客发生的竞争；②纵向渠道的矛盾。指同一渠道中不同层次的经营机构之间发生的利益冲突；③生产者与零售商的矛盾；④批发商与零售商的矛盾。

以上这些矛盾，实质上都是经济利益上的矛盾的具体表现。解决这些矛盾有两条途径：一是通过建立营销渠道的总体目标，在各经济利益主体之间通过建立合理收益协议，以解决收益分配的矛盾；二是设立联合管理机构，协调解决矛盾，如成立行业协会、工商行政管理机构等。

（二）分销渠道调整

企业市场分销渠道的环境是不断变化的，而且有时变化无常，企业必须对环境因素的变化作出灵敏的反应，及时地调整分销渠道。生产企业调整分销渠道的策略主要有以下3种：

（1）增减中间商。增减中间商即企业要决定增加或减少渠道成员。企业在作出这种决策之前，一定要进行分析，如减少一个中间商，会给企业产品销售带来什么后果？如增加一个中间商，能给企业带来多少经济效益？同时还应考虑将会对企业整个分销渠道系统带来什么影响，以及对渠道其他成员可能产生的影响。

（2）增减某一个分销渠道。企业在进行增减分销渠道决策时，首先应对每个分销渠道的运行效益和满足企业要求的程度进行评价；其次要比较不同的分销渠道的优劣，以剔除运行效益差的分销渠道，促使企业从发展的角度选择更有效的分销渠道。

（3）调整整个渠道。调整整个渠道即改变企业原有的渠道系统，建立全新的分销渠道系统。这种渠道决策是风险最大的决策，应由企业最高层决策。使用全新的分销渠道，如由间接渠道改为直接渠道，或者相反，都会带来企业营销组合经济因素的新变化，因此应慎重。

拓展任务

详细阅读案例，个人通过互联网搜索拓展分析以下知识点：①家电行业的销售渠道；②家电行业的营销特性；③苏宁的销售渠道与国美渠道的异同。

通过团队讨论方式完成以下任务：

（1）有人认为国美这种"价格杀手"的发展形式对家电行业价值链破坏性很大；也有人认为"存在即合理，没有变革就没有发展"。你如何看待这个问题？

（2）国美在渠道整合过程中引起了很大的争议。你认为生产厂商与销售商之间的关系怎样才能达到平衡和共同发展？

渠道为王——家电连锁业的国美时代

国美电器有限公司成立于1987年，是一家以经营各类家用电器为主的全国性家电零售连锁企业。国美电器已成为中国驰名商标，并已经发展成为我国较大的家电零售连锁企业。是什么让国美能够如此迅速地发展呢？这里有外部因素和内部因素。

从外部因素来说，众所周知，由于技术的进步和经济的发展，中国的流通领域由卖方市场转向了买方市场，而家电行业是中国市场竞争最充分、最成熟的行业。随着价格之争、品牌之争时代的悄悄过去，终端为王的时代已经来临。对家电生产企业而言，谁掌握着规模大、效率高、运作灵活、运营成本低的销售渠道，谁就赢得了市场，就能有效地战胜自己的竞争对手。随着国内家电企业市场竞争日趋激烈，对抗性不断增强，企业的营销活动必须更加深入和细致，不仅要有创新的产品、优惠的价格、有效的促销活动和完善的售后服务，而且必须要有强大的渠道。渠道已成为企业最重要的资源之一，渠道的创新和整合已成为历史发展的必然趋势。国美的适时出现恰恰迎合了这种趋势，抓住了这个时代特点。

从内部因素来说，在经营实践中，国美电器形成了独特的商品、价格、服务、环境4大核心竞争力。全面引进了彩电、冰箱、洗衣机、空调、手机、数码摄照、IT、数码等产品，使所经销的商品几乎囊括所有消费类电子产品。完善的售后服务体系、高素质的售后服务队伍和一整套完善的售后服务制度体系，并提出"我们员工与众不同"的口号，提出"超越顾客期望"的思想，提供"一站式"服务。这些都是国美电器的规模化经营的基础。

国美之所以能够进行这种价格战，主要是有渠道优势。

首先，从进货渠道上采取直接由生产厂商供货的方式，取消了中间商、分销商等中间环节，降低了成本，也就降低了产品价格，把市场营销主动权控制在自己手中。2004年3月，国美与格力电器的斗争正源于此，因格力空调是从销售公司给国美供货，国美无法获得更为优惠的价格，因此，在空调销售旺季，国美将格力空调在其卖场暂停销售，其实这正表明了以格力为代表的传统代理销售渠道模式与以国美为代表的连锁销售渠道模式之争。

其次，采用诸如大单采购、买断、包销、订制等多种适合家电经营的营销手段，也就保证了价格优势。国美是国内几乎所有家电厂家最大的合作伙伴，供货价一般都给得低。另外，以承诺销量取代代销形式。国美与多家生产厂家达成协议，厂家给国美优惠政策和优惠价格，而国美则承担经销的责任，而且必须保证生产厂家产品有相当大的销售量。承诺销量风险极高，但国美变压力为动力，国美将厂家的价格优惠转化为自身销售上的优势，以较低价格占领了市场。

最后，国美将降价的部分影响转嫁到生产厂商，因为销售一定量的产品国美就可以从生产厂家获取返利，因此国美电器的销售价格有时都可以与厂家的出厂价相同甚至更低,2004年9月,上海国美将商品的挂牌价全部调整为"进货价",即把从供应商处进货的价格作为挂牌价公之于众。这样做使众多生产商十分恼怒,但消费者得到了实惠;同时,也给了消费者"买电器,去国美"的概念,使之竞争力进一步增强,也让任何上游生产厂家都不敢轻易得罪国美,唯恐失去国美就会失去大块市场,迫使生产厂家不断地优化生产,降低成本。

(资料来源:上海财经大学高等院校教学案例库)

项目四 掌握促销策略

任务引入

百事可乐：独特的音乐推销

本土化管理与本土化生产是当前全球跨国公司的趋势。具体到某一种具体的产品、某一个公司的本土化，则是一个长期的过程。百事可乐在中国的本土化进展成绩斐然。百事可乐中国区70%的管理层已经由中国人担任，其中只有1个不是中国内地土生土长的。可以肯定，百事可乐与贵格的合并会加速百事可乐在中国的本土化进程。

一、多元化的品牌策略

目前，百事可乐国际公司在中国市场的旗舰品牌是百事可乐、七喜、美年达和激浪。此外，还包括亚洲、北冰洋和天府等著名地方品牌。国际著名的调查机构 A. C. 尼尔森（A. C. Nielsen）公司在2000年的调查结果表明，百事可乐已成为中国年轻人最喜爱的软饮料之一。

就产品组合的宽度而言，百事可乐的产品组合远比可口可乐要丰富。可口可乐的经营非常单纯，仅仅从事饮料业。而百事可乐除了软饮料外，还涉足运动用品、快餐以及食品等。特别要指出的是，2001年8月，百事可乐宣布并购贵格公司。与贵格的"联姻"使百事可乐得到了含金量颇高的Gatorade品牌，并大幅提高了百事可乐在非碳酸饮料市场的份额。尽管就市场规模而言，非碳酸饮料与碳酸饮料相比不可同日而语，但其成长速度却是后者的3倍。

二、传播策略

整合营销传播（IMC）的中心思想是在与消费者的沟通中，统一运用和协调各种不同的传播手段，使不同的传播工具在每一阶段发挥出最佳的、统一的、集中的作用，其目的是协助品牌建立起与消费者之间的长期关系。百事可乐的整合营销传播就是把公共关系、广告宣传、人员推销、营业推广等促销策略集于一身，在整合营销传播中，各种宣传媒介和信息载体相辅相成，相互配合，相得益彰。

名人广告。众所周知，百事可乐的广告策略往往别出心裁。在与老对手可口可乐的百年交锋中，百事可乐广告常有好戏出台，使可口可乐备感压力。其中，百事可乐运用的名人广告，是它的一个重要传播手段。

这是百事可乐为开辟中国饮料市场而做的广告。郭富城与百事可乐的合作始于 1998 年,其"雨中飞奔为邻家女孩买百事可乐""百事蓝罐包装上市""与国际巨星珍妮·杰克逊（Janet Jackson）合作""与王菲合唱百事主题曲""为百事可乐中国足球联赛主唱首支主题曲""森林中智取可爱猩猩"等版本广告,成为百事可乐广告的扛鼎之作。在全国各地百事可乐饮料的销售点上,我们永远无法回避的是郭富城执着、坚定、热情的渴望眼神。郭富城高人一筹的号召力和感染力获得了百事可乐的一致认可,并升格成为亚洲区品牌形象代言人。

三、独特的音乐推销

1998 年,百事可乐百年之际,百事可乐推出了一系列的营销举措。1998 年 9 月,百事可乐在全球范围推出其最新的蓝色包装。配合新包装的亮相,郭富城拍摄了广告片《一变倾城》,音乐《一变倾城》也是郭富城新专辑的同名主打歌曲。换了蓝色"新酷装"的百事可乐,借助郭富城《一变倾城》的广告片和大量的宣传活动,以"ask for more"为主题,随着珍妮·杰克逊、瑞奇·马丁（Ricky Martin）、王菲和郭富城的联袂出击,掀起了"渴望无限"的蓝色风暴。

由郭富城和珍妮·杰克逊联袂演出的主题广告片《渴望无限》,投资巨大,场面恢宏,是百事可乐当年力推的作品。歌曲《渴望无限》由珍妮·杰克逊作曲,音乐从慢节奏过渡到蓝色节奏,最后变成 20 世纪 60 年代的 House 音乐,曲风华丽。郭富城的表演和性感的造型,珍妮·杰克逊大气的唱功,使整个广告片充满了浪漫色彩,尤其是由来自不同地区、不同肤色的两位巨星共同演绎,更加引人注目。

音乐的传播与流行得益于听众的传唱,百事可乐音乐营销的成功正在于它感悟到了音乐的沟通魅力,这是一种互动式的沟通。好听的歌曲旋律,打动人心的歌词,都是与消费者沟通的最好语言。有了这样的信息,品牌的理念也就自然而然深入人心了。

四、大手笔公关

长期以来,百事可乐始终致力于建立以"百事可乐基金"为切入点的良好公共关系体系,热心赞助体育赛事以及其他公益事业。例如,赞助"八运会"、赞助中国甲 A 足球联赛、支持中国申奥成功,等等。

百事可乐不惜花巨资赞助"八运会",取得了"八运会"饮料指定产品的称号,大张旗鼓地掀起了一场沟通高潮,出尽了风头,造成了一个虽在总体上不及、但在特定时期和特定环境中气势大大超过可口可乐公司的局面,不但在当时取得了明显的效益,而且还为其在中国的进一步发展打下了坚实基础。

百事可乐为庆祝中国申奥成功,把申办前的"渴望无限"和成功后的"终于解渴了"整合在一起,做成全屏广告的形式,具有很强的视觉冲击力,与当时的气氛同频共振,不如此难表激情万丈,不如此不够痛快淋漓。相信在那一时刻,每个看到此广告的人都会心跳加速! 短短 4 个小时,全屏广告点击数就高达

67877。百事可乐此时与他们共同支持申奥，心灵相映，情感相通，收到了良好的社会效果，品牌的社会形象得以大大提高。

2001年12月，由百事可乐（中国）投资有限公司捐赠，中国妇女发展基金会设立的专项基金——"百事可乐基金"，向内蒙古的准格尔旗捐款。这笔资金将主要用于当地缺水家庭修建"母亲水窖"及贫困失学儿童复学等项目，此类活动大大增加了百事可乐的美誉度。

五、变化多端的营销战术

促销（SP，Sales Promotion）又称为销售促进或营业推广，它可分为针对消费者的、针对经销商的和针对业务员的3种。百事可乐取得的成绩与它变化多端、强有力的促销是分不开的。

20世纪90年代初期，为了迅速打开市场，抢占制高点，初创的上海百事可乐果断采用直销模式。当时的饮料市场，计划经济的气氛还相当浓郁，销售人员在办公室里，朝南坐、听电话、接订单，商家要饮料必须到厂里来提货。但是，百事可乐一下子招聘了占公司员工相当比例的销售人员。于是，一支庞大的百事可乐销售队伍开始出现在上海的大街小巷。接着，上海百事可乐又花费巨资买进了20辆依维柯汽车，送货上门。从这一天起，客户的"皇帝感觉"产生了。

1998—1999年，百事可乐在中国市场分别推出了世界杯足球赛的拉环、瓶盖换领与换购足球明星奖品活动，七喜浪漫小存折换领奖品和澳门旅游活动。这些活动涉及面广，影响力大，对终端促销、提高销售量起到了积极作用。

百事可乐在各城市的市场表现两极分化明显，市场渗透率高者甚至超过可口可乐，而低者不足可口可乐的40%。这也恰恰是百事可乐近期所希望看到的结果，因为他们的目的就是抓住可口可乐"满天撒网"战略的弱点，集中优势兵力实施中心突破，并终于在上海、成都、重庆、武汉、深圳等城市的"两乐"之争中胜出。

针对可口可乐的大打广告牌，百事可乐将人力、财力和物力集中在几个重点城市，大肆进行立体式广告宣传进攻，所选择的重点是这些大城市中的高校、名校。年轻人中消费力较高的就是学生，因此，百事可乐在高校内设立自动售货机，出资建立公共设施等。由此可见，抓住主要矛盾的主要方面，是百事可乐成功的秘密。

（资料来源：《生意通》，2006年第12期）

任务一　熟悉促销的相关概念

促销，即销售促进，是指一定的社会组织通过传播媒介向消费者或用户传递有关商品或服务的信息，以期获得消费者的认可、理解和信任，继而激发他们的购买欲望和行为的一切活动的总和。

一、促销工作的核心

促销工作的核心是信息传播与情感沟通。企业将产品或服务的性能、特征等信息传递给消费者或用户，并且通过关心他们的生活健康以及许多与他们相关联的社会问题，建立与消费者或用户之间的正常联系和良好感情，保证企业营销目标的顺利实现。

信息主体是从事商品生产或服务的企业；信息客体是消费者或用户；沟通工具主要借助传播媒介（也包括人员推销和消费者口碑人际传播途径）。同时，信息传递常常会受到社会、自我或人为因素的影响，即"干扰"。消费者或用户接收了企业所传递的信息后，经过一定方式的处理，形成自己的意见、建议，并通过一定的渠道反馈给企业，使企业能及时调整营销结构、改进服务措施，在经营方向和策略上进一步完善。

二、促销的目的

促销的目的是取得消费者或用户的认可和信任，激发他们的购买欲望和动机，引发购买行为，实现消费者或用户需求的满足和企业营销目标，达到企业和消费者或用户的双赢。

三、促销的方式

促销的方式包括人员促销和非人员促销。人员促销，也称人员推销，是指企业派出推销人员，直接与消费者或用户进行接触，说服消费者购买的一系列活动；非人员促销，则是指通过一系列的传播媒介组合，传播与企业有关的产品或服务等信息，包括广告、公共关系、营业推广和网络促销。一般来说，人员推销这种面对面的方式目标明确、针对性强，而且富有亲切感，易于产生共鸣，但是对推销人员的素质要求很高，而且影响面较窄；非人员推销影响面广，但针对性不强。两种促销方式应当结合运用，以发挥彼此的长处，获得最佳效果。

四、促销的作用

促销是企业营销活动的重要组成部分，对企业的生存和发展起着决定性作用。具体表现如下：

（1）传递信息，保证沟通渠道畅通。利用促销过程，企业将其产品信息高效地对外传递，引发注意，激发消费者购买欲望和渠道中间商的合作兴趣，同时搜集消费者和渠道中间商对企业产品、价格、渠道和营销沟通策略及方式的意见与建议，及时反馈给企业决策层。

（2）激发潜在需求，扩大产品销售。消费者的购买行为是具有可导性的，促销的最终目的在于激发消费需求，促进消费者对产品的认同和好感。当产品畅销时，巩固和发展市场；当产品滞销时，通过促销策略去引导和改变需求，延缓产品的市场生命周期。

（3）突出特点，强化竞争优势。竞争的白热化是市场经济的一大特点。在激烈的市场竞争中企业可以通过促销，突出产品的独特卖点，宣传产品优势，强调能为消费者或用户带来的独特利益，促进消费者或用户的理解、认同、拥护与支持，增强企业在市场经营活动中的竞争力。

（4）树立良好形象，巩固和发展市场。企业的形象与信誉是企业宝贵的无形资产，直接影响着企业产品的销售与服务。通过促销，为企业树立良好的形象，使消费者或用户减少对企业以及产品的生疏感，缩短对产品从接触、了解到认同的时间周期，同时会获得广泛的关注、更多的理解与支持。

任务二　掌握促销组合策略

一、促销组合的内容

促销组合，是指在市场营销活动中，将人员推销、广告、公共关系和营业推广等促销形式有机结合起来，综合予以运用，以实现企业的促销目标。促销组合是企业营销组合的重要组成部分。

二、促销组合策略的类型

促销组合从策略上可分为推式策略、拉式策略和推拉结合策略3种。

（一）推式策略

主要是通过人员推销的方式主动把产品推向市场。这种策略一般适合于单位价值高、性能复杂、需要示范演示类产品的销售。由于产品的专业性或新颖性，消费者或用户对产品不是太了解或根本就不了解，推向市场需要专业的介绍。如一些大型的专业设备、专业管理软件等的新市场培育，多采用推式策略。

（二）拉式策略

主要是通过非人员推销的方式赢得消费者或用户以及渠道中间商。与推式策略恰恰相反，这种策略一般适用于单位价值低、市场需求量大、流通环节多、渠道长，而且行业市场比较成熟，消费者或用户对产品知识、用途及使用方法非常熟悉的产品（比如洗衣粉、牙膏等生活日用品）的销售。

（三）推拉结合策略

推拉结合策略是将推式策略和拉式策略有机结合，分为先推后拉、先拉后推和边推边拉 3 种。

三、影响企业促销组合选择的因素

企业在选择各种促销方式进行组合时，应综合考虑商品的特点、促销目标、市场结构与状态、消费者构成与消费心理等诸多因素，进行科学选择、合理组合和灵活运用。

促销组合的制定和促销策略的选择主要受以下因素影响：

（一）促销目标

企业经营的最终目标是赢利，不断满足消费者需求是其获得赢利并保持赢利持久性的最有效途径。在不同的经营阶段，企业肩负的使命不同，促销组合目标也就有所不同。

（二）产品因素

产品的类别不同，购买存在较大的差异，不同类别的产品应该采用不同的促销策略。生活日用品（即消费品）主要是提供给个人或家庭日常生活消费所用，市场覆盖面广，需求量大，促销策略应该以广告宣传为主，结合营业推广和人员推销以及适当的公共关系；而在工业品市场，由于产品的技术性强、购买量大、购买的总标的价值大、购买决策程序化、专业化，购买者更为重视产品的质量、技术性能等因素，应该采取人员推销为主的促销策略。

（三）促销费用预算

一般而言，企业在进行项目可行性分析时，会根据行业营销预算的基准水平，对本企业的营销预算制定一个比较精确的幅度范围予以控制。对于单个产品的营销预算，剔除营销中的非常规情况如遭遇恶性狙击、突发性的市场行业危机等，一般按照总投入、总产出和产品的生命周期编制，即产品市场导入期、成长期、成熟期与衰退期的投入比例大致为 4∶3∶2∶1。

（四）市场结构状态

市场结构状态包括目标市场的范围、规模、集中性与分散性、竞争格局与态势等方面。范围小、规模较小、集中性强的市场适合采用人员推销的方式，范围广、规模较大、集中性不强的市场则适合采用广告、公共关系和营业推广等方式。

企业在选定促销组合策略时，应根据设定的促销目标、产品类别、产品生命周期、费用预算，以及市场的集中性、竞争程度等设计并选择合适的促销组合策略。

任务三　掌握人员推销策略

一、人员推销的概念及特点

（一）人员推销

人员推销是指企业派出专职或兼职营销人员，直接向消费者和用户推销商品或劳务的一种促销方式。这是最古老的一种推销方式，直到目前仍然是大多数企业常采用的促销方式，尤其对工业品的推销最为重要。

人员推销的内容非常广泛，从最简单的送货到创造性推销，都包括在人员推销的范围之内。推销人员的角色也更像客户购买的咨询师和建议者。

人员推销与非人员推销相比较，具有如下特点：

1. 产需双方直接见面接触

推销人员直接与顾客接触，可以有针对性地进行推销宣传，解答顾客提出的意见和质疑，消除顾客购买的心理障碍，增强顾客的购买信心，促使其发生购买行为。

2. 培养和建立人际关系

人员推销是买卖双方直接互相沟通，可以加强双方之间的了解和信任，从而建立良好的人际关系和长期稳定的供需关系。

3. 反馈市场信息

推销人员活跃在市场的最前线，可以直接了解到市场消费需求等方面的信息，并及时反馈给企业，使企业产品决策更科学。

（二）推销人员的任务及推销过程

1. 推销人员的任务

在市场营销活动中，推销人员的具体活动多种多样，但基本任务是一致的。传统的推销是完成销售指标或利润指标，而在现代营销中，推销人员主要是增强以消费者为中心的销售能力，是从企业的长期利益考虑的。因此，推销人员承担如下主要任务：①搜集市场资料进行分析；②与顾客沟通意见；③搜集市场情报信息；④提供各种服务；⑤解决顾客有关问题；⑥与顾客保持良好关系；⑦完成公司下达的销售指标任务；⑧整理保存销售记录。

2. 推销过程

推销人员的推销过程一般分为3个阶段：一是寻找开发目标顾客，二是说服目标顾客购买产品或服务，三是提供良好的售后服务，促使顾客保持较高的满意度。要实现推销目标，推销人员良好的潜质及个人素养就显得非常重要。

（三）推销人员的选择及绩效评估

在人员推销活动中，推销人员代表企业与消费者打交道，其目的就是要扩大销售，促进企业发展，实现企业的营销目标。因此，要求推销人员要有较高的素质，熟练掌握各种推销技巧，以实现推销目的。一个优秀的合格推销人员应具备如下素质：

（1）强烈的服务意识。现代市场推销是一种服务行为，优秀的推销员应该具备强烈的服务意识，想顾客之所想，急顾客之所急，时刻为顾客着想，使顾客得到最大满足。

（2）良好的职业道德。推销员单独活动较多，因此要有较强的自我约束能力，不利用职业之便欺骗顾客，不侵吞企业利益；知法、懂法、守法，在国家法律范围内从事推销活动。

（3）强烈的事业心和责任感。推销员应有献身推销工作的精神，对推销有热情，要不怕艰苦、任劳任怨，全心全意为用户和消费者服务，有取得事业成功的持续的坚强信念。要有忠实于本企业，忠实于自己的顾客的责任感。

（4）丰富的业务知识。推销员应具备的知识包括：①企业知识。推销人员对外代表企业形象，因此应了解并遵循企业的经营方针和策略，熟悉企业的历史和现状、经营特点、生产能力在同行业中的竞争地位以及交货方式、付款条件等。②产品知识。推销员应了解企业产品的品种、规格、性能、用途、价格、技术等，并能从事安装调试和维修工作。③用户知识。要了解用户需求，掌握用户购买心理和购买行为，对不同用户采取不同的推销对策。④市场知识。了解市场环境，掌握市场调查和预测的基本原理和方法，并能分析市场动向。

（5）熟练的推销技巧。推销技巧是处理推销员与顾客关系的一种艺术。要求推销员必须学习社会学、心理学的知识，研究消费者心理，同顾客保持密切的关系。

（6）良好的个性和一定的语言艺术。推销员要待人热情、口才流利、举止适度、文明礼貌、思维敏捷，谈吐具有说服力和感染力。同时，推销员还要有健康的身体，以适应艰苦的推销工作。

（四）人员推销的主要策略

人员推销策略是指通过一定的方式说服顾客购买产品。有效的说服力，应该遵循 AIDA 原则，能引起顾客注意、产生兴趣、激发欲望和导致购买行为。

1. 刺激—反应法

该策略是指推销人员应事先准备好几套介绍词，通过适当的刺激性言辞、图片或产品展销、现场表演、试尝、试用等手段，对顾客的感觉器官形成刺激，激发其购买欲望、发生购买行为、实现产品销售。这种策略既可诱使现实顾客，但更重要的是通过反馈对潜在顾客施加影响，变潜在顾客为现实顾客，为扩大销量争取更多顾客。

2. 需求—满足法

该策略是指先引发顾客说话，以便发现顾客的真正需求。然后采取一定的说服方式、推销技巧，说明购买本产品能使其需求得到最大满足，以鼓励其购买。这是一种创造性推销，要求推销员具有较高素质。

3. 公式法

该策略是指推销人员使用一套公式化的语言，吸引顾客购买产品。推销词应按购买的一般过程进行设计。在推销时，要注意控制谈话节奏，使顾客思路跟着自己走。

任务四 掌握广告促销策略

一、广告的概念与目标

广告具有非常悠久的历史。自从有商品生产和市场以来，就有了广告。

（一）广告

广告，是指为了推销商品或提供收取费用的劳务和服务，以支付费用为特征，利用媒体或公共场所等进行的公开宣传形式。这一定义基本上反映了现代广告的实质。

改革开放以来，我国广告业得到迅速发展。据最新资料显示，2015年我国广告营业额由1978年的1.18亿元增加到5973亿元，广告从业人员由1.6万人增加到307万人，广告经营单位达到67万多户，特别是互联网广告的快速发展，2015年互联网广告营业额达到1589亿元，超过电视广告，排名第一。由此可见，广告作为第三产业的重要组成部分，在我国的市场经济中将发挥重要的作用，我国广告市场已经成为继美国、日本、德国之后的全球第四大广告市场，广告收入已占GDP的0.92%。

广告对企业来说是一种"挡不住的诱惑"，在实现企业营销目标中发挥着重大作用。日本"管理之神"松下幸之助曾说："广告宣传是推销产品的先锋，产品再好，不做广告便无法在市场竞争中出风头，赢得社会的认可和信誉。"因此，广告在推动经济发展、促进销售方面的作用有：①传递信息，沟通产需；②激发需求，增加销售；③介绍知识，指导消费；④招徕顾客，促进竞争；⑤确立地位，塑造形象；⑥美化生活，陶冶情操。

（二）广告目标

所谓广告目标，是指在特定的时间向特定的目标市场客户群体沟通、传播信息，以实现企业做广告的目的。按照广告的作用不同，广告目标可分为：

（1）通知性广告。这是指发出信息在于告知客户企业推出的产品或服务，激发客户的初级需求，主要适用于新产品的市场开拓期。

（2）说服性广告。这是指发出的信息主要在于建立顾客的选择性需求，通常采用对比分析的信息传播策略，以激发顾客的购买决策。主要在竞争激烈的市场采用。

（3）提醒性广告。这是指发出广告信息的主要目的是让顾客不要忘记公司和公司的产品和服务。如可口可乐大量的广告投入，其目的在于使消费者在需要饮料时，能够想起和购买可口可乐。

二、广告的内容与设计

广告必须有明确的目标，在确定目标的基础上确定广告主题。广告主题要鲜明，主要是突出商品和企业对消费者和用户的利益。具体来说，广告的内容包括：①要突出宣传本企业的主要特点；②要突出宣传本企业产品的主要特点；③要注意对本企业产品商标的宣传；④商品广告尽可能标出销售价格；⑤要宣传为消费者提供的服务。

广告设计的格式。为保证广告宣传能取得较好效果，对广告设计的格式要做仔细的研究。广告格式一般包括5个因素：

（1）标题。它是广告中最简洁、最突出的文字，通常以醒目的标语、口号、词语等文字形式表现。它突出地表达广告客户的最终意愿和所推销商品或劳务的本质、特征。

（2）短文。这是对广告所宣传商品或劳务的简单介绍，一般包括经营的规模、项目、性能和方法、技术水平、产品质量、社会信誉、使用方法、维修保养、商品价格、购买优惠等。广告的标题和短文等文字说明部分统称为广告文稿。广告文稿的创意有规则式风格、理性感化风格和论证式风格3种。不同产品和不同的广告媒体，对广告文稿的要求也不同。

（3）商标。任何形式的商品广告，都必须突出商品商标，即谁家的商品、是什么牌号的商品。突出商标的目的，在于使消费者对商品的标记留下深刻印象，以方便顾客购买。

（4）形象。它是展示广告主题的有效方式和提高视觉效果的重要手段。主要指广告的画面和实物展示部分，一般以实物、图片、录像等形式表示。画面和实物形象的使用，能够刺激消费者，强化感性认识。

（5）衬托。它是表现广告主题的一种方法。以衬托来表现广告，以整体形象突出主题，能够收到强化广告感染力，提高广告的注意度、理解度、记忆度的功效。衬托要为广告主题服务，要防止喧宾夺主。

三、广告媒体的选择

1. 广告媒体的分类

广告媒体又称为广告媒介，它是指传递广告信息的载体或工具，广告媒体具有传达、吸引和适应三大功能。我国广告媒体可分为以下几大类：

（1）视听广告媒体。主要指广播、电视、电影和幻灯等。

（2）印刷广告媒体。主要指报纸、期刊、杂志及各种印刷品。

（3）户外广告媒体。主要指在街头、建筑物、机场、车站、码头、体育场（馆）、展览馆、旅游点等公共场所，允许设置与张贴的路牌、灯箱、霓虹灯、招贴、气球等广告。

（4）交通广告媒体。主要指在车（火车、汽车等）、船、飞机内设置和张贴的各种广告。

（5）展示广告媒体。主要指陈列广告、橱窗广告、门面广告、柜式广告、立式广告、活人广告等。

（6）邮寄广告媒体。主要指商品目录及说明书、宣传小册子、明信片、征订单、挂历广告等。

（7）网络广告媒体。主要指利用互联网、移动互联网这一大众媒体，进行广告宣传及沟通。

（8）其他媒体。主要指火柴盒、手提包、名片、火车票及办公用品等广告媒体。

2. 选择广告媒体时应考虑的因素

企业在选择广告媒体时，应考虑以下几方面因素：

（1）根据所宣传商品种类、特点选择广告媒体。由于每种商品的性能、特点、使用价值、使用范围和宣传要求各不相同，因此，不能单纯从广告媒体传播范围的大小来断定媒体选择的优劣。例如，生产资料和生活资料的媒体应不同；专用商品和通用商品、全国销售商品和地区销售商品等，主要应从媒体普及于该种商品可能消费的程度来决定取舍。

（2）根据市场调查和预测，确定选择何种广告媒体。企业应对消费者和市场进行调查，掌握哪些地区和职业不同的消费者需要这些商品、消费者的年龄、职业特点、购买力状况、消费习惯等，了解有关商品的市场供求情况及发展趋势。根据调查研究的结果，分析运用哪种广告媒体效果更好，然后作出决定。

（3）根据广告媒体的传播数量和质量来选择广告媒体数量。这是指这种媒体所能传播到读者（观众、听众）的大致数量，如报纸杂志的发行量，广播和电视的听众数和观众数等。广告媒体的质量，是指某种媒体已经建立起来的影响和声誉，以及这种媒体在表现上和传播上的特点。企业应从广告媒体的数量和质量方面进行权衡，择取其效果最佳者。

（4）根据企业的广告预算及支付能力，选择最有效的广告媒体。不同的广告媒体，其费用不同。广告费包括媒体费用和广告作品制作费用。因此企业要根据自身的经营范围和支付能力来选择。同时，还要考虑不同媒体的效果大小，权衡轻重，作出大胆合理的选择决定。

四、广告策略

广告策略，是指企业在广告活动中，为取得更大效果而采取的行动方案和对策。在广告市场竞争激烈的今天，企业必须重视广告策略决策。

企业在确定广告策略时，要考虑以下基本要求：①符合市场营销总策略的要求；②策略目标要合理和易于应用；③策略目标要明确、单一；④要了解广告对象；⑤要明确目标市场所在；⑥要明确对消费者的承诺与保证；⑦要注意创新与协调。企业在制定广告策略时，要充分考虑广告的传播对象、内容、时间、地点、媒体5大要素。

企业传统的广告策略主要包括：媒体组合策略、广告产品生命周期策略、广告产品定位策略、广告实施时间策略等4种。

任务五 掌握营业推广策略

一、营业推广的概念和特点

（一）营业推广的概念

营业推广是指为了刺激需求而采取的能够迅速产生激励作用的促销措施，是适用于一定时期、一定条件下的特殊短期促销。

（二）营业推广的特点

（1）短期促销。典型的营业推广不像广告、人员推销或公共关系那样作为一种常规性的促销活动出现，而是用于短期的和额外的促销工作，其着眼点在于解决某些更为具体的促销问题。

（2）方式灵活。营业推广的方式繁多，这些方式各有其长处与特点，可以根据企业经营的不同商品的特点和面临的不同市场营销环境灵活地加以选择和运用。

（3）效果明显。营业推广可以很快见到功效，因为它们向消费者提供了一个特殊的购买机会，能唤起广大顾客的广泛注意，尤其对于想买便宜商品的消费者更具有吸引力。

但是，营业推广也存在局限性：第一，影响商品的商誉。营业推广适用于品牌忠诚度较弱的消费者，此类消费者追求低廉的价格以及额外利益，因而营业推广容易对其产生效果,长期使用营业推广对品牌形象会造成损害。第二,借用后期销量。有些商品在推广期热销,过后却无人问津,因为顾客早已大量囤货。

二、营业推广的目的

(一) 消费者方面

主要包括促进新用户试用,鼓励顾客重复购买,鼓励使用者购买新包装商品和使顾客放弃使用竞争品牌的习惯等。

(二) 中间商方面

主要包括鼓励中间商大量订货,促使中间商购买新的产品项目,鼓励非季节性购买,促使中间商参与企业的推广活动和建立起中间商对企业品牌的忠诚等。

(三) 推销人员方面

主要包括激励推销人员努力推广企业的新产品;为鼓励对新产品成熟型号的支持,鼓励推销人员努力推销非时令产品,增加产品总销量和鼓励更高的销售水平等。

三、营业推广的工具

(一) 对消费者的营业推广工具

主要包括特别产品保证、赠送样品、发放优惠券、提供各种价格折扣、消费信用、赠券、免费试用、部分退款、服务促销、现场示范、包装促销、累积购买奖励、交易印花、购物抽奖、竞赛、兑奖和游戏等。

(二) 对中间商的营业推广工具

主要包括批量折扣、现金折扣、广告津贴、陈列折让、特别广告赠品、销售竞赛、联合推广、交易会或博览会等。

(三) 对推销人员的营业推广工具

主要包括销售竞赛、销售红利、奖品、奖金、带薪休假等。

四、营业推广方案的制订、实施与评估

(一) 营业推广方案的制订

1. 确定所提供利益的大小

提供的额外利益太小,难以引发顾客的购买行为;提供的额外利益越大,引起的销售反应也会越大,但这种效应也存在递减的规律。因此,要对以往的推广实践进行分析和总结,并结合新的环境条件,确定适当的刺激程度和相应的开支水平。

2. 选择营业推广对象

推广是面向目标市场的每一个人还是有选择的某类人群?范围控制在多大?哪些人是推广的主要目标?这些选择的正确与否都会直接影响到推广的最终

效果。

3. 选择营业推广的媒介

比如选定优惠券这种推广工具，是直接送给消费者优惠券，还是由媒体发放优惠券；是随商品发放优惠券，还是邮寄优惠券。这些都涉及不同的接受率和开支水平。

4. 决定促销的时机和持续时间

在何时开始发动推广活动，持续多长时间效果最好等，也是值得研究的主要问题。持续时间过短，由于在这一时间内无法实现重复购买，很多应获取的利益不能实现；持续时间过长，又会引起开支过大和丧失刺激购买的力量，并容易使企业产品在顾客心目中降低身价。按照有关研究，每次的持续时间以平均购买周期的长度为宜。

5. 确定营业推广的预算

这要考虑各种推广工具的使用范围、额度、各种产品所处生命周期的不同阶段等多种因素来加以平衡和确定。

（二）实施营业推广方案

在营业推广方案实施中，要密切注意和测量市场反应，并及时进行必要的推广范围、强度、频率和重点的调整，保持对推广方案实施的良好控制，以顺利实现预期的目标。

（三）评估营业推广的效果

在营业推广方案实施后，要对其有效性进行总的评估，最普通的方法是比较推广前、推广期间和推广后的市场份额变化。此外，营销人员也可以采用消费者调研的方式来了解事后有多少人能回忆起这项推广活动，他们如何看待这项推广活动，有多少人从中得益，这项活动如何影响他们后来的品牌选择行为，等等。营业推广效果的评估还可以通过变更刺激程度、推广时间、推广媒介、推广对象来获得必要的经验数据，供比较分析并得出结论。

任务六　掌握公共关系策略

一、公共关系的概念和特点

（一）公共关系的概念

公共关系是一个组织机构（企业）通过双向的信息沟通与其社会公众之间建立的全部关系的总和。组织、公众、传播是公共关系的3大构成要素。

1. 组织（企业）

它是公共关系活动的主体，是公共关系活动的承担者、实施者和行为者。公共关系的主体必须是组织机构，而不是非正式群体或普通个人。

2. 公众

它是公共关系活动的客体，是公共关系传播沟通的对象。公共关系公众构成组织的社会生态环境。任何一个组织都处在一定的内外部环境之中，这个环境就是指组织所面临的各种社会条件以及各类内外部公众。不同的组织有不同的公众，但公众并不是完全被动、可随意摆布的，公众会主动地对公关主体的政策、行为做出相应的反应，从而对公关主体形成社会压力和舆论压力。

3. 传播

它是公共关系活动的中介、过程与方式。一个组织借助传播渠道和传播方式建立起组织与相关公众之间的联系。从本质上说，公共关系的一切活动都是传播活动。公关中的传播沟通不同于一般意义上的传播沟通，它强调双向性、反馈性。

(二) 公共关系的特点

1. 间接促销方式

广告等其他促销活动的目的在于直接促进产品销售，而公共关系的目的在于互相沟通、互相理解，在企业行为与公众利益一致的基础上争取消费者对企业的信任和好感，使广告等促销活动产生更大的效果，从而最终扩大产品的销路。公共关系是通过营造良好的销售环境来促进产品销售的。

2. 长效促销方式

公共关系比广告等促销活动成本少得多，有时甚至无须支付费用，而效果却大得多，尤其是需要让消费者建立信任感的产品。因为消费者对广告存有戒心，而公共关系活动却能消除消费者的疑惑。公共关系着眼于企业长期效益，而广告等其他促销方式则倾向于产品的眼前销售。

3. 双向的传播方式

公共关系比广告等促销活动更注重传播沟通的双向性、反馈性，更能适应环境的变化，与相关公众产生互动，因而更有利于传播效果的积累。但是，公共关系也存在局限性：一是促销效果见效慢，二是促销方式的控制性较弱。

二、公共关系的职能

(一) 采集信息，监测环境

公共关系是组织机构的"耳目"，通过民意测验、社会调查、座谈访问、资料分析等手段，搜集与组织机构相关的社会环境变化与发展趋势的信息，提出科学的公关评价、建议与预测，在公众与组织机构之间建立一条信息反馈通道，帮助组织合理地制定或调整本组织的目标。

(二) 咨询建议，参与决策

公共关系部门从有关组织环境问题、公众关系问题等方面向组织决策机构提供咨询，在帮助组织制定决策目标、拟订和实施决策方案等方面全面参与组织决策。

（三）组织宣传，制造气氛

公共关系是组织机构的"喉舌"。运用信息沟通的各种方式，包括语言、文字、行为及大众传播媒介，沟通机构与相关公众的思想和情感，与社会共同构成广泛的关系网络，从而争取更多的理解和支持。

（四）社会交往，组建网络

人际交往是一项重要的公共关系活动，目的是通过人与人之间的直接接触，进行感情上的联络，为组织广结良缘，建立广泛的社会关系网络，形成有利于组织发展的人际环境。由于个人与个人的沟通是面对面进行的，具体生动、针对性强，能直接迅速地反馈，在一定程度上比大众传播媒介效果好。

社会交往式公关传播活动是借助于某些社交方式所开展的公关传播活动，它包括座谈会、联谊会、宴请、招待会、节庆活动、参观拜访、社会服务、社会赞助等。通过这些交往活动，与内、外公众进行有效沟通，培养公众对组织的感情，赢得他们对组织的信赖、合作与支持。人际交往中，礼仪礼节是搞好关系的基础。

（五）教育引导，协调关系

对内进行全员公关教育。对一个企业来说，从创造优质产品、提供优质服务到宣传引导公众舆论，都离不开组织全体成员的共同努力。要使这种努力变成一种自觉的、主动的甚至习惯的行为，必须增强全体成员的公共关系意识。

对外进行公关协调活动。作为一个在社会环境中生存的机构，必然要面对与各个方面广泛而复杂的联系，需要开展劝说、协商、交涉等协调性活动。这类活动直接关系到机构与公众间的误解、纠纷的切实解决，直接关系到机构能否获得更多的支持和理解。其中游说活动的对象主要是立法机构和政府官员。与他们打交道的目的是为了在一定范围内防止不利于本企业的法令、规定的颁布实施，或为了促使有利于本企业的法令、规定的颁布实施。

（六）科学预警，危机管理

危机是组织生存和发展的大敌，处理不当往往会对组织的生存与发展造成很大影响。公共关系在帮助组织预测、处理危机方面具有很重要的作用。危机管理的内容包括：第一，树立强烈的"防火"意识，即要居安思危，要有危机意识、自律意识、法律意识；第二，危机事件的预测；第三，危机事件应急计划的制订；第四，成立危机管理委员会；第五，印制危机管理手册；第六，确定企业的发言人；第七，固定专人与新闻媒介联系；第八，建立处理危机的关系网络；第九，搞好内部培训。

危机处理的总原则是先"救火"再查原因。当危机发生时，组织应立即成为第一消息来源，掌握对外发布信息的主动权。

三、营销危机及预防公共关系策略

企业营销危机的出现是不可能完全避免的，其产生的根本原因是环境的突变，使企业的产品销售或信誉遭到了严重的威胁。

进入 21 世纪后，我国企业面临的营销环境发生了巨大的变化，市场竞争更加激烈，网络技术的冲击，难以预料的灾难，都有可能导致企业营销出现危机。企业营销者的重要任务之一，就是要善于预见危机，并做好转化工作，在危机中寻找发展的机会。

（一）营销危机产生的原因

1. 营销决策失误

由于市场调研不科学，导致信息片面，极易造成决策失误，给企业营销带来影响，如"巨人"集团当年进入房地产行业。

2. 营销理念错误

若企业背叛"以消费者需要为中心"的营销理念，缺乏基本的营销伦理，侵害消费者利益，也将导致出现营销危机。如南京"冠生园"事件、石家庄"三鹿"奶粉事件，最终导致企业破产而被拍卖。

3. 营销策略失误导致营销危机

例如，过度依赖广告战、价格战、服务差、市场信息反馈不灵、产品质量问题、营销团队出走，等等，都反映了企业在营销管理方面的缺陷。

（二）预防营销危机的公共关系策略

（1）预防营销危机，关键是要建立营销危机的预警及控制系统，并对症下药，化解营销危机给企业正常营销带来的风险。

化解营销危机的策略有以下几种：①引导性策略。即在出现危机时，及时疏通，加以正确引导，防止危机进一步恶化；②缩减性策略。即在出现危机后，为了保存营销资源，以便东山再起，可适当先退出市场；③转移性策略。主要包括产品用途转移、市场转移和资源转移；④联合性策略。

（2）与有优势的企业进行合资、合作或组建策略联盟，有利于形成新的优势，以提高企业的生存能力，增加发展的机会。化解营销危机的公共关系策略有以下几种：①正视危机。当危机出现时，通过公开媒介正面迎战危机，通过新闻发布会等方式向公众道歉；②以情动人策略。同消费者进行"情感式沟通"，化解对立，使危机朝着有利于企业的方面转化；③及早觉醒，及时补正。即企业面对营销危机，应以敏锐的嗅觉，及早发现，及时采取措施，向消费者及公众说明真相，以获得公众的理解与谅解。

拓展任务

策划苏宁云商年度促销方案

一、实训目标

掌握促销组合策略工具，能运用该工具解决具体的促销问题；能根据现实的主题和目标设计促销方案，不断提升执行力，能够独立地率领团队执行促销方案，并能灵活地根据情况做相应的调整，具备对每一次方案执行完毕之后的评价能力。

二、背景资料

苏宁是中国商业企业的领跑者，经营商品涵盖传统家电、消费电子、百货、日用品、图书、虚拟产品等综合品类，线下实体门店1700多家，线上苏宁易购位居国内B2C前三，线上、线下的融合发展引领着零售发展新趋势。正品行货、品质服务、便捷购物、舒适体验。苏宁云商集团股份有限公司原为苏宁电器股份有限公司，2013年2月19日更名。线上、线下两大开放平台，3大经营事业群，28个事业部，60个大区组成了苏宁云商的新架构。

从平台类型上，苏宁云商＝连锁店面平台＋电子商务平台。

从服务类型上，苏宁云商＝实体产品＋内容平台＋服务产品。

在组织架构方面，苏宁云商新增连锁平台经营部、电子商务经营总部、商品经营总部。苏宁云商电子商务经营总部下设8大事业部，分别为网购、移动购物、本地生活、商旅、金融产品、数字应用、云产品和物流。业务类型包括：实体商品经营、生活服务、云服务和金融服务。物流事业部纳入电子商务经营总部，支持小件商品全国快递服务。

张近东称，苏宁将系统推进"一体两翼"的"互联网路线图"。所谓"一体"，就是以互联网零售为主体，"两翼"就是打造O2O的全渠道经营模式和线上线下的开放平台。"综合起来看，就是要把我们线上线下的资源融为一体，然后按照平台经济的理念，最大限度地向市场开放、与社会共享，从而实现流通领域新一轮的资源重组与价值再造。"

三、实训要求

学生分组，根据背景资料中给定的苏宁云商的促销方式现状了解促销的主要方式，对每种促销方式进行分析，继而为苏宁云商制订年度促销计划，并选定一个日期，为其制订一个具体的促销方案。

四、实训步骤

（1）分组，5～6名同学为一组，每个小组确定一个组长，小组讨论、布置小组成员任务等均由组长来安排。

（2）小组成员讨论案例，并查阅相关的其他资料。

（3）第一轮讨论结束，小组组长进行分工。为苏宁云商制订年度促销计划，并选定一个日期，为其制订一个具体的促销方案。制订促销方案时，小组组长可以先组织小组成员讨论，然后进行详细分工，让小组成员分别承担人员推销、广告、公共关系、营业推广、网络促销等各种工具促销方案的撰写。最后大家一起商定，形成一个统一的计划和方案。

（4）把相关促销方案以PPT的方式演示。

（5）接受其他同学的提问。

（6）修改并定稿。

五、实训成果

每位同学在本次实训后应能独立撰写促销计划和促销方案。主要内容如下：

（1）实训名称、实训日期、班级、姓名、学号、实训组别、同组其他同学的姓名。

（2）实训目的。学生应简明概述本实训通过何种方法，训练了哪些技能，达到了什么目的。

（资料来源：齐家网）

综合测评

• **情景一**

为了应付产品爆炸，人们学会了在心智上给产品和品牌分级。要想直观一点，最好的办法也许是想象心智中有一个个的梯子。在梯子的每一阶上是一个品牌名称，而每个梯子代表某一类产品。有些梯子有很多层（7层就算产品潜在客户多了），其余一些则没有几层。

一个竞争者如想增加市场份额，要么排挤掉上方的品牌（这种方法很难行得通），要么把自己的品牌与其他公司的品牌关联起来。如果心智阶梯上方的品牌地位牢固，又没有采取任何手段或定位策略时，往心智阶梯上方移动则非常困难。

一个广告主要想推出一个新的品类，就需要自己带一个新的阶梯来。这也很困难，特别是在这个新品类不能参照老品类加以定位时。心智不会接受新的、不同的事物，除非其与旧的事物有所关联。

这就解释了这样一个现象：你有了全新的产品后，告诉潜在顾客该产品不是什么，往往要比告诉他们该产品是什么还管用。例如，第一辆汽车的问世，当时称之为"不用马拉的"车，这名称便于大众参考当时已有的交通工具为汽车这一概念定位。像"场外"下注、"无铅"汽油、"无内胎"轮胎这样的名称都表明，新概念应该参照老概念进行定位。

（资料来源：网络资料改编）

• **情景二**

凯特比勒公司是一家生产和销售牵引机的公司，它的计价方法十分奇特，一般牵引机的价格均在2万美元左右，然而该公司却卖2.4万美元，虽然一台高

4000美元，却卖得更多。当顾客上门，询问为何该公司的牵引机要贵4000美元时，该公司的经销人员会给你算以下一笔账：

① 2万美元是与竞争者同一型号的机器价格。
② 3000美元是产品更耐用多付的价格。
③ 2000美元是产品可靠性更好多付的价格。
④ 2000美元是公司服务更佳多付的价格。任何地方的用户买了该公司的产品，需要换零件时，不管他在世界的任何地方，保证在48小时内把零件送到他的手里。
⑤ 1000美元是保修期更长多付的价格。由此可得：

28000美元是上述总的应付价格。另外，4000美元是折扣，所以24000美元是最后价格。

（资料来源：网络资料改编）

● 情景三

自从雷军召开小米手机发布会以来，小米手机能否成功就成为业界一大热点话题。"小米手机"一度成为百度10大热门关键词。

众所周知，小米手机发售时处于供不应求状态，以前的两轮开放购买都在短时间将备货销售一空。首先是，2011年12月18日小米手机首轮备货10万部，但零点开放后3小时宣布售完，而到了2012年1月4日小米公司再次备货10万部，也很快在3个半小时内售完。而在1月11日中午12：50，小米公司开始的第三轮开放购买更是引发了抢购热潮，仅用了8个半小时便售出了30万台。截至2012年1月12日23：00官网停止预订，小米手机的第三轮开放购买备货的50万部小米手机已经告罄。至此，小米手机开放购机数量已达到70万部，加上开放销售前的30万部订单，小米手机的销量已近百万。

1. 任务要求

能掌握市场营销学中常采用的主要策略与使用方法，通过研究案例加深对4种策略的理解，并能运用所学策略内容解决案例中的实际营销问题。

2. 具体任务

（1）阅读情景一资料，思考如何发现产品价值，如何让价值精准让消费者接受。

（2）阅读情景二资料，尝试解释以下问题：①分析涉及企业在对产品定价时包含了哪些因素？②分析商品的价格、价值、品质和效用的关系。

（3）通过小米手机背景的导入，试通过产品、价格、促销、渠道4个方面分析小米手机之所以能够成功的原因。

（资料来源：网络资料改编）

学习评价与反馈

任务模块	任务指标	自评	互评
知识	掌握营销组合策略的产品、价格、渠道、促销的各项基础知识	☆☆☆☆☆	☆☆☆☆☆
	掌握营销组合四项策略的内涵与使用程序	☆☆☆☆☆	☆☆☆☆☆
技能	通过深刻理解营销组合策略的内涵与使用程序，能够融通组合策略的方法应用	☆☆☆☆☆	☆☆☆☆☆
	能够认识与判断环境，适时使用组合策略技巧，达到营销目标	☆☆☆☆☆	☆☆☆☆☆
素养	培养营销职业意识、沟通与协作能力	☆☆☆☆☆	☆☆☆☆☆
	养成营销的市场意识、规则意识、竞争意识	☆☆☆☆☆	☆☆☆☆☆
学习反馈			

备注：
　　本模块学习后请根据自己和小组之间的学习互评结果对应给自己一个客观评价，同时根据评价结果，给自己一个客观的学习反馈，并根据反馈情况予以巩固或进一步提升

模块六 | Module Six

掌握营销管理技能
Mastery of Marketing Management Skills

胜兵先胜而后求战，败兵先战而后求胜。
Wins the soldiers to win then go to war, troops war first and then seek to win.
——《孙子兵法》Sun–Tzu: The Art of Warfare

学习内容—The Learning Content

- 项目一　认识市场营销的组织与形式
- 项目二　掌握市场营销的计划、实施与控制
- 项目三　认识营销战略与策划的意义

☞ 学习指南

一、学习目的

营销管理技能决定了营销活动的最终效果，营销策略和定位必须建立在各种控制手段的基础之上，才能使营销活动进行得更有效果。通过本模块的学习，能够认识营销组织与管理工作，掌握各种控制手段，对营销计划进行有效实施，养成具有战略眼光的营销策划案的撰写习惯，培养主动观察、积极思考、独立分析问题与解决问题的能力。

二、学习领域

本模块需要学习市场营销组织的基本类型、组织形式，在此基础上建立全局战略眼光，学习营销计划的编制方法、计划控制方法。学习解释营销战略与策划的意义，同时学会撰写营销策划书。

三、学习方式

认真研习与阅读课本，掌握基本的营销管理技能知识。认真结合书本的案例、任务参与学习活动，通过互联网、图书馆等其他资源，以问题为导向收集解决问题的知识、思路。

四、预期学习成果

（1）界定市场营销组织的基本类型。
（2）描述市场营销组织设置的程序，并运用所学设计恰当的营销组织结构。
（3）掌握编制市场营销计划的方法。
（4）掌握营销计划实施与控制的方法，对企业营销活动进行有效控制。
（5）认识营销战略与策划对于企业的重要意义。
（6）应营销策划写作要求，撰写营销策划书。

项目一 认识市场营销的组织与形式

任务引入

宝洁公司的市场营销组织

美国 P&G 公司是目前世界上名列前茅的日用消费品制造商和经销商。P&G 公司于 1988 年 8 月创建了在中国的第一家合资企业——广州宝洁（P&G）有限公司，专门生产洗涤护肤用品；1990 年，合资各方为满足日益增长的市场需要又创办了广州宝洁纸品有限公司；1992 年，再次合资创建广州宝洁洗涤用品有限公司，然后陆续在北京、天津、上海、成都建立分公司，并先后在华东、华南、西北、华北等地建立分销机构，不断向市场推出多种品牌的产品，提供一流的产品和服务，销售覆盖面遍及全国。

（资料来源：百度文库）

任务一 了解市场营销组织的相关概念

营销计划要靠组织去实施。没有一个有效且符合市场导向要求的组织，再好的计划也只能是纸上谈兵。

一、市场营销组织

市场营销组织是管理者为了实现特定时期的任务与经营目标，而对从事营销活动的所有人员进行平衡协调的综合体。市场营销组织是保证企业实现经营目标的核心职能组织，组织形式服从并服务于企业任务和经营目标，而且随着企业任务与经营目标的变化而不断变化。

二、市场营销组织的目标

（1）对市场需求作出快速反应。市场营销环境的变化是绝对的，只有对环境变化作出快速反应才能取得市场经营的主动权。

（2）使市场营销效率最大化。企业内部存在许多专业化部门，为避免这些部门间的矛盾和冲突，市场营销组织要充分发挥其协调和控制的职能，确定各自的权利和责任。

（3）代表并维护消费者利益。企业一旦奉行市场营销观念，就要把消费者利益放在第一位。企业必须在管理的最高层面上设置市场营销组织，以确保消费者的利益不受到损害。

企业市场营销组织的目标归根结底是帮助企业实现整个市场营销任务。事实上，组织本身并不是目的，协调、指导人们获得最佳市场营销成果才是最重要的。

三、市场营销组织的演变

在市场经济发达的西方国家，企业的市场营销组织随着经营思想的发展和企业自身的成长，大体经历了以下5个阶段：

（一）简单的销售部门

20世纪20年代前，西方企业主并不重视市场营销，也没有营销部门这个概念，销售职能多由企业主本人或雇用一两个推销人员承担；20年代后期，渐渐出现了简单的销售部门，它是由销售主管负责领导几位推销人员，兼顾其他营销职能。

（二）兼有附属功能的销售部门

企业随着规模扩大、业务增多，除了需要雇用销售人员外，还需要聘请富有经验的营销主管来处理除销售以外的其他营销业务，包括广告宣传、市场调研、销售服务等一些新增加的营销功能，营销组织结构也调整为这种类型。

（三）独立的营销部门

市场竞争日趋激烈，营销部门及其任务的重要性不断增强。企业的总经理意识到设立一个相对独立的营销部门将更有利于企业营销工作的开展，这个营销部门应和销售部门同等地位，两者之间相互独立、相互平行、相互合作，同时对总经理或常务副总经理负责。

（四）现代市场营销部门

销售部门和营销部门虽然根本目标是一致的，但在实际运作中仍有着种种难以调和的矛盾，双方都刻意扩大自己在企业中的重要性。一般来讲，销售部门经理着眼于眼前利益，擅长完成眼前的实际任务；而营销部门经理则着眼于企业长远利益，擅长把握市场的总体变化，策划长期的营销策略。这时，总经理就不得不派一个常务副总经理专职处理、协调两个部门的工作。现代营销观念的确立，最终导致推销、营销合并为一个职能部门，由营销副总经理直接领导，兼顾两个部门的所有事务，最终形成了现代市场营销部门。

（五）现代市场营销公司

如果仅仅摆正了市场营销部门的位置，建立了出色的市场营销部门，但是企业全体员工没有树立以客户为中心的思想，其他各部门不积极配合，把市场营销和开拓市场单纯看作市场营销部门的事情，市场营销职能就不可能有效地执行。

只有全体员工都树立了以顾客为中心的现代市场营销观念，把满足顾客需要以及开拓和巩固市场看成每个人、每个部门的分内事务，积极自觉地配合营销部门做好工作，市场营销活动才能取得成功。这样的公司才能成为现代市场营销公司。

四、市场营销组织的类型

为实现企业目标，企业领导必须选择合适的市场营销组织。现代企业的市场营销部门有各种组织形式。

（一）职能型营销组织形式

企业按市场营销各职能设置组织部门。这是最常见、最古老的营销组织形式。

职能型营销组织的优点是结构简单，管理方便。它主要适用于产品种类不多，对相关专门知识要求不高，或经营地区情况差别不大的企业。随着公司产品品种的增多和市场的扩大，这种组织形式越来越暴露出效益低下的弱点。一方面，由于没有人对该产品或市场负全部责任，所以没有按每种产品和每个市场制订的完整计划，使某些产品或市场容易被忽视。另一方面，各个职能部门常为获得更多预算或取得较其他部门更高的地位而竞争，使营销经理常常面临协调难题。

（二）地区型营销组织形式

一个从事全国范围销售的公司，通常都按地理区域安排销售队伍。这种形式适用于销售区域大而经营品种单一的企业。

在这种组织内部，为避免职能部门重复，市场调研、广告、行政管理等仍归属原职能部门，且与地区部门并列。优点在于可充分发挥每一地区部门熟悉该地区情况的优势。不足之处在于当产品种类较多时，很难按不同产品的使用对象来综合考虑，各地区的活动也难以协调。

（三）产品（品牌）型营销组织形式

生产多种产品和品牌的公司，往往按产品或品牌建立管理组织，这种产品管理组织并没有取代职能型营销组织，只不过是增加一个管理层而已。

这种组织形式的优点是：各类产品责任明确，由于产品互不关联，彼此相互干扰不大；组织形式灵活，增加新产品时，增加一个产品部即可。缺点是：缺乏地区概念，各产品部不可能对每一地区都兼顾并做出适当反应。

（四）顾客（市场）型营销组织形式

企业把顾客按其特有的购买习惯和产品偏好，进行细分并区别对待，就此设立顾客型营销组织结构。

（五）矩阵型营销组织形式

这是一种产品型和市场型相结合的组织形式，常见于生产多种产品并向多个市场销售的公司。因为这种公司解决机构设置的方法有3种：一是采用产品管理组织制度，这需要产品经理熟悉广为分散的不同市场；二是采用市场管理组织制度，这就需要市场经理熟悉销往各自市场的五花八门的产品；三是同时设置产品经理和市场经理，形成矩阵型结构。

任务二　掌握市场营销组织设置的程序

设计和评价市场营销组织的一般程序主要分为以下6个步骤：

一、分析组织环境

任何一个市场营销组织都是在不断变化的社会经济环境中运行，要受这些环境因素的制约：①市场状况。市场状况首先是指市场的稳定程度。市场越不稳定，市场营销组织也就越需要改变，即必须随着市场变化及时调整内部结构和资源配置方式。②竞争者状况。市场营销组织必须从两个方面来对付竞争者：一是了解竞争者是谁，他们在干些什么；二是如何对竞争者行为做出反应。为此，企业就要对其市场营销组织结构不断地加以改变和调整。当然，影响市场营销组织的环境因素还有许多，如能源问题、技术进步等。

二、确定组织内部活动

市场营销组织的内部活动主要有两种类型：①职能性活动。它涉及市场营销组织的各个部门，范围相当宽泛。企业在制定战略时要确立各个职能在市场营销组织中的地位，以便开展有效的竞争。②管理性活动。它涉及管理任务中的计划、协调和控制等方面。企业通常是在分析市场机会的基础上，制定市场营销战略，然后确定相应的市场营销活动和组织的专业化类型。

三、建立组织职位

企业在确定了市场营销组织活动之后，还要建立组织职位，使这些组织活动有所归附。为此，需考虑3个要素，即职位类型、职位层次和职位数量，以分清楚各个职位的职权、责任及在组织中的相互关系。

（一）职位类型

每个职位的设立都必须与市场营销组织的需求及内部条件相吻合。通常，对职位类型的划分有3种方法：第一种方法是把职位划分为直线型和参谋型；第二种方法是把职位划分为专业型和协调型；第三种方法是把职位划分为临时型和永久型。

（二）职位层次

职位层次是指每个职位在组织中地位的高低。这主要取决于职位所体现的市场营销活动与职能在企业整个市场营销战略中的重要位置。

（三）职位数量

职位数量是指企业建立组织职位的合理数量，以及在营销战略中的重要程度。它同职位层次密切相关。一般地，职位层次越高，辅助性职位数量也就越多。

四、设计组织结构

组织结构的设计与职位类型密切相关。因此，设计组织结构的首要问题是使各个职位与所要建立的组织结构相适应。

从这个意义上来讲，对组织结构的分析要注重外部环境因素（包括市场和竞争状况），它强调组织的有效性。通常，组织的效率表现为以较少的人员和上下隶属关系以及专业化较高的程度去实现组织的目标。这取决于两个因素：

（一）分权化程度

即职权分散到什么程度才能使上下级之间更好地沟通。

（二）管理宽度

即每一个上级所能控制的下级人数。人们普遍认为，假设每一个职员都是称职的，那么，分权化程度越高，管理宽度越大，则组织效率也就越高。

此外，市场营销组织总是随着市场和企业目标的变化而变化，所以，设计组织结构要立足于将来，为将来组织结构的调整留下更多的余地。

五、配备组织人员

在分析市场营销组织人员的配备时，必须考虑两种组织情况，即新组织和再造组织。相比较而言，再造组织的人员配备要比新组织的人员配备更加复杂和困难。

但是，不论哪种情况，企业配备组织人员时必须为每个职位制定详细的工作说明书，从受教育程度、工作经验、个性特征及身体状况等方面进行全面考察。对再造组织来讲，还必须重新考核现有员工的水平，以确定他们在再造组织中的职位。

六、组织评价与调整

组织所处的环境是不断变化的，因此，从市场营销组织建立之时市场营销经理就要经常检查、监督组织的运行状况，并及时加以调整，使之不断得到发展。市场营销组织需要调整的原因主要有以下几点：①外部环境的变化；②组织主管人员的变动；③证明现存组织结构的缺陷；④解决组织内部主管人员之间的矛盾。

综上所述，企业市场营销组织的设计和发展大体要遵循以上 6 个步骤。这 6

个步骤相互联系、相互作用，形成一个动态有序的过程。为了保持市场营销组织的生机和活力，市场营销经理就要根据这一过程进行有效决策。

任务三 了解市场营销组织的变革

一、市场营销组织变革的现实意义

任何组织都不会是一成不变的，也不会是完美无缺的。随着企业营销战略外部环境和内部条件的变化，必须进行组织的变革，以达到组织的自我发展和自我完善。

市场营销组织变革是企业在市场营销活动中适应外部环境变化而进行的、以改善和提高组织效能为根本目的的营销管理活动。

二、市场营销组织变革的目的

市场营销组织变革的目的可以归结为以下几个方面：①完善组织结构；②优化组织管理功能；③构建组织的和谐氛围；④提高组织效能。

三、市场营销组织变革的动因

推动市场营销组织变革的因素可以分为外部环境因素和内部环境因素。

（1）外部环境因素：宏观社会经济环境的变化、科技进步、资源变化、竞争观念的改变。

（2）内部环境因素：企业战略调整的需要、自身成长的需要、保障信息畅通的需要、克服组织低效率的需要、管理条件的变化、人员条件的变化、技术条件的变化等。

其中，外部环境的变化是企业市场营销组织变革的最大诱因。

四、市场营销组织变革的内容

处于转型期的中小型企业市场营销组织变革，主要包括3个方面的内容：

1. 营销体系变革

企业规模升级了，营销组织体系也应该与时俱进地跟上市场发展的形势与步伐。

2. 营销制度变革

营销组织的变革和规模的日益庞大，迫使企业必须完善相应的营销制度，从"人治"向"法治"过渡，实现企业的规范化管理。具体内容包括：①强化岗位职责，明确工作范围，部门分工更加详细和具体。②营销工作规范化、数字化、流程化，"以业绩论成败，以市场论英雄"，一切体现制度化、数据化。③分配制度变革。企业的市场竞争环境、发展阶段改变了，企业的分配制度也要随之改变，其分配方式和激励制度应该更加合理和科学，更能迎合市场变化。

3. 营销模式变革

企业的营销模式更要具有全局观，更能体现市场特点。比如加强成本核算及赢利意识，注重企业运营能力的提升；营销方式的设立要有一定的操作高度，是采取深度分销，还是采取企业终端直销；等等。

项目二　掌握市场营销的计划、实施与控制

任务引入

雅阁的"加价销售"

"起步，就与世界同步"，1999年3月26日，当定价为29.8万元的第一辆雅阁下线时，广州本田（下文简称"广本"）提出了这样的口号。突破30万元底线的价格，加上全球同步的先进技术，广本雅阁可谓一鸣惊人，当年的产销量就突破万辆。

2003年1月25日，广本在上一代雅阁供不应求的情况下，投放新一代雅阁，并一举降价4万元。这一举措在业界引起了极大的轰动，雅阁因此成为国内中高档轿车的标杆。这一年，中国汽车市场也迎来了突飞猛进的发展，近100%的增速更是让业内人士惊呼"井喷"。这时候，雅阁甚至出现了"一车难求"的情况，开创了中国汽车市场"加价销售"的先例。据悉，当时加价最高达8万元之多。

针对雅阁的加价销售，广本曾多次公开表示，一旦发现有4S专卖店存在加价销售现象，将对其进行严惩。但事实上，只有少数消费者按照厂家的销售价格买到了雅阁轿车，更多的消费者面对的是4S专卖店有价无车的尴尬局面。与此形成鲜明对比的是，在一些车贩子的车库里却停着"待价而沽"的雅阁轿车。按理说，这些车贩子是拿不到雅阁轿车的。显然，广本的销售渠道或者说通路出现了问题，"饥饿营销法"的营销策划在执行中走样了。更为关键的是，广本的营销控制失控了，没有对营销执行过程进行很好的监控和评估，并根据评估结果采取避免加价销售的有力措施。

"饥饿营销法"在短时间内使本田品牌知名度迅速提高，并节省了大笔的推广费用。然而，加价销售却使广本不仅没有把这一成功的营销策划所能带来的利益最大化，反而给企业带来了极大的负面作用。其一，广本的品牌美誉度大幅度下降；其二，广本经销商几乎成了"黑心"经销商的代名词，这为广本的产品通道带来了极大的隐患；其三，在使广大消费者受到伤害的同时，消费者对广本品牌的忠诚度大打折扣，而忠诚客户才是制造商和经销商最大的财富。从这个角度上看，说加价销售既是失败的营销执行案例，也是失败的营销控制案例，仍不为过。

加价销售是 2003 年中国车市的一大"特色",不仅广本雅阁和飞度存在这种现象,君威、凯越、马自达 6 等车型都不同程度存在。以广本为例子,只是因为它是始作俑者。其他公司加价销售的现象,同样是失败的营销执行和失败的营销控制,如果这些公司的初衷是让消费者真正得到实惠、坚决杜绝加价销售的话。

(资料来源:《中国汽车报》2004-03-02)

任务一　认识营销计划

一、营销计划

企业的营销计划是企业整体经营计划的一部分,是对企业营销活动方案的具体描述,规定了企业各项营销活动的任务、策略、目标、具体指标和措施,使企业的市场营销工作按既定的计划循序渐进地开展,从而最大限度地避免营销活动的混乱和盲目性。营销计划是实现企业战略目标的重要步骤。

市场营销计划是指在对企业市场营销环境进行调研分析的基础上,制定企业及各业务单位对营销目标以及实现这一目标所应采取的策略、措施和步骤的明确规定和详细说明。

营销计划本身是一个预先规划营销活动之状况和行动的程序表,这些活动综合了市场的调研分析、竞争优劣势分析、资源的应用、目标的设定以及完成目标的营销策略和具体行动方案,并对这一方案的实施制定有效的评估标准和程序。如果说营销战略对企业而言是"如何做正确的事",那么营销计划就是"如何正确地做事"。

二、营销计划的分类

(一) 按计划时期的长短划分,可分为长期计划、中期计划和短期计划

(1) 长期计划。一般是指企业的纲领性计划,时间一般是五年或五年以上。

(2) 中期计划。中期计划的时间一般是一年以上五年以内。

(3) 短期计划。短期计划的时间通常为一年或一个季度或一个月,如年度计划、季度计划、月计划。

(二) 按计划涉及的范围划分,可分为总体营销计划和专项营销计划

(1) 总体营销计划是企业营销活动的全面、综合性计划。

(2) 专项营销计划是企业针对某一产品或特殊问题而制订的计划,如某产品的市场开拓计划、广告计划、媒体计划等。

(三) 按计划的程度划分,可分为战略计划、策略计划和作业计划

(1) 战略计划是企业对未来的长远发展方向及采取的营销战略所做的整体

规划。它一般是由高层管理部门针对企业全局性、长远性、开拓性、对企业发展至关重要的问题所做的计划。

（2）策略计划是对营销活动某一方面所做的策划。相对于战略计划，它具有短期性和局部性。

（3）作业计划是各项营销活动的具体执行性计划，如一项促销活动，需要对活动的目的、时间、地点、活动方式、费用预算等做策划。

（四）按计划的性质来分，可分为新产品计划和年度营销计划

（1）新产品计划是为公司尚未推出的产品、服务、产品线或品牌准备的。在项目启动之前，制订一份完整的新产品计划是明智的。

（2）年度营销计划是为公司现有的产品、服务和品牌而制订的。这个计划需要定期接受正式的审核，一般为一年一次。

三、营销计划的作用

（一）营销计划是降低未来不确定性的手段

营销计划是书面的说明性计划，它引领管理者对企业营销环境、市场状况等做系统思考，认识竞争者和企业自身的优劣势，使企业在很好地发现和利用市场机会的同时，规避和减少企业的风险。

（二）营销计划是提高效率与效益的工具

营销计划帮助沟通企业研、产、销各职能部门，使其成为一种合力，朝着共同的目标努力，大大地提高了企业的工作效率；同时，营销计划通过前期的市场调研分析和预测，在制定营销战略时能合理地配置和使用营销资源，从而实现营销效益最大化。

（三）营销计划为管理者提供了管理依据和控制标准

如果没有营销计划规定的目标作为测定任务完成情况的尺度，就无法对营销人员的工作进行绩效考核，更无法确定营销活动与企业的发展战略目标是否一致。同时，计划也可以作为激励员工士气的武器，让员工更加了解企业的规划和目标，以积极的态度主动调整自己的行为，推动企业目标的实现。

任务二 描述营销计划的内容

完整的营销计划，应包括概要、市场环境分析、机会与问题分析、设定营销目标、拟定营销战略、确定实施方案、损益预测、控制8个方面的内容。

一、概要

概要是对主要营销目标和措施的简短摘要，目的是使高层主管迅速了解该计划的主要内容，不管计划书的主体内容多么精彩，概要必须经过深思熟虑，要做

到简明扼要，而且必须能说服阅读者接着读下去。为了方便管理者快速找到具体的内容，一般还会附有计划的目录。

二、市场环境分析

这部分主要提供与市场、产品、竞争、分销以及宏观环境因素有关的背景资料。如果是年度营销计划，还需对上年度营销计划的完成情况做具体分析。

（一）市场状况

分析产品或服务的需求以及需求趋势。比如以下几个问题：这个需求是正在增长还是正在下降，还是已经变得平稳了？需求有没有在某些群体中增长，而在另一群体中下降？购买这个产品时谁来做决定？谁是采购代表？谁会影响这个决定？这个潜在顾客怎样？何时何地？为何购买？买什么？

（二）产品状况

列举企业产品组合中每一个品种近年来的销售价格、市场占有率、成本、费用、利润率等方面的数据。

（三）竞争状况

识别出企业的主要竞争者，通过竞争者分析判断竞争者的意图、行为和战略，最重要的是分析竞争者的变化趋势。需要了解竞争者是否受目标顾客的欢迎及其原因，描述并分析竞争者的优势和劣势，描述自己企业现有的产品、经验、技术、财务、人力和资金资源等因素，判断自己企业当前或未来的状况以及可以得到的资源，概述自己企业的优势和劣势。

（四）分销状况

描述公司产品所选择的分销渠道的类型及其在各种分销渠道上的销售数量。如某产品在网上直销、专卖店和商场百货等各种渠道上的销量占总销量的百分比。

（五）宏观环境状况

主要是对目标市场所处的政治法律环境、社会文化环境、经济环境、技术环境、人口环境的描述，并分析其主要发展趋势，从而确定目标市场和潜在市场的需求变化趋势及企业的发展方向。

三、机会与问题分析

这里主要应用SWOT分析法，对计划期内企业营销所面临的机遇与挑战进行分析，从而确立企业自身营销资源的优势和劣势，最终确定该计划中应该把握的机会和需要注意的问题。

四、设定营销目标

营销目标是指营销计划最终要取得什么样的成就。目标要能用量化指标表达出来，要注意目标的实际性、合理性，并应有一定的开拓性。常见的营销目标包括销售收入、销售增长率、销售量、市场份额、品牌知名度、分销范围等。要保障营销计划的有效实施，还要注意目标的分解和任务分配。通过明确目标和任务，管理人员和计划的执行人员可以尽可能地做出努力来使企业运作得更好。

五、拟定营销战略

拟定企业将采用的营销战略，包括目标市场的选择和市场定位策略、营销组合策略等。在拟定营销战略中有一个很重要但常常被忽略的部分，那就是主要的竞争者将在企业实施战略的过程中采取怎样的对策。所以，在这部分，企业一方面必须抓住机遇，而另一方面则要准备好解决潜在问题，避免严重的威胁。这也是展示计划制订者出色的战略决策和策划能力的一个机会。

六、确定实施方案

针对营销战略的实施制订具体的行动方案。如营销组合战略的促销方案中确定促销的起止时间、促销地点、促销人员、成本费用等。可以用表格的形式，具体明确某一任务的任务要求、时间安排、费用开支、人员分工等，使营销战略循序渐进地贯彻落实。换句话说，确定切实可行的实施方案，是营销战略实施的保障。

七、损益预测

在制订了具体的实施方案后，可以为营销预算开列一张类似损益报告的辅助预算表。在收益的一方要说明预计的销售量及平均实现价格，预计出销售收入总额；在支出的一方说明生产成本、实体分销成本和营销费用，以及再细分的明细支出，预计出支出总额。最后得出预计利润，即收入和支出的差额。企业的业务单位编制出营销预算后，送上层主管审批。经批准后，该预算就是材料采购、生产调度、劳动人事以及各项营销活动的依据。

八、控制

这是市场营销计划的最后部分，主要说明如何对计划的执行过程进度进行管理。为了便于监督检查，通常使用目标管理和绩效管理的方法加以监督控制。

在某些市场营销计划的控制部分，还包括针对意外事件的应急计划。应急计划应扼要地列举可能发生的各种不利情况，发生的概率和危害程度，应当采取的预防措施和必须准备的善后措施。制订和附列应急计划，目的是考虑可能出现的重大危机和可能发生的各种困难。

任务三 掌握营销计划的实施方法

营销计划的实施，即将营销计划转化为营销业绩的过程。再好的计划，如果不能实施，也只是纸上谈兵。为保证计划的顺利实施，需要了解计划的实施步骤、避开计划实施中常见的问题，并建立健全的实施保障体系。

一、实施步骤

市场营销计划的实施，涉及相互联系的 4 个步骤：

（一）制订行动方案

为了保障市场营销计划的实施，市场营销部门以及有关人员需要按照计划内容中的具体方案来执行。方案中需明确各项任务的内容、由谁负责、在什么时间及如何完成等。

（二）调整营销组织结构

市场营销组织是指企业内部涉及营销活动的各个职位及其结构。营销组织结构是为实现营销目标，对参与营销活动的各职能部门进行分工协作，明确职务范围、责任、权利方面所形成的结构体系。在营销计划的实施过程中，营销组织结构起着决定性的作用。营销组织结构模式有多种，无论采用哪种组织结构，都必须根据企业战略、市场营销计划的需要，适时改变，完善组织结构。

（三）形成规章制度

有了行动方案和相适应的组织结构，还需要一套相应的规章制度，制度是计划落实的保障，也是执行和管理的依据。

（四）协调各种关系

为了有效实施市场营销战略和计划，行动方案、组织结构、规章制度等因素必须协调一致，相互配合。

二、营销计划实施中的问题

营销计划是在当前营销状况分析的基础上对未来的预测，在实施的过程中难免会遇到一些问题，常见的问题有计划脱离实际、长期目标与短期目标相矛盾、新旧计划的抵触、行动方案不明了。

（一）计划脱离实际

由于市场营销计划的制订者和实施者的人员不同，往往容易在计划的实施中出现计划脱离实际的问题。营销计划的制订者通常是专业计划人员或高层决策者，他们更多地从企业的总体发展方向和实施战略考虑，容易忽视过程和实施中的具体细节，使计划过于笼统和流于形式。再者，专业计划人员与基层操作人员在计划的制订和实施中缺乏必要的沟通，致使实施者不能完全理解他们要贯彻的计划内涵，在实施中经常遇到困难，同时，计划的制订者也会对计划任务得不到实现而对实施者缺乏信任，最终脱离实际的计划而导致计划的制订者与实施者的对立。因此，要使计划不脱离实际，需要加强计划制订者和实施者的交流和沟通，可以由专业计划人员协助有关市场营销人员共同制订计划。

（二）长期目标与短期目标相矛盾

营销计划通常是反映企业的长期目标。而企业市场营销人员往往是计划的具体实施者，现实中，企业通常依据他们的短期工作绩效，如销售量、利润率等指标来对其进行考核和奖励。因此，市场营销人员出于自身利益考虑往往选择短期行为，这必然影响企业长期目标的实现。如何克服长期目标和短期目标之间的这种矛盾，并寻求两者之间的协调，是企业营销计划实施中需要重视和解决的重要问题。

（三）新旧计划的抵触

一般来说，营销计划具有前瞻性，尤其是长期计划，这就容易与之前的旧计划在传统和习惯上相抵触，给营销计划的实施带来阻力。新旧计划的差异性越大，实施的阻力也就越大。企业要实施与旧计划截然不同的新计划，往往需要改变组织结构和运行程序，还需要与计划的实施者做好沟通和激励。

（四）行动方案不明了

制订出明确、具体的行动方案，才能使企业内部各有关部门和环节协调一致，才能保证计划的成功实施。

三、营销计划的实施保障

一般认为，营销计划的实施过程中最常见的干扰因素有制度、流程、授权和资源4个方面，那么相应的营销计划的实施保障体系建设也应从这4个方面入手。

任务四 掌握营销计划的控制方法

市场环境复杂多变，而且不同的组织结构，管理形式和管理层次也不相同，所以要实现营销计划目标，管理者必须重视营销控制工作。

一、市场营销控制概述

市场营销控制就是依据营销计划，检查衡量营销计划的执行情况，并根据偏差调整营销活动，或调整营销计划。

（1）依据控制时间的先后不同，可把控制分为目标控制和流程控制。①目标控制是指在市场营销控制中，管理者主要是依据对目标的完成情况进行评价。这些目标包括销量目标、市场占有率目标、费用目标、利润目标、铺货率目标等。②如果说目标控制是对营销计划实施结果的控制，那么流程控制就是目标控制的保障，是在营销计划实施过程中进行的控制。它一般是通过对销售报表、销售工作程序、销售培训、销售会议等的控制来实现的。当然，这两种控制不是截然分开的，而是相互联系的。

（2）按照市场营销控制的内容不同，分为年度计划控制、赢利控制、效率控制和战略控制。①年度控制主要审查营销计划目标的实现情况，在必要时采取调整和纠正措施；②赢利控制是分析企业各产品、各地区，各种分销渠道、各顾客群等因素的实际获利能力，审查企业的盈亏原因；③效率控制的任务主要是评估与提高经费开支效率及效果；④战略控制则是更高层次市场营销控制。它是分析市场营销实绩与营销计划目标之间的差距，如果差距太大，就采取相应的措施以确保审计企业的战略、计划是否有效地抓住了市场机会。通过以上这4个方面的控制，发现市场营销的不足，或是调整市场营销计划的目标，或是调整市场营销战略或战术，或是加强营销计划的执行管理。

二、市场营销控制的步骤

营销控制的步骤包括确定控制对象、确定衡量指标、确定控制标准、确定检查方法、分析偏差原因和采取改进措施。

第一步，确定控制对象，也就是确定控制范围、内容和额度。控制对象从大的方面讲包括销售收入、销售成本和销售利润3个方面；从小的方面讲包括推销人员的工作效率、广告、市场调研、新产品开发等营销活动。对试销、新产品开发、特别促销等专门项目，管理者常常采用临时性的控制措施。需要注意的是，必须考虑控制成本的问题，使控制成本小于控制活动所能带来的效益。

第二步，确定衡量指标，就是确定在营销计划控制中应以哪些项目作为尺度进行衡量。在目标控制中，一些目标本身就是衡量指标，但在流程控制中，衡量指标的确定就比较复杂，必须选择可确定的、可衡量的且有价值的尺度作为衡量指标。

第三步，确定控制标准。控制标准是指以某种衡量尺度来表示控制对象的预期活动范围或可接受的活动范围，即对衡量标准加以定量化。如果企业能以预期结果的形式对目标进行量化表示，设立控制的标准，可能会使目标比较简单而又明确。设立标准一般要有一定的浮动性，且还需考虑到产品、地区、竞争情况不同造成的差异，这样标准才有可行性和激励性。

第四步，确定检查方法。有了一定的衡量尺度和控制标准，还需要有科学的检查方法，常用的检查方法是建立并积累与营销活动相关的原始资料，如各种资料报告、报表和原始账单等，它们能及时、准确、全面、系统地记载并反映企业营销的绩效。直接观察法也经常被控制人员使用，但其成本较大且带有主观性。选择哪一种方法或两种方法结合使用，需要根据实际情况而定。

第五步，分析偏差原因。将计划与实际结果进行比较后，如果没有达到预期标准，就需要分析产生偏差的原因。产生偏差的原因可能有两种情况：一是计划决策本身存在问题，这种情况的确认比较困难；二是实施过程中存在问题，这种情况比较容易分析。特别是这两种情况往往交织在一起，更增加了分析偏差工作的难度。因此，在分析偏差时，首先要尽可能详细地了解问题产生的背景，在条件允许的情况下最好是进行实验研究，检查计划过程中的所有假设条件，分析控制标准的现实可能性，以寻找问题的真正症结，否则就可能做出错误的判断。

第六步，采取改进措施。这是控制过程的最后一个步骤。控制的最终目的就是为了保证营销计划目标的实现，所以在分析了偏差原因之后，就要采取有效的措施来弥补计划的不足，或适当调整原营销计划目标。如果营销计划内容中制订了应急计划，那么，只要变换措施就能更好地实施计划。

拓展任务

"营销绩效计划"控制训练

一、实训目标

通过实践训练，学生应能对营销绩效管理的意义及营销人员评价的步骤、内容、关键指标等有更深入的了解，能够制订营销绩效管理方案，并对方案的实施效果进行分析、评估，提出改进建议。

二、背景资料

凯特公司是一家开发、生产、销售健身器材的中型企业，产品在 G 市市场上属于市场开发阶段。该公司在 G 市设立了销售办事处，负责 G 市的市场开发与产品销售工作。该公司希望把 G 市市场作为战略市场进行开发，经过 3 年的努力使公司成为 G 市同行业的领先者。为完成公司在 G 市的战略目标，G 市销售办事处经理需要制订该办事处的营销绩效管理方案，对所属营销人员进行营销绩效管理。

三、实训要求

（1）收集资料，进行归纳分析，为编制营销绩效管理方案做好充分准备。

（2）设置控制目标，建立衡量尺度，确定控制标准。

（3）评估执行情况。

（4）诊断执行结果。

（5）采取纠正措施。

四、实训步骤

（1）将班级学生分成若干学习小组，教师布置实训任务，请全体同学明确实训目的和实训要求。

（2）搜集资料，了解企业及经营产品的基本情况，进行归纳分析，为编制营销绩效管理方案做好充分准备。

（3）根据营销绩效管理步骤要求，首先确定绩效考核指标体系、确定绩效考核方法。

（4）确定评价责任体系，编制绩效考核表。考核表的内容主要结合部门和岗位绩效指标体系及工作岗位要求进行提炼。

（5）撰写营销绩效考核初步方案。搞好绩效反馈与沟通，做好绩效改进与评估结果的应用。

（6）教师对各小组的营销绩效考核初步方案进行指导。

（7）各小组对初步方案进行分析、评价，提出修改建议，提交最终方案。

（8）各小组在班级进行互评、交流、讨论。

（资料来源：网络资料改编）

项目三 认识营销战略与策划的意义

任务引入

德克士：三大营销战略成就西式快餐第三品牌

据中国连锁经营协会（CCFA）2006年4月7日的统计：截至2005年年底，德克士在我国的总店数超过500家，稳居我国西式快餐品牌第三位，并在店铺数量上紧逼我国西式快餐第二名的麦当劳。德克士的成功关键在于其制定的3大营销战略。

一、选址战略：农村包围城市

地域的选择对连锁经营企业来说是战略性的选择，它意味着连锁经营企业进入什么样的地域市场，就在什么样的地域与什么样的对手进行竞争。

德克士采取"农村包围城市"战略，向麦当劳、肯德基无暇顾及的国内二、三线城市进军，主攻西北市场。在进入城市选择上，德克士只选择那些非农业人口在15万人以上、居民年平均收入在4500元以上的地级市和那些非农业人口在10万人以上、居民年平均收入在6000元以上的县级市；在商圈选择上，除了秉承"城市内最繁华地段或人流量最大的大型超市或商场"这一基本的选址要求外，德克士主要选择在主商圈、社区以及学校周围等商圈进行其不同规格店铺的选址。

德克士的选址战略避实就虚，避免了与肯德基、麦当劳的正面对抗，使德克士在几乎是西式快餐空白的市场得到快速发展。在很多城市，由于最先进入，德克士成为该城市的西式快餐第一品牌，即便是后来肯德基或麦当劳也进入了该市场，但不论是品牌影响力还是单店的营业额，德克士都处在领先地位。

二、连锁战略：以特许加盟主导

在连锁模式上，相对于麦当劳、肯德基在特许加盟上的谨慎做法，德克士采取了"加盟连锁为主、直营连锁为辅"的战略。其中，在加盟连锁方式上，德克士以特许加盟为主、以合作加盟为辅。特许加盟是为愿意全额投资并全心经营的加盟者提供的合作模式；而合作加盟是针对投资型加盟者，由加盟者与德克士共同投资，德克士以设备资本作为投资，加盟者以场地、装修等资本作为投资，德克士负责餐厅经营并承担经营风险，加盟者提取固定利润。

正是这两种加盟方式充分考虑到了国内中小投资者的不同处境和经营观念，

再加上德克士根据不同地点、不同面积推出的不同店型并设计合理的加盟费用，使德克士很快吸引了大批加盟者。

三、差异化营销战略

"农村包围城市""特许加盟战略"本身就是德克士与麦当劳、肯德基进行差异竞争的重要策略。除此以外，德克士在产品开发、促销方式等方面相比麦当劳、肯德基等洋快餐严格执行的"千店一面"更具有个性化特色。

在产品开发上，虽然德克士的主打产品和肯德基一样都是炸鸡，但德克士在口味选择上非常注意与后者形成区别。德克士炸鸡采用开口锅炸制，因而鸡块具有金黄酥脆、鲜美多汁的特点，并以此与肯德基炸鸡形成鲜明差别。另外，在德克士开发的产品中有很多是具有东方口味的美食，比如玉米浓汤、米汉堡、鲜肉芙蓉堡、咖喱鸡饭等。近年，德克士还推出烧鸡肉饭、红烩牛肉饭等饭类产品。

在促销上，德克士有别于麦当劳、肯德基自上而下的全国性或区域性促销体系，采取自下而上与自上而下相结合的促销策略。德克士的每个加盟店都可以根据自身情况随时提出新的促销措施，经过与德克士公司讨论通过后，第二天就可以实施。而麦当劳要搞促销的话一个签程就可能要在内部走半年。正是凭借这种贴近市场和消费者需求的灵活而快捷的促销方式，德克士能以更低的成本和更有效的方案吸引越来越多的回头客。

德克士的差异化营销使德克士具有强大的竞争能力，加上德克士的投资额以及运营成本相对麦当劳、肯德基要低，加盟商具有更大的赢利空间，因而很多德克士的加盟商在开办了第一家加盟店后，往往又在几年内开办了第二家、第三家加盟店。

（资料来源：中国营销传播网，2008 - 10 - 15）

任务一　掌握市场营销战略的概念、特征及其作用

一、市场营销战略的概念

"战略"一词始用于军事，是指将军的韬略和艺术。因为在市场经济中，商场如同战场，所以战略一词也就广泛地应用于经济活动中。战略是相对于战役和战术而言的，战略是指一个组织在一定时期内对带动全局的方针与任务的运筹谋划；而策略是指为实现战略任务所采取的手段。战略和策略之间的关系是全局与局部、长远利益与当前利益之间的辩证统一关系。

市场营销战略是企业战略管理的一个组成部分，战略管理已经成为现代企业管理的一种最重要的手段。市场营销战略是指企业在环境分析的基础上，从全局长远性的观点出发，在不断变化和竞争激烈的环境中努力把握机会，有效配置资

源，创造竞争优势，以实现企业营销目标的行动方案。这个定义指出了战略的基本要素：环境、机会、威胁、企业条件的优势与劣势、目标等。

企业战略规划的目的，就是合理配置企业资源，实现一定的目标。环境中的机会对目标的实现是正效应，而威胁则是负效应。恰当地处理这些要素之间的关系，就构成了战略规划的基本框架。战略决策是由企业高层领导决策的，战略管理是企业的高层管理。

现代市场营销学认为，营销战略既是一门艺术，也是一门科学。企业科学的营销战略的制定，主要应依靠科学的情报信息资料。日本企业在汽车市场以高超的营销战略，在美国市场获得成功。因此，营销战略已经成为制约企业生存与发展的关键因素。

二、市场营销战略特征

市场营销战略的特征，既决定着营销战略的性质，又是制定营销战略的基本原则。市场营销战略的特征主要有以下方面：

（一）全局性

全局性原则，是市场营销战略的基本特征，战略总是对全局而言的。全局性要求企业必须从国家、社会公众的全局利益和长远利益出发制定营销战略。要以企业为中心，权衡时间、空间、环境、条件、趋势，使营销战略最有效地利用内外资源，使营销目标协调于环境，实现营销战略的最优化，不断提高经济效益。而营销战略中的经济效益是个广义的概念，泛指社会经济效益、资源经济效益、环境经济效益以及企业自身经济效益的有机统一体，并要兼顾当前经济效益与长远经济效益、局部经济效益与全局经济效益。

（二）计划性

战略指导全局，必然具有计划性的特点。它既是根据国家产业政策要求、社会需求及企业的中长期发展战略目标而制定的，又是企业制订经营计划的纲领性文件。具体来说，计划性是根据企业营销思想和营销方针，把要做的工作的具体内容、方针、步骤、时间规定下来，按年（季）度付诸实施，从而形成企业长远营销的定量安排。

（三）系统性

系统性要求企业从营销的外部环境到内部条件，从营销思想、方针，营销方向、目标、策略到行动计划等方面做出系统性谋划。可见，系统的营销战略必须是不同层次、不同结构、不同功能、不同方法的，并把各方面结合起来形成多维结构的营销战略。企业应将营销战略作为一个整体系统工程统筹规划，追求整体发展的最大效益。

（四）长期性

战略着眼于未来，要指导和影响较长时期的企业营销行为，所以市场营销战略具有长期性的特征。也就是说，企业应该有发展的观念，要处理好企业眼前利益和长远利益之间的关系，并使二者相互衔接、相互协调。

（五）风险性

由于营销环境的多变性和复杂性以及企业内部条件也在不断变化，同时战略总是相对未来而言，因此使企业的营销战略具有风险性特征。然而，风险总是与机遇同时存在的，而且还是可以互相转化的。企业营销战略的实施也就是抓机遇、避风险的过程，如20世纪70年代的石油危机，对几乎所有工业国家的企业都形成巨大的风险，而日本的汽车工业却从中获得了更有利的竞争地位。

此外，市场营销战略还具有科学性、经济性、时效性、可行性、灵敏性、竞争性等特征。

三、市场营销战略的作用

在市场经济条件下，一个企业在激烈的竞争中能否生存，能否获得成功，主要取决于企业的管理者能否制定切实可行的营销战略，这已经成为影响企业生存与发展的一个关键因素。《孙子兵法·始计》中说："夫未战而庙算胜者，得算多也。未战而庙算不胜者，得算少也。多算胜，少算不胜，而况于无算乎？吾以此观之，胜负见矣。"其意思是说，在用兵打仗前，要了解对方和自己的实情，对作战中的各种情况，包括好的、坏的、优势和劣势进行充分估计，估计得越准确（即"得算多"），则战争中取胜的把握越大。这就是说，企业在制定营销战略时，要未战先算，通过多方面反复分析对比，选择最合适的战略是成功的诀窍。

市场营销战略对企业的营销活动有以下作用：

（一）市场营销战略是企业生存与发展的关键

保持与动态变化环境相适应，是企业在竞争中生存发展的关键，而这种适应是建立在对环境变化做出科学判断与预测的战略决策基础上的，只有做到了这一点，才能保证企业营销的成功。

（二）市场营销战略有利于增强企业的应变能力

市场营销战略的制定，建立在对未来环境综合分析的基础上，战略方案往往都有两个以上，因此，当外部环境变化时，企业可随时从中选择较佳方案，提高了企业的适应能力。

（三）市场营销战略有利于发挥企业的相对优势

企业要想在激烈的市场竞争中享有较理想的市场占有额，就必须找到最能发挥自己优势的领域和范围。例如，美国通用电器公司卖掉家用电器部，转而经营医疗设备，就是在识别市场机会的基础上，充分发挥优势的成功范例。

（四）市场营销战略有助于提高企业的整体管理水平

市场营销战略是全面、长远的经营目标，要保证其实现，企业就必须从各方面加强内部管理，提高管理水平。西方营销学者的研究表明，成功企业的营销取决于7个因素（简称7S）：①战略（Strategy）；②结构（Structure）；③系统（Systemes）；④风格（Style）；⑤技能（Skills）；⑥职员（Staff）；⑦价值观（Shared Values）。在上述7个因素中，前3个是营销成功的"硬件"，后4个是成功的"软件"。

（五）市场营销战略有利于增加企业赢利

市场营销战略是决定企业实际赢利水平的关键因素。战略追求的是长期赢利的最大化，而不是斤斤计较眼前利润。

任务二　识别影响市场营销战略的因素

影响市场营销战略的因素主要有以下几方面：

一、社会需求

社会需求为企业提供了生存与发展的机会。但是，由于受社会政治、经济、技术等因素的影响，社会需求是在不断变化的。这种变化为经营者的发展既提供了机会，也孕育着一定的风险，这就需要企业制定营销战略。社会需求既有现实性又有一定的潜在性，即社会需求要靠经营者的创造，而创造社会需求就要借助一定的营销战略。同时，社会需求又有一定的弹性和可替代性，这种弹性与经营者的营销战略有着密切的关系。正确的营销战略可能把社会需求吸引过来，不合时宜的营销战略可能把社会需求推向别处，给企业经营带来风险。因此，社会需求是决定营销战略的第一要素。

二、企业的营销结构

企业的营销结构是指能用来满足社会某种需要，维持其生存和发展的一切手段，它包括人力、物力、资金等资源结构，还包括企业的生产技术、设备结构、产品结构、营销结构、营销的组织结构等。企业的营销结构是企业制定营销战略的物质基础和后盾。没有必要的物质基础，营销战略只能是纸上谈兵。但是，有了一定的物质基础，没有出色的营销战略去有效地利用资源，企业也得不到应有的发展。

三、竞争者

市场营销的环境是一个竞争十分激烈的社会环境。竞争者的存在不仅使企业制定营销战略更显得必要，而且竞争者的营销战略对企业营销战略的制定及实施有着重大影响。因此，企业在制定营销战略时，必须认真研究竞争对手的战略，以便知己知彼，扬长避短，在竞争中取得优势，并保持其优势地位。

任务三　掌握市场营销战略的制定方法

企业的营销活动大都是在市场上进行的，实施有效的市场营销战略，是企业在营销竞争过程中立于不败之地的重要保证。一般来说，企业的市场营销战略过程大致分为 4 个阶段：建立目标市场战略、市场发展战略、市场进入战略和市场营销组合战略。

一、建立目标市场战略

制定企业的市场营销战略，首先遇到的是用什么产品进入市场的问题，即目标市场选择。一般有 3 种战略可供选择：差异性市场战略、无差异性市场战略、密集性市场战略。

二、市场发展战略

企业在选择和进入目标市场后，还要谋求在目标市场中发展壮大。为此，就要制定企业的市场发展战略（或新增业务计划），即企业扩大再生产、开拓市场、发展经营的战略。一般来说，有密集型市场发展战略、一体化市场发展战略和多角化市场发展战略 3 种。

（一）密集型市场发展战略

密集型市场发展战略是一种在企业现有的业务范围内寻找未来发展机会的战略。因此，就必须分析现有产品和市场是否存在可开发的机会。在市场营销中，企业常采用"产品/市场矩阵法"分析。

1. 市场渗透

市场渗透是指企业采取积极主动的措施在现有市场上扩大现有产品的销售，以求得企业的发展。这是企业最常采用的战略，一般有 3 种渗透方法：

（1）千方百计促使现有顾客多购买、多消费本企业的现有产品。例如，高露洁曾用 10 万美金诚征"创意"，最后选定"将高露洁牙膏的管口放大 50%"的创意。每天消费者在匆忙中多消费 50% 自然就多购买 50%，因而，销量也就增加了 50%。

（2）力争把竞争对手的顾客诱导过来，使其购买本企业的产品。

（3）努力开发潜在顾客，即说服从未买过本企业产品的顾客购买。如针对不刷牙的消费者，通过宣传口腔卫生知识，激励其购买。

2. 市场开发

市场开发是指企业用现有产品来满足新的市场需求，从而增加销售。它一般采用两种方式：一是开拓新市场，扩大销售区域，占领新的细分市场；二是通过发现老产品新用途来扩大市场。

产品开发是指企业向现有市场提供新产品或改进的产品（如增加花色、品种、规格、型号等），以满足现有顾客的潜在需求，扩大销售。

3. 多元化发展

多元化发展是指当新产品、新材料、新能源进入新市场时，要求企业在产品、价格、分销及促销等方面采取多元化发展战略，以促使新产品尽快占领市场、打开销路。

（二）一体化市场发展战略

一体化市场发展战略是指生产企业、供应商、销售商实行一定程度的联合，融供、产、销于一体，以提高企业的发展和应变能力。当企业的业务很有发展前途，而且在订货、促销、服务等方面实行一体化能提高效率、加强控制、扩大销售、增加利润的情况下，可采用一体化市场发展战略，以发挥各自优势，促进企业发展。一体化市场发展战略主要分为以下 3 种：

1. 前向一体化战略

前向一体化战略是指生产企业通过收买或兼并若干商业企业，建立自己的分销系统，实行产销一体化，自产自销。同时，企业如用自己的产品生产其他产品，也叫作"前向一体化"，如木材公司生产家具、批发企业开设零售商店等。

2. 后向一体化战略

后向一体化战略是指企业通过收购或兼并若干原材料供应企业，控制原材料的生产或销售，实行供产一体化。如某汽车制造厂，以前向轮胎公司采购轮胎，现在自己建厂生产轮胎，就是一种"后向一体化"战略。

3. 水平一体化战略

水平一体化战略是指企业收购或兼并若干竞争者同类型企业，组成联合企业或企业集团，以扩大生产经营规模，中外合资经营企业也属于水平一体化。近年来，一体化经营作为一种新的方式被我国企业界广泛采用，出现了工业自销、工商联营、工贸联营等多种经营方式。

（三）多角化市场发展战略

多角化市场发展战略是指企业尽量增加经营品种和产品种类，跨行业经营多种产品或业务，扩大企业的生产经营范围，使企业优势充分发挥，使企业的人力、物力、财力资源得到充分利用，从而提高经济效益，以保证企业的生存与发展。

现代企业大都推行多角化经营，"从鸡蛋到导弹"无所不包。近年来，经营范围更广泛，而且更加注重开发尖端技术的新产品。近年来，我国企业多角化经营已成为一种趋势，多角化战略可以减少风险，增强企业实力，但也会分散企业资源，出现管理漏洞，导致企业失败，如"巨人集团"等。

多角化市场发展战略主要有以下 3 种：

1. 同心多角化

同心多角化是指企业利用原有技术、特长和经验，开发经营新产品，吸引新的顾客，就像从圆心出发，向外扩大企业经营范围。这种战略投资少、风险小，容易获得成功。

2. 水平多角化

水平多角化是指企业利用原有市场，采用不同的技术发展新产品，增加产品的种类和品种，如某收割机公司，面向农村市场，开发经营农药、化肥等化工产品，就是水平多角化。

3. 集团多角化

集团多角化是指企业通过收购、兼并其他行业的企业，或者在其他行业投资，组建企业集团，开发新产品，开拓新业务，以发挥综合优势。例如某钢铁公司经营金融业、旅馆、餐饮、证券、房地产等。实施这种战略的企业，一般都是财力雄厚、人才济济、技术先进的大公司。

三、市场进入战略

企业进入目标市场时，还要进一步考虑何时、何地、何法、何渠道进入的问题，并相应采取不同的战略。

（一）市场定位战略

市场定位战略是指企业确定什么样的市场或顾客群作为自己的目标市场或营销对象。

（二）市场定时战略

1. 时间战略

时间战略就是要考虑投资及购买力在时间上的分布。什么时间购买力旺盛？对商品的需求有何特点及变化？对季节性强的商品及原材料供应，更应强化时间观念。

2. 时机战略

时机战略是指市场开拓、资源开发、商品投放、企业集团的组建都要掌握火候、把握战机。这是战略决策应有的观念。

3. 时尚战略

时尚战略是指商品都存在风尚、时尚、时髦和流行性等问题，经营这些商品应以新奇、灵巧、美观取胜。

（三）市场进入战略

市场进入战略主要有以下几种：

（1）联合进入战略。联合进入战略是指与对方建立联产、联营、联销关系，发挥各自的天时、地利、人和的优势，进入目标市场。

（2）独立进入战略。独立进入战略是指在目标市场建立本企业的销售网络，或者通过购买对方商店、商标、产业而进入相关国内、国际市场。

（3）分销战略。分销战略是指在目标市场上寻找合适的代理商、经销商等，通过代理商或中间商进入市场，这有利于利用其人熟、地熟、业务熟及当地的营销优势，缩短产品进入市场的时间。

（4）合资战略。合资战略是指与外商、港澳台商合资，兴办企业或开发资源，搞补偿贸易和双边贸易，这样有利于产品迅速进入国际市场。

四、市场营销组合战略

市场营销组合是现代市场营销学的一个重要的概念，也是企业市场营销策略的枢纽。这一理论是由美国营销学家尼尔·鲍顿教授（Neil Borden）于1953年首先提出的。主要包括：产品（Product）、价格（Price）、营销渠道（Place）、促销（Promotion）。由于这4个因素英文的第一个字母都是P，所以简称为4P组合。在企业的营销活动中，尽管上述4个因素是可以控制的，企业的营销不仅受自身资源及目标的影响，而且还受宏观社会经济环境的影响和制约。这些环境力量能够给企业的营销造成许多环境机会与环境威胁。因此，企业必须将两类因素结合起来，综合应用。

所谓市场营销组合，是指企业系统地综合运用可以控制的因素，实行最优化的组合，以实现企业的营销目标，为顾客提供服务，取得最佳的经济效益。在4P因素中，任一因素的改变，都会形成一个新的组合。而且这4个因素的每一因素还可形成新的组合力量，形成一个P次级组合。如果从每一P因素选择4个次级因素，一共包含许多因素，市场营销组合实质上包含了16个因素，组成4个次级组合。围绕目标市场，企业的营销活动就形成了一个开放型的组合系统。

任务四 解释市场营销策划的意义

一、有利于提高企业竞争力

竞争是市场的基本原则，也是市场经济条件下的一种必然现象。在市场态势处于买方市场的条件下，企业之间的产品争夺市场的竞争越来越激烈，商场如同战场，战争不仅仅是精兵利器的较量，更是谋略与智慧的较量，善于谋划者可以以小搏大、以弱胜强。同样，好的营销策划是企业角逐市场、竞争制胜的有力武器。尤其是在现代市场竞争中，一个企业不但会遇到国内竞争对手的竞争，还会遇到国际竞争对手的竞争，竞争对手各显其能，要想从众多的竞争中胜出，就必须借助于精心周密的策划。因此，好的策划有利于提高企业竞争力。

二、有利于优化企业资源配置

优化资源配置是市场经济的内在要求。市场营销策划作为一种经济活动，也是以实现最佳经济效益为出发点的。它的一个主要作用就是通过对企业营销资源的分析，按照营销策划目标对企业资源进行合理配置、利用，以尽可能少的资源投入带来尽可能多的收益。在评估选择策划方案时，资源投入与产出的比较分析是确定最佳策划的首选目标。因此，针对一定资源条件，精心策划可以提高企业资源利用效率，避免浪费，准确及时的策划活动还可以独辟蹊径、出奇制胜，使同样的资源投入获得超出常规经营的额外收益，这在营销策划中也屡见不鲜。

三、有利于增强企业抵抗风险能力

企业从事经营活动的过程中，风险无时不在，无处不存。经济、政治、法律、文化、科技、伦理道德等诸多不可控因素中的任何一个发生变化，都可能给企业带来某种风险；竞争对手竞争策略的改变、本企业某个突发事件、其他市场不确定因素的出现等，都会给企业经营活动带来风险。如何在获取收益的同时又有效地规避风险，是摆在每个企业面前的一个难题。通过营销策划，可以预测和发现企业营销潜在的风险，只要企业采取适当措施，预防因风险产生的危机或减少危机出现带来的损失还是有可能的，甚至可以通过巧妙地策划使危机逆转为机遇，为企业带来意想不到的经济效益。

四、有利于树立良好的企业形象

现代企业间产品的竞争实质上也是企业整体形象的竞争。推销产品首先要推销企业，塑造企业独具个性、富有魅力的整体形象成为企业竞争的又一武器。通过相应的营销策划实现完整的企业形象设计，使企业理念识别系统、行为识别系统、视觉识别系统有机统一，塑造完美企业形象，使企业知名度、美誉度不断提高，企业的无形资产也随之不断增加。我国一些知名产品如"娃哈哈""海尔"等，都是通过对企业和产品形象的整体策划而不断提高知名度的。

拓展任务

（1）详细阅读案例，个人通过互联网搜索，拓展分析以下知识点：①微波炉产品具有哪些营销特性？②营销战略与企业战略的关系；③营销战略与营销策划的关系。

（2）以下任务通过团队讨论方式完成：①试分析格兰仕微波炉当时面临的战略环境；②试述格兰仕微波炉的一般性竞争战略及其特点。

格兰仕微波炉的市场营销战略

经过激烈的竞争，格兰仕占领了国内市场60%以上的份额，成为中国微波炉市场的代名词。在国家质量检测部门历次全国质量抽查中，格兰仕几乎是唯一全部合格的品牌，与众多洋品牌频频在抽检中因不合格被曝光形成鲜明对比。1998年，格兰仕投入上亿元技术开发费用，获得了几十项国家专利和专有技术；1999年，格兰仕将继续加大投入，使技术水平始终保持世界前列。

由于格兰仕的价格挤压，近几年微波炉的利润空间降到了最低谷。1999年春节前夕，甚至出现个别韩国品牌售价低于300元的情况，堪称世界微波炉最低价格。国内品牌的主要竞争对手一直是韩国产品，它们由于起步早，曾经一度占领先机。在近几年的竞争中，韩国品牌落在了下风。韩国公司在我国的微波炉生产企业，屡次在一些重要指标上被查出不合标准，并且屡遭投诉，这在注重质量管理的韩国公司是不多见的。业内人士认为，200多元的价格水平不正常，这是一种明显的抛售行为。它有两种可能：一是韩国受金融危机影响，急需扩大出口，向外转嫁经济危机；二是抛库套现，做退出前的准备。

面对洋品牌可能的大退却，格兰仕不是进攻而是选择了暂时退却。日前，格兰仕总部发出指令，有秩序地减少东北地区的市场宣传，巩固和发展其他市场。这一决策直接导致了春节前后一批中小企业进军东北，争夺沈阳及天津市场。这些地区原已平息的微波炉大战，又有重新开始的趋势。

格兰仕经理层在解释这种战略性退让时指出，其目的在于让出部分市场，培养民族品牌，使它们能够利用目前韩国个别品牌由于质量问题引起信誉危机的有利时机，在某一区域获得跟洋品牌直接对抗的实力，形成相对的针对洋品牌的统一战线，消除那些搞不正当竞争的进口品牌。

从长远看，格兰仕保留一些竞争对手，也是对自己今后的鼓励和鞭策。格兰仕的目标是打出国门。1998年，格兰仕微波炉出口额为5000万美元，比1997年增长两倍，在国内家电行业名列前茅，其国际市场价格平均高于韩国同类产品25%。前不久，在世界最高水平的德国科隆家电展中，第二次参展的格兰仕不仅获得大批订单，而且赢得了世界微波炉经销商的广泛关注。

今年格兰仕的出口目标是再翻一番。为继续扩大规模，格兰仕将有选择地在国内微波炉企业中展开收购工作。1998年收购安宝路未果后，公司总结了经验教训，今年将重点联合政府部门实现新的目标。鉴于亚洲金融危机的影响短期内可能不会消除，格兰仕表示，并购工作对海外品牌企业一视同仁。

（资料来源：《市场报》，1999-03-24）

学习评价与反馈

任务模块	任务指标	自评	互评
知识	掌握营销组织内涵与结构、营销计划编制与控制的相关知识	☆☆☆☆☆	☆☆☆☆☆
	掌握营销计划具体内容，营销计划实施与控制的方法，深刻认识其作用和意义	☆☆☆☆☆	☆☆☆☆☆
技能	能根据实际需要正确设计适当的营销组织；能根据需要优化营销组织结构，编制营销计划与战略	☆☆☆☆☆	☆☆☆☆☆
	运用所学管理技巧控制营销活动有效实施	☆☆☆☆☆	☆☆☆☆☆
素养	能实事求是地反映市场营销计划运营的情况	☆☆☆☆☆	☆☆☆☆☆
	养成主动观察与思考的习惯，能对营销活动提出建设性的优化建议	☆☆☆☆☆	☆☆☆☆☆
学习反馈			
备注： 本模块学习后请根据自己和小组之间的学习互评结果对应给自己一个客观评价，同时根据评价结果，给自己一个客观的学习反馈，并根据反馈情况予以巩固或进一步提升			

模块七 | Module Seven

掌握市场营销写作实务
Familiar with Marketing Writing and Practice

质胜文则野，文胜质则史。文质彬彬，然后君子。
Simplicity is superior to literary grace, and it appears rude, and literary talent is superior to simplicity. Literary grace and simplicity will become a gentleman.
——《论语·雍也》Confucius · Analects of Confucius

 学习内容—The Learning Content

- 项目一　掌握营销业务洽谈写作
- 项目二　掌握营销促销写作
- 项目三　掌握营销传播写作
- 项目四　掌握营销策划书的撰写

☞学习指南

一、学习目的

能正确理解营销写作的价值与意义,在培育具备市场营销系统理论知识的基础上熟悉营销写作与实务,掌握常见的营销业务洽谈写作、促销和传播写作,掌握营销方案和策划书的写作技巧。能较好地应用营销写作技巧完成营销过程所需要的各项任务。

在具有市场营销系统理论知识的基础上,培养营销写作与实务的能力。

二、学习领域

本模块主要学习营销写作的基本要求和营销业务洽谈、促销、传播等写作规范与要求,同时学习如何撰写营销策划书。

三、学习方式

在自主学习本教案提供的学习知识基础上,通过图书馆同类馆藏图书和网络文献平台,阅读和学习有关营销写作及新媒体营销写作的相关文献资料。

通过小组讨论交流营销写作的有关资讯,提升自己对营销写作规范和实务操作的能力。

四、预期学习成果

(1)掌握营销写作与实务规范。
(2)掌握营销业务洽谈方法。
(3)掌握营销促销、传播等常见营销文案的撰写方法,并能熟练应用这些方法解决营销过程中遇到的营销文案诉求。
(4)能应用营销写作方法,撰写规范的营销策划书。

项目一　掌握营销业务洽谈写作

任务一　熟悉营销写作的要求

一、简洁、实用

简洁，就是简明扼要，不啰唆，不赘述，用最少的文字，表达丰富的内容。实用，就是切合实际，抓住关键，把应该说的东西写出来，营销活动要讲究效益，抓住机遇，因此要求营销写作的各种文体都要简洁实用，一目了然。不能下笔千言，离题万里，更不能笔下生花，脱离实际。要紧扣主题，写得清楚明白。

简洁、实用就是要通俗易懂，一目了然。以商品说明书为例，有的说明书为了标新立异，花样百出，让人看了不知所云。有的文字冗长而内容不着边际。如一种洗面奶的说明书，用了300多字，说来说去，说不清楚，其实关键就一句话："每天早晚涂于脸上，擦干即可。"从实用的角度看更须提高写作的表达能力。一些发达国家的产品说明书均力求简洁，有的甚至以能否被小孩看懂为标准。而目前中国市场上的产品说明书恰恰相反，故弄玄虚，说而不明，特别是外文说明书，翻译语言不准确，使人啼笑皆非。某企业不久前生产了一种海蟹方便面，它的英文说明书大意是这样的："汤料并无蟹的成分，倒有一种癞蛤蟆肉。"使人看了心惊肉跳，谁还敢买它？还有一种国产矿泉水的说明书，本想说明产品水源岩层深厚，水龄久远，译成英文则成为"一潭死水"。这虽然跟外语水平的高低有密切的关系，但也和中文写作表达能力紧密相连。

二、准确、明白

准确，是各行各业对语言的要求，而营销又特别要求语言准确，因为营销中的写作，都联系着货物与资金，所以在用语上要特别注意准确无误，不能让人费解，不能有歧义。如果文辞含糊、模棱两可，就会留下矛盾扯皮的隐患。在货物质量、交货期间、运输安全和付款等方面，写作中都必须有明确的规定，不能用商榷的语气来写，一些"争取""力争"一类不明确的词语不能用，否则在发生问题的时候，就会各执一端，争执双方为本方的利益辩护。语言准确就可避免扯皮与争端。

明白，就是表达清楚，词义明白。如果语言含糊不清，该说明的不说明，就会造成严重后果。

事实表明：生产者对产品说明书内容的忽略，经销者对产品说明书的不重视，消费者对产品说明书的茫然已经造成了许许多多悲惨事件。当然，事故原因说到底是一个质量问题，但说明书语言表达不清楚、不明白，也是造成悲剧的重要原因。

三、讲求格式，注意规范

营销中许多文体，一般都有习惯和常用的格式。格式是在实践中创造的，一种格式为众多的单位和个人接受后就形成常用的、固定的模式。格式规范便于营销活动和写作的进行，它能节约写作时间，增强表达效果，突出重点，给人以清晰明白的感觉。如各种合同、协议、销售报表等。

四、迅速敏捷，适应需要

营销讲究效益，要求高效益，所谓时间就是金钱。营销中许多事情要用文字记录下来，无论是市场调查，还是经营决策、营销报告都要及时写好以应急需。特别是在生意谈判中，经过讨价还价和各种细节商讨后，马上就要签约，因此，营销写作要求必须迅速敏捷。

写作要更好地为营销服务，首先要提高写作人员的素质。提高写作人员的素质应从两个方面着手，一要使写作人员熟悉业务，懂得营销的规律，参加不定期的营销实践才能准确、得体、恰到好处地写出营销需要的各种文体的文章，促进营销的发展，二要培养和提高业务人员的写作能力，使之具备文字表达准确得体的能力。

任务二　掌握业务洽谈写作要点

一、业务洽谈的内涵

业务洽谈主要是指企业的业务、采购、销售等营销人员与合作单位代表就商品采购、商品销售或提供、接受服务等业务进行商谈的活动。业务洽谈具有3个特点：首先是以谈话方式进行口头的协调商谈以达成交易。其次是洽谈双方保持直接的联系，每一方都能面对面地观察对方的态度，随时调整自己的态度与意见。最后是洽谈人员可以促进双方从纯粹的商品交易关系，发展到建立深厚的友谊，从而加强和密切企业与客户之间的关系，稳定购销联系，不断实现与扩大企业的营销目标。

概括来说，业务洽谈在企业的经营活动中表现出5个功能：探寻功能、沟通功能、交易功能、反馈功能和调剂功能。因此，业务洽谈在营销活动过程中的地位举足轻重。熟练掌握洽谈成功的必要辅助手段——谈判方案、接待方案、洽谈纪要等应用性文书的写作，对于营销人员来说十分重要。

二、谈判方案的结构

谈判方案由标题、正文及落款3大部分构成。如有需要，还应附加对谈判方案内容有补充说明意义的材料作为附件。这里有两个问题需要注意：一是谈判方案正文的基本内容一般以"三分式"安排——开头简述、分析基本情况，中间明确基本任务，结尾提出详细、可行的措施和步骤；二是谈判方案的制订日期必须写在正文（或附件）末尾右下方，并写明编制单位或部门的名称，有时还需要加盖公章。

（一）标题

由谈判双方、谈判内容和文种组成；用介词"与"和谈判对手、谈判内容、文件组成。例如，"与××厂经营部代表洽谈购进××商品方案"。

（二）正文

正文包括此次谈判的缘起；谈判对手的有关情况；谈判双方所涉及态度、商品需求量、市场供求情况、价格情况等问题，以及我方的意见及做法；难度较大的谈判，要对谈判对手的意图、心理做出分析，明确对策；可能会出现的问题，应变措施，让步限度；结尾语，一般用"以上意见妥否，请××批示"。

（三）附件

附件是与谈判内容相关的资料。

（四）落款

落款为起草执行方案的单位或主管部门单位。制订日期。

由于谈判双方所处理的事情往往十分具体，行动指向性很强，因此，行文要体现出一种严谨务实的态度。

语言方面，一是措辞要准确，即词义浅显易懂，不至于引起歧义和误读，也不至于增加理解的难度；二是语句简明扼要，多用陈述句和判断句，少用描述句。多用单句和单层复句，不宜使用多重复句。

文章的结构上，应采用按事项归类的条文式结构，条理清楚，而不要常规的分段式结构，另外，条文式结构还可以起到简省过渡句、段以扩用于起承转合的连接词的作用。

三、接待方案

（一）接待的含义

有时候，生产厂家主动上门来建立联系，了解情况，洽谈业务；或大宗商品购买客户上门来联络感情，洽谈生产；或上级主管部门派人来检查指导工作等，需要企业有关部门派人员做好接待工作。

这些接待工作，具体是指接送、安排住宿、参观、交流、洽谈业务、游览、娱乐活动、宴请、会见等，帮助购买车、船、机票。接待工作是企业营销工作中不可缺少的一部分，搞接待工作实际上就是在进行感情投资，这种投资体现了以长远利益为方针的营销特征。因此，在生产厂家代表、客商或上级主管部门代表到来之前，企业的有关部门准备怎样做好接待工作，必须事先拟出接待的安排日程、活动内容、参加者、次数、规格等的书面材料，呈报单位主管领导，经审批同意后，即按安排进行。这样的书面材料就是接待工作方案，简称接待方案。

（二）接待方案

1. 标题

常见的有3种写法。①接待某酒厂代表团来洽谈的方案。②某酒厂代表团前来洽谈业务的接待方案。③对某酒厂代表团前来洽谈业务的接待方案。

2. 正文

介绍来访的缘起。①需要说明是应我方邀请，还是来访者的要求。②来访者的职务、一行人、负责人，访问时间、目的、对象、任务等。③接待工作的原则及具体接待安排。④结尾语：接待方案需呈报上级审批，因此，一般以"以上安排妥否，请批示"之类的句子作结尾。

3. 附件

根据需要，方案可带附件。比如，一行人的名单，来访者与我方的交往关系材料，上一次来访者与我方洽谈的有关资料，来访者的经营背景等。

4. 落款

签上拟制方案并负责具体接待工作的单位和呈报方案的时间。

此外，企业要拓宽营销业务，发展货源关系，增强市场竞争能力，还必须走出去参观学习，调查研究，积极创造更多更广的进货、推销条件。

外出考察，也需要事先制订工作方案，报请有关上级审批。对本次外出考察的对象、目的、任务、要求、做法、预期效果等事项提出具体安排的书面材料，就是外出考察方案。

这种方案的写作，可参照谈判方案和接待方案，此处不再赘述。

四、业务洽谈纪要

（一）洽谈纪要的含义

洽谈纪要又称"商谈纪要""会谈纪要"等。按照业务洽谈的实际情况，将洽谈的主要议程、议题、涉及的问题、达成的结论及存在的分歧等加以归纳总结，整理成书面材料，经双方代表签字确认后，便成为正式的业务洽谈纪要，它对买卖双方都具有一定的约束力。

作为一种双方建立某种经济关系的凭证，备忘录性质的业务洽谈纪要是商务活动过程中一种常用的重要文书，它既可以作为就谈妥事项开展工作的依据，也可以是进一步洽谈签约的依据以及双方领导决策的依据。

（二）业务洽谈纪要的结构

1. 标题

在"业务洽谈纪要"的前面加上买卖双方的单位名称即可。如"××公司与××厂业务洽谈纪要"。

2. 正文

由两部分构成。①前言，介绍甲、乙双方简况及业务洽谈的缘起。②主体，是纪要的核心部分，需将洽谈的主要议程、议题、涉及的问题、达成的结论、存在的分歧以及双方提出的要求等加以归纳总结。

3. 结尾

结尾落上甲乙双方的单位全称，盖章或签字认可，并写上年月日及洽谈地点。

五、进货投标书

（一）进货投标书的含义与写作程序

在竞争机制下的商贸活动中，生产厂家或个人在进行大宗商品交易时，往往先把有关标准（图样、材料、规格）、价格、条件、说明等以招标公告的形式对外公布，招人承买。企业如果需要购进这种大宗商品，往往按照招标公告的标准和条件，报出价格，填具标单，投函单位或个人。也就是说，应招标者之邀，根据招标公告的要求，报出应招的具体条件，以求中标的文字材料，就是进货投标书。

其写作程序是：成立投标机构，配备专业人员，正确选择投标项目；调查研究，搜集有关信息情报；认真研究投标文件，最后写出投标书。

投标书是对招标书的回答，往往采用报表的形式，内容与招标书相对应，一般包括承买商品的名称、购买日期、数量、价格、投标者的名称、联系人、地址、邮编、电话、传真、网址等。在投标书中，投标户应贯彻平等互利的基本原则，对招标者提出的问题逐一说明，态度要明确，文字要符合应用文的基本要求，计算数据要准确，投标书装订要整齐。

（二）标书的结构

1. 标题

一般以"投标书"3字为标题，比较简单。

2. 招标单位

需要写明招标单位的地点和单位全称。

3. 正文

（1）投标的缘起，投标者及其授权代表的单位名称及姓名。

（2）投标的各项文件材料及对投标条件的有关说明。
（3）投标者的地址、邮编、电话、电挂、传真、网址等联系方式。
（4）结尾。
（5）投标者签署及时间。

示例 7-1

投标书

广州市××公司产品销售招标部：

依照你们的产品销售招标书，×××（姓名、职务）经正式授权，代表投标者（佛山市××贸易公司），特此提交下述投标文件，一份正本，三份副本。

一、产品名称_____，数量_____，规格型号_____。

二、投标价格明细表……

三、供货说明汇总表……

四、此标定于____年____月____日送达甲方，于____年____月____日开标，规定日期不送达作弃权处理。

五、由×开证银行开出的×（金额）投标保证金。

投标单位全称：（公章）　　　　　　代表姓名、职务：

地址：　　　　　　　　　　　　　　代表签名：

电话：

电报挂号：

年×月×日

项目二　掌握营销促销写作

任务一　掌握推销演讲稿的写作

促销的过程往往是一种组合，即人员推销、营销推广、广告和公共关系等促销手段的综合运用。在这个综合运用的过程中，有"说"和"做"的工作，"写"的工作往往是"说"和"做"的前奏。因此，销售人员有必要懂得促销的一些基本知识和写作的一些技巧。

任何一个演说，都存在3个基本因素：演说的内容、演说者个人的因素和演说的听众。最基本的因素就是演说的内容。那么应如何确定演说的内容呢？

在准备演讲稿时，有4个方面是需要注意的，即4个W：①何人（Who），包括演说者和听众。②演说的主题（What），即演说的中心要达到的目的。③演说地点（Where），演说者需要了解演说的场地，如果场地开阔，听众较多，演说辞应该严谨；如果场地较小，气氛较为亲切，演说辞就可以不那么拘谨，甚至可以多一点聊天的形式。④演说的时间（When）。一天里的中午、晚上演说所取得的效果是不同的，必然限制演说辞的长度；平常日子和节庆日的演说效果不同，演说辞应考虑到配合当日的气氛和习俗。

撰写演讲稿除了要注意以上的4个W外，还必须在写作技巧上下功夫。第一，要写好演说的开场白。开头一定要精彩，要先概括地介绍一下整个演说的内容重点。这里必须注意要点出一些对听众有用的信息，告诉他们为什么要听这次演说，有什么益处，引出他们继续听下去的愿望。开场白要短，切忌口若悬河，滔滔不绝。总之，在撰写演说稿的开场白时，必须下功夫，这是抓住顾客注意力的关键。第二，演讲稿的布局、素材最好能满足以下写作纲要：①建立一个良好的企业形象。②树立"信得过"产品的形象。③告诉顾客购买我方的这种产品比其他的同类产品能得到更多的好处。第三，要写出几句你希望听众记住的话，打上重点符号，以便演说时重复一两次，即使听众不买你的商品，起码也能加深听众对你的印象。第四，"情""事""理"相结合。不管什么样的演讲稿，首先都要饱含真情，以情动人。其次，要有事实，有实际的例子，才能使人信服。另外，还要有理有据，符合逻辑。在一篇演讲稿里只要充分体现了这3点，就算是成功了。

总的来讲，在进行公开演说之前准备的演讲稿，也没有统一的格式，不存在格式化的问题，因人、因事、因情景而定，所谓"有法而无定法，贵在得法"。

任务二 掌握营业推广应用文的写作格式

一、营业宣传

营业推广主要有两种方式：营业宣传推广和营业销售推广。在营业推广的主要方式里，营业宣传推广与写作的关系较为密切。

营业宣传从某种角度上讲类似于广告宣传，但又有本质的不同，营业宣传是实现直接销售的有效手段，而广告只是一种间接销售手段。企业要搞好营业宣传，必须要熟练掌握营销背景简介、商品介绍及商品说明书等应用文本。

（一）营销背景简介

企业的营销背景简介是宣传企业自身，对企业经营的历史、社会影响、发展情况、经营条件、业务宗旨、生产经营信誉以及生产经营范围等，作出简要说明的文字材料。具体地说，就是指对企业经营的现实介绍，有历史情况，现实的生产经营情况、条件、做法、社会影响，以及今后的打算等。

营销背景简介是一种非常重要的商业应用文，大多用于博览会、交易会、订货会、展览会上的宣传介绍，平时则可刊登于报纸、刊物或印在传单上，以作介绍宣传之用。

这里有一个概念必须弄清楚，在写作营销背景简介时，不要把"背景"当作"过去""历史"来理解，否则就会把营销背景简介写成对历史的回忆，对过去的总结。"背景"二字，既包含着过去，也包含着现实，还包含着正在孕育着的未来。写作背景简介，一切为了宣传今天，开拓明天，为了营销的实现和今后的发展。

此外，在写作营销背景简介时，还应注意不要仅仅写成经营范围的介绍。经营范围的写作，主要是写经营的产品品种的规格，以及有关的服务等。营销背景简介写作的内容比经营范围介绍的内容要丰富得多，同时包含了经营范围介绍。

1. 标题

营销背景简介的标题要新鲜、醒目，能够吸引人，给人留下深刻的印象。有两种写作类型：一种是以宣传推荐企业的名称作为标题。如"××市百货大楼简介"。另一种是以宣传企业的名称作为副标题，将简介所宣传的中心内容概括为正标题。如"实力雄厚，竭诚服务——××市××公司"。

2. 正文

正文涉及对背景材料的介绍，而背景内容牵涉到庞杂的材料，但作为简介，又不能写得篇幅过大。因此，写正文时，要根据所要宣传推荐的对象及其意图，选择恰当的结构进行写作。常用的结构有两种：

第一种，以时间为线索，将正文分为过去、现在、今后3部分，把所要宣传介绍的内容分别安排在这3个时间阶段内，对经营情况作连贯式的介绍说明。

第二种，将所要介绍宣传的内容分成几个部分，比如营销的突出成绩、营销方式、营销信誉、贸易伙伴等，将几个部分并列起来——作出宣传介绍。

不管是哪一种结构，最好都应偏重于对营销的历史、环境、条件、范围、信誉以及商品品种、质量等内容作宣传介绍。

3. 联系线索

写营销背景简介，目的是为了向国内外市场的购买者宣传推荐企业的商品，以待顾客前来购货或开展其他贸易合作。因此，有必要将联系的线索详细地介绍出来。联系线索主要包括：生产、经营的负责人；生产或经营的地址、电话、电子邮箱、传真等。

示例 7-2

北京市首饰分公司

中国工艺品进出口总公司北京市首饰分公司于1965年成立，是中国成立最早的专营各类首饰的专业进出口公司。它主要经营各种宝石、翡翠等。

这些精美的手工艺品分别采用中国著名的传统手工艺——金银花丝镶嵌、玉石雕刻、象牙雕刻、雕漆、景泰蓝、抽纱等多种工艺制成。艺人们还将上述工艺与当代艺术新潮流相结合，不断创新，创作出一件件、一批批精致新颖的佳作。这些精美的手工艺品，既富有浓郁的民族艺术风格和独特的地方特色，又蕴含着当代艺术新潮的韵味。

多年来，北京市首饰分公司经营出口的各类首饰在中国香港、日本、美国、比利时、法国等地举办的展览会、展卖会、国际博览会上展出时，观众络绎不绝，争相观赏，倍加赞美。如花丝镶嵌老艺人毕尚斌创作的"龙抱柱"首饰摆件，1956年在英国展出时，观众赞不绝口。1977年，北京首饰摆件"地动仪""方百花点将""金鹿友凤车""紫禁城角楼"等艺术珍品，在香港举办的中国工艺首饰品展览会上展出后，轰动全港，展期一延再延，16万观众争相观看。香港各大报纸纷纷予以报道。

北京市首饰分公司经营出口的各类首饰，在参加国际首饰设计比赛时，多次获奖。如1984年设计师杨振华设计的18K金象形组合首饰荣获东南亚钻石首饰设计比赛地区优异奖。

北京市首饰分公司已有20多年的经营历史，与世界上许多国家建立了友好的贸易关系，各类首饰的出口额逐年增长，1987年达到历史最高水平。

公司地址： 电 传： 电 话：

（二）商品介绍

商品介绍，是为了向国内外顾客推荐商品，对商品的性质、性能、特点、优点等作宣传介绍的书面材料，在营销过程中可起到很大的促销作用。随着科技的发展进步，商品的种类繁多，新型号、新式样的商品层出不穷。为了引起顾客的兴趣，增加对商品的知晓信任，扩大销路，促进营销，企业最好在原生产厂家产品介绍的基础上作出专门的介绍，以供顾客参考选择。

商品介绍多用于商品信息类报刊上，对新产品、新技术作宣传介绍；还用于进出口商品展览会、交易会上介绍宣传商品。商品介绍对于通报商品信息、促进市场的繁荣，都有着积极的作用。

写作商品介绍，语言上必须以使顾客易理解为原则，即注意通俗性和明确性；而内容和形式的选择，则必须根据目标市场的需要，切合商品的特点、优点。有时还可根据需要，在介绍商品时增加适量的可读性内容。运用一些文学笔法，如穿插一些故事，或运用描写笔法，使商品介绍更具吸引力。

商品介绍的写作结构一般包括：

1. 标题

写明商品的名称，标明产地。如"中国北京地毯"。或是由商品名称和商品特点组成，如"电动放置折叠晾衣架"。

2. 正文

包括商品的发展史、成分、制作及规格等概况，以及商品的性能、特征、特点和用途。重点是介绍商品的特点和优点，在写作时可从商品的原料、质地、结构、花色、式样、性能、效用等方面考虑选择，一定要突出其独具的优点和与众不同的特点。

3. 结尾

写明生产及保存日期，或简要介绍一下使用注意事项。

商品介绍的写作没有很严格的结构要求，写法上灵活多样。但不管怎么写，都必须遵循这种文体的一些基本要求，将商品客观地介绍给顾客。

示例 7-3

杜康酒

我国古老的历史名酒——杜康酒，相传为东周人杜康所造。距今已有2500多年的历史。晋代江统在《酒诰》中记述："酒之所兴，肇自上皇，或云仪狄，一曰杜康。"历代文人饮酒赋诗，对杜康给予很高的评价和赞许。其中最有名的是曹操的《短歌行》，诗中写道："对酒当歌，人生几何，譬如朝露，去日苦多。慨当以慷，忧思难忘，何以解忧，唯有杜康。"可见杜康酒之醇美，早已名载史册，誉满中华了。

　　据《汝州全志》记载：杜康造酒的地方，在河南省汝阳（今汝阳）城北50里外的杜康石八（即杜康村）。这里，三面环山，是一个山清水秀、柳暗花明的小山庄。远处，层峦叠嶂，千峰竞秀；近处，芳草如茵，鸟鸣枝头。澄沏碧透的杜康河叮咚作响，溅起一路水花，缓缓北去。河边坐落着一口大井，上面写着"古井酒泉"4个大字，周围百泉喷涌，伸手可掬。泉水清澈透明，甘甜纯正。

　　据说，当年杜康村因而也有"杜康仙庄"之称。至今杜康村农家使用的日常用品还留有"杜康仙庄"的墨迹。"酒泉"以南有一池，名曰"刘伶池"。酒泉之上有一庙，名曰"杜康祠"。这历史的陈迹记述了"杜康造酒醉刘伶三年"的美谈，至今还广泛地流传在民间。杜康在洛阳龙门九皋山下，开了一间酒店，一天，名士刘伶来到这里，抬头一望，只见店门上贴着一副对联："猛虎一杯山中醉，蛟龙两杯海底眠"，横批是"不醉三年不要钱"。刘伶看罢，不禁哈哈大笑，心想，"天下谁人不知我刘伶的海量，小小酒店竟敢如此夸口，今天我倒要教训教训他！"想着，大摇大摆地进了酒店。"店家拿酒来！"刘伶连喝三杯，只觉得天旋地转，不能自制，连忙向店家道别，跌跌撞撞回家去了。三年过后杜康来讨酒钱，刘伶妻子说，他已经死去三年，并哭闹不止，哭着要拉杜康去见官家。老翁拂袖笑道："他没有死，是醉过去了。"众人不信，打开棺木一看，脸色红润的刘伶刚好睁开惺忪睡眼，伸开双臂，深深打了个呵欠，吐着一股股喷鼻酒香，得意地说："啊，真香啊！"这高度夸张的传说至今还为人们津津乐道。从此，杜康酒名扬四海。

　　1974年，汝阳县杜康村建立了河南省杜康酒厂，他们充分利用当地优质的天然泉水，封圈加盖，加强环境保护，建造水塔，将这股纯净的泉水直接导入厂内。对杜康酿酒工艺进行整理和研究，并会名家之精艺，创杜康之新风，使古老杜康重放异彩。

　　杜康酒属于浓香型酒。他们采用低温大曲、中温特曲、高温大曲混合使用，而以中温曲为主的办法，在陈酿上下功夫，经过精酿细作，保留了杜康酒的古老风味。即色泽晶莹透明，入口甘绵醇正，芳香柔润，味长甘甜，适量饮用有润喉生津、驱寒活血、健脾健胃、振神延寿之功能。现再加上装潢古朴典雅，凝重大方，使得人们十分喜爱。杜康酒自1978年进入国际市场以来，行销中国港澳、日本、马来西亚、新加坡，国外来宾慕名而至，他们说："来中国不到长城非好汉，不饮杜康真遗憾。"在觥筹交错的宴会上，人们常常用"喝醉三年"取乐，可见，杜康酒实为宴会之佳酿，馈赠亲友之佳品。

（资料来源：网络资料改编）

(三) 商品说明书

商品说明书，是在原生产说明书和对商品进行介绍说明的基础上，用于帮助用户认识商品，指导如何使用、保修商品的书面材料。

在现代营销活动中，这种应用文的使用频率非常高。与商品介绍不同的是，它对商品的成分、结构、功能、使用方法、保养、维修、注意事项等作出了较为详尽的解释说明，对那些构造比较复杂的商品，其说明尤其详尽，有时还配上图样、表格等。商品说明书介绍商品，指导消费，又传授知识和技能，还具有促进销售、增进信息反馈的作用。国内外企业都非常重视这种应用文的写作。

1. 商品说明书在写作上的要求

（1）科学性。商品说明书的内容要真实，用词要准确，要有实事求是的科学态度，不夸大，不缩小，力求准确无误。

（2）实用性。说明书的写作重点放在其具备的实用价值方面，说明其如何操作、使用和保护。这样用户才不致因使用不当而损坏产品，甚至发生意外。

（3）知识性。写作商品说明书的目的，是为用户正确认识和使用商品服务的。因此，说明书必须把与商品有关的知识告诉消费者。

（4）条理性。说明书的实用性很强，它对商品的说明具有严格的科学性，因此，表达时要注意条理清楚，必须依据事物本身的规律或人们接受事物的习惯去拟写，做到层次分明，条理清晰，一目了然。

（5）责任性。商品说明书在法律上是对消费者获得产品功能的一种承诺，因此，不能存在误导和欺诈的成分。有关内容和项目要符合法律、法规、标准、规章的要求。

2. 商品说明书的写作结构

商品说明书一般分为标题和正文两大部分。内容简单的就写成卡片式、单项式；内容复杂的就写成折叠式、活页式、书本式。

（1）卡片式、单页式说明书的写作。这类样式的说明书一般由标题、正文和落款3部分组成。

①标题。由商品名称和"说明书"组成，如"贵州茅台酒说明书"。

②正文。将所要说明的内容逐一解释说明。至于每个项目的选择和排列的先后次序，应按人们对商品的认识规律和掌握使用的规律要求去选择、排列。比如药品说明书，依次排列的项目一般是成分、含量、功能、主治、用法、贮藏。

③落款。注明生产厂家名称，根据需要还可以注明经营者名称。

④法规、标准、规章要求的内容、条目。

（2）折叠式、活页式、书本式说明书。这类样式的说明书分封面、封里和封底3部分。

①封面。除美术装帧设计外，一般写以下内容：××商品说明书、商品规

格、商标、生产厂家。

②封里。书本式包括目录、前言和正文 3 部分。商品说明书的正文要写在封里。有封里的说明书，一般要说明的问题比较复杂，因此封里正文大多采取分成几个部分写作的办法，通常分为 5 个部分加以说明：准备工作、使用方法、保养方法、结构示意图和注意事项。也有的是按商品的成分、特征、性能、用途、使用方法等来依次进行说明的。

③封底。为方便用户联系，一般要写明生产厂家名称、厂址、电话等。有些商品还要求加上经营者的名称、地址、电话、联系人以及该经销者的服务宗旨等。当然，如果在封面上已经写上了生产者或经营者的名称、地址等，封底就不要再写了，有时为了节省和提高利用率，甚至可以不要封底。

3. 商品说明书常用的说明方式

（1）概述式。对商品进行概括说明。写作时不要求面面俱到，注意突出产品的性能、特点、功能，在写作时要注意内容的完整和连贯。

（2）条文式。亦称分列式、条款式。这是一种分条列举、逐项加以阐明的说明书。这种形式内容集中、醒目、层次清楚。写作时要注意不颠倒、不紊乱，讲究科学性。

（3）复合式。这种说明书比较普遍，是概述式和条文式的一种复合形式。写作时先总说后分说，要说明的问题完整集中，条理清楚，层次分明，方便消费者对商品的认识了解。

示例 7-4（卡片式、概述式）

曲柄式网球拍

该曲柄式网球拍是日本一家体育用品公司最近生产的。它是对传统直柄式球拍经过无数次测定，在找出其缺点后，依据人体工程学原理而设计出来的。以往的直柄式球拍设计不尽合理，因此，在运动中使人的手、腕、肘、肩等部位的负担过重。除妨碍运动员水平的发挥以外，还极易使人过度疲劳，长久下去将导致上述各部位的关节疾病。曲柄式球拍，无论双手还是单手击球，其负荷重量可减轻 12%。击球姿势也随弯把而有所改变，非常适合运动生理的要求，运动成绩也便于提高，对健康也有了保障。

（资料来源：网络资料改编）

示例7-5（卡片式、条文式）

漂粉精片说明书

一、用途：每片含有效氧0.2克，供饮用水消毒用。

二、用法：加药前先计算需要消毒的水量，每100公升水加一片，加药时先将漂粉精片放在陶瓷或搪瓷碗（杯）中捣碎，加少量水调成糊状，然后倒入水中搅动几下；静止半小时后饮用。

三、注意事项：①本片不得直接内服；②勿放在阳光下或潮湿处，用后请把瓶盖旋紧。

（资料来源：网络资料改编）

二、促销信

（一）促销信的含义、作用和特点

促销信是企业广泛使用的一种宣传方式，企业通过发送促销信向人们宣传其商品或服务，让人们产生兴趣，激起其购买欲望并让其行动，从而扩大商品的销售。促销信可以是专为某种新产品而发，也可以是为企业的全部商品作宣传，以期获得稳定的客户。促销信可以发给批发商、零售商或个别用户。

促销信有两个主要特点：一是提供信息，沟通供需，方便经营者与消费者；二是激发欲望，联络感情，促进需求。

（二）写作促销信应注意的问题

（1）讲究礼貌。信中的措辞与语言要平和，多用叙述语调。强硬语气往往令人讨厌，过于亲昵又让人怀疑产品质量有问题或动机不纯。信中传达信息的方式应平易近人，但又要注意避免那种随便打招呼式的写法。

（2）注意简洁和真实。没有人喜欢读长篇大段的文字，促销信的目的只不过是介绍商品、促成购买行为而已。但是，也不要把促销信写得寥寥数语、像发电报似的。语言以平实的说明性文字为主，可恰到好处地运用一些文学表现手法，使之富有感情色彩，但不能像一般书信那样随意地运用抒情、比喻等，这样会让客户觉得你是在想用华丽的言辞掩盖些什么。

（3）表达要清楚。促销信最起码要文从字顺，层次清楚，直截了当，让客户一看就明白。因为客户不可能花很多时间去认真研究你所要表达的意思，更不会像读朦胧诗一样去揣摩促销信的真实意图。

（4）注意心理冲击力。一封促销信能否促成购买行为，取决于多种因素，但最起码应做到3点：①让客户知道他一直在你心目中是举足轻重的主顾；②使之相信你想重新与他做生意；③告之产品和服务的创新与改善，并且再与你做生意对方必定会得到更多好处。无论如何，这 3 点向对方表明你所要售出商品和服务正是他所需要的，对对方的心理冲击力是不可估量的。因此，促销信的心理冲击力具有与广告相似的力量，符合 AIDA 规律——引起对方的注意（Attention），激发兴趣（Interest），产生购买欲望（Decision），导致购买行为（Action）。

（5）与销售人员的"现身说法"相结合。有时光靠言辞难以打动客户，促销信还需与销售人员的"现身说法"相结合。即常常先写信给客户，联系确定的时间、地点（信要能够推荐产品、宣传企业、服务项目等，要达到让对方盼着与你见面才行），再派出销售人员通过现场演示、操作机械或仪器、生活用具来说服人，达到促成购买行为的目的。

（6）弄清主顾的姓名。促销信不是公事公办，切勿只寄通知或只发公函，而应以个人的名义和顾客不断联系交往，即使以单位名义发信也最好加上个人的名字。

促销信的写作结构参照一般书信的格式即可。与一般书信相比，不同之处在于内容和语言的表达方式。

总之，促销信在营销活动中使用得非常广泛，善于做生意的人总是把第一封与客户或潜在客户打交道的促销信写得富有色彩，并且他们针对不同对象所写的促销信又各不相同。

示例 7-6

尊敬的李××先生：

您好！

作为 ABC 个人电脑的使用者，您已经了解了它的功能范围是多么广了。

现在我们可以向您提供一种高速激光打印机，它能使您的作品外观精美。想一下您可以在打印工作中节省多少时间！信件、手册、说明书、目录、价单都能由您的电脑直接打印。

能否给我半个小时，让我向您展示一下这种新打印机的如您所需的多种功能。下周初我将打电话给您，确定一下我们双方都方便的会面时间。

顺致良好的祝愿！

谨启

王××

××公司市场部经理

×年×月×

任务三　熟悉投诉处理的写作格式

在营销活动中，买卖的交易过程不可能尽善尽美，总会有某些环节出现这样那样的差错，令顾客不满意。或是收费上的不合理，或是服务上不周到，或是产品质量出现了问题，甚至销售了假冒伪劣产品等，愤怒的客户很可能上报有关部门或直接通过信件等进行书面投诉。

对于企业来说，客户投诉的事情总是有的，投诉的要求虽然说是比索赔低，但处理情况却比索赔复杂。企业有必要把工作上的失误控制在最小范围内，一旦出现失误招致投诉，或者是投诉者依据不足，甚至无理取闹等，都必须妥善处理，以抚平客户的情绪。这个处理的方式方法，毫无疑问是一门艺术。学习掌握好投诉处理的写作，是妥善处理好投诉的重要手段之一。

投诉处理的写作主要是指答复投诉信件的写作。在写作这种信件时，一般要注意以下几点：

（1）答复投诉信要迅速及时，切不可延误，否则客户一旦找上门来再处理就会很被动。

（2）回信时，要称呼对方的姓名，例如"尊敬的王××先生"，不要用概括式的"尊敬的先生"等称呼，因为这样非但不能消解对方的对抗情绪，反而更激起客户的不满。

（3）对那些投诉理由不足或有不礼貌之嫌的来信，切勿感情用事，使用过激言辞，而应该在信中向投诉者表示接纳意见的态度，感谢客户所提出的意见。

（4）企业有关人员在营销活动中必须记住，"顾客永远是对的"这一名言，不可在信中出现"你错了""你这样是不对的"之类的指责性言辞。如果确有必要驳回对方的投诉，则要用"我们同意你的观点，但是"之类的婉转句式。

（5）可在信中表示适度的同情，但不能听任对方摆布。

（6）回信要不失尊严，应维护企业的形象。如果对方投诉理由充足，回信的措辞既要表示歉意，又要不失体面，低声下气的求饶是无济于事的。

（7）这类回复与一般公文不同，过分简单会让对方觉得是轻慢。信的长度要能使投诉者相信你的诚意和办事的认真。轻描淡写往往会把矛盾激化。

（8）信中只能使用全称代词"我们"，企业要承担对方投诉的责任，不能将责任推给某部门或某个职员。

（9）企业的文秘人员代表企业写信，但不能代表企业负责人，所以信的落款处要加盖公章或让领导签字。下属代替签名，表明领导对对方的抱怨漠不关心，这会激怒对方，反而把事情弄糟。

（10）掌握和气生财的基本原则。在写作这种信时，首先记住这是在为企业做生意，应以和为贵。和气生财不是巴结顾客，即使在投诉毫无根据的情况下，适当改正或道歉仍是上策，不过要把握好分寸。

示例 7-7

尊敬的杨××先生：

　　你方订单号：8888

　　感谢你×月×日的来信，向我们详述在处理这份订单当中我们的工作程序存在的人员素质和效率问题。

　　我方已作出安排，今天以特快专递方式将未交付的物品连同此信寄给你方，最迟明天下午寄到。

　　对由此而引起的不便，谨向你表示深深的歉意。

　　谨启

×××公司销售部经理李××

×年×月×日

项目三 掌握营销传播写作

任务一 熟悉商情简报的种类与格式

一、简报的含义与种类

简报,即简短的书面报告,是传递工作情况、市场动态、会议情况、经验教训、重大事件等信息的报告性文书,是各级各类机关、企业、事业单位、社会团体广泛使用的常用文种。

从信息传递这一点来看,简报与公开发行的报纸没有本质的区别。不同的是它所传递的信息一般都是不具备公开发表条件的,是不适宜(或暂时不适宜)公开发表的。报纸的"消息"是"广而告之"的,简报的消息是有条件、"有范围告之"的。因此,又可以把简报称为单位的内部的传递信息的"报纸",推动各方面工作的手段。

简报的种类较多,有日常工作简报、中心工作或重要工作简报、情况简报、会议简报、专题简报、商情简报等。与营销活动关系最为密切的就是商情简报。

商情简报以报道国内外、企业内部的商品中市场信息、经营动态、有关政策、贸易做法等为主要内容,是一种直接关系到企业经济效益的商业情报载体。

二、商情简报的结构

商情简报与其他种类的简报一样,由报头、报体(简报编排的文章)和报尾3部分构成。

(1)简报名称。采用较大号字体并套色,报头与报体之间的分隔线印红色,力求醒目。

(2)简报编发者。如需加"编者按"语,印在报体中,居中印于标题之上。标题可下移。如报头正文稍长,可后续白纸,报尾印于此简报最后一页的下端。

(3)密级。如行政机关公文分3级:秘密、机密、绝密。或印"内部文件,注意保存"字样。

报头、报尾的写法十分简单,只需按简报格式的要求把有关内容写在准确的位置即可。

报体是简报的核心部分,一般由标题和正文两部分构成:

(1)标题。简报标题的拟写没有固定格式要求。它可以拟写成新闻式标题,用引题、正题、副题三行标题，也可以用正、副标题或单行标题。标题的句式可用设问式，也可用概括性语句，也可用形象化的语句。总之，简报的标题应突出主题，力求生动、醒目、吸引人。

（2）正文。正文的写作如新闻报道的写作，有导语、文体和结语之分。

导语，即导入之语，用简洁、概括的语句或是一段文字，把全文所要反映的主要内容做具体的叙述，写作的方法是十分灵活的：①叙述式。首先简明扼要地把文中主要的、新鲜的事实或信息交代清楚（包括单位或个人、事件、时间、地点和结果），使读者对全文内容有一个概括的了解。②评论式。先对反映事实或信息简洁地加以评论，阐明其性质和意义。③结论式。先在开头交代所反映事实或信息的结果，然后转入文体部分交代其来龙去脉。④引语式。先引用某人或某则信息情报或国家的某项政策中的一句话或几句话作"引子"，而后转入文体作具体交代。如政治家常用的一种"提问式"，以提问的形式把所要反映的事实和信息情报提出来。

文体，是对导语具体地阐明、印证和回答。它要与导语"丝丝相扣"，绝不能"顾左右而言他"。这一部分是简报的核心，要靠"事实"来说话。选择的材料应是典型的，反映的信息要有价值。材料的安排，可以按事件的发展阶段先后为顺序，也可按事物内部的逻辑关系为顺序，还可采用平行的并列的一个材料印证一个观点的方式来安排。不论采用什么方式，都必须注意要为突出"中心"服务。

结语，即有的简报正文需要在结尾处做一小结，交代结果，指出其发展的趋势，也有的再提几句希望。有些简报并非一定要另写一自然段作为结尾，而应根据所反映的内容的需要而定。

三、商情简报写作的基本要求

编写商情简报虽与其他种类的简报在注意事项和具体写法上不同，但也有一些基本的要求是必须共同遵循的。

（1）及时。这一要求有两方面的含义：一是指必须及时获取丰富、具体的信息情报，二是指对这些信息情报的处理和传递必须及时。简报是一种内部传递信息的载体，担负着随时搜集和反映不断变化着的现实情况的任务，以使本单位随时根据变化更好地开展工作，一方面，如果采编不及时，反应滞缓，其价值会大大降低。另一方面，如果掌握的信息不丰富、不具体，就难以全面反映情况，容易使读者对整体形势产生片面理解。因此，及时反映整体形势是编写简报时首先应注意的问题。

（2）真实。简报作为一种单位或组织内部的信息载体，实际作用方式类似于新闻传媒，而真实（准确、可靠）永远是其灵魂所在。尤其是商情简报，所承载的信息是多渠道的,因而难免鱼龙混杂,因此有具备分析和整理能力,能够从大量的原始材料中筛选出真实的、有参考价值的信息。否则难免出现"误导"的情形,给企业造成不应有的损失。

(3)简练。简报要做到篇幅简短和内容精练。抓住信息的关键点加以突出,采用简洁的词句。

示例 7-8

服务与布市场近况(简报正文)

据《经济日报》报道,喜欢打扮的女士为做一件应季时装挑选一块中意花布的场面,已经越来越少见了。中国服装成衣化在经历了几年的大发展后,今年又显示出强劲的发展势头。

据统计,全国大型百货商店今年头3个月的服装销售量与过去同期相比,丝绸服装销售量增长31%,布制服装增长57.2%,裙子增长72%(其中裙子3月份的销售量以件计比去年同期增长了110倍),风雨衣增长88.3%。一季度全国大型百货商业服装销售量比去年同期增长了33.8%。

与服装销售的繁荣形势形成鲜明对照的是,全国大型百货商店布匹销售持续不景气。今年一季度棉布销量比去年同期下降22.7%。其中花布下降30%;棉布化纤混纺布销量下降28.8%;呢绒下降18.7%;绸缎下降12.5%;除服装以外的纺织品一季度比去年同期销售量下降12.6%。

值得注意的是,在总体热销的服装市场上,需求结构有一定的变化。全国大型百货商店3月份西服销量比去年同期减少13.9%,1~3月衬衣销量比去年同期下降14.8%,这反映出人们对服装日益多样化的追求。

(资料来源:网络资料改编)

任务二　熟悉营销新闻写作

一、营销新闻的含义

营销新闻是指以明确的思想、简洁的文字,将营销活动新近发生的、重要的、有意义的事情向人们所作的宣传报道。这里所说的新闻,是指狭义上的消息。

现代人十分重视新闻宣传。利用新闻报道的形式把信息传播出去,往往会收到意想不到的效果,这是因为:

首先是信任性。新闻工作者以第三者的立场写报道,可避免自我吹嘘之嫌,消除部分公众对于广告的抗拒心理,其客观的态度便可赢得消费者的信任;其次是授予性。一条新闻是经过层层筛选才公之于众的,故新闻报道以其独特的严肃感而获得公众的青睐。那就对新闻内容赋予了相当高的地位;再者便是实惠性。一条好的新闻报告,便是一条第三者为自己写的十分好的"免费广告",经济上划算,而且往往比专门花钱去做的广告管用,非常实惠。

写好营销新闻,对于一个企业,无论是生产企业还是商业企业都是非常重要的。然而,写好营销新闻稿并非易事,美国俄克拉荷马大学某新闻教授曾有一项研究表明,来自企业的新闻稿件有十之八九被淘汰。原因多种多样,一个不可排除的因素是企业商务文书人员还不太会写较严格的新闻稿。

二、营销新闻报道的结构

营销新闻报道的写作结构包括标题、导语、主体和结尾4个部分:

(1) 标题,是文章的眉目,它以十分简明的语言标出所要报道的内容。标题有3种常见的样式:

①单行标题,即一则新闻只用一行标题以主题(又称"正题")揭示出消息的内容。

②二行标题,即一则新闻的标题由两行构成,一行为主题,揭示消息的内容。另一行,若是对新闻的来源、背景、原因的说明,就放在主题之上,用作引题,又称肩题、眉题;若是对主题的补充或评价,就放在主题之下,作副题,又称辅题、子题。如:

A. 注重产品形象宣传(引题)
"东方魔粉"风靡我国建筑防水市场(主题)
B. 国内市场大豆油价呈下降趋势(主题)
今年末将反落为涨(副题)

③三行标题,即一则新闻标题由三行组成,中间一行为主题,多是揭示新的内容;在主题的上面一行为引题,多是说明新闻的来源、背景、原因;在主题的下面一行为副题,多是对主题的补充介绍或评价方案。如:

泰国大米歉收(引题)
国际米价六年来的最高纪录(主题)
小麦将成为抢手货(副题)

(2) 导语,是引导读者的第一自然段或第一句话,要求用简明生动的文字,鲜明地揭示新闻的主题思想。有的报道经常使用电讯稿,需要在电讯稿的开头标示出电头，即对电讯稿发出的单位、地点、时间的说明。电头置于导语之前，要与导语正文分开，用括号括起来，或是使用与新闻正文不同的字体。发向当地的电头用"讯"，如【本报7月4日讯】；发向外地的电头用"电"，如【本报纽约5月10日电】。如果说使用电讯稿时有所删节，则电头加"据"，如【据新华社报道】。

（3）主体。导语的后面就是文章的主体，是新闻的中心部分，也是表现主体的部分。要求内容充实、层次分明、语言简练。必要的背景介绍会使文章丰满、更具感染力。主体部分的写法，一般以叙述为主，可结合适当的描述和议论。

写作主体时，可以按时间顺序将事实展开，也可以按照事实逻辑关系去展开事实；也可以两者相结合；还可以"倒金字塔式"报道事实，即把最主要的内容先介绍出来，然后再叙述说明其余的内容，其余内容的叙述说明，与主要内容比，越来越次要，所以称为倒金字塔式。倒金字塔式适合读者需要，也适合阅读习惯。

（4）结尾。一般来说，一则新闻的事实报道完了，写作也就结束了，像倒金字塔式主体结构，更无须加一个形式的结尾。但是对于重要的新闻，为了突出其报道意义，突出其价值，在事实报道之后，以对消息的评估，预测发展趋势，提出建议、展望前景等作为结束语，也是十分必要的。此外，也可以用对主体报道的事实进行必要的补充说明来作结尾。

三、营销新闻写作的要求

凡是新闻（狭义的消息），都必须具备5个要素，即5个W——时间（When）、事件（What）、地点（Where）、人物（Who）、原因（Why）。

此外，新闻营销写作必须坚持3大基本要求：真实性、新鲜性和精短性。

（1）真实性。这是一切新闻写作的基本要求，也是新闻报道的一项基本原则。新闻不能虚构，报道所涉及的时间、地点、人物和事件必须真实。引用的有关材料要真实可靠，反映事件的本质也要真，不允许有按主观意图而随意歪曲事实的报道，更不允许凭空捏造。

（2）新鲜性。新闻贵在"新"。新闻这种文体与其他文体最显著的区别就在于，它能迅速反映客观现实，及时报道有价值的最新消息。新闻的"新"，首先是指在时间上要迅速及时，否则新闻就会成为"旧闻"或"历史"，失去了作为新闻应有的价值；其次是指报道的事实要新，角度要新，思想要新。

（3）精短性。凡文章都贵在言简意赅。营销新闻更是力求精短，冗长的报道，即使文采飞扬，读起来也会耽误时间，对于企业来说，抢时间就是抢效益、抢销售。因此，写作时要勇于割爱，去掉不必要的事例和评价，去掉不必要的渲染和夸张。

任务三　熟悉商务评论写作

凡对经济事实发表评论或意见、主张、见解的文章，诸如社论、评论、短评或编辑部文章等，都可统称为商务评论（亦可称为"经济言论"）。它具有针对性、指导性、说理性和逻辑性等主要特点。从内容上来划分，商务评论可分为两种类型，一种是对产品技术能力的评论，一种是对企业营销活动的评论。比如对企业营销方法及其质量、效果的评论。它对于企业形象、知名度、美誉度以及指导营销工作、推动营销事业的发展有着不可低估的影响。

一、商务评论的结构

商务评论一般由标题和正文两大部分组成。

（1）标题，是商务评论的眉目，它反映出研究的对象或文章的中心内容。标题一般有两种写法，一是单标题，一是双标题，即正副标题形式，正标题点明文章主旨，副标题表明文章的内容和范畴。例如：《做好这件是得民心的事——把假冒伪劣产品逐出市场》。

（2）正文，包括3个部分：开头部分，提出问题；主体部分，分析问题；结语部分，解决问题。即通常所说的序论（绪论）、本论和结论3段式。

①提出问题（序论、绪论）。正文开头以简洁的语言提出问题，表明文章要研究什么，这部分要以事实说话，事实材料要真实、全面，切忌弄虚作假、以偏概全。

②分析问题（本论）。这是文章的核心部分，对前面提出的问题用正确的立场、观点、方法进行科学的分析研究，从对问题和材料的感性认识上升到理性认识。

③解决问题（结论）。撰写商务评论的根本目的就是针对商业经济活动中存在的问题提出解决的意见和措施。当然，也有一些比较特殊的商务评论只提出问题和分析问题，而解决问题的任务留给公众舆论和当事部门来完成。

二、商务评论写作的注意事项

概而言之，有以下5个方面：
（1）要有良好的职业道德。
（2）一定要有理有据，重调查研究，实事求是。
（3）要符合逻辑和学理。
（4）要把握好"评头论足"的分寸。
（5）可提出合理的建议与忠告。

项目四　掌握营销策划书的撰写

任务引入

交广传媒的"一元旅游"策划

在河南省委、省政府大力提倡"把旅游的高门槛降下来"号召的背景下,交广传媒策划出降低旅游门槛的"一元旅游"方案。在"一元旅游"运作之前,经多方考证,结果是:景区认为"一元旅游"数量有限,不会影响品牌形象;旅行社觉得"一元旅游"不会影响景区门票销售。交广传媒经过调查论证认为,只有在预期非常乐观的情况下,"一元旅游"活动才会向前推进。

活动见报的当天上午,2000多个咨询电话打进《河南商报》旅游工作办公室,有质疑的,报名的,询问的,感谢的,不一而足。交钱的群众在河南商报报社门前排成了长龙,现场的工作人员给老年人准备了凳子,给年轻人准备了景区画册,现场火爆而秩序井然。热度持续了3天,还有电话打入旅游景区咨询景区的这一活动。

"一元旅游"活动策划达到了预期目标:河南商报报社获得了良好的社会公益形象和火爆的人气;景区明星般切入市场,群众得到了实惠。旅行社和记者也采风考察了景区的情况:云梦山古灵山一元旅游(50人)、嵩县六龙山一元旅游(50人)、信阳灵山一元旅游(50人)、郑州凤凰岛开业庆典一元旅游(500人)等,这些活动逐步把"一元旅游"推向了顶点。比如交广传媒旅游策划咨询机构建议新开发的景区实行短期内有效的"一元门票抢购风"促销活动,强力地拉动了市场关注和网络口碑。对于营销网络成熟的景区,针对奔驰、宝马、保时捷等名贵车型俱乐部的成员还可以实行一元门票"的政策,引起网络甚至主流媒体的讨论,从而提高了经济效益。交广传媒旅游策划营销团队经过实践总结,将娱乐营销的精髓归纳为:旅游策划人要会玩儿!旅游策划专家要把玩搞成两半——"王"和"元",当你玩成"天王"了,"人民币"就来了。

(资料来源:http://www.cctc.net.cn/show.asp?act=content&cha)

学习任务

任务一　认识策划与计划

按《现代汉语词典》的解释，策划是"筹划、谋划"，计划是"工作或行动以前预先拟定的具体内容和步骤"。而《哈佛企业管理通鉴》中对策划做出的解释是："策划是一种程序，其本质是一种运用脑力的理性行为。基本上所有的策划都是关于未来的事物行为。也就是说，策划是针对要发生的事情作当前的决策。换言之，策划是找出事物的因果关系，衡量未来可采取的措施，作为目前决策之依据。"日本长期从事企业经营策划研究的专家和田创认为："策划是通过实践活动获取更佳成果的智慧，或智慧创造行为。"

可见，策划强调"筹""谋"，它的"划"则是计划，策划与计划相比，更多了一层谋略和创新的含义。因此，策划就是人们在认真分析现有资源的基础上，激发创意，为达到预期目标，对未来将要发生的事情所做的安排和打算。

策划在当今社会中扮演着日益引人关注的角色，大众媒介、商务活动和各种各样的大众活动都需要策划，如CIS策划、公关策划、广告策划、营销策划、企业策划、影视制作策划等。也正是因为有了策划，才使得有关活动能够按预期目标顺利进行。

任务二　理解市场营销策划的相关概念

市场营销策划是策划在企业市场营销中的应用，是策划人员综合运用市场营销学和相关理论，在认真分析并有效运用各种经营资源的基础上，为实现企业预定的营销目标而创造性地对企业未来一定时期内的市场营销活动所做的安排和打算。它具有以下特点：

1. 主观性

市场营销策划是由策划人员完成的，它是对企业未来营销活动的预先安排，虽然这种安排的依据是客观的、真实的信息，但由于自始至终都是人脑在参与，故策划具有主观性。这种主观性主要体现在不同的策划人员对同一信息的认识和处理可能不同，且同一策划人员对同一信息在不同时间和不同情景下也可能有不同的看法。如策划人员之间因个性、生活背景、兴趣爱好和价值取向等的不同会影响其对信息的判断和处理，同时，策划人员心情的好坏也会影响其对信息的评价。

2. 综合性

一方面，市场营销策划要求策划人员不仅掌握市场营销学、经济学、管理学、社会学等大量的综合知识和理论，而且还要求他们有将这些知识运用到营销策划中去的能力和经验；另一方面，市场营销策划要通过市场调研等方式搜集和掌握大量与企业相关的宏观和微观环境信息，并运用各种定性和定量的方法对其进行加工和处理，以制订出一流的市场营销策划案，并付诸实施。

3. 创新性

创意是市场营销策划的灵魂，创新思维是市场营销策划创意的起点。当今市场竞争的激烈和残酷使得市场营销策划拒绝平庸之作，而必须"以新的视角，用辩证的、动态的、系统的、发散的思维来整合市场营销策划占有的各类资源，在新的排列组合方法指导下，使各种生产要素在生产经营的投入产出过程中形成最大的经济效益"。所以，一流的市场营销策划要有独特的卖点、正确的定位、耳目一新的形象和科学的营销管理等。

任务三 掌握市场营销策划的分类方法

市场营销策划涉及的内容相当繁杂和广泛，企业往往根据需要从不同的角度来进行相关策划，这就使得人们也从不同的角度对其进行分类。

一、按范围划分

按市场营销策划涉及的范围，可分为综合的市场营销策划和专项的市场营销策划。

（一）综合的市场营销策划

它是指比较完整地运用市场营销等知识，结合具体的情况，对企业的市场营销活动进行综合性的、全过程式的策划。它可以是企业针对某一产品、某类顾客或某些竞争对手来做的综合的市场营销策划。

（二）专项的市场营销策划

它是指根据具体的要求，针对企业市场营销活动中的某阶段或部分进行策划。如市场调研策划、分销渠道策划、价格制定策划、CIS 策划、产品包装策划、广告策划等。

二、按主体划分

市场营销策划的主体是策划人员，这些策划人员可能来自企业内部，也有可能来自企业外部。根据策划主体的这一差异，市场营销策划可分为企业内部自主型策划和企业外部参与型策划。

（一）企业内部自主型策划

它是指由来自企业内部专职策划部门的策划人员进行的市场营销策划活动。一方面，由于策划人员对企业资源及其面对的环境比较熟悉，故这类策划往往具有一定的可操作性；另一方面，正是策划人员来自企业内部，因受企业文化等方面的制约而直接影响其创新意识。

（二）企业外部参与型策划

它是指来自企业外部专门从事市场营销策划的企业或机构的策划人员进行的市场营销策划活动。这些专业企业或机构包括市场营销策划公司、广告公司、咨询公司、市场调研公司、公关公司、大专院校或研究机构等。这种策划一方面形成了起点高、创意新、视角不同的特点，策划方案往往战略指导性和逻辑系统性比较强；另一方面，由于策划人员来自企业外部，故对企业资源及其面对的环境的了解程度会影响策划的可操作性。

拓展任务

维美方便肉公共关系促销活动策划书

委托方：××肉联厂方便肉制品分厂

策划方：××市公共关系服务公司

一、活动主题

通过××市场大品尝，宣传"图便当、图实惠，就要吃维美方便肉"的观念。

二、活动目标

（1）使芜湖市有关各界（重点为家庭主妇、各单位工会或行政科干部、食堂饭店的主厨与采购员）了解维美方便肉，并产生好感，形成潜在的长期市场。

（2）在1993年秋冬季的芜湖市场上，实现维美方便肉销售26吨的目标。

三、活动时间

1993年10月下旬的某个双休日。理由如下：

（1）气温变低，肉食需求量增大，并便于保存。

（2）赶在1993年11月1—20日芜湖国际菊花节开幕之前，既可为菊花节期间的市场做铺垫，又可避免菊花节的节庆气氛冲淡促销活动效果。

（3）深秋天气晴朗，便于活动宣传。

四、活动方式

1. 产品品尝及信息发布

分为两种形式：

（1）举办"维美方便肉冷餐会暨信息发布会"。参加人包括：市分管经贸的领导、各大企业组织的工会与行政科负责人、各大食堂、大饭店、食品商场售货员、各新闻单位记者。举办地点：市物资大厦会议厅。举办方式：准备各品种方便肉的冷盘及啤酒，供冷餐品尝。同时现场配菜，进行炒、熘、烧、烫的表演。另外，在与会者离去时赠送 1 公斤左右的方便肉，并与有关人员签订意向性订货单。

（2）街头及菜场品尝。即在闹市街口、大菜市，设"维美方便肉品尝点"，把方便肉切成薄片，请行人与购菜者品尝，并散发宣传单。同时，进行销售。

2. 广告宣传

用多种方式立体进行广告宣传，即：

（1）印制广告宣传单 50000 份散发。

（2）电视广告。

（3）报纸广告。

（4）礼仪广告队。聘请礼仪小姐以横幅、绶带上街宣传，并散发广告传单。

（5）在主要街道与各菜场悬挂广告横幅，广告语统一为："维美方便肉，方便千万家"或"维美——味美、方便、实惠"。

五、活动步骤

（1）以委托厂家通过公共关系促销策划为起点。

（2）组织品尝用及第一批销售用的方便肉运抵芜湖。

（3）邀请参加冷餐会的宾客。

（4）物色各菜场方便肉专售户。

（5）报纸进行品尝预告，并拉出广告横幅。

（6）雇请广告礼仪小姐及烹制表演的厨师。

（7）准备电视广告。

（8）统一实施。

（9）新闻见报，并展开销售。

（10）活动结果调查。

六、活动经费预算

（1）冷餐会及信息发布会：10000 元。

（2）街头及菜场品尝：5000 元。

（3）广告传单：8000 元。

（4）报纸、电视广告：20000 元。

（5）广告横幅：3000 元。

（6）礼仪广告队：2000 元。

（7）杂费（接待、礼品等）：3000 元。

（8）劳务费：5000 元。

七、活动建议

应控制零售价,即控制零售商在活动期间及第一批方便肉销售时的利润率,限定在一定的幅度内,以薄利多销占领市场后,再逐渐放开价格。

任务:进行分组,根据背景资料中给定的营销计划方案,对方案进行分析。
(1) 说明策划书的基本要素和格式、内容。
(2) 试分析该策划书的市场营销效果。
(3) 如有必要,对策划书内容进行优化,争取取得更好的营销效益。

综合测评

• 情景一

班尼路陷入竞争困局

一、门店大量关闭及业绩下滑

2012年3月31日,班尼路中国内地门店数达到4044家的最高峰,比2011年同期增加了150家,较2010年同期增加了405家。但两年后,情况却糟糕了许多。班尼路的母公司德永佳集团有限公司宣布,班尼路以及其他子品牌中国内地关店数达到388家,关店数量占到了店面总数的10%。这个以"尽显时尚大方"为发展理念的品牌,也在关店方面"大方"了一把。门店大量关闭的背后,是班尼路业绩的连年下滑。截至2014年3月底,根据德永佳发布的一季度财报,集团总收入减少了12.4%,至98.6亿港元,较去年同期减少了12.37%,全年纯利6.68亿港元,较去年同期减少约9%。截至2014年3月底,德永佳存货金额为18.98亿港元,库存高企已经成为班尼路发展的一大桎梏。

(资料来源:网络资料改编)

二、休闲品牌遇拦路虎

随着年轻人品牌意识的增强与消费意识的改进,很多热门的休闲品牌都不再是购物的首选。

在20世纪90年代末到21世纪初的那几年,曾是班尼路最好的年代。班尼路本身是一个意大利品牌,20世纪80年代开始在香港经营,后来进入内地进行销售,1996年,德永佳出手收购,开始出现历史性逆转。

德永佳将班尼路重新包装,将品牌的主要消费群体锁定为年龄在18~30岁的人士,主打年轻路线,以男、女、中性的休闲服为主,班尼路成为4大子品牌之首。在并入德永佳后的几年,班尼路迅速壮大,在当时国内品牌竞争还不完全的状况之下,不仅以迅雷不及掩耳的态势占领了我国大陆市场,经营范围甚至延伸至中国港澳台地区、东南亚和中东发达地区,还通过"特许经营"的模式快速提高了市场占有率。

但是现在,班尼路却逐渐退出了一线市场。其实不仅班尼路生意惨淡,2013年一年,美特斯邦威关闭门店200多家,森马则关闭了700多家门店。在香港上市的佐丹奴已关闭75家门店,其中内地门店54家。2013年5月底,有着20年历史的休闲服装品牌柏仙多格宣布停产,北京、天津、南京、武汉等城市在内的约400家柏仙多格专卖店先后歇业。在财报中,这些公司都提到了"行业竞争、回收库存较多、渠道成本上升、关闭非赢利门店"等因素。这些类似的休闲品牌都面临着被市场消费主力——"80后""90后"们抛弃的命运。

三、优衣库"脱颖而出"

长江后浪推前浪。相比班尼路等时尚休闲品牌的节节败退,反观优衣库、ZARA、H&M等国际快时尚品牌却在内地高速扩张,在巩固一线城市市场的同时,不断在二、三线城市布局。

实际上,优衣库在2002年进入中国之初,因为依据其在日本的成功经验定位成大众休闲品牌,对中国市场的不了解让优衣库甚至推出了针对中老年人的休闲装,结果自然是被当时如日中天的班尼路、佐丹奴打得落花流水,2005年甚至在北京市场出现持续亏损,以至关门大吉。但是,经过两年多的策略调整和市场调研,重新定位消费人群为大学生、白领和时尚人群的优衣库杀了个漂亮的回马枪,并于2008年和2009年在中国市场上大肆扩张。因为搭上快时尚品牌ZARA和H&M进入中国的顺风车,优衣库终于摆脱了班尼路等中低端品牌的纠缠。截至2013年年底,优衣库已在全国48个城市开设了254家店,并在上海建立了全球最大的旗舰店。

市场虽然在增长,但一定是有限的。优衣库的狂飙时期,也正是班尼路们愈发难过的日子。有钱的买高档品牌,缺少足够经济条件的选择优衣库和ZARA,班尼路们在不知不觉中被不断边缘化,最后只能是黯然谢幕。

四、休闲品牌时代更迭

随着经济发展水平的提高,消费者开始注重新颖的款式,服装逐渐演变成一种快消品。而目前班尼路的运作模式跟不上市场的变化,衣服款式更新速度慢。按照它的操作模式,一款衣服从设计到生产出来一般要3~6个月的时间,然后再大批量生产上市。像ZARA,一般上货速度就是17天,这样一对比,优势就出来了。班尼路败于优衣库的原因,除了设计样式上的差距,单纯重质量而轻营销模式和营销手段,是班尼路等传统时尚休闲品牌被市场抛弃的主要原因,正因为忽略了快速营销时代给行业带来的新变革,被靠营销模式取胜的企业后来居上就不奇怪了。能否明确定位、刷新策略,将时尚性与实用性同时体现在产品中,或许是传统时尚休闲品牌摆脱困境、谋求未来发展的关键。

现在,班尼路夹在时尚和快消之间,定位模糊。以前它掌握了青少年的心态、定价，消费者穿上有满足感。但现在，在一、二线城市，班尼路基本上沦为了大路货，消费者无法产生满足感；而在三、四线城市，服装市场又被低端品牌垄断，它同样难以生存。关店潮只是这些标榜"大众休闲服装品牌"被新一代消费者抛弃的一个缩影。

五、艰难的自救

为了摆脱困境，班尼路们亦进行了多番尝试。互联网时代，这些传统休闲品牌纷纷试水 O2O 模式，并与电商巨头展开合作，但与优衣库等快时尚品牌相比，总是显得有些收效甚微。

班尼路在去年企图以明星代言战术和与动漫合作设计来重新夺回青少年市场，但却收效甚微。在 2013 年 7 月，班尼路更换了品牌标识，将曾经标志性的蓝底白字改为红底白字，并将大写的"BALENO"变成小写，去掉了经典的内嵌"O"字母的正方形，重新设计了字体，"改头换面"企图东山再起。但半年多过去了，效果并不明显。

（资料来源：《国际品牌观察》，2014 - 08 - 11）

（1）试分析班尼路品牌与优衣库品牌的营销战略有何差异。
（2）试分析班尼路品牌与优衣库品牌的营销策划重点及其意义如何。
（3）你认为班尼路要扭转市场劣势可采取哪些具体策略？

• 情景二

营销新闻
"黑马"化妆品系列：让您换一层年轻的皮肤

不知您是否注意到，最近的化妆品市场杀出了一匹"黑马"。

由深圳威莉化学品有限公司研制成功的第三代化妆品——黑马 EGF 活细胞化妆品系列，是高科技生物技术与传统化妆品相结合的产物。在国内属首创，在国际上也是名列前茅。这种化妆品的最大特点是突破了过去两代化妆品（即合成化妆品和天然化妆品）的局限，变被动的预防为主动的参与。

在生活中我们会注意到，动物在受伤后，往往会用舌头不停地舔伤口。唾液止血的奥妙最终被美国科学家斯坦利·科恩博士（Stanley Cohen）发现，他因此荣获 1986 年诺贝尔生理医学奖。对 EGF 进一步研究发现，EGF 不仅具有加速皮肤和黏膜创伤的愈合、消炎止痛、防止溃疡的功能，而且能抑制青春痘、粉刺、老年色斑增长……于是，EGF 活细胞化妆品脱颖而出。目前，EGF 化妆品风靡世界。

"黑马"活细胞化妆品系列共有 20 多个品种：活细胞超级抗皱霜、活细胞丝素膏和蜜、活细胞增白霜、活细胞丝素洗面奶、活细胞丝素洗发精及护发素、沐浴剂、体蜜、化妆水、香水等。价格仅为进口同类商品的1/5。

本市友谊城、西华宫、大江南商场、机场商场有售。

（资料来源：网络资料改编）

- **情景三**

中国罐头食品在世界市场出口排第七

本报讯 据马来西亚《星洲日报》10月15日报道，近几年来，罐头食品已成为中国轻工业的主要出口产品之一，此外，它在促进中国乡镇企业经济发展方面也起到了积极的作用。

目前，中国罐头食品外销世界110个国家和地区，其中最主要的是西欧及北美各国、日本、中国香港和澳门。在世界罐头出口的排名上，中国名列第七，仅次于意大利、美国、西班牙、法国、荷兰和希腊。中国现在是世界上最大的蘑菇罐头出口国，该项产品在1987年的出口量是14万吨，占该国出口总数的45%。

中国目前约有107家罐头厂从事800种各类罐头的生产，其中有380种供外销，最主要的外销产品有蘑菇、蚕豆、黄梨、橙子、番茄酱和青豆等。

由于中国劳动力低廉，同时食品原料来源充足，所以在国际市场上很具竞争力。目前，积极任务是如何进一步提高生产质量，使中国罐头质量更上一层楼，继续挟着崇高的声誉扩大国际市场。

（资料来源：网络资料改编）

- **情景四**

"老天爷"脸色不好　国内通胀率上升
太平洋诸岛国经济有升有降

据《法新报》报道，旋风破坏，出口减少，通货膨胀率上升，石油价格攀高，使太平洋大多数岛国的经济发展受到影响，去年出现升降不一的现象。

巴布亚新几内亚农业增长缓慢，布干维尔铜矿于前年5月关闭后又使其收入受到影响。该国的国内生产总值因此下降了1.6%。

西萨摩亚的基础设施和椰子树去年受到旋风破坏，单椰子产量就下降了3%。热带风暴也给汤加的椰子、香蕉和香子兰种植园带来了很大破坏。因此，其国内生产总值的增长率只有0.8%。

基里巴斯和库克群岛都在不同程度上受到椰子干价格下跌的打击，而石油价格一度猛烈上升也影响了它们的发展，其经济增长率都低于20年来的平均增长水平。

与此相反，所罗门群岛的经济去年却增长了5.1%，这虽比1989年低了2个百分点，但由于椰子干、木材和渔产品的出口增加，整个出口仍然非常兴旺。

瓦努阿图的经济去年增长了 4.7%，并逐渐成为该地区的金融中心。它的旅游部门获得较高的国外投资，旅馆客房率也相对升高。斐济的经济情况同样较好，其国内生产总值的增长率上升了 0.4%，达 6.8%。

（资料来源：中国商业技师协会市场营销专业委员会编《营销基础与实务》，中国商业出版社 2001 年版）

1. 任务要求

能正确理解和应用所学营销写作的理论与方法、技巧，通过自己的独立思考和分析，解决测评要求完成的具体任务。

2. 具体任务

（1）分析案例，思考营销新闻报道的结构有哪些。

（2）参照营销新闻格式编写 1~2 则营销新闻。

（3）你认为掌握营销写作的方法与技巧对促进营销工作有哪些好处？

学习评价与反馈

任务模块	任务指标	自评	互评
知识	掌握营销写作的规范	☆☆☆☆☆	☆☆☆☆☆
	掌握营销写作中营销新闻、促销、传播及策划方案的写作方法	☆☆☆☆☆	☆☆☆☆☆
技能	能根据实际营销情景的需要撰写符合要求的营销写作	☆☆☆☆☆	☆☆☆☆☆
	能根据需要完成并解决实际学习和模拟训练中的营销写作实务遇到的有关问题	☆☆☆☆☆	☆☆☆☆☆
素养	培养营销写作规范意识	☆☆☆☆☆	☆☆☆☆☆
	养成用营销思维分析问题，用营销写作规范对待营销实务中的写作要求	☆☆☆☆☆	☆☆☆☆☆
评价与反馈			

备注：
　　通过自我评价和在老师指导下实施第三方评价与反馈来判定自己对本模块知识与能力的掌握情况。同时，根据评价与反馈来督促自己进一步将尚未掌握、达到的知识、能力点补充巩固，以促进学习成果的达成度。

模块八 | Module Eight

认识创新创业与新产品营销

Understanding Innovation and Entrepreneurship and Marketing of New Products

识时务者为俊杰,通机变者为英豪。
Those who can recognize the trend of the time will become outstanding people, Those who are flexible can be heroes.
——《晏子春秋·霸业因时而生》
Yanzi Chunqiu · Hegemony is born for the time

 学习内容—The Learning Content

- 项目一 认识知识经济创新的趋势
- 项目二 了解创新人才的培养和造就
- 项目三 发现与把握创业机会
- 项目四 新产品目标市场细分和定位
- 项目五 新产品营销推广
- 项目六 新媒体营销技巧

☞ **学习指南**

一、学习目的

能正确认识创新创业的趋势与意义，在培育创新精神、创业意识的基础上了解新产品目标市场细分定位和营销策划基本理论，掌握营销推广渠道和方法，熟悉新媒体营销。

旨在具备创业条件和开展新产品营销时能够独立策划新产品营销，能够熟练运用新媒体营销手段和方法。

二、学习领域

本模块主要学习知识经济创新的趋势、创新人才的培养和造就，学习创新与创新能力，同时学习如何发现与把握创业机会。

学习如何运用市场营销知识实施新产品的市场细分和定位，学习新产品营销策划与推广，学习新媒体的营销技巧。

三、学习方式

在自主学习本教案提供的学习知识基础上，通过图书馆同类馆藏图书和网络文献平台，阅读和学习有关大学生创新创业和新产品营销、新媒体营销的相关文献资料。

在老师指导下，通过小组讨论交流大学生创新创业和新产品营销、新媒体营销的有关资讯，提升自己对创新创业、新产品营销、新媒体营销的理论理解和实际操作能力。

四、预期学习成果

（1）正确认识创新创业的趋势与意义。
（2）通过分析发现与把握创业机会。
（3）正确实施新产品目标市场细分和定位。
（4）根据需要实施新产品的营销策划与推广。
（5）应用新媒体的营销技巧开展新媒体营销。

项目一　认识知识经济创新的趋势

任务一　认识知识经济创新趋势

知识经济时代是加速经济全球化进程的时代。在知识经济条件下，创新学的理论和实践必然突破疆域国界的限制，成为具有跨国性、普遍性、通用性的学科。在知识经济时代，人类创新变革的 10 大趋势是：

趋势一：创新——营销的主旋律。创新是知识经济时代营销管理进步的表现，也是知识经济时代管理发展的动力。创新始终贯穿于整个管理发展的全过程之中。

趋势二：知识——最重要的管理资源。知识经济时代突出表现为以下特征：①知识成为主导资本；②信息成为重要资源；③知识的生产和再生产成为经济活动的核心；④信息技术是知识经济的载体和基础；⑤经济增长方式出现了资产投入无形化、资源环境良性化、经济决策知识化的发展趋势。知识是知识经济时代的主要资源，也是管理中的最重要和主要的资源。知识经济时代的管理是知识化的管理。

趋势三：学习型组织——知识经济时代的成功管理模式。知识经济是相对于农业经济、工业经济而言的。它是建立在知识和信息的生产、分配、交换和使用基础上的经济。知识用于经济，知识成为经济发展的主要动力。学习是接受新事物、发展新管理和提高软产品功能的一个重要途径。知识经济时代的管理实质上就是增加管理的知识成分，发展知识管理创新系统。

趋势四：快速的应变力——知识经济时代的新要求。管理快速反应的应变是管理效率的体现，也是赢得管理主动权的关键。管理快速应变力，是公司管理效率的一个重要方面。

趋势五：权力结构转换——变正金字塔为倒金字塔。这是知识经济时代的管理体制的改革，也是企业管理的一次飞跃。知识经济一方面促进世界新时代的到来，加速经济全球化的进程，使知识化取代工业化；另一方面促使全球面临新的国际分工。知识经济发达国家将成为"头脑国家"，而知识经济发展滞后者将沦为"躯干国家"，听凭"头脑国家"驱使。从地缘经济的角度看，管理者要服从这一经济模式形成所带来的国际发展趋势需要。

趋势六：弹性系统——知识经济时代的跨功能、跨企业的团队。这是知识经济时代管理的一种变通战略的实施，管理成为一种特殊的知识财富。

趋势七：全球战略——知识经济时代公司营销决战成效的关键。知识经济时代，是全球实现运作一体化的时代。全球化的大浪潮将以惊天动地的速度和力度，向人类社会的一切领域挺进，无论是深度还是广度，都将登峰造极。在知识经济时代，管理协作已成为全球化的问题，管理体系向全球体系发展，将逐步演变成一个全球的大系统。

经济全球化是当今世界经济发展的最重要趋势，现代化大生产本身的客观环境必然要求实现全球化分工。在这一经济环境下，各国公司和产品纷纷走出国门，在世界范围内寻求发展机会，许多产品都已成为全球产品，许多支柱产业也已成为国际支柱产业，而不是某一国的产品或产业。特别是实力雄厚的跨国公司，早已把全球市场置于自己的营销范围内，以一种全球营销观念来指导公司的营销活动。如可口可乐公司在全球几十个国家都有生产据点和100多个国家拥有市场，成为一个总部设在美国的全球公司；空中客车公司早已不是法国公司而是欧洲公司，并把营销触角伸向各国市场。这些公司都是把眼光放在世界地图上开展全球营销活动。

趋势八：跨文化管理——管理文化的升华。在知识经济时代，管理成为一种人的艺术，成为全球的一种新的文化现象。管理科学的发展过程也是管理科学跨地域、跨国界的传播过程。

趋势九：实现"忠诚目标"。顾客满意、员工满意、投资者满意、社会满意是公司永恒的追求。知识经济时代的管理是重视市场和用户的管理。

趋势十：没有管理的管理——管理的最高境界。在知识经济时代，管理向制度化、规范化和智能化发展，一种全新的软管理形式将出现。

案例 8-1

企业的经营创新

在企业经营中，为经营决策服务的策略，主要包括企业发展与市场竞争的战略创新、产品与技术的开发策略创新、融资策略创新、销售策略创新、管理策略创新等主要方面。成功的策略创新策划，可以"运筹帷幄之中，决胜千里之外"，创造出意想不到的市场效果，为经营实践带来高明的成功。

在当前中国企业界，众多合资企业的经营策划，例如麦当劳公司、肯德基公司的营销策划，摩托罗拉公司的管理策划，中策公司的融资策划，宝洁公司的开发策划，和路雪公司的竞争策划等都令人耳目一新，并都给经营的成功带来了很大的促进，值得我们借鉴与追赶。

我国企业在21世纪的经营创新，主要可以概括为以下几方面：①标准创新；

②品种创新；③形象创新；④品牌创新；⑤服务创新；⑥战略创新；⑦亲情化创新；⑧全球化创新；⑨知识化创新；⑩绿色化创新；⑪柔性化创新；⑫网络化创新；⑬无缺陷创新；⑭重要事件创新；⑮高科技创新；⑯社会定向创新；⑰发展趋势创新；⑱人才创新。

21世纪是知识经济的时代。知识经济将逐步替代工业经济成为国际经济占主导地位的经济，作为一种创新型经济，强调创新应成为经济增长的发动机。在知识经济条件下，企业竞争力的大小，取决于其创新力的强弱。企业创新力包括多个方面，经营创新力是其核心要素之一，企业只有大力开展经营创新，才能更好地迎接知识经济的挑战。

（资料来源：刘卫平《创新思维》，浙江人民出版社1999年版）

任务二 了解创新趋势背景下资源配置与价值

知识和知识创新是知识经济时代新的资源，这就是知识经济的新资源配置的定位。知识经济是以知识创新、智力等无形资产等资源为第一要素。

一、知识创新的特征

（一）知识创新是力量的源泉

知识工程是21世纪人类发展的核心工程。知识是人类进步的动力，是根本，是可以为人类带来特别利润的无穷无尽的资源。随着第三次知识革命的兴起，知识产业已成为凌驾于农业、牧业、工业、商业服务业之上的新兴产业，它包括信息产业构成超工业的第四产业。因此，知识财富已构成比土地、资本、企业更为关键的社会文明。第一次知识革命和农业革命曾形成了伟大神奇的东方文明，而第二次知识革命和工业革命则形成了无比强大的西方文明，第三次知识革命和信息革命将融合东西方文明，形成前所未有的全球文明，也就是地球文明。在21世纪，知识在社会生产力增长和社会文明进步中发挥着90%的作用。

案例8-2

知识化创新

知识化创新是知识经济发展的产物，是与知识经济相适应的一种新观念。它高度重视知识、信息和智力，凭知识和智力而不是凭经验在日益激烈的市场营销战中取胜。21世纪的知识经济不同于20世纪的工业经济，智力资本将成为第一资本，决定着企业面向未来的竞争优势。智力优势是知识经济时代的最重要优势，比尔·盖茨的微软公司在资产负债表上的资产总额只有通用汽车公司资产总额的4%左右，而它的市场价值却相当于通用汽车公司市场价值的4倍。这是因为微软生产经营的是知识化创新的重要产品——电脑软件，而通用生产经营的是工业经济时代的典型产品——汽车。在知识经济时代，企业的营销观念也要相应转变，即树立创新的知识化营销观念。

（资料来源：刘卫平《创新思维》，浙江人民出版社1999年版）

（二）知识创新是各国角逐的重要资源

人类社会的知识化是21世纪世界的潮流。这股潮流的几个支流是：

（1）产业知识化——知识在产业中的作用越来越大。知识和知识创新是一种无形的产品，也可以说是软产品。21世纪，创造和运用、管理知识将成为一个新的综合软产品产业。软产品产业包括智能产业，智能产业和其他知识产业共同组成了大知识产业集群，第四产业群，脑业群，成为21世纪的软产品产业的主导和主流。

（2）管理知识化——经济管理已让位于科学管理，以至于创立了人工智能管理科学。

（3）社会知识化——科学技术向政治、经济、文化以及生活等各个领域渗透，迫使人们不断吸收新知识，以适应社会发展的需要。

（4）企业知识化——企业知识是企业发展的一个重要因素。创意独特是21世纪企业在竞争中制胜的法宝。企业经营和生产是建立在创新基础上的，要求它"人无我有，人有我新，人新我奇，人奇我绝"。因此，21世纪企业的知识是创新的知识，是企业的财富。如知识产权和商标是企业财富的象征，谁有驰名的商标和品牌，谁就拥有广阔的市场。

二、知识创新价值

21世纪是知识价值社会和全球知识资本体系出现的世纪。在21世纪，知识创新价值大大提高，知识资本成为世界最主要的资本和最有价值的资产。

所谓知识和知识创新的价值，是指用知识创造出来的价值。其定义是：由于反映社会结构和社会主观意识，被社会所承认的带有创造性的知识的价值，大都体现在物质形态或服务之中。例如，两台材料相同的电脑，一台虽是另一台的1.5倍价值，可还是有不少人购买，这就是说人们承认这台高价的电脑的价值，这个价值即因为电脑内设组件先进，使之内存量大、运作速度快等，具有比另一台更高的"知识价值"。由于电脑和通信网络的飞速发展，因此信息和知识的储存、加工、交流变得极为方便。"知识价值"的创造机能，如开发新技术和新产品、计划新事业、创造新的艺术形式等也因此而大大加强。

案例 8-3

知识创新管理已经成为经营管理活动中备受关注的焦点。产生这种现象主要有两个目的：提供价值的源泉；提供实现和保持竞争优势的方法。汇集了知识创新管理领域中一些著名研究者们的最新研究成果。当前，关注知识问题并把它视作社团成功的主要源泉已成为一种流行的观点，这种重要的观点转变影响了科学争论和管理学讨论，使它们具有新的特征。作为一种经常出现的情况，学术研究中的这些趋势与人们对知识越来越浓厚的兴趣相吻合。在这里，知识已经被视作在竞争中取得成功的一种资源。假定过度竞争和全球化的动力是构成商业经营彻底改造和创新的压力，是迫使相关的公司行为做出重新调整的结果，那么，现存的但被扩散的知识的高效转换和新知识的有效创新，已经成为两项主要管理任务。

（资料来源：乔治·旺·科鲁夫等《知识创新：价值的源泉》，经济管理出版社2003年版）

三、知识创新领域

在知识经济时代，知识创新的领域将全部占领陆地、海洋和太空3个方面。第一大知识创新领域是人类生活的主要栖息地陆地和大陆架。它既是创造文明、发展科学技术的主要基地，也是人类研究和开发的第一大知识领地。

海洋在人类的知识创新活动中也日益进入角色。海洋是一座知识创新宝库。在人类现代文明的进程中，海洋活动、海洋文化、海洋科学、海洋生命和海上建筑、海洋实验室等，是人类社会的第二知识创新的战场，形成又一座文明宝库和知识殿堂。海洋产业的兴起，将人类真正带入了大海洋的世纪。这一阶段，从15世纪开始，直至人类的未来。

四、知识创新引发知识的革命

知识经济时代初期，即21世纪的知识核爆炸现象是20世纪知识创新大爆炸现象的延续。人类对知识的认识表明，知识的增长方式取决于"知识晶体结构"的改变。知识的增长或呈"指数型"或呈"S"形。知识的交叉，新学科群的不断产生，老学科知识的渐趋淘汰和改进，均是知识的单元结晶即知识的集聚形态的先决条件。知识晶体的变化，即由"多晶体"变为"单晶体"，其原因在于在知识的"多晶体"系统中，有一种知识的智能极高，它能迫使其他的知识晶体改变自己的晶型。因此，我们可以看到，随着时间的推移，人类的知识出现了5大奇特现象：知识的爆炸的爆发时间速度越来越密；知识更新的周转时间即周期越来越短;知识的深度随时间发展则越来越深;知识的精度随时间发展则越来越精;知识的交叉性随综合学科的大量出现则越来越广。

案例 8-4

从发现到发明

20世纪初,从事通信研究的科学家再次将目光投向光。人们认识到,光的容量特别大,很适于现代通信。利用光进行通信,将开辟电信事业的新天地。

1960年,美国科学家梅曼(Theodore Harold Maiman)用红宝石做材料,制成世界上第一台激光器,获得了激光。

19世纪70年代,英国科学家丁麦尔发现了一个有趣的现象:像水一样透明的物质可以传送光束。他看到射入水中的光竟随着水从小孔喷出,而且同水流一起,呈弧线状落到地面,在地面形成一个光斑。这是一项重大的发现!可在当时,并没有引起学术界的重视。

20世纪30年代,希腊的一位玻璃工人意外地发现,光能毫无散射地从玻璃棒的一端传到另一端。

1958年,光的传播规律在医学领域得到应用。由2500根细玻璃纤维制成的"内窥镜",将光引到人体胃内,医生不用开刀,就可以看到胃里的情况。

1966年,英籍华人高锟博士正式在有关学术刊物上阐述了有关光纤通信的理论,他成了光纤通信的创始人之一。

经过反复试验,科学家终于研制出一种光导纤维。它是用具有特殊光学性能的材料——超石英或其他的物质制成的细丝。它比钢还坚硬,比铜还柔韧。它可使光在里面以每秒30万公里的速度前进。

光纤通信是以光导纤维作为通道的。它通信容量极大,通信效果极好,而且成本较低。它的诞生,使人类的通信水平又上了一个新台阶!

从原始的光信息传递到进入光纤通信时代,人类度过了漫漫几千年的时光之旅。光纤通信技术从发现到发明,又用了半个多世纪的时间,进行了不知多少次知识的革命。发现、发明就是这样一个链条:发现是探索和火把,是指路的明灯;发明则是发现的果实。我们寻求新的发明目标,也许用不着困在斗室里苦想,踱出门外去看看人类一些已有的发现,也许就找到了发明的方向。

(资料来源:邵泽水,邵鹏《横冲直撞》,地震出版社2004年版)

项目二 了解创新人才的培养和造就

任务一 了解创新人才的培养和造就

21世纪必将充满各种竞争。无论是经济竞争、科技竞争，还是政治竞争、军事竞争，其实质是综合国力的竞争。这些竞争归根结底又是人才的竞争，尤其是创造性人才的竞争。培养大批的创造性人才是关系到社会主义建设事业兴旺发达的大事。培养和造就自身成为创造性人才，首先必须超越创造力开发的各种心理障碍，继而通过培育创新精神，培养创造素质来完成。

一、知识经济人才的特征

在知识经济时代，人才优化的过程，就是其不断创新的过程。知识经济人都具备创新时代人、电子空间人、知识国际人、复合智能人和网络系统人5种特征。

（1）创新时代人。21世纪，是一个伟大的创新时代。每个人都处于这一时代的大潮中。首先是具有创新时代人的特征。管理行为的目标之一是将自己锻炼成可以进行创新和开拓的智能人，即创新时代人。

（2）电子空间人。21世纪，电子技术和网络将全球所有的人连接在一起，每个人都生活在一个巨大的电子空间之中，每个管理者都生活在信息高度发达的国际社会里，具有电子空间人的特征，任何人不论从事什么活动，是营销活动，还是学习、管理等，都与电子技术息息相关。需要掌握各种专业知识和电子运用技术，才可以活跃于国际各种舞台上。学习行为目标之一是锻炼自己成为可以自如地通过运用先进的通讯和智能设备，如国际互联网络、智能型终端等设备，穿梭于"地球村"各个角落的电子空间人。

（3）知识国际人。21世纪，是知识和智能主导社会的时代，知识结构已进入多维化、边缘化、综合化和交叉化。知识资源共享化是知识经济时代的特征之一。知识国际人素质是每个管理者应具备的素质，需要掌握一定的知识理论和应用技术，包括社会科学、自然科学、思维科学、数学以及智能技术、耗散结构学、突变论、协同论等跨学科综合知识和专业知识，使自己成为具有超越国界的全球观念和超前的创造思维以及超常规的意识和多元知识技能的人。

（4）复合智能人。21世纪的特点是要善于综合，把有益的知识和有效的经验有机地联系在一起，精心组织综合就能获得突破，就能实现创新。21 世纪，社会人才结构将进行重组，需要的是国际型、综合型、复合型和高能型的知识人才。面对综合的世界，每个现代人必须树立综合观念，掌握综合知识，发挥综合人才的优势，进行综合开发。运用综合的能力去综合集体的优势，在创造性的综合中实现综合性创造。智能是指人在学习、工作中解决面临的实际问题，提出并解决新问题，对自己所属文化提供有价值的创造和服务的智慧与能力。人的智慧存着一个不断开发、不断充实、不断提高、不断完善的动态发展过程。

（5）网络系统人。知识经济时代是数字化学习时代。自 20 世纪 80 年代以来，信息产业的兴起和信息处理价格的降低，以及信息和计算机技术的"数字趋同"，国际网络化进程加快，所有这一切已使知识的创造、存储、学习和使用方式发生了巨大的革命。网络化消除了人们之间的隔阂，使世界联成一个巨大的网络系统。而每个管理者都将成为网络系统世界的一分子。因此，管理目标之一就要将自己锻炼成为网络系统人。

二、培养创新人才的途径

（一）培育创新精神

创新精神不是与生俱来的，而是通过后天的培养逐步塑造的。创新精神是创造发明的前提。没有创造的愿望和动机，绝不可能做出创新行为。一般说来，创新精神通过动机、信念、质疑、勇敢、意志和情感表现出来。因此，培育创新精神就是培育顽强的创造动机，培育坚定不移的成功信念，培育顽强的创造意志，培育健康的创造情感，以及培育质疑和勇敢精神。

（1）培育顽强的创造动机。培养和激发创造动机，最根本的是要有强烈的事业心和社会责任感，这是激发创造动机产生的思想基础。优秀的发明家，总是把献身发明创造活动、造福人类作为自己的崇高理想。著名化学家诺贝尔曾豪迈地说："我是世界的公民，应为人类而生。"诺贝尔终身实践着自己的诺言。他一生中对人类最大的贡献是发明了硝化甘油炸药。在试制炸药的过程中，多次发生爆炸，1864 年 9 月的一次严重爆炸，工厂被炸毁，诺贝尔的小弟弟和四名工作人员一起丧生。尽管诺贝尔也多次被炸得浑身是血，但他从不灰心，从不退缩，勇敢地面对死神。因为诺贝尔心里十分清楚，炸药一旦用于生产，将给人类创造极大财富。今天，我们只有树立为祖国繁荣昌盛而努力奋斗的崇高理想，才能献身现代化大业，把自己的生命融化在这一事业中，从而产生创造的强大动力。

（2）培育坚定不移的成功信念。培育坚定不移的成功信念就是要培养自信心。坚强的自信心是取得成功的基本前提。凡是成功的人，都具有很强的自信心。巴尔扎克说过："我唯一能信赖的，是我的狮子般的勇气和不可战胜的从事劳动的精力。"正是这种自信,支撑他写出了《人间喜剧》等一大批传世巨著。

(3) 培育顽强的创造意志。意志不是先天的。意志是在实践中、在奋斗中逐渐地培养和锻炼出来的。创造活动困难重重,本身就是一个很好的锻炼环境和机会。意志品质的培养可从以下几方面进行:一是树立远大的奋斗目标,激发达到远大目标的强烈愿望和必胜信念;二是在创造实践活动中获得意志品质的锻炼和体验;三是针对自己意志品质的特点,有目的地加强自我锻炼;四是依靠纪律的约束力加强自律,以规范自己的行为;五是多参加磨炼意志的体育活动,在锻炼身体的同时培养自己的意志品质。

精品小读 8-1

创意意志力培育的黄金法则

从意志力的角度来说,创意的黄金法则就是四个字——"牵挂着它"。也就是说,要想拥有天才的创意,你就必须从早晨醒来的那一刻到进入梦乡的那一瞬为止,无论是在时间上,还是在空间上都无时无刻不想着它,不牵挂着它。

时间上的牵挂:吃饭时想着它;走路时想着它;学习时想着它;娱乐时想着它;……只要醒着,就应时时刻刻想着它。

空间上的牵挂:在自己家里牵挂着它;在漫步时牵挂着它;在游玩时牵挂着它;在看电视时牵挂着它;在马路上牵挂着它;在看广告牌时牵挂着它;……无论在任何空间,你都应牵挂着它。

对自己确定的目标事实上要全力以赴,必须要用观察力来考察,用分析能力和想象力来预测将来的可能性,用判断力来决断,用行动来决策需要的材料,用自我克制和坚韧来把自己已经确定的事完成。

如果你不具备这些品格,也许你就不会受到指引走上善的道路,一直没有受到恶的侵扰和诱惑。但是,你作为人的相对价值又体现在什么地方呢?

所以培养顽强的意志力,就一定要经常想着"她"!

(资料来源:刘卫平《创新思维》,浙江人民出版社1999年版)

(4) 培育健康的创造情感。因为情绪是情感的外部表现,情感是情绪的本质内容,因此培育情感就是掌握控制情绪的心理方法。控制情绪的心理方法主要有:一是意识调节法。人们以自己的意志力量来控制情绪的变化,用社会规范和理性标准来约束自己的情绪,使自己成为能驾驭感情的人。二是语言调节法。语言是体验和表现情绪的强有力工具,通过语言可引起或抑制情绪反应。即使是不出声的内部语言,也能调节自己的情绪。通常挂在墙上的条幅,摆在案头、床边的警句、对控制紧张情绪大有益处。三是注意转移法。注意转移就是把自己消极的情绪转移到有意义的方面。如在烦恼时，欣赏一些能唤起内心力量的音乐，就能收到良好的效果。创新精神的内容同时体现一种创造型人格，而创造型人格决定着一个人的生存品位。我们平时应保持愉快的心境和火热的热情，遇到失意之事要保持豁达态度，自我解脱，走出困境。要有幽默感，从而调节好自己的情绪。

（5）培育质疑精神。疑问、矛盾和问题常常是开启思维的钥匙。创新学鼓励人们敢于疑别人之所不疑，善于想别人之所未想。实践表明，不敢提出问题、不善于提出问题和缺乏怀疑精神的人，是绝不会取得创新成果的。质疑精神可从以下几方面进行培养：一是要勤思。俗话说"勤思则疑"。尤其是在遇到问题时，要善于自觉地进行独立思考，多问几个"为什么"，要有追根究底的习惯。二是理智地控制自我，在未发现自己错误前，尽量做到坚持己见而不随波逐流。三是在争论问题时，尽量避免从众心理，不要屈从于群体压力。四是要有坚强的自信心，敢于提出问题。五是不要满足于现状，要保持追求创造的"饥饿感"，这样就一定能提出大量的问题。最后要有"吹毛求疵"的精神。因为，在人们熟视无睹的地方往往会找到问题的症结，从而做出创造发明。

精品小读 8-2

正在怀疑

哲学家笛卡尔坐在桌前沉思，他的学生以为他睡着了，欲上前唤醒他。当学生发现老师不曾有半点睡意的时候，一时糊涂了，搞不清老师葫芦里装的是什么药。

"老师，你没睡觉愣坐在那里干什么？"学生问。

"正在怀疑"，笛卡尔答。

笛卡尔告诫他的学生，我们头脑中原有的知识和观念有些是靠不住的，是值得怀疑的。一个哲学家必须时时处处把思考调整到"正在怀疑"的状态。

"怀疑"是人类所具有的一种心理行为，而"怀疑"就是思考、思索。"我思索，所以我存在。"这句话原文是拉丁语，现在通行的译法为："我思故我在。"多少年来，多少人重复地提出"我是谁"这个人类自我怀疑的命题，引发了人们对"认识自我"的思考，从怀疑到肯定，再由肯定到怀疑，经过多次螺旋形思考，人类在创造一个个崭新的自我。

"正在怀疑"把人类引向一个又一个新的更高的境界。20世纪50年代初，美籍华裔生物学家徐道觉的一位助手，在配制冲洗培养组织的平衡盐溶液时，由于不小心，错配置成了低渗溶液。而低渗溶液最容易使细胞胀破。

徐道觉便将低渗溶液倒进胚胎组织，在显微镜下观察，发现染色体溢出后，铺展情况良好，染色体的数目清晰可见。

这本来已使徐道觉找到了观察人类染色体数目的正确途径，他也已意外地获得了发现人类染色体确切数目的大好良机。可是他盲目相信美国著名遗传学家潘特（T. S. Panter）20 年代初在其著作提出的：既然大猩猩、黑猩猩的染色体都是48 个，可以推断，人类的染色体也是 48 个。

徐道觉因此放弃了自己的独立研究，错失了本该属于他的一次重大发现。

尽信书，不如无书。徐道觉丢掉了"怀疑"，使他失去了一次获得诺贝尔奖的机会。

但是，我们必须看到，一个人自身的专业并不包罗全部答案，也不拥有全部真理。而最好、最有创造性的答案可能来自一个表面无关的领域，如果不去探索是得不到的。就科学的创新而言，专业知识的束缚同样是十分可怕的，它会使人成为知识的奴隶，而忘却怀疑。

（资料来源：《横冲直撞》）

（6）培育勇敢精神。勇敢被誉为创新者的第一素质。进行创造活动，就是要去做别人没想过、没做过或没做成功的事，因此没有勇敢精神是不行的。创新是有风险的探索活动，创新的最危险的敌人就是胆怯。在创造过程中，胆怯往往会磨灭想象力和独创精神，胆怯常常会使一个正在叩敲真理大门的人失去发现真理的机会。著名数学家高斯早在 1824 年前就创立了非欧几何，但由于胆怯，怕发表后遭人嘲笑，一直到去世也不敢公布该项研究成果。英国工人乔治·史蒂文森（George Stephenson）制造的第一辆火车，仅能拉 30 吨煤，时速也仅 4 英里，而且声音很大。很多人都对史蒂文森的火车不屑一顾，讥笑史蒂文森的车子虽不用马拉，但吼起来却比几千匹马还要响。然而，史蒂文森并没有因此而退却。他又用了 11 年时间，终于制成世界上第一辆客、货运蒸汽火车——"旅行号"，时速达到 12 英里，完成了人类交通史上的伟大创举。因此，我们要有不怕失败的精神，要有坚强的意志和敢于同逆境抗争的决心，要有百折不挠、坚韧不拔的毅力。

精品小读 8-3

培养和造就拔尖创新人才的有效途径

在党和国家领导同志的亲切关怀以及全国科学界的热情支持下，国家杰出青年科学基金取得了巨大的成功，在稳定基础研究队伍，吸引海外留学人员回国服务，培养和造就活跃在世界科学前沿的中青年学科带头人，培育创新研究群体，以及提升基础研究整体水平等方面发挥了重要作用；在探索符合基础研究规律和科学人才成长规律的科技管理模式方面，积累了宝贵的经验。

国家杰出青年科学基金实施的十年，是营造创新沃土的十年，播撒创新种子的十年，凝聚创新人才的十年，激励青年学者脚踏实地求索的十年；是我国科技人才工作由"政策推动"走向"制度创新"的成功实践；是实施人才强国战略，培养和造就拔尖创新人才的有效模式和重要途径。

科技发展靠人才。能否建设一支宏大的科技创新人才队伍，特别是能否培养和造就大批拔尖创新人才，成为决定现代化建设成败的关键因素。邓小平同志高瞻远瞩地指出："改革经济体制，最重要的、我最关心的，是人才。改革科技体制，我最关心的，还是人才。""要创造出一种环境，使拔尖人才能够脱颖而出。"江泽民同志在党的十四大报告中也深刻地指出："能不能充分发挥广大知识分子的才能，在很大程度上决定着我们民族的盛衰和现代化建设的进程。要努力创造更加有利于知识分子施展聪明才智的良好环境。"

早在1993年1月，时任中共中央书记处书记的温家宝同志就专程到国家自然科学基金委员会调研，听取科学家对完善科学基金制、稳住人才、推动基础科学发展等方面的意见，明确提出"稳住一头，第一要稳定人才"，"重视人才最根本的是解决人才的工作和生活条件"。1994年2月18日，在时任国务院总理李鹏同志主持召开的科技界部分专家讨论修改《政府工作报告》的座谈会上，北京大学陈章良教授建议政府划拨专款设立"总理青年科学基金"，用于支持留学回国人员在国内开展研究工作。2月21日，张存浩院士也就设立"总理青年科学基金"致函李鹏总理。3月7日，张存浩院士就基金名称再次给李鹏总理写信，除"总理青年科学基金"外，还提出了"国家杰出青年科学基金"等作为备选。3月14日，李鹏总理圈定"国家杰出青年科学基金"的名称并批示划拨专款予以支持。当年，我国国家层面上第一个面向45岁以下优秀青年科学工作者的专项基金——"国家杰出青年科学基金"设立了，49人首批获得该项基金的资助。

经过十年的成功实践，该项基金成为一个得到科学界高度评价、产生了广泛影响的品牌，在鼓舞海内外优秀青年学者为祖国科技事业献身的热忱，稳定基础研究队伍，吸引海外留学人员回国服务，培养和造就活跃在世界科学前沿的优秀学科带头人，培育优秀创新研究群体以及提升我国基础研究整体水平等方面发挥了重要作用。

（资料来源：新浪网）

（二）培养创新素质

创新素质包括智力素质因素和非智力素质因素。智力素质因素包括吸收能力、记忆能力、想象力、观察能力、分析能力和实际动手能力。而与创造开发最为密切的非智力素质因素有自信、质疑、勇敢、勤奋、热情、好奇心、兴趣、情感和动机等。培养创造性人才，就是要提高他们的智力素质因素和非智力素质因素。非智力素质因素的培养，即指创造精神的培育。在这里，简单介绍一下智力素质因素的培养。

1. 吸收能力

吸收能力包括创造性自学能力和信息搜集能力。

（1）创造性自学能力。现代科技发展极为迅速，人类知识总量急剧增加。据联合国教科文组织统计，现在几年的人类知识总量超过以往所有知识的总和，知识老化周期则缩短为 5～10 年。这使人们深刻地认识到，未来的文盲不是识字不多的人，而是没有自学能力的人。没有较强的自学能力，在从事创造活动过程中，就会感到知识陈旧，方法过时，技术落伍，手段单一，就不能胜任时代赋予的重托。古今中外无数发明创造的成功事例都告诉我们，自学能力是创新者披坚执锐的有力武器。因此，培养创新素质首先必须强化自学能力，特别是创造性自学能力。这种能力可使创新者不断获得新知识，增强自身的创新素质。培养创造性自学能力可从以下方面入手。

第一，顽强与勤奋。古人云："书山有路勤为径，学海无涯苦作舟。"我国古代就流传着"头悬梁、锥刺股"的故事，古人为追求功名刻苦读书。同样，当代也有许多有志者，他们克服重重困难，通过刻苦努力学习，最终获得成功。我国数学家华罗庚便是其中的一位，华罗庚小时候天资并不好，有点"笨头笨脑"，功课勉强及格，后来患伤寒病左脚残废。然而，"顽强与勤奋"终于使他成为举世闻名的大数学家。因此，华罗庚将自身的成才之道总结为"勤能补拙是良训，一分辛苦一分才"。

第二，勤学好问，多思善疑。在"学"和"思"之间，"学"是基础，只有在勤学的基础上好问，才能学有所得，学得深入。学、问、思、疑是学到知识、练好本领，有所创新的重要环节。多思善疑是其核心。古人云："学而不思则罔，思而不学则殆。"疑点、问题常常是学习中的难点和重点，在关键处抓住这些问题，深入思考，则会使学习不断深入。多思善疑就是要不断思索，一问到底，举一反三，学以致用。

精品小读 8-4

打破砂锅"问"到底

《论语》记载："子入太庙，每事问。"孔子进了太庙，对什么事情都问一个为什么，这里并不是孔子谦虚，而是他对所有事物均持"疑"的态度。

善于质"疑"，就是善于思考，思索。有一个众所周知的哲理——"我思索,所以我存在。"多少年来多少人重复地提出"我是谁"这个人类自我质疑的命题,引出了人们对"认识自我"的思考,从怀疑到肯定,再由肯定到怀疑,经过多次螺旋形思考,人类在创造一个个崭新的自我。

有时,我们不能过于相信文字所记录下来的东西,由于文字表达的局限性,再加上作者的独自见解,很难准确地描述一个鲜美的事物。

在赤道,一位小学老师努力地给儿童说明"雪"的形态,但不管他怎么说,儿童也不能明白。

老师说,雪是纯白的东西。儿童就猜测,雪像盐一样。

老师说,雪是冷的东西。儿童就猜测,雪像冰淇淋一样。

老师说,雪是粗粗的东西。儿童就猜测,雪像沙子一样。

老师始终不能告诉孩子雪是什么。最后,在考试的时候,他出了"雪"的题目,结果有几个儿童这次回答:雪是淡色的、味道又冷又咸的沙。

我们要知道雪,只有自己到有雪的国度。我们要听黄莺的歌声,就要坐在有黄莺的树下。我们要闻夜来香的清气,只有夜晚走到有花的庭院去。

别人走过的路,不一定适合自己,因为外部环境虽然一样,但内在的素质却有很大差别,要学会根据自己的能力,寻找适合自己的路。

(资料来源:《创新思维》)

第三,科学的读书方法。读书要掌握科学的方法。首先要掌握泛读(又称博览)与精读交叉的方法。古今中外善读书者,都善于将泛读与精读巧妙结合。泛读就是用较少的时间,浏览大量的书刊,用以扩大知识面,开阔眼界,更快地掌握新科学、新知识、新动向。精读就是对自己正从事研究的有关资料,专心致志地深入研读。

(2)信息搜集能力。创造离不开信息,信息是创造的基本素材。作为一个创新者,对信息、情报需要有十分敏锐的感知能力,要有搜集、整理和分析信息的能力。现代几乎所有做出发明创造的人,大都是具有情报获取优势的人。精通情报、信息的搜集和运用方法,对提高创造效率具有极大帮助。必须通过信息窗口,了解社会上已取得的创造成果和继续创造的动向。

2. 记忆能力

记忆力是人脑对所经历事物的反映的能力。记忆是智能的仓库、学习的基础。凭借记忆力,人们才能不断贮存和提取知识,发挥才智,使人聪明起来。记忆力是创造性人才工作、学习和创造所不可缺少的基本条件,是人脑贮存和重视过去经验知识的能力。据粗略统计,人的大脑可储存高达几百万亿比特的信息,相当于5亿本书所包含的信息总量。正是由于人脑的记忆潜力非常强大而又神秘,因此人们必须尽可能地开发和利用它们,掌握先进的记忆理论,运用科学的记忆方法，为创造服务。

（1）记忆品质。良好的记忆力具有 6 项特性：①敏捷性。即记得快，能在较短的时间内记住尽可能多的东西。②正确性。即记得准，能把该记忆的东西准确无误地吸收到头脑中。③持久性。即记得牢，能把头脑中已经记住的东西长期稳定地保持住。④灵活性。即记得活，需要时能把记住的东西灵活、准确地从头脑中提取出来加以运用。⑤系统性。按照事物的严格体系有意识地去记忆并使之有条不紊。⑥广阔性。就是在博学的基础上去记忆多方面的事物。

（2）提高记忆力的诀窍。①有明确的记忆目标。学习时记忆目标明确，大脑细胞就会处于高度活跃状态，大脑的记忆痕迹就清晰，就容易记忆。②注意力高度集中。学习时注意力高度集中，输入的信息在大脑就会形成特别强烈的兴奋点，接受事物的印象就会深刻。③坚定记住的信念。越是相信自己能记住，就越容易记住。④在理解的基础上记忆。记忆活动与思维活动是密不可分的。在记忆过程中，多思、多想，就会增进记忆。⑤及时进行复习。不少心理学实验都证明，复习对提高记忆力十分必要。根据心理学研究，人的记忆遗忘率一般为：20 分钟内 47%，2 天以后 66%，6 天以后 75%，1 个月后 80% 以上。及时复习，可使遗忘率的增长变缓。心理学的另一项实验表明，人要想记住一件事，必须经过 8 次重复才行。⑥讲究记忆卫生。就是说只有在劳逸结合、身心放松的情况下，大脑才能保持良好的记忆能力。记忆有最佳时区，此刻的记忆效果最佳。

（3）科学的记忆方法。科学的记忆方法，能使记忆效果事半功倍。不仅能提高记忆效率，而且有助于改善大脑的功能，挖掘大脑的工作潜能。创造性人才不但应掌握行之有效的记忆方法，而且应根据自身特点，形成独具特色的记忆习惯。常见的几种记忆方法有：①系统记忆法。它把复杂的、有着内在联系的事物，经过归纳整理，找出规律，使之系统化、条理化，便于记忆。②重点记忆法。抓往事物本质的、最关键的部分，起到"纲举目张"的效果。③形象记忆法。把要记忆的事物，特别是那些抽象、难记的事物形象化，用直观形象去记忆。而且，这种形象越离奇、越鲜明越好。④联想记忆法。记忆与联想有着密切关系。客观存在的事物是处在复杂的关系和联系之中的。人们在回忆某个客观事物时，总是不自觉地按照他们彼此的关系和联系去识记、保持和重现的。采用联想记忆法进行记忆，通常的做法是将需要记忆的事物与原先已记忆在头脑中的一些事物之间建立起联想，并把新旧记忆之间的相同、相近、相似或相关之处有机地串联起来，一环紧扣一环，使之条理化，这样十分便于记忆。⑤归类记忆法。就是按照事物的同一特点或属性，把它们分类。使分散趋于集中、零碎的构成系统、杂乱的形成条理。这样更容易强化在大脑皮层中形成的条件反射，使之牢固地保持在记忆中。⑥回忆记忆法。利用睡前或空闲时间进行回忆和复述。⑦练习记忆法。通过把知识运用到实际工作中去来记忆。⑧趣味记忆法。把要记忆的事物编成口诀、故事、顺口溜,以提高自己的兴趣,强化记忆效果。

(4) 记忆的规律。掌握记忆的规律,对增强记忆十分有益。这些规律主要包括:①记忆的根本——背诵;②记忆的"益友"——争论;③记忆的基础——理解;④记忆的窍门——重复;⑤记忆的媒介——趣味;⑥记忆的捷径——联想;⑦记忆的动力——应用;⑧记忆的"助手"——简化;⑨记忆的"仓库"——卡片。

3. 想象力

想象力即人的形象思维能力,是在记忆的基础上,通过思维活动,把对客观事物的描述构成形象,或独立构思出新形象的能力。想象力可通过以下途径培养:

(1) 积累丰富的知识和经验。丰富的知识和经验是想象力的基础。通过想象,把过去的知识和经验加以加工、改造和构思,形成新的印象。人们的知识和经验越丰富,想象力的驰骋面就越宽阔,就越能发挥想象力的作用,创造成功的可能性也就越大。

(2) 强化好奇心。好奇心是一种对自己尚不了解的周围事物能够自觉地集中注意力,想把它弄清楚的心理倾向。好奇心可以使人产生兴趣,促进创造,但好奇心容易激发,却难以保持。要强化自己的好奇心,重要的是要善于向深处发展,不断提出新问题、新疑问,不断激发新的好奇。

(3) 培养创造激情。人的情绪对想象的丰富性、想象的强烈性、想象的倾向性都有影响。列宁指出:"没有人的情感,就从来没有、也不可能有人对真理的追求。"

精品小读 8-5

小孩子的想象力

有一位嗜酒的父亲,从一杂志上看到培养儿子智力的有效方法,其中一条是经常向孩子提出一些有想象力的问题。于是他找来儿子试问道:"你如果有一支马良的神笔,你准备先画什么?""二锅头和爸爸!"

(资料来源:青鸟新闻网)

4. 观察能力

观察是一种有目的、有组织的知觉,是全面、正确、深入地认识事物特点的能力。观察是创造的源泉,创造性人才的培养必须增进其观察能力。培养观察能力的主要途径是养成良好的观察习惯和掌握一定的观察方法。

(1) 养成良好的观察习惯。所谓良好的观察习惯,是指乐于观察、勤于观察和精于观察。乐于观察是指对周围的事物有强烈的兴趣；勤于观察和精于观察是指坚持进行长期的、系统的观察，在观察过程中，要注意事物的细枝末节，注意留心偶然发生的意外现象，从中寻找出有价值的、富有启发的线索。

（2）掌握一定的观察方法。①整体观察。整体观察是指对一个新事物，通过归纳和判断，了解事物的主要属性和特征，形成最基本概念的观察过程。观察前，可选择一个常见的事物作为观察对象的参照物，观察时注意观察对象与参照物之间的区别。②重点观察。重点观察是指对一个事物的具体特征作进一步观察，以获得更深刻、更全面的认识过程，在观察前，应确定好观察顺序，按一定的顺序进行观察。也可以将观察对象分割成若干局部的事物，然后逐个按局部进行观察。

总之，观察能力的培养不是一个独立的过程，它与思维和知识，尤其是与经验的积累密切相关。知识渊博、经验丰富、思维敏捷，才能"目光敏锐""独具慧眼"。因此，观察能力的培养必须不断积累经验，丰富知识。

精品小读 8-6

考你观察能力——实验室里的笑话

有一次实习课上，舍莱恩给大学生们讲述："作为一个医生应该具备两种品质：第一，不苛求清洁；第二，要有敏锐的观察力。一些老医生在诊断糖尿病时，往往亲口尝一尝病人尿液的味道。"

说完，舍莱恩给同学们进行了示范——把一根手指浸入盛有尿液的小杯子里，然后伸到嘴里舔了舔。做完这个动作，舍莱恩问同学们："谁来试一遍？"

一名勤奋的学生照样尝了尝尿液的味道。舍莱恩摇摇头对他说："同学，你的确不是洁癖，这很好，但是，你同样也没有观察力，你并没有发现，刚才我把中指浸入小杯子里，而舔的却是无名指。"

（资料来源：http://www.d1xh.com）

5. 分析能力

分析能力是通过思考，认识事物的各种特性，特别是认识事物本质的能力。创新活动的根本在于寻求解决问题的新方法以及创造发明新事物。就创新活动的整个过程来看，应包括觉察需要、找出关键问题、提出最佳方案及最终实现创造。提高分析能力的主要途径是经常、主动地积极分析各种事物，即通过实践来加以提高。此外，经常参加一些解决问题的分析研讨会，在会上倾听别人对问题的分析以及别人对自己分析的评价；平时多看一些分析文章和材料，从中吸取别人的分析方法，都是一些有效的途径。

6. 实际动手能力

创新者在产生某个设想后,还需完成这个设想,即把设想变为现实。因为,一个完整的创新应有制成的样品,并经过实验验证已达到预期目标,随时可以投入市场或使用。在创新者把设想变为现实的过程中,需要创新者具有一定的实际动手能力,如绘制加工图、制作样品模型,以及进行相关的实验等。因此,实际动手能力是创造性人才所应具备的基本技能之一。

精品小读 8-7

动手能力从低年级开始培养

前一段时间,我教了"认图形"这一内容,这一内容就是要求学生能认识长方形、正方形、三角形、平行四边形、圆形,能区分"体"和"形"在空间上的差别。上课很多时候都要求学生动手操作,例如在钉子板上围一围这些图形,从物体上取几个面下来,从一张长方形纸上剪一个正方形下来,用两个完全一样的三角形拼成两种平行四边形、长方形、大三角形,一张长方形纸如何剪拼成一个平行四边形,在方格纸上画出这些形状等。

大量的动手操作大大影响了我的上课进度和安排,我没有想到学生的动手能力如此之差,使原来一课时要完成的任务却花了两课时甚至更多。例如在用两个完全一样的三角形拼图形的时候,一开始全班没有学生能拼出平行四边形,只拼出了大三角形和长方形,等了很久才有一个学生拼了出来,接着我介绍了拼法,让全班一起拼一拼,结果发现还有很多学生拼不出,我发现,学生只会把三角形移来移去,却没有想到把三角形翻转。还给我印象比较深的是在方格纸上画图形,特别是画平行四边形,我先在黑板上示范,讲清楚先如何确定好四个点,然后把四个点用尺连起来,在画的过程中我发现学生不会用尺,一边画尺还在动,应该是先确定好了摆好尺不动了再画,还有就是不会数格子,问题比较大。经过几次练习,大部分学生能画了,但还有几个学生还是犯这样或者那样的错误。

以上引起了我的反思:学生的动手能力为何如此之差,肯定和年龄特点有关系,但是最重要还是平时练习得比较少,不注重这一方面的培养,造成学生死读书。外国小朋友和中国小朋友最大的区别就是在于动手能力这一方面。可见,学生动手能力的培养应从低年级开始就长抓不懈。

(资料来源:http://www.sfxx.com.cn)

任务二 了解创新与创新能力

一、创新能力的定义

创新能力是指在前人发现或发明的基础上通过自身的努力、创造性地提出新的发现、发明或改进革新方案的能力，也指怀疑、批判和调查能力，是研究者运用知识和理论，在科学、艺术、技术和各种实践活动领域中，不断提供具有经济价值、社会价值、生态价值的新思想、新理论、新方法和新发明的能力。创新能力主要包括以下5个方面：创新意识、创新基础、创新智能（包括观察能力、思维能力、想象能力、操作能力等）、创新方法和创新环境。

创新能力的定义强调的是：

（1）在前人发现或发明的基础上。任何人的创新、创造、发明和发现都离不开人类已有的知识和信息。人类社会的发展就是通过不断的继承、批判、发展和创新实现的。

（2）通过自己的努力。对于创新者要有强烈的创新动机、创新精神和良好的创新素质和品格。

（3）创造性地提出发现、发明或改进革新方案的能力。创新能力是在创造过程中体现出来的，创新能力的种种特征均涵盖在这句话之中。

精品小读 8-8

把创意融入生活

创新就是生活。生活的每一天，创新都像蒲公英的种子漫天飞舞，不经意间它便生根发芽。

我国著名教育家陶行知先生，一生注重创造，他以"天天是创造之时，处处是创造之地，人人是创造之人"为理念，来教育学生，规范自己。有一次，陶行知先生在校园看到王友同学用泥块砸自己班的男生，当即斥止了他，并让他放学后到校长室里去。

放学后，陶行知来到校长室，王友已经在门口等着准备挨训了。可一见面，陶行知立即掏出一块糖果送给他，并说："这是奖给你的，因为你按时来到这里，而我却迟到了。"

当王友惊疑地接过糖果后，陶行知又掏出一块糖果放到他手里，说："这块糖果也是奖给你的，因为我让你不再打人时，你就立即住手了，这说明你很尊重我。"

王友迷惑不解，陶行知又掏出第三块糖果塞到王友手里，说："我调查过了，你用泥块砸那些男生，是因为他们欺负女生。这说明你很正直善良，有跟坏人作斗争的勇气！"王友感动极了，他流着眼泪后悔地说道："陶……陶校长，你……你打我两下吧！我错了，我砸的不是坏人，而是自己的同学呀！"

陶行知满意地笑了，他随即掏出第四块糖果递过去，说："为你正确地认识错误，我再奖给你一块糖果……我的糖奖完了，我看我们的谈话也该结束了吧！"说完就走出了校长室。

处于逆反时期的青少年，面对无视尊严的训斥，只会热血沸腾野性地反抗，把老师当成敌人。陶行知先生不忘"尊重"二字，用四块糖果收服一颗迷失的心，既盈满爱心，又充满创意，让人永生难忘。

以上所述，大家会从中看到创意在生活中也大有驰骋之地。在生活的每一天，只要你肯启动创造的灵感，满径的鲜花便会为你而开，让人生一路芳香，一路高歌。

（资料来源：邵泽水，邵鹏《横冲直撞》，地震出版社2004年版）

二、创新与创新能力的关系

（一）创新与创新能力

创新与创新能力的关系表现在两个方面：

（1）创新能力是创新、创造活动中最积极、最活跃的因素，它贯穿于创造活动的始终。创新能力是推动创新活动的动力，又是开展创新活动的基础。没有创新能力的参与，创新活动就没有生机和活力。

（2）创新成果是创新能力作用的结果。没有创新能力的作用，就不会有新事物的诞生。创新能力通过创新活动和创新性成果而显示出来。在创新活动中，创新能力得到激发和加强，并以创新性成果为归宿。因此，创新能力与创新、创新活动有着不可分割的联系，创新能力对创新性成果的生产具有重要作用。一个人的创造力强，创新能力高，创新性发挥得好，则生产的创新性成果多，生产速度快，创新效率高，创新价值大，带来的影响也越深远。

（二）创新能力开发与创造学

创新性成果的生产必须具备3个要素，即创新能力（素质）、知识和环境条件。从某种意义上讲，创新能力比知识更重要。在现实生活中，经常有一些学历不高、书本知识很少，但却成果累累的人。而有的人学历高、书本知识多，却一辈子没有搞出什么属于自己的创新性成果。例如，科技史记载着电灯发明的案例。英国斯旺和美国爱迪生都研究电灯。斯旺先着手搞，经过32年的奋斗，发明了具有实验价值的电灯，获得一项专利。美国爱迪生在此之后，用了4年多时间，发明出有实用价值的电灯，获得有关电灯的专利100多项。论学历，斯旺比爱迪生高；论书本知识，爱迪生没有斯旺多。但在生产创新性成果的能力上，爱迪生却远远超过斯旺。造成这种反差的原因何在？就在于爱迪生在创新能力方面比斯旺高出一筹。

自 20 世纪 30 年代以来，人们越来越多地认识到创新能力开发的重要性，因此积极研究开发、应用创新能力的对策。实践表明，创新能力可以通过开发而得以提高。创新学是指导创新能力开发的重要理论基础。

精品小读 8-9

创意死于习惯

创意死于习惯昭示的是这样一条真理：顺从习惯，创意便如死水一潭；打破习惯，创意便生生不息。

创意就是追求与众不同。习惯则要求人重复一切，就像钟表的走针，周而复始地围着一个轴心旋转。

一个什么事情都有一定模式、照着习惯走的人，其创意必定少之又少。

研究表明：

100% 跟着习惯走的人——创意为零。

90% 跟着习惯走的人——具有 10% 的创意思维。

70% 跟着习惯走的人——具有 30% 的创意思维。

50% 跟着习惯走的人——具有 50% 的创意思维。

10% 跟着习惯走的人——具有 90% 的创意思维。

因此，创意死于习惯，绕开习惯走一走，创意之泉便会飞花溅玉。

习惯以一种司空见惯的形态约束着人的思维，敢于对这种"司空见惯"来一点改变，奇迹便会发生。过去有一个火车站常在雨天提醒旅客："请各位旅客不要忘记自己的雨伞。"这种提醒有些俗套，让人听了和没听一个样，遗忘雨伞的人照样不乏其人。有一天，头脑灵活的广播员不肯再老调重弹，于是人们听到了这样的广播："到目前为止，我站收到遗留在火车上的雨伞已多达 3000 把……请各位旅客留意。"

雨天本来容易使人感到烦闷，旅客听到这样不同于以往的提醒，自然会格外留心。自此，遗忘雨伞的旅客明显少了。

无独有偶。一家植物园曾经在告示牌上写过这样一条告示：凡折花者，罚款 10 元。但依然有"爱花族"我行我素，折花的大有人在。一位管理人员对这种常见的"惩罚语言"大胆地进行了一下改写，他写道：凡举报折花者，奖励 10 元。这个小小的改变令折花者望而却步，因为过去折花只需防范管理人员，而今，所有的人都须防范，花木自然躲过了一劫。

上述两例，不过是在语言表述习惯上做了一点小文章而已。若是广开视野，在诸多习惯上都创意一把,那就热闹了。

习惯的力量非常强大,摆脱习惯绝非一日之功。再说,过去你穿着鞋走路,觉得非常受用,一旦扔掉鞋子,赤脚走路,也得忍受沙石硌脚的阵痛——改变习惯必然要付出代价,创意罕有不请自来。总之,创意死于习惯昭示的是这样一条真理:顺从习惯,创意便如死水一潭;打破习惯,创意便生生不息。

(资料来源:《横冲直撞》)

三、创新能力的特性

(一)创新能力是人人皆有的一种能力

1. 创新能力人人皆有

创新能力是人人皆有的一种能力,即创新能力具有普遍性。它并不分年龄大小,不分正常人和不正常人,也不分智商高低,更没什么内外行、条件好坏之分。也正因为它是人人皆有的一种能力,创新理论,包括创造学、成功学、人类潜能学才有其存在的必要和意义。

在实际生活中我们并不要因为自身的条件有些不足而认为无法创新,我们要克服下面一些常见的认识误区。

(1)心理或生理不正常无法创新。事实上有些心理或生理有残疾的人,往往会有惊人创新成果,常常令生理健全的人为之汗颜和羞愧。如自幼失聪的美国残疾女孩海伦·凯勒,以她坚忍不拔的毅力,竟然学会了说话、读书和写作,成为著名的教育家和作家。我国家喻户晓的张海迪,胸部以下都瘫痪了,但她以坚强的毅力和百折不挠的进取精神,克服了人们难以想象的困难和阻力,发表了大量著作和译作,成了激励人们向前进取的楷模。这样的实例不胜枚举。

(2)智商不高,难以创新。不少人认为自己智商不高,与创新无缘,事实上影响创新最主要、最关键的因素并不是人的智力因素而是人的非智力因素,即情商与逆商。比如闻名于世的大画家梵·高,就是一个精神病患者;有些痴呆人对数学、音乐、绘画有超常的能力。

智力并不等于创新能力,高智力更不等于高强的创新能力。

精品小读 8-10

爱迪生的用才之道

大发明家爱迪生曾招聘到一名助手。这是从1000多名优秀的大学毕业生中选拔出来的一个数学奇才。报到的第一天,爱迪生让他测算一下灯泡的体积。这位奇才用了三天三夜的时间,采用大量的数学公式进行推导。当他把写满一本的数学草稿交给爱迪生时,爱迪生只看了一下结果,就说:"你算对了,真了不起。"助手问："你如何知道是正确的？"爱迪生说"我也计算过，所以我知道你推算的结果是正确的。"助手又问"你用了多长时间，怎样计算的？"爱迪生说："我用了 3 分钟。"助手惊诧不已地说："这不可能，我用了 72 小时，是 4320 分钟，而你只用了 3 分钟？"爱迪生说："我的算法很简单，我把一个杯子装满了水，然后把灯泡全捺下去，把流出来的水用量杯一量就知道它的体积了。或者，把灯泡的螺口拧开，装满了水，然后再倒入量杯，也就知道它的体积了。"

这个故事告诉了我们什么是创造力，什么是智力，两者有何区别，同时，也告诉我们创新往往是简单的，远远没有人们想象的那么难，那么复杂，关键是人的思维方式，要用创新的思维突破常规思维。

（资料来源：网络资料改编）

（3）文化水平不高，难以创新。具备一定的知识当然是创新的基础，但并不少见的是，高学历未必能创新，过多的知识反而会抑制人的创新能力。

大发明家爱迪生，只上过 3 个月学，就被老师以"笨蛋"为由赶出校门。伟大的科学家爱因斯坦，初中毕业考不上中等学校，而只能进瑞士的一所补习学校学习。比尔·盖茨从大学辍学后靠从事软件开发起家，短短的时间内成为一名举世瞩目的人物。这样的例子举不胜举，学历并不能代表实际的创新能力。当然，每个人也必须强调要好好学习，只有具备一定的专业知识才能更好地实施创新。

（4）岁数大了，不能创新。创新与年龄没有直接关系，大发明家爱迪生 81 岁取得第 1033 项专利；奥地利科学家弗贝希 87 岁荣获诺贝尔奖；萧伯纳 93 岁完成大作《牵强的故事》；我国著名画家齐白石 90 岁之后还天天作画；科学家钱学森 90 岁之后还在病床上撰写科学论文。

（5）外行，不可能创新。但事实不是这样。发明电机的莫尔本人是一名画家；发明电话的贝尔是一名语言学教师；发现了天体运行规律的开普勒是一名职业编辑；近代遗传学的奠基人孟德尔是一名职业教师，等等。这些例子告诉我们，创新并不直接受行业知识的影响，有时外行人的创新更令行家惊叹。

2. 创新时时皆有

创新本身不受时间和空间的限制，每个时期每个人的创新能力都表现不一样。至于在什么时间能产生创新和创意，也因人而异。也许在白天、也许在晚上、也许在淋浴过程中、也许在闲聊的过程中……创新虽然没有什么严格的时间限制，但却有公认的最佳创意时间。

我国古代就已经对什么时间是最佳的创意时间有了深刻研究，古代的有关专家研究认为，骑在马上、睡在枕上、坐在厕上这 3 个时间阶段为最佳创意时间。美国创意顾问集团主席查里斯·奇克·汤姆森（Charles Chic Thompson）做了一个权威的测试,结果位居前10位的最佳创意时间是:①坐在马桶上;②洗澡或刮胡子的时候;③上下班坐公共汽车的时候;④快睡着或刚睡醒时;⑤参加无聊会议时;⑥休闲阅读时;⑦进行体育锻炼时;⑧半夜醒来时;⑨上教堂听布道时;⑩从事体力劳动时。

3. 创新处处皆有

创新表现在各个领域各个行业,它涵盖了社会上所有的职业,所有的方方面面,无一例外。曾有哲人说过,在每个国家里,太阳都是早晨升起的。这句话很有道理。我们也可以这样认为,一个人只要有心创新,那么创新的机会处处都有,它对每个人都是均等的。

案例 8-5

艾士隆公司的"以丑招财"营销手段

美国艾士隆公司董事长布耐尔一次在郊外散步,偶然看到几个小孩在津津有味地玩弄一只浑身肮脏形态极丑的昆虫,爱不释手,不由"触景生情"。他由此联想到,当时美国玩具市场上的玩具"清一色"都袭用一个固定的模式,只追求其形象美,其产品只有共性,没有个性,不免使儿童感到乏味,"望而生厌"。于是,他从中受到启迪,打破常人顺向思维的定势来个逆向思维,决心"以丑招财",即以丑陋的玩具诱使儿童掏腰包。他立即组织人马研制出一系列"丑"字号的玩具。比如,在一串小球上印有许多丑陋面孔的"疯球";用橡皮做的长着橘黄头发、绿皮肤和一双怪眼睛,一眨眼就发出怪音的"粗鲁陋夫"等,并认为这一套"丑陋玩具"一定大有销路。果不其然,该产品一上市,儿童就争相抢购,"以丑招财"使公司发了大财。

由此可见,创新和创意,它能给人们带来成就、快乐和财富。工作、生活和学习中无数的事实证实了一个浅显、普通、深刻而又本质的道理:人人、事事、处处、时时都体现着创新具有的普遍性。

(资料来源:网络资料改编)

(二)创新能力是可以激发和提升的一种能力

人的创新与创新能力是可以通过教育、训练、实践激发出来和不断提升的,即创新的可开发性。创新能力的差异是客观存在的,也是开发的前提。它的差异不表现在人的潜能上,而表现在后天的差异上。把创新能力由弱变强,迅速提升人的创新能力,只能通过教育、培训、开发、激励和实践。

人世间的一切成就、财富、成功和惊人的业绩,都是靠人的创新能力创造的,但是每个人表现出来的创新能力差异却很大。

案例 8-6

过一把空中沐浴的瘾

一家公司构筑了一个集酒店、售货、住房为一体的商业大厦。从营运几年的经济效益来看，不尽如人意。如何使商业大厦的经济从各个部分都有大幅度增长呢？公司向全体员工征集相关的经营方案和意见，承诺如果方案、对策、创意实施效果明显，公司予以重奖。员工们纷纷献计献策，有的撰写了两百多页的方案。公司从一百多份提案中，经评估，最后采纳只写了一句话的创意。这个创意就是建议公司投资在大厦上面架起一个旋转式的大型空中浴室，边沐浴边观赏全市的风光。大型的空中浴室建成后前来沐浴的人络绎不绝，离市中心很远的地方的人都来过一把空中沐浴的瘾。大厦地下两层的停车房每天都无空位，这样一来，前来酒店吃饭的人，到 6 个楼层面购物的人，到客房来下榻的人，较之以往成倍地增加，商业大厦经济效益因此有了快速的增长。这就是把地下的水调到空中去的逆向思维在实际中加以运用产生的效果，空中浴室就是相对其他浴室的创新。

（资料来源：网络资料改编）

案例 8-7

一只猫 = 敌军司令部

在"二战"期间，苏联红军与德军对垒，两军都挖了壕沟。有一天，在两军阵地相距最近的地方，一位正在执勤的苏联红军战士突然发现德军阵地上有一只花猫出没。这位战士猜想：能养猫者必定是德军的高级将领，这只猫出没的那个地方有可能就是德军的指挥部所在地。于是，他及时把这个情况向上级作了汇报。他又继续观察了两天，发现花猫还是经常出现在那个地方。后来苏联红军调用炮兵集中轰击了那个地方。

从战役结束后得到的情况证实，那个被彻底摧毁的地方果然是德军的一个司令部。群龙无首，敌军焉能不败！这个战士通过联想，从花猫想到了高级将领，而从高级将领又想到了司令部。

（资料来源：网络资料改编）

在商业大厦 200 多名员工中为什么只有一个人提出在大厦上建筑一座空中浴室？为什么在众多的红军战士中，只有一个战士通过观察到的花猫想到了敌军的要害部位？这正说明了人的创新能力是有差异的。

创新能力的差异正是开发创新能力的前提。虽然每个人都有创造和创新的潜能，然而，由于每个人的素质不同，能动的作用不同，这种潜能的发挥与运用也不尽相同。

（三）创新能力是一种综合性的能力

创新能力是在创新过程、创新活动中所体现出来的，是各种创新能力的合成。就创新能力本身而言，创新思维是创新能力的核心。创新能力构成如下：

1. 探索问题的敏锐力

任何人都有创新的禀赋——善于发现问题、提出问题的能力首先表现出来的能力。

2. 统摄思维活动的能力

创新思维过程总是从推论的一个环节过渡到另一个环节。创新能力在此就体现为要把握事物整体和全貌，以及从第一步到最后一步的全部推论的过程。为什么在学习过程中要重视对概念的理解与认识？因为概念具有统摄的功能。人们运用抽象的概念就能不断地向知识的广度和深度拓宽和延伸。

3. 转移经验的能力

当我们把解决某个问题取得的经验转用来解决类似的其他问题时，就是运用转移经验的能力。

4. 形象思维的能力

用表象进行的思维活动叫作形象思维。创新不仅要运用逻辑思维，同时也要运用形象思维。创新是逻辑思维和形象思维的整合。

5. 联想的能力

世上不存在不相联系的事物，创新的本质在于发现原以为没有联系的两个和两个以上事物之间的联系。创新思维的本质在于发现这种联系，联想起着极其重要的作用。联想是由一事物想到另一事物的心理过程。

6. 侧向思维能力

这是能够从离得很远的领域中的状态、特点和性质获得启示的思维方法。这往往是创新思维获得灵感的一个特征。

7. 灵活思维的能力

思维能迅速地、轻易地从一类对象转变到另一类内容相隔很远的对象的能力，称为灵活思维的能力。主要表现为思路开阔，妙思如泉涌。

8. 评价的能力

评价的能力，在创新活动中主要体现为从许多可能的方案中选定一个最优越的方案的能力，而不是对某一个方案的优缺点的列举，而是对诸方案进行综合、比较的评价的能力。

9. "联结"和"反联结"的能力

"联结"能力是指人在知觉的时候，把所感知到的对象联结起来，并把这些新的信息同以前的知识和经验结合起来。"反联结"能力是使知觉和以前积累的知识相对抗，避免以前积累下来的知识的负面影响，把观察到的东西能够"纯净化"的能力。这两种对称的能力对创新具有重要的意义和作用。

10. 产生新思想的能力

思考是人的生命的全部，要获取创新的成果，就要学习、研究和探索，就必须有形成新思想的能力。思考的重心反映概念所代表现象之间的密切联系。评价思想的首要准则是其思想的真实性，另一准则就是新思想的广度和深度，即能够概括和解释各种各样的大量事实。

11. 预见的能力

预见是人通过想象来推测未来的能力，对未来的发展趋势能进行预测。

12. 运用语言的能力

运用语言的能力是能够对事物进行准确、客观、规范地描述的能力。

13. 完成任务的能力

完成任务的能力是反映按照预定的目标，不畏艰难险阻，把创新过程终结，达到目标获取成果的能力。

就创新思维能力来看，它是一种综合性的能力，把创新能力作为一个能力系统来看，它是由众多子系统构成的。

创新思维的综合性，是创新者应具备的各类能力的综合。但是，就13项能力来看，不可能均衡发展，其中有的强些，有的弱些，正因为如此，才形成了特点各异、在不同领域、门类繁多的杰出的创新者。

案例 8-8

不断进取的创新能力

美国第三十二任总统，著名的资产阶级政治家罗斯福也是一位极具创新能力的哈佛经理。1929—1933年，资本主义世界爆发了一场迄今为止最严重、最持久的经济大危机，其中以美国所受的危害最深。当时的美国总统胡佛面对日益严重的经济危机，只知道墨守成规，还是一味推崇亚当·斯密提出的一百多年来对资本主义经济发展起过大推动作用的"看不见的手"理论，奉行自由放任的经济政策。1932年，胡佛在竞选中除了毫无根据地发表盲目乐观的演说外，拿不出任何新政策来摆脱了经济危机。而罗斯福则针对美国经济危机，深刻地分析其原因，大胆提出"为美国人民实行新政"，要用政府力量调节和改革经济。后来，他采纳凯恩斯理论，彻底放弃自由放任的经济政策，实行国家干预经济政策。罗斯福总统为美国人民实行的新政,是一种超凡大胆创新之举,"新政"使美国逐步摆脱经济危机,获得新的经济增长,也标志着资本主义世界自由放任经济时代的结束,国家调节干预经济政策的开始。罗斯福的新政,也是他能够成为二百多年来最具影响力的总统的原因之一。

由此,我们可以看到,每一个成功的哈佛经理都需要具有开拓创新能力。胡佛总统在经济危机面前正是缺乏创新能力,墨守成规,所以竞选连任失败。而罗斯福正是依靠他的创新能力,当上总统,并成为一代杰出的哈佛经理。

(资料来源: http://blog.phoenixty.com)

(四)创新能力是一种具有乘数效应的能力

大量的实践证明,开发和提升人的创新能力可以创造出比传统经济时代超出多倍的效益。知识经济学家龚建华指出:"在知识经济时代,进行管理或进行经营分析的时候,1+1不一定等于2,其反应结果可能是0,-10,-100,…,-10000;或是10,100,1000,10000,甚至更大。产生的是除或乘的效应。这是由于其投入的成本包括一种特殊的成本因素,这就是创新,或者说是智慧。技术上的革新固然重要,但其获利不会增加很多,但在产品品种、市场拓展等方面的创新,则可以获得高附加值的回报。知识经济的动力就来源于此。那种传统的成本+利税等于价格的理论已站不住脚了。与传统经济理论的不同之处在于新理论的经营成本包括一种特殊的内容,这就是创新和智能成果的成本,它不与技术和管理成本一样,它是技术和管理的发展和创新,是所有投入中最有价值和创造高附加值的部分。"

香港"船王"包玉刚先生在谈他的成功之道时说:"仅靠经营船运是赚不了大钱的,因为当今的世界船运业竞争激烈,利润十分少。我是靠灵活的脑子,想出很多新点子,如用经营所得的利润或银行所贷的款来买船,用船抵押贷款,再将船出租还贷,用出租的租金还贷或抵押贷款购船;而且收购有发展潜力的项目,如香港九仓。"从这个由一般的经营者发展到世界级的船王的案例来看,不得不使我们得出一个结论:在知识经济时代,不是仅靠拥有资金就能获得成功,更重要的是要靠创新意识和智能。这就是知识经济社会经商成功的诀窍。

(五)创新作用力的新组合

(1)从传统的创造观到知识经济创新观的转移——新创新能力。
(2)是竞争者,更要当改革者——新推动力。
(3)使用系统思维——新系统力。
(4)管理者要有自己的"软产品"——新核心力。
(5)造就具有知识经济的5种特征的人——新素质力。
(6)乐于接受新事物和新思维——新学习力。
(7)智能比知识更重要——新经济力。

（8）不强调最大，但注重最强——新激发力。
（9）全赢、共存——新竞争力。
（10）以管理手段的进步作为管理的重要因素——新科技力。
（11）关注持续发展——新生产力。

案例 8-9

第四只眼

人有两只眼睛，神有三只眼睛，如果通过创造力开发，那么人就会比神还聪明，人就会有第四只眼。

创造力人人都有，人和人的差异在于有的人注重创造力的开发，因而显得创造力强些；有的人未和创造结缘，显得创造力弱些。

一些青少年运用第四只眼所做的发现、发明及创造，令众多专家学者折服和倾倒。上海一位名叫王驷通的三年级学生，他穿的风衣上有一根带绳，绳的两头从风衣内串出来，可以把衣服扎紧。他有时不小心会将绳从一头拉出来，但要将绳的一头沿细窄的串绳洞串回去可就难了。每次他都要找妈妈。妈妈用一根别针连在绳头上，由于别针是硬的，可以用它来"牵引"带绳。有一天，带绳又"逃"出来了，可家里一时却找不到别针。一天，他从冰箱中取一根雪糕吃时，突然想到可以先把这根绳弄湿了放进冰箱里，把它冰成马蹄形，然后就能轻而易举地把已冻硬的"冰绳"串过风衣上的串绳洞了。

王驷通同学运用"第四只眼"所做的发现，虽然并不是什么大不了的事，但他的设想却有其独创性的一面，因为"把绳子也像雪糕一样冻硬"，恐怕很少有人想到过。而这种独创性恰恰是构成创新思维的基础。

青少年运用"第四只眼"展开想象的翅膀，在写作、绘画领域展示的创造才能，最为引人注目。1996 年 8 月，第一届全国少年儿童想象绘画展览在天津举行，其中的精品佳作让人目不暇接。

所谓人的"第四只眼"，本质上说的是人的独创性。独创常常表现为打破常规。打破常规，就要求思维具有批判性；追求与众不同，就要求思维具有求异性。"第四只眼"常常用一种近乎挑剔的眼光看问题，并总是能提出与众不同的、罕见的、非常规的想法。

最早的火车是用齿轮做车轮的，车轮与铁轨之间是用齿轮咬合着齿轨行驶的，因为人们认为这样的火车才不会脱轨。但这样一来，火车行驶得很慢。火车司炉工史蒂文森用"第四只眼"想到"让火车改用平轮、平轨"。结果证明，火车不但没有打滑脱轨，而且速度提高了将近 10 倍。

一个人若潜心发挥自身的创造才能，善用"第四只眼"，其创造力也会增大十倍甚至百倍。

（资料来源：《横冲直撞》）

项目三　发现与把握创业机会

任务一　认识创业机会

随着市场经济在我国的逐渐成熟，创业已经成为人们谋生、经营人生事业的一种重要途径。然而，据统计，由于各种各样的原因，创业者十有八九铩羽而归，兵败商场。因此，能否正确认识、发现和甄别创业机会，是创业者成败的重要因素。我们将在掌握市场营销知识的基础上，进一步认识和探索创业和创业机会。

一、创业机会和商业机会

商业机会是指实现某种商业利益（营利目的）的可行的突破口、切入点、途径、环境、空间、条件等，它包括创业机会。创业机会是指有助于创办新的企业、实现某种商业利益（营利目的）的可行的突破口、切入点、途径、环境、空间、条件等，是有助于创办新的企业的商业机会。创业机会和商业机会的重要区别在于创业机会是要创办新的企业。

二、创业机会的判断标准

创业的定义是——一个精英团队在洞悉某一行业市场现状、需求的基础上，经过慎重研究、思考寻找出创新的、未来有较大需求且可行的经营模式之后，通过管理、技术、市场、公关等手段或途径最大限度地实现团队预期目标，并为社会创造较大财富的过程。

创业机会有以下几个判断标准：

（1）满足顾客需求。一切创业机会都来源于顾客需求，能否满足顾客需求是评判创业机会价值的最根本的标准。

（2）较大的市场容量。有些细分市场容量太小，导致投资成本过高，难以实现赢利。较大的市场容量带来旺盛的需求和较高的利润。同时，较大的市场容量意味着创业窗口关闭的时间比较晚，企业的发展空间比较大，利润的增长空间也比较大。

（3）需求的及时性。有些机会具有较大的市场容量，但是时机还没到，市场没有成熟。这样的机会风险比较大。只有能及时满足顾客需求的市场，才能支撑得起初创企业的生存。

（4）较明确的目标市场。如果一个创业机会连目标市场都不明确，就很难让人相信这个机会具有价值。而具有价值的创业机会一般都比较清楚地知道自己服务的目标市场。

任务二 辨识与把握创业机会

在创业过程，一个重要的因素就是创业机会的发现和辨识，而机会的把握则至关重要。判断是否是机会，在于机会是否能够利用。而机会的本质，起源于变化。凡有变化而能够注意到之人，是机会的发现者。下面谈一下笔者对于机会的理解，以及如何发现机会，把握机会。

一、发现机会

（1）任何一个人的机遇，都是一个人对周围因素的感性和理性认识；只要善于发现它就存在，如果你不善于辨识，机会就会溜走。机会是永远存在的，就在你的身旁，只不过是你能否看到并能否抓到。训练自己发现机会的能力，可以从以下方面做起。

首先，训练注意对变化的意识和反应，对周围市场的可变因素加以关注。这又可以分为两个方面：一是对突然变化有足够的反应力，对缓慢的变化要有足够的阶段意识，对从量变到质变有清醒的认识；二是对产业、价格、库存、企业家、政策等表层因素给予更为明确的关注。变化中往往包含着商机，许多创业机会产生于不断变化的市场环境。环境变化将带来产业结构的调整、消费结构的升级、思想观念的转变、政府政策的变化、居民收入水平的提高等。如果我们透过这些变化发现新的机会，就有了成功的基石。

其次，向周围的人学习并倾听别人对机会的判断，把自己对机会的认识与别人分享。一方面训练自己的逻辑判断力，另一方面训练对机会的正确意识，并把这种正确的判断作为个人能力持续下去。

最后，判断机会是否可以被你把握。创业选对项目就选对了方向，把握住机会就掌握了先机和成功的契机。

（2）创业要参与商品世界的行为，因而对市场的分析至关重要。

①要具备对商品属性的感性和理性认识。商品具有成本属性、价值属性、交换属性、使用属性、社会属性和生命周期的属性等；一个成本低的、价值高的、可交换的、具有实用性的、拥有社会效益的，甚至牢固的商品对于创业者来说都是一次创业的机会。一个创业者，只有具备了对商品属性的深刻了解后，才能看到眼前的机会。

②要对市场的基本原则具备感性和理性的认识。市场是交换商品之场所。首

先需要有商品交换，其后才有市场的存在。市场有什么基本原则？市场有什么特性？市场需要什么？如果创业者对市场的原则没有清醒的认识，就看不到机会。

二、识别创业机会

1. 寻找潜在机会

市场中未被满足的市场需求就是市场机会，这还包括一些隐藏在现有需求背后的、未被满足的市场需求，即潜在需求。市场机会表现明显，往往发现者多，进入者也多，竞争势必激烈。而那些潜在机会则不易被发现，识别难度大，往往蕴藏着极大的商机。所以我们要学会识别潜在机会，创造商机。比如，电脑诞生后，软件开发、电脑维修、图文制作、信息服务和网店等创业机会随之而来。

2. 寻找边缘化的机会

一般而言，人们对单一行业市场出现的机会比较重视，因为发现、寻找和识别的难度系数较小，但往往竞争激烈，成功的概率也低。而在各行业之间的交汇市场的机会则很难被发现。而发现这一机会，则需要有大胆的开拓精神和丰富的想象力，这种机会开发的成功的概率也较高。比如，人们对于饮食需求认知的改变，创造了美食、保健食品等新兴行业。

三、把握机会

发现机会是成功的重要部分，除此之外还要善于把握机会。创业者不仅要善于发现机会，更需要正确把握并果敢行动，将机会变成现实的结果。

1. 关注政策把握机会

我国市场受政策影响很大，新政策出台往往引发新商机，如果创业者善于研究和利用政策，就能抓住商机站在潮头。2006年，国家出台了新的汽车产业政策，鼓励个人、集体和外资投资建设停车场。而对停车场建设中的智能门禁考勤系统、停车场系统、通道管理系统等的需求也随之增多，专门供应停车场所需的软硬件设备就成为一个重要商机。2008年，国家大力整顿环境，于是一批环保公司随之兴起，如煤的脱硫脱硝。

2. 在市场夹缝中把握机会

善于找出顾客的特殊需要，了解顾客对产品特性的要求，从而把握商机。时下，许多人将目光瞄准了高科技领域，而忽视了金融、保健、饮食等低科技领域。因而我们可以从这一方面着手。如随着打火机的普及，火柴退出人们视野。沈子凯却在这个老物件里找到了新商机，他创造的"纯真年代"艺术火柴红遍大江南北。

一些创业者通过模仿一些好的企业的管理模式希望取得成功，却使市场饱和，众多企业之间竞争激烈，企业面临困境。因此，创业者应学会寻找市场空白点或市场缝隙，在行业或市场在矛盾发展中形成的空白地带把握机会。

3. 关注科技，通过技术进步促进自我发展

几乎每一个新兴产业的形成和发展，都是技术创新的结果。产业的变更或产品的替代，既满足了顾客需求，同时也带来了前所未有的创业机会。任何产品都有其生命周期，产品会不断趋于饱和达到成熟直至走向衰退，最终被新产品所替代，创业者如果能够跟踪产业发展和产品替代的步伐，通过技术创新则能够不断寻求新的发展机会。如电脑的发展和各种电子产品的产生。

在创业过程，机会的发现和把握至关重要，只有善于辨识机会、把握机会，才能抓住成功的契机。

任务三　正确辨析创业目的与机会

创业失败的例子千万个，归结成一个原因就是：对自己没有一个实事求是的评估，没有市场观念，人云亦云，没有正确认识自己创业的目的，也没在发现创业机会的基础上正确评估所发现的创业机会是否适合自己，是否符合自己的创业目的。单纯地认为创业只要有钱有项目就可以了，却忽略了创业最根本最本质的因素——自身的能力素质和敏锐的市场洞察力，在根本还不清楚创业的全部含义的情况下盲目行事，因此创业失败也就不足为奇了。常见的不成熟创业行为有以下几种：

（1）在进行创业之前没有进行详细周密的市场调查，创业者凭着自己的一时冲动和一些新奇的想法就开始创业了。

（2）总想着什么赚钱就做什么，而不顾自己的能力。刚开始创业的时候要从自己熟知的领域或事情开始干起，等以后有了基础再去涉足其他领域。

（3）没有树立诚信为本的观念，有很多人在创业之初就是为了赚钱，但不应忘记，一个企业缺少诚信原则是很可怕的。例如，经过多年辛苦经营的三鹿在诚信上的一点闪失，致使一个奶制品领头企业在一夜之间倒闭，这足以说明诚信的重要性了。

（4）违反国家政策，或者在法律的边缘行走，到最后难免要受到惩罚和制裁。国美创始人黄光裕就因经济问题违反国家法律，以致身陷囹圄。

（5）有些人一开始创业就想马上成为百万富翁，几年后就是亿万富翁，其实这都是很不切实际的想法，除非你是脸谱的创始人马克·扎克伯格，但恐怕这个世界上像他这样的人没有几个。

（6）有些创业者没有注意到服务态度的重要性。一方面是服务人员态度差，比如笔者有次去买鼠标，在一个店铺里，我看到一个鼠标还不错，就问价格，他说85块。我问有没有便宜一点的，雷柏的鼠键套装才65元。之后他的服务态度实在不怎么好。他说："这还嫌贵，买不起就不要买啊。"我没有再听他说下一

句话就走了。就这样的服务态度,他很可能是要关门的。另一方面是服务人员太热情了,让人有些受不了。比如说到科技市场买东西,店员拉着你就推销起产品来,和你称兄道弟,你本来是打算先了解一下的,到最后不买吧不好意思,买吧又确非本意,实在让人进退为难。因此,在创业的时候一定要把服务态度搞好,把服务质量提上去,让顾客满意,感到消费是一种享受。

(7) 在资金的管理上没有把握好,很多时候超出预算。这样资金链很可能会断裂,资金链一断裂,创业很可能就会因此而失败。

(8) 总想靠自己来处理好所有的事情。不和别人合作,担心会被挤掉,财务由自己或者家人来管,因为对别人不放心;技术由自己亲自研发,害怕别人在自己门下研发出先进技术后离开自己的团队等。有一个动画片很生动地描述了这种创业者的心态:有一个海盗劫持了一艘轮船,于是这个海盗就成了这艘轮船的主人,他规定船上一切事务都由他一个人做,他自己驾驶轮船,让人不可思议的是船上所有人吃过饭的碗也必须由他自己来刷,没几天他就受不了了,他说没想到当海盗这么累,以后再也不当海盗了。虽然现实中很少有人像那个海盗那么笨,但的确有些创业者刚开始的时候有这种想法和做法。

(9) 创业者不熟悉所在地区的经商文化和环境、商业惯例、公司法、雇佣标准、环保法规,以及公司管理的一般方式等。

(10) 创业者没有使命感,往往使企业的发展陷入迷途,有时候会走向倒闭。通用电气生产电灯泡时,它们的使命是"让天下亮起来";迪士尼乐园创建时,它们的使命是"让天下的人开心起来";马云对阿里巴巴提出的使命是"让天下没有难做的生意"。

任务四 掌握发现创业机会的策略与方法

说到创业,有两位人士是非常值得称道的,一位是苹果公司的创始人之一乔布斯,另一位是曾经占据世界首富之位长达13年之久的比尔·盖茨。苹果在成立之初,就找对了创业方向——小型电脑。当美国有史以来第一次计算机展览会在西海岸开幕时,苹果一改过去个人电脑沉重粗笨、设计复杂、难以操作的形象,以小巧轻便、操作简便和可以安放在家中使用的苹果机获得巨大成功。比尔·盖茨凭借他天才的计算机技术和敏锐的洞察力,在软件刚开始流行时就做出了非常明智的决定——创建微软公司,进行软件开发。随着软件的流行,微软凭借其操作系统和办公软件发展成了今天的软件帝国。

个人投资创业要善于抓住好机会,把握住了每个稍纵即逝的投资创业机会,就等于成功了一半。一般来说,发现创业的机会有以下几种方法:

一、关注变化

变化就是机会，环境的变化往往会给各行各业带来良机，人们透过这些变化，总会发现或想象出一些新、奇、特的事物和项目。所以，我们平时要养成时时关注社会环境变化的习惯。其中，包括产业结构的变化、科技进步、通信革新、政府放松管制、经济信息化、服务化、价值观与生活形态化等。市场环境的变化会导致市场需求、市场结构的变化，这个时候会带来很多创业机会。

关注消费者的需求及其变化，着眼于那些大家"苦恼的事"和"困扰的事"。创业的根本目的是满足顾客需求，而顾客需求在没有得到满足之前就是问题。寻找创业机会的一个重要途径是善于去发现和体会自己和他人在需求方面的问题或生活中的难处。比如，上海有一位大学毕业生发现，远在郊区的本校师生往返市区交通十分不便，就创办了一家客运公司，这就是把问题转化为创业机会的成功案例。

每当新事物出现时总会带来许多的机会。比如在电脑出现的时候，出现了代工生产电脑的情形，我国很多沿海企业就是靠代工生产电脑起家的；还可以代理销售电脑；生产电脑周边产品，如音响、鼠标、键盘、耳机等。当下网络流行的时代，可以做网站，做外包，电脑维修、软件开发、电脑操作的培训或者把自己的创意在网上实现，就像马克·扎克伯格一样；还可以做与网络相关的，如路由器，交换机等。

二、从"低科技"中把握机会

随着科技的发展，开发高科技领域是时下热门的课题，例如美国近年来设立的风险性公司中电脑占25%、医疗和遗传基因占16%，半导体、电子零件占13%、通信占9%。但是，企业的机会并不只属于"高科技领域"。在运输、金融、保健、饮食、流通这些所谓的"低科技领域"也有机会，关键在于开发。其中我们积极关注生活中产品的缺陷和不足，也有很多可以变成创业机会。试着观察你周围的公司，你若能够比他们更快、更可靠、更便宜地提供产品或服务，做得更好，这就是你的创业机会。机会不一定都需要"高大上"。

三、集中盯住某些顾客的需要就会有机会

总裁学习网建议，机会不能从全部顾客身上去找，因为共同需要容易认识，基本上已很难再找到突破口。而实际上每个人的需求都是有差异的，如果我们时常关注某些人的日常生活和工作，就会从中发现某些机会。因此，在寻找机会时，应习惯把顾客分类，如政府职员、菜农、大学讲师、杂志编辑、小学生、单身女性、退休职工等，认真研究各类人员的需求特点，机会自见。

四、追求"负面"就会找到机会

所谓追求"负面"就是着眼于那些大家"苦恼的事"和"困扰的事"。人们总是迫切希望解决这些事,如果能提供解决的办法,实际上就是找到了机会。例如双职工家庭,没有时间照顾小孩,于是有了家庭托儿所,没有时间买菜,就产生了送菜公司。这些都是从"负面"寻找机会的例子。

发现创业机会的策略与方法有很多,创业者在平时应该注意培养自己对环境变化的敏锐观察力,这样当机会出现时就可以迅速做出判断,把握住创业的机会。

项目四　新产品目标市场细分和定位

任务引入

肯德基进入北京市场的故事

美国肯德基炸鸡店决定进入中国市场之前，曾先后派过两位执行董事到北京考察市场。

第一位考察者下了飞机，来到北京街头。他看到川流不息的人流，便回去报告说中国市场大有潜力，但被总公司以"缺乏足够的证据"为理由降职调动了工作。

接着公司又派出了第二位考察者。这位"特派员"用了3个星期的时间在北京几条宽窄不同的街道上测出行人流量，然后又向100多位不同年龄、不同职业的人询问他们对炸鸡味道、价格以及炸鸡店堂设计等方面的意见。此外，他还对北京的鸡源、油、面、盐、菜及北京鸡的饲料进行了调查，并将样品、数据带回美国，逐一做了化学分析，经电脑汇总、打出报告表，从而得出"肯德基打入北京市场有巨大商机"的结论。

果然，第一家北京肯德基炸鸡店开张不到300天，赢利高达250万美元。原计划5年收回的成本，仅一年多就收回了。

（资料来源：http://blog.lhjy.net/blog/mkshou/77477.html）

学习任务

任务一　新产品的目标市场细分和定位

一、概述

大学生推出新产品，一定要考虑目标人群在哪里，竞争对手是谁，市场怎么样，也就是要进行市场定位，而且要力求清晰。

按照特劳特的理论，所谓定位，就是令你的企业和产品与众不同，形成核心竞争力。对受众而言，即鲜明地建立品牌，通俗地讲，定位就是抢占目标消费者心智资源。

至于定位的方式，我们通常还是参考菲利普·科特勒的 STP 理论模型，包括市场细分、目标市场选择和定位。这3种方式教科书上都有深入论述。简言之，就是先根据顾客需求把某个产品或服务的市场划分为系列细分市场，然后选择、决定进入的细分市场，最后把产品或服务确定在目标市场中的一定位置上。

定位最核心的目标是建立竞争差异性。抛开理论，定位的关键在于在某一个细分市场上占据第一：如果你的产品或服务在当前熟知的细分市场已经占据第一，那么就去强化；如果没有，那么就找到你能成为第一的细分市场，然后去强化。而且，定位的事情不是新产品推出之后再做，在规划新产品之前就要考虑定位的问题。比如，某个大学生想在服装行业创业，但如果去做品牌设计师，竞争太激烈，自己积累也不足，于是决定做个性T恤，而且以淘品牌（淘宝商城和消费者共同推荐的网络原创品牌）为主，这样就快速打开了市场。

二、如何进行新产品目标市场细分和定位

（一）市场细分

（1）为什么要进行市场细分？即使是大企业，在进行新产品推广的时候，也会面临诸如预算有限、区域市场差异化、消费者需求差异化、竞争强度差异化等问题，也必然要进行市场细分；而我们大学生推广的新产品，更要认真研究市场，从而选择更适合的目标市场作为主攻对象。

（2）市场细分标准。市场细分通常要考虑：地理位置（气候、人口密度等），人文因素（年龄、性别、收入等），心理状态（购买动机、社会阶层、生活方式、价值观等），行为因素（使用频率、忠诚度等）。

但市场细分之重点还是结合自身产品的特点，选择细分标准。我们曾帮助某款汽车新品上市推广。这是一款小型SUV产品，售价10～17万元，属于动感时尚造型。有鉴于此，当时重点从人文和心理两个角度，即收入高低和追求个性程度高低两个角度，把消费者市场分为4大类：城市精英型、家庭型、乐活族、经济适用型。然后从中选取城市精英型、家庭型作为目标人群，重点突破。由于定位准确，推广得力，最终使预定的月销3000辆的目标在一年后提升到月销10000辆。

（3）市场细分方法——市场调研。通常市场细分的流程是：先选择市场进行评估，再设计并组织市场调研，然后选择细分的具体标准，再进行初步的市场细分，最后筛选、分析细分市场并最终选定细分市场目标。

这里，我们再分享一个汽车行业的案例，不过这个案例不是推出新产品，而是推出全新的服务及服务品牌。当时，为了研究服务品牌所需要的支撑项目，准确找到客户需求的要点，我们组织进行了客户需求研究，前后历时一年半，包括1000多个样本的定量研究以及几十场焦点小组访谈，同时包括大量的案头定性研究。在项目开始之初，我们初步汇总了当时汽车行业比较流行的近80种服务

项目，接着进行全面调研，针对 3 类目标战略人群共有的售后服务诉求——"可靠、质量、服务、安逸"，最终选定了所需要的支撑项目。

（二）目标市场

（1）选择策略。通常，目标市场选择策略包括无差异营销（向所有市场提供一套产品或服务，常用的如成本领先策略）、差异化营销（针对不同细分市场，提供不同的产品和服务，采取不同营销方案）、集中营销（选择某一个目标市场重点突破，即我们常说的聚焦策略）3 种。

大学生推出新产品，通常难以进行差异化营销，而产品创立之初无法实现批量生产，又很难做到同等质量下的以低成本抢占市场，所以，更多地会采取聚焦某一市场的集中性营销策略，也就是聚焦策略。但聚焦策略的关键，首先在于选择好细分市场，其次在于坚持，后者尤其重要。

在辅导大学生创业以及为初创企业做咨询的过程中，我们曾见过无数新产品、新企业因为不能坚持下去而倒下。通常，创业型公司碰到的最大的麻烦就是没客户、无资金、招不到人这 3 大困难。碰到这种情况，我们常问创业者一句话：如果你是客户，你是否愿意为你的产品买单；如果你愿意，那么请再坚持一下；如果你自己都不愿意，那么肯定是你的产品或方向出了问题，那么请再积攒实力，几年后换个方向卷土重来。我们曾服务过一个木窗企业，这是来自东北的一家企业，老板也是白手起家。创业之初他面临几种选择，是做意式窗、铝合金窗还是其他窗。而且，当时这些品类都是市场保有量很大的产品；但最终，他选择了德式窗，而且聚焦到铝包木窗，因为他看中这一产品的高端特性和强大的市场潜力，于是坚持多年，最终在这一细分市场占据了领先地位。

（2）选择模式。基于上述 3 种策略选择，具体的目标市场选择模式通常包括：产品—市场集中化（针对某一目标人群、提供某一款产品），产品专业化（针对不同目标人群提供同一种产品），市场专业化（针对某一目标人群提供不同产品），有选择的专业化（选择几种不同的目标人群，分别提供不同产品），市场全面化（同步推出多种产品，覆盖多个目标人群）。

但我们大学生推出新产品，重点还是应该在聚焦上，即聚焦到某核心目标人群，聚焦到某一重点产品，实行单点突破，然后再进一步拓展市场。我们曾帮助某个英语培训机构进行推广。在前期，该机构曾将目标人群定位为成人，但市场推广不利；后经咨询，将市场又进一步细分，定位于儿童英语培训，而且强调美式英语，随后迅速打开了市场。

（三）定位

如前所述，定位的核心是抢占目标消费者心智资源，因此，占领目标人群前三名的位置，成了众多营销人追逐的目标，也是我们大学生推出新产品重点要考虑的问题。

（1）定位方法。常见的定位方法有关联定位、对抗定位、领导者定位、品类定位4种。

①关联定位。很简单，同一市场已经有一个比较强的品牌，与之建立关联，快速使消费者认知你的品牌。历史上，中国品牌通常很擅长这点，成功的如淘宝之于ebay，百度之于Google，小米手机之于苹果手机。但关联定位不能简单地"山寨"，要形成自己的特色。如有的品牌先关联，等企业成长之后，再建立全新品牌，其实也是不错的选择。

②对抗定位。指的是与竞争对手定位于同一位置，强势对抗。典型的如肯德基之于麦当劳，百事可乐之于可口可乐。大学生推出新产品由于规模较小，无法进行强势宣传，通常不必进行对抗定位。

③领导者定位。将目标放在成为某一方面的领导者，并围绕目标展开宣传。领导者定位追求领先，可以是时间最长、销量最高或某一项技术领先，但要当心"最""第一""首家""权威"等极限用语的运用，以免违反新广告法；而且推广要言之有据，避免类似加多宝被法院判决停用、"加多宝凉茶荣获中国罐装饮料市场'七连冠'"等广告语事件的发生。

④品类定位即发现或创造一个新的品牌，并使之成为第一。在某一品类中，如果你无法以第一的身份进入潜在的顾客的心智，那么就创造一个品类使自己成为第一。也就是说，创造一个你能成为第一的新领域。我们曾服务过一个美容仪新产品，该产品拥有纳米点阵嫩肤、时尚轻奢、小巧便携等特点，于是我们将其定位为私人移动美容院新品类，并推出了新广告语："美，一器呵成。"

（2）定位步骤。定位的基本方法不是去创新，而是操控人们心智（头脑）中已经存在的认知，把已经存在的观念"重新组合"。通常，我们先进行市场分析，再进行理性价值和感性价值的分析，然后找到最终的品牌定位。

市场分析的重点是当前市场容量、走势分析，还有竞争对手价格区间及产品特点分析，进而找到自己要推出的新产品可能的市场位置。

理性价值也被称为USP（独特销售卖点），就是研究产品本身的特点。除了分析产品自身的设计、技术、性能之外，还要分析产品研发、推广的背景，包括团队背景、资本支持、技术来源、售后服务等；通常要概括3～5个优越于同类产品的特点，以便于后续推广。

竞争定位是研究自身产品与竞争对手的差异化特征。通常用十字图把竞争对手置于4个象限，以便找出自身与竞争对手的差异。

所谓感性价值，就是描述新产品如何满足目标人群的某些特定的感性利益。要做到、做好这一点，关键在于目标人群分析要从目标客户群找到一些共同特征：一方面是年龄、性别、职业、爱好等，称为人口统计学特征；另一方面则是价值观、消费观分析（如有人活力激扬，有人则低调内敛；有人注重品牌形象，有人则是价格敏感型。通常这些特点会概括为时尚、传统、品味、低调、引领潮流、品质生活等)。这样，针对目标人群的不同特点，我们就可以"对症下药"了。

通常，品牌定位才是我们常讲的"定位"。也就是说，结合产品的特点和目标人群的核心需求，找到我们自身独特的位置（其实就是抢占目标人群心智资源的位置），即品牌定位。

这里以某汽车新品之定位为例。某自主品牌前期推出中级车，取得了自主品牌同级车月销量第一的好成绩。但产品上市一年，热度逐渐衰减，需要推出一款同级车新品振兴市场。接手项目后，我们先对未来市场进行定位：首先明确这款车主要用于提升形象；其次，新品是以偏商务的主流 B 级车作为主打市场，而这一市场悉数为合资品牌长期占据，包括凯美瑞、帕萨特、君越等。

任务提示

由于各种各样的原因，企业需要开拓新的市场或者学生今后要创业，在开拓新市场或者创业之前，对新市场的前景，对自己生意的效益前景，都要做一番深入细致的考察，以便做出正确的决定。因此进行考察市场训练时要注意以下几个方面：

（1）考察市场主要从营销调研着手，结合市场开发项目或者创业项目设计营销调研的内容，再按照营销调研的程序，运用恰当的调研方法实施调研，并根据所获得的信息资料分析市场情况。

（2）考察市场重点是要考察市场需求情况、市场销售策略以及新市场的人流量。有人流量，才会有客流量；有大的人流量，才会有大的客流量。市场人流量的问题可以看成市场成立和发展的最基本的构成要件。如果新的市场不能有符合要求的人流量，则其不可能成立和发展。

在对市场人流量的要求上，无论经营者经营的项目是什么，其对人流量的要求都可以表述为要求大量。当然，由于经营费用的不同，经营者对人流量的要求也可以不同。经营费用大时，对人流量的要求则大；反之则小。

（3）分析营销环境就是要分析企业市场营销的微观环境和宏观环境，包括企业内部环境、顾客情况、竞争对手情况、供应商情况、周边公众情况，还包括新市场的政策环境是否优惠、宽松、安定等。

关于市场政策环境的问题，需要注意的是要开发新的市场，一定要重视政策环境是否够好。只有好的政策环境才能确保新开发的市场能顺利，才能使经济效益有保障。当然，政策环境的优惠也不是无限制的优惠，宽松也不是无原则的宽松，市场开发者应当注意节制自己的要求。不过，市场政策环境的优惠必须能够打动人心，宽松必须有利于新市场的健康发展，管理部门必须认真有所作为。只有具备优惠、宽松、安定的政策环境，市场开发者才可以考虑是否进入新市场。

拓展任务

（1）重点结合快乐居家APP产品特色，分析如何切入细分市场。

快乐居家APP

快乐居家科技有限公司旗下的"快乐居家"APP，面向家庭提供同城居家维修、安装，维修水电管线、疏通管道、防水补漏等都可获得便捷的上门服务。

居家生活中难免遇到马桶漏水、电线短路等问题，消费者往往苦于找不到靠谱的师傅。快乐居家采用即时的GPS定位推送机制：用户发送需求后，身边5公里范围的师傅能及时接到需求并提供服务。有了这个机制，师傅们不用再每天花大量时间在去往下个客户的路上，任何地方都可就近接单，并提供服务。

"快乐居家"APP目前主要的服务人群面很广，只要是生活中需要居家维护的人群，都是"快乐居家"目标人群。创始人成都市大三学生何畋好想起初衷，感慨万千。一个城市里有千千万万户家庭，一年下来难免不碰到需要居家维修的情况，如果能建立个网络平台，大家可以在平台上找服务，工人可以通过平台接单，明码标价，这样对两边都有利。

大学生创业初期很辛苦，遇到的困难太多，这在创业前完全没想到过。比如说商业谈判，由于没有谈判技巧，何畋好很容易就露了底，要么自己很吃亏，要么合作根本就谈不拢。

但现在，何畋好带领团队在乐山已经做到了收支平衡，小有盈余。去年10月，快乐居家正式入驻成都。这个年轻的公司仅在乐山市场就雇用了约10名员工。因为快乐居家自己培训工人，工人既有可依靠的组织，又可以从这个平台获得稳定的订单，于是在乐山市居家维修的行业内，快乐居家的名气渐渐流传开来，目前已经和300余名工人签约。APP第2版上线第一个月就取得了3000多的下载量，目前在乐山市已覆盖住户达50000户。

（资料来源：网络资料改编）

任务二　新产品的营销策划

案例 8-10

iPhone X 借势总结：高段位借势营销应该这么玩！

近几年，借势营销已成为各大品牌惯用的营销手法之一，每逢重大节日或事件，品牌的借势作品便铺天盖地席卷而来。相对于广告等传播手段，借势营销能够起到以小博大、花小钱办大事的作用，取得四两拨千斤的传播效果。最近，苹果新品发布会的消息铺天盖地，众品牌在这个时间节点争相借势曝光，其中不少都堪称品牌借势营销的教科书。

苹果新品发布会的借势方式，可以归为 3 类：

（1）最直观——蹭元素。

他山之石，可以攻玉，挖掘并借用热点中相同的元素，能让人迅速产生联想。苹果发布会上，热门关键词是：iPhone X、iPhone 8、全面屏、无线充电、面部识别 Face ID，等等，这些也是各大品牌最常见的借势元素。"老司机"杜蕾斯就选择了 iPhone 10 这一点，发布会一结束就借势发出海报，虽然只是简单的数字梗，但胜在快人一步的速度。@饿了么抓住了面部识别的特点，暗示了大数据识别口味的威力；而家装品牌@土巴兔，则根据取消 Home 键的特征，强调"Home 升级，就上土巴兔"（见图 8-1）。

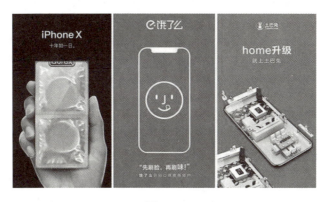

图 8-1

（2）最简单——"蹭文案"。

"充电五分钟，通话两小时""58 同城，一个神奇的网站""不是所有的牛奶都叫特仑苏"。

　　这些经典的文案，经过简单的替换就可以改成无数个版本，所以文案是蹭热点最简单的方式。海尔家电将 iPhone X 的文案改变为"hello, smart life"，符合"智慧生活"的品牌理念，而且没有使用 X、8 等谐音梗，在众多借势品牌中格外出彩。肛泰则是结合自身产品特点，套用了苹果的文案，不但十分贴合品牌，而且非常有内涵、有趣。

　　(3) 拒绝尬蹭，借势升级。

　　蹭文案、蹭元素，如果蹭不好，隔着屏幕都让人觉得尴尬；即使蹭得快、蹭得巧，也往往是昙花一现，在热度过后就被人遗忘。因此，纵观近期的借势案例，刘禹含最欣赏的是网易严选，它抓住了 iPhone 上市十周年的机会，以一波回忆杀成功刷屏朋友圈（见图 8-2）。

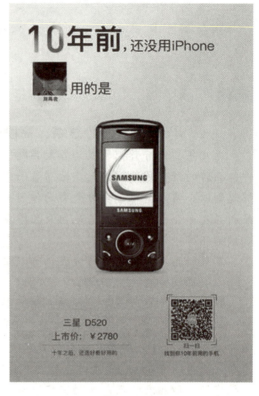

图 8-2

　　你只要扫描二维码，就可以选择当年用过的手机，直接生成海报，保存就可以发到朋友圈，社交属性很强；无论你是不是果粉，无论你十年前有没有手机，都可以生成一张海报，参与者的门槛相当低；此外，为了激发受众的主动传播，网易严选还非常低调地将品牌信息放到最后，最终促成了刷屏效果。总之，刘禹含认为，借势营销可以蹭文案、蹭元素，如果再有一定实质性的内容输出，将取得更好的传播效果，避免被淹没在信息海洋中而被人遗忘。

（资料来源：网络资料改编）

一、新产品营销策划方法概述

　　通过营销策划，可以把产品更高效地推向市场。而营销策划的过程要基于市场分析，并结合目标制定，从营销 4P 的角度进行策划；同时，要结合自身产品特点、市场定位，针对目标人群进行营销策划，这是策划的基础。

　　市场分析的工作，包括 PEST（政策、经济、社会、技术）分析、SWOT 分析、波士顿矩阵（现金牛）分析等，各有侧重。本书重点基于 SWOT 分析，研究新产品营销策划方法。

营销策划一定要注重营销目标的制定，要结合 SMART 原则（详见后文）设定目标。有效的目标管理，可以帮助你更高效地完成目标，也能更好地制定出后期评估的标准。

营销 4P 包括产品、价格、渠道、推广，是我们策划过程中重点应该考虑的 4 个方面。简言之，它就是用最有竞争力的产品，制定合适的价格，采取最贴近目标人群的渠道形式，运用有效的推广手段，把产品快速推向市场。这 4 个手段都一定要围绕新产品的定位和细分市场展开，只有这样，才能取得事半功倍的效果。

"凡事预则立，不预则废"，老祖宗的话对大学生仍然适用。虽然产品是大学生自己的新产品，但营销策划也一定必不可少，它对提升营销效率和效果非常有帮助。在营销过程中，营销效率是达到营销效果的手段，营销效果是营销效率的外在表现；效率强调快速达到营销目标，效果强调放大投入产出比。

营销策划的作用在 3 个阶段的表现有所不同：

（1）初期。新产品知名度很低，还不为人所知，甚至大众不太认可你的产品。在这个阶段，营销策划的目的是让产品的知名度快速提升，快速打开市场。

（2）中期。这个时期产品已经有了一定的稳定的客户，营销策划的重点是维护老客户口碑，用他们的好口碑帮你间接做推广，进一步提升销量。

（3）成熟期。此时，产品销量已经很不错了，客户的数量也有了质的飞跃。此时，营销策划的目的在于进一步稳固已有的市场，强化与竞争产品建立差异性，突出自己产品的特点和优势。

二、如何进行新产品营销策划

（一）SWOT 分析

SWOT 分析是由美国麦肯锡咨询公司提出的。在营销策划开始的前期，SWOT 分析法能更好地帮助我们了解内部和外部的情况，把这些方面涉及的内容进行归纳整理，从而使策划有更强的理论支撑。

下面来具体说一下 SWOT 分别对应的内容：S（Strength），代表的是优势；W（Weakness），代表的是劣势；O（Opportunity），代表的是机会；T（Threat），代表的是威胁。其实 SWOT 分析也很好理解，按照每个单词的含义给出的方向，把内外部情况的调查结果一一列出来，再通过自己的思考和资料的整理，深度分析所能想到的所有因素，从中得出此次做营销策划的结论，这些结论往往能指明营销策划的方向和目标。

当然，SWOT 的分析法也只是给我们一个参考，具体问题还是要具体分析，不能死抠字眼，最为关键的，是要找到好的营销策略。

比如，我们曾服务过某新型互联网金融客户。我们先分析了该行业的现状和未来以及当前面临的问题和机遇：首先，整个行业存在巨大机遇，截至2016年6月底，网贷行业上半年成交8422.85亿元，累计成交达到了22075.06亿元，整体行业市场发展空间广阔；但同时，该行业存在严峻挑战，尤其是平台众多，竞争激烈，品牌散乱，缺乏公信力，随着监管趋严和市场竞争日益激烈，市场会出现大规模优胜劣汰。接着又对该客户自身情况做了分析。虽然该客户有一定实力，而且风险控制技术力量强大，但它目前知名度低，同时针对目标人群的推广很少（比如在搜索引擎上，百度指数远不及同类竞争产品）。通过一系列的分析，最后得出了其营销策略的方向，如SO策略，要强化网络口碑，传播产品优势；而ST策略，强调要通过意见领袖进行舆论引导。

（二）营销目标的设定

任何营销活动，其预算都是相对有限的。所以，我们在此要重点强调营销目标的设定，希望大学生在策划之初，就要注意策划方案的落地和可执行，而非只顾创意，天马行空。关于营销目标的设定，有一个专用术语是KPI，重点要考虑的是SMART原则。

KPI，全称Key Performance Indicator，即关键绩效指标，其来源是"二八定律"。KPI不仅企业管理、岗位职责需要用，新产品策划也需要用。通常，营销KPI的制定不仅要考虑销量、销售额等结果指标，更要考虑关注人数、活动参与人数、注册量、意向客户数量等过程指标；而且，如果已经有了一个团队，要把这些指标分解到团队每一个人，通过KPI考核团队，通过过程指标和结果指标的结合考核团队。过程指标的设计，要结合AISAS认知模型（关于这个模型，后面会重点讲解）。而KPI的制定，需要依据SMART原则。SMART原则这5个英文字母，分别对应5个关键词：

S（Specific），即明确性，是指用具体的语言，清楚地说明要达成的行为标准。

M（Measurable），即衡量性，要求目标的衡量标准要遵循"能量化的量化，不能量化的质化"：首先从数量、质量、成本、时间、客户的满意程度5个方面来进行设定，最终使得目标有一个可以衡量的标准。

A（Attainable），即可实现性，要求既要使工作内容饱满，也要使其具有可实现性。一个很有意思的比方是"跳起来摘果子"：既超出现有水平，但稍加努力又能实现——这才是好的目标。

R（Relevant），即相关性，指要实现的此目标与其他目标的关联情况：如果通过努力实现了这个目标，但它与其他目标完全没有什么关系，那这个目标即使实现了，它的意义也不是很大。

T（Time-based），即时限性，它要求目标的设置要有时间限制，根据具体的任务设定完成时间，定期检查完成情况，以便及时调整。

（三）营销4P

前已述及，营销4P包括产品、价格、渠道、推广4个方面的内容，是我们进行营销策划时要重点考虑的方面。

（1）产品。所谓产品战略，是指在我们制定营销策略时，首先要确定我们提供的产品或服务是什么，如何去满足消费者的需求。产品必须要有独特的卖点，把消费者对产品的功能需求放在第一位。

所以，摸透消费者的消费需求是很重要的。对于一个新项目、新产品来说，前期用最优秀的产品打开市场，不一定是最高端，也不一定是最低价，但一定要基于目标人群，有自己的目标客源，这对以后的销售很有帮助。2009年，"北大才子卖猪肉"的新闻传出后，壹号食品董事长陈生的"壹号土猪"开始起飞。6年时间，他在全国开了700家店。在最初决定转型做土猪之初，陈生就把产品定位于高端猪肉。他把中国从南到北、从东到西的土猪品种都考察了一遍，试吃过无数的猪肉，还开办了一个土猪研究所，专门研究土猪育种问题，最终用纯正的土猪占领了市场。

（2）价格。对于产品定价来说，产品本身的实际价值当然是主导因素，但它也不仅仅取决于你的产品本身，还要考虑到你的产品的市场定位、市场竞争情况和消费者对产品的认可程度。有两种定价策略是现在主要运用的方法：撇脂定价法和渗透定价法。下面简单介绍一下这两种方法的区别。

撇脂定价法是指在产品生命周期的最初阶段，把价格定得相对较高，以求尽快收回成本，获取最大利润；而渗透定价法是指在产品生命周期的初期，把产品的价格定得相对较低，通过吸引客源来获取更大的市场占有率。这两种定价方法各有各的优点，但产品定价的关键还是要看产品本身的定位。

某O2O餐饮品牌商家曾找我们做推广，当时他们已推出该品牌3个月，通过1元抢购券活动达到每天飞来500份订单，而且他们还定期组织"吃货"免费试吃，活动搞得热闹非凡。但实际上，他们面临的关键问题是：大部分客源来自促销活动和免费活动，活动一旦取消，则人数暴减，而且，其主流人群消费偏低端，与其客单价68元的白领、中高档商务套餐定位不符。经咨询，后来我们建议其策略调整为"轻奢"外卖，针对上海陆家嘴金融圈白领实现单点突破，并配合财经类媒介传播开展定位中高端的各种圈层活动，金融圈市场打开后，再进一步全面拓展。目前该品牌已经发展成上海部分白领喜爱的外卖品牌。

（3）渠道。营销渠道是指某种货物或劳务从生产者向消费者移动时，取得这种货物或劳务所有权或帮助转移其所有权的所有企业或个人，简言之，就是商品卖给消费者的通路。传统营销渠道包括批发商（一级代理）、代理商（二级代理）、零售商（终端），而新型分销渠道包括连锁经营、特许经营、直销、电商、微商。现代渠道逐渐地变得越来越扁平化，企业更多的是直接对终端进行掌控。

通常大学生接触的渠道包括淘品牌的电商渠道以及微商的 3 级分销，我们之所以不主张大学生参与微商，是因为其实质仍旧是延续直销的"亲情销售"、层级代理，并不利于创新能力的培养。但即便创业方向是代理某一款产品（通常我们不把这种方式称为创业，我们称之为生意），我们仍然要强调：一定要注意自身品牌的培养。你可以在代理别人产品的过程中学习已有的先进经验，提高自己店面（可以是网店）的知名度，未来推出自己的全新产品。

我们曾服务过某一汽车 4S 店，它们销售的是别克产品，而且在北京地区已经有一定的影响力，但它们仍然不忘建立自身品牌，除了推出特色化服务维护老客户，组织北京及周边大型别克车主活动以外，还同时强化自身公众号的运营和推广，让客户实现积分累加及在线积分兑换功能，强化自身品牌与其他 4S 店的差异性。

（4）推广。所谓推广，是一种通过各种宣传方式扩大产品或者品牌影响力的过程。推广的定义在此不做过多强调，因为其重点在于推广手段的运用。

通常的推广方式包括线上和线下推广两种。所谓"线"，指的是营销传播的载体。借助媒介形式进行的推广称为"线上"，反之则称为"线下"。现在随着网络推广的普及，出现了一种趋势：很多人把"线"理解成互联网，借助互联网进行的推广，如微信活动、搜索引擎推广、朋友圈广告等，叫"线上"；而其他推广方式，如平面广告、发布会、路演等统称为"线下"。不过，分类不重要，需要强调的仍然是：推广方式的选择要依据产品及品牌的定位和特点，要结合目标人群的习惯和偏好。至于新产品营销推广的具体内容，后面会重点专述。

（四）人员和管理

有的同学对大学生的新产品也需要考虑人员和管理不以为然，认为人员和管理是大企业的事情。但事实上，从有新产品的想法开始，你就不是一个人在战斗了。如果你卖的是一种服务，那么客户的挖掘、市场的调研等都需要团队分工来完成；如果你的产品是一种实物，那么推广过程中，物料的准备、派单、接待客户，这些都需要寻找合作伙伴分工完成。固然，新产品推广之初通常难以有稳定的团队，但一定要有至少一个稳定的合作者。

团队逐渐形成后，学会制定管理规范就变得尤为重要了。前已述及，管理要设定明确的可量化考核的指标；而在这里，我们更强调执行过程的管理。也就是说，在传统的 PDCA 管理方法中，尤其重要的是 C。

PDCA 最早由美国质量管理专家戴明提出，故又称为"戴明环"，它是全面质量管理所应遵循的科学程序。P（Plan，计划）即计划的制订；D（Do，执行）指具体运作，即实现计划的方法；C（Check，检查）即总结计划执行的结果，分清哪些对了，哪些错了，以明确效果，找出问题；A（Action，处理），即对检查的结果进行处理——对成功的经验加以肯定,并予以标准化,对失败的教训也要总结,以免重现;对于没有解决的问题,应提交给下一个 PDCA 循环去解决。

任务提示

市场营销策划是在对企业内部环境予以准确分析并有效运用经营资源的基础上,对一定时间内的企业营销活动的行为方针、目标、战略以及实施方案与具体措施进行设计和计划。学生根据自身经营情况,还有同学之间的竞争状态,来定位自己的目标市场,进行品牌的推广、促销策略、服务策略。

产品设计与包装,一般地说,就是给生产的产品装箱、装盒、装袋、包裹、捆扎等。产品包装对于生产者是最普通的事,但现在很多人已经把它看成一种营销手段、名牌战略,在营销策划中也占有一席之地。

目标市场分析,就是指企业在市场细分之后的若干子市场中,所运用的企业营销活动之"矢"而瞄准的市场方向之"的"的优选过程。

品牌推广,是指企业塑造自身及产品品牌形象,使广大消费者广泛认同的系列活动过程。品牌推广有两个重要任务,一是树立良好的企业和产品形象,提高品牌知名度、美誉度和特色度;二是最终要将产品销售出去。

促销策略,是市场营销组合的基本策略之一。促销策略是指企业如何通过人员推销、广告、公共关系和营业推广等各种促销方式,向消费者或用户传递产品信息,引起他们的注意和兴趣,激发他们的购买欲望和购买行为,以达到扩大销售的目的。

服务策略,所谓服务是指一种特殊的无形活动。它向顾客和用户提供他们所需的满足感,以提高客户的满意度为目标。

拓展任务

(1)列出"菠萝袋"营销 4P 对应的方向,并进行总结。

"菠萝袋"

"菠萝袋"是一家专业为大学生提供分期购物的线上购物平台,2014 年 11 月正式上线。

高校市场是一块人人垂涎的肥肉,无数创业项目都试图从各个角度切入,"校呵呵""宅米""快快鱼""趣分期"等当下炙手可热的分期 APP,它们瞄准的都是校园市场,并选择了各自的细分领域深挖。"菠萝袋"创始人黄灿斌大一即开始创业,一直专注于大学校园领域。毕业前夕,他领衔创业的"菠萝袋"

获得了邦桂投资首轮1亿元人民币的战略投资。针对大学生收入较低、需求较多的特点,"菠萝袋"提供有品质、高档次商品的分期购买,满足大学生日常需求。如售价较高的 iPhone 6S 对于大多数学生来说,敢想不敢买,但在"菠萝袋",你可以选择5288元的一次性付款,也可以拆分为3~12期的分期还款,月供从几百到2000元不等;而且,商城内的所有电子产品都可以分期付款。现在,它的很多用户都已经提前用上了自己心仪的各种产品。

"菠萝袋"的运营模式是基于数据库中的风控数据导出评分卡,再根据不同场景的风控模型决定客户是否通过以及通过后的授信额度。整个过程已经能够做到最快1分钟完成。

截至目前,"菠萝袋"的月营业额已超过千万元。在创始人黄灿斌看来,分期购物是低频高额消费。也正是考虑到这点,"菠萝袋"想要构建校园生态,开始向高频低额这类有极大用户黏性的日常消费去发展。除了服务于大学生,未来"菠萝袋"还计划服务于蓝领、白领、有车一族等更多人群。这也是"菠萝袋"创办"菠萝钱包"的目的。

(资料来源:网络资料改编)

项目五　新产品营销推广

任务引入

"李泽言夫人找蛙"

"李泽言夫人找蛙"是近期社交网络中的流行语。不久前《恋与制作人》的玩家们还在争做李泽言夫人，如今其中不少人却已转投一款名为《旅行青蛙》的游戏，养起了青蛙。

回望 2018 年 1 月，有的消费者一周内下载又卸载三四款直播答题类 App，有的消费者一开始沉迷于微信小程序"跳一跳"，但很快又弃之不顾。面对热情易逝的消费者，品牌应如何跟上他们的步伐？

信息大爆炸时代的时间碎片化和快节奏生活，使品牌触达消费者的方式发生了变化。数字营销以其快速、精准、病毒式传播的优势，在传统营销方式中脱颖而出。

许多品牌在不断的数字营销实践中认识到：流量才是王道。基于此，不少品牌通过邀请"小鲜肉"拍广告、利用网络红人发帖直播、借势热点等获得短期流量红利。

但越来越多的品牌主开始思考：活动结束后，这些流量能否转化为品牌流量和实际购买？另一方面，现在的消费者已变得更加挑剔、难以取悦，厌倦同质化活动的他们对于营销和广告忍耐极差，往往三分钟热度，究竟怎样的营销活动才能获得消费者的信任，与之产生情感共鸣呢？

共情营销：普通人视角下的酸甜苦辣

去年高考期间，麦当劳推出自制准考证活动，邀请明星王琳、杨迪等制作他们的高考准考证，吸引了不少消费者在社交平台晒出自制的准考证，引发二次传播。在这背后，是品牌深谙回忆杀对消费者的威力。

活动上线 12 小时内，活动页面访问量超过 350 万，并于次日突破 1000 万。尼尔森社会化媒体研究发现，本次活动收获了 47% 的 UGC（用户自发讨论）（见图 8-3）。

共情营销的另一聪明之处就是利用 UGC 的力量，诉说普通人生活点滴，为他们发声。近年来，社交媒体上活跃着一个魔性合唱团——彩虹合唱团。

图 8-3

其自成一派的扎心风格在网络上得到广泛传播,歌曲《春节自救指南》(见图 8-4)发布后,获得 17.7 万互动。口语化的歌词均来自消费者日常生活,让他们瞬间感到被戳中,进而纷纷转发点赞。

社媒营销一直都是内容为王,无论是回忆、情怀,还是"戳心"的文案,共同点都是聚焦普通人的人生,因此,更容易在社交媒体平台引发消费者的共鸣,得到病毒式传播。

图 8-4

拍照打卡:快闪店直击年轻消费者

当下,快闪店是年轻人拍照打卡的圣地。2017 年 4 月 15 日,圣罗兰在上海开启亚洲首家游轮快闪店,尽管是一场线下活动,却引发许多线上讨论(见图 8-5、图 8-6)。

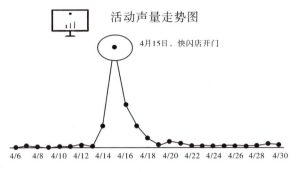

图 8-5

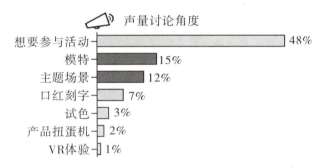

图 8-6

（注：声量单位为"帖"，一条微博或者一条 bbs 帖子即为一帖声量）

尼尔森社会化媒体研究发现，这场线下派对引发了 2.9 万微博互动和逾 23 万微信文章阅读点赞。消费者热议的话题中，27% 是关于模特和主题拍照区，82% 的消费者参与后表达出强烈的购买意愿。

近期，OPPO、兰蔻、马蜂窝等品牌也纷纷开设快闪店，为品牌和消费者提供绝好的互动场所，个性化的互动体验直击消费者所想所愿，拉近了品牌和消费者的距离。

沉浸：对抗消费者的 7 秒记忆

过去营销多采用灌输方式，如今在信息流冲击下，能让消费者记忆犹新的广告寥寥无几。面对"金鱼记忆"的消费者，品牌沉浸式营销为消费者营造可听、可看、可触摸且有反馈的环境，通过全方位感官体验使消费者感受品牌，产生共鸣。

最近，一款能一边吃饼干一边播放音乐的黑科技饼干音乐盒成为热点（见图 8-7），趣味体验引发了消费者的好奇和关注，增加了消费者购买产品时的互动（见图 8-8），造就了"奥利奥音盒"微博话题 1586 万的阅读量。

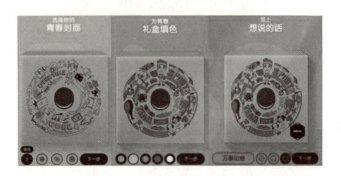

图 8-7

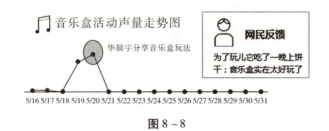

图 8-8

（注：声量单位为"帖"，一条微博或者一条 bbs 帖子即为一帖声量）

此外，越来越多品牌加入了视觉营销行列。2017 年年底，网易云音乐推出"禅音行动"，消费者打开网易云音乐 APP，将自己的心愿输入许愿框，点击放飞，即可享受漫天心灯的 AR 视觉体验。

科技还将助力实现个性化的沉浸体验。肯德基与华为的合作款手机提出新思路：这款手机的内置音乐 APP 允许消费者根据自己的偏好来点播餐厅里的音乐，将"吃着喜欢的炸鸡，听着喜爱的歌曲"变为现实。

比起跨界，"融合"更重要

时下营销市场中创新匮乏，为此不少品牌选择跨界，以求碰撞出火花。但浮于表面的跨界已不能满足消费者，品牌需要思考如何找到契合又耳目一新的跨界 CP，有机融合跨界元素，才能博得观众青睐。

2017 年 10 月，英特尔联合李宇春工作室发布新歌 MV《今天雨，可是我们在一起》。英特尔通过实时 3D 人脸重建技术，对照片、镜头、视频进行捕捉重建，将二维人脸还原为三维头像，在李宇春的脸上合成出雨水、波纹等各种特效，与 MV 场景达到完美融合（见图 8-9）。

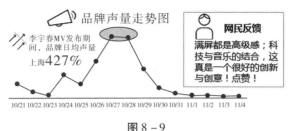

图 8-9

（注：声量单位为"帖"，一条微博或者一条 bbs 帖子即为一帖声量）

打破次元壁

不可否认，二次元时代已经到来，ACGN（动画、漫画、游戏、小说）相关作品已收获大批忠实粉丝。游戏作为二次元的重要分支，已获得不少品牌主关注。车企赞助电子竞技逐渐成为趋势：一方面，电子竞技兴趣用户与车企目标受众契合度高；另一方面，拥有亿级玩家的游戏赛事曝光度高；而最重要的，是电竞比赛能够帮助车企收获更多年轻消费者。

2017 年 10 月，电竞游戏《英雄联盟》总决赛首次落地中国，奔驰作为中国区首席合作伙伴，借此机会配合线上微博互动话题和搜索彩蛋，收获大量曝光和互动，将品牌的"无畏"精神与玩家的情怀进行关联，创造出 54.3 亿的微博话题阅读量与 323.2 万互动讨论（见图 8-10）。

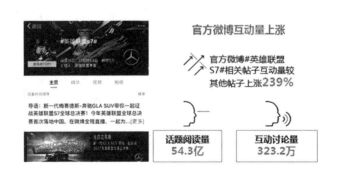

图 8-10

越来越多的企业正在尝试打破次元壁，与消费者对话，如利用虚拟偶像、跨界各类卡通 IP 的方式进行营销。尽管方式多种多样，其核心仍是投消费者所"好"，选择好 IP，找到消费者的兴趣点，自然会吸引许多二次元爱好者。

是引领还是追随？

无论是打感情牌，还是运用新技术，数字媒体都为品牌和消费者提供了更包容的空间，以进行更平等的对话。只有洞察个性和挑剔的消费者，才能产生直击痛点的创意，做出睿智的决策。品牌或许在思考，时代在变，消费者在变，究竟该引领还是追随？

尼尔森社会化媒体洞察从数字营销的核心，为品牌主提供新的思路：简单粗暴的流量获取已变成过去式，获取优质流量、与消费者达到深层互动与共鸣更加重要。尼尔森社会化媒体研究不仅有基于人群的深度洞察分析，更有模型指数化的营销活动评估和海量行业数据库，为品牌营销活动助力。

（资料来源：网络资料改编）

学习任务

任务一　掌握新产品营销推广方法

所谓营销推广，就是针对目标人群，通过各种营销沟通组合工具来传达产品的特点及定位；而营销推广过程，就是与目标人群的营销沟通过程，即通常我们所要考虑的"对谁说，说什么，怎么说"的问题。常用的营销沟通工具包括广告、公关、活动、直效营销、销售促进等几种。

（1）广告是由明确的主办人向不确定的受众所进行的单方面的信息沟通。广告通常包括主题、创意表现、媒介、预算、效果预测等几个方面。

（2）公关是通过各种潜移默化的方式，向消费者传播自己产品和品牌的正面形象，从而取得消费者的高度信任，它追求的是一种春风化雨、润物无声的传播效果。

（3）活动是我们通过各种可能的方式，让消费者参与进来并体验产品效果、产生购买想法，从而进行销售，获取赢利。诸如地推（地面推广）、店外活动等。

（4）直效营销是指以一对一的方式，向消费者传递产品和信息，如直邮、推销等。

（5）销售促进指运用各种短期诱因，鼓励购买或销售产品或服务的促销活动，包括折扣券、赠品、抽奖等。

营销推广的意义，是运用营销沟通组合工具与目标人群互动，最终让消费者接受产品和品牌并实现购买，甚至成为当下和未来的忠诚用户并愿意主动分享。

通常，消费者对产品和品牌的接受会经历 AIDMA 几个阶段，即 Attention（注意）——Interest（兴趣）——Desire（消费欲望）——Memory（记忆）——Action（行动），我们称之为购买漏斗。AIDMA 最早由美国广告学家 E. S. 刘易斯提出，后来随着社会化媒体的发展，现在该模型已经由日本电通公司发展为AISAS模型：Attention（注意）——Interest（兴趣）——Search（搜索）——Action（购买）——Share（分享）。营销沟通工具的应用，不同的目标人群有不同的表现；在消费者购买流程的每一阶段，工具的作用也不同。

例如，我们曾协助一个医药新品牌做推广。整个推广流程分为品牌曝光、产品解析、高潮、意见领袖证言等几个阶段。在品牌曝光阶段，我们通过大量新闻稿、广点通等工具，全网传播；在产品解析阶段，主要借助微信、微博、网红直播等不同形式，深度解析产品特点；而在高潮阶段，则是通过创造话题性事件，配合多种媒体传播实现引爆；在意见领袖证言阶段，采用有一定知名度的医师和医院院长的证言，配合用户体验分享，大量运用朋友圈、社群营销等媒体工具，使产品的功能和效用深入人心。

通常，不同的产品，消费者的购买流程也不同。快消品通常购买流程较短，而耐用品则购买流程较长。营销推广要活学活用、对症下药，这样才能达到互利共赢的最佳效果。

新产品营销推广的方式有以下几方面：

一、确定目标人群

营销推广的关键，是确定目标人群，有针对性地进行推广，也就是使目标人群精准化。广告史上一直有一个经典问题："我知道我的广告费有一半是浪费的，但我不知道浪费的是哪一半。"其实，这里的关键在于进行推广时能不能使目标人群精准化。随着互联网技术的普及，目标人群的精准化越来越有希望得以实现。

例如，小施是成都某大学临床医学院的学生。高考结束后的那年暑假，小施瞅准了商机。他发现有时有的文艺小酒吧里会举办小型圈内歌手演唱会，其规模不大，但粉丝热情很高。于是他提前在网上搜集相关信息，每次在演唱会开始之前，就在现场卖这个歌手的相关周边产品。和大型演唱会不同，这种演唱会只有圈内人知道，所以竞争者比较少。每次他带去的几箱货基本都能卖完，每个双休日大概能赚150元，这让小施赚到了人生中的第一桶金。进入大学后，小施也没有放弃自己的生意。他利用闲暇时间奔走于各种小酒吧，到了大三时已攒了几万元钱。后来，感觉到自己忙不过来，就主动找来自己的10个同学，利用寒暑假时间，将这项业务扩大到了整个城市；业务渐渐扩展之后，他又将销售地点扩大到了周边城市的酒吧。后来，24岁的他赚到了人生的第二笔钱20万元。小施的成功，关键在于找准了目标人群，选准了细分市场。

二、目标和预算

每一次策划都要预先确定营销目标，而且目标的制定要切合实际，不能想着一口吃出个胖子；同时，要懂得如何控制成本，争取用最小的投入获取最大的利润。借助广告行业几个目标设定的概念，我们可以结合下面这 3 个指标或模式，有效地控制成本并提高用户转化率：

（1）CPM（Cost Per Mille, or Cost Per Thousand, Cost Per Impressions）：每千人成本或者每千人展示成本。顾名思义，它是指网络广告投放后有多少人观看。

（2）CPC（Cost Per Click, or Cost Per Thousand Click-Through）：每点击成本。目前百度搜索应用较多。

（3）CPA（Cost Per Action）：每行动成本。可以是微信关注成本，也可以是 APP 注册成本，视不同项目而定。

在公关传媒服务方面，我们也曾协助某个创业型传媒公司做过推广。我们为其制定的是"滚动式发展"的策略：开始是小投入，小回报；后期再大投入，争取大回报。该公司的主营业务是公众号运营和推广，我们建议其强化创意、策略、精准等几个差异化特点，同时重点规划百度关键字、自身公众号、自身官网、营销类媒体和大号合作等几种推广方式。公司最初将一年的营业收入目标定为 50 万元，但由于市场拓展得力，营业收入第一年即实现 70 万元，第二年又上升到 300 万元。

三、主题和阶段

所谓传播主题，往大里说，就是品牌 SLOGAN（标语）。一个朗朗上口的 SLOGAN，能让客户快速形成记忆。很多品牌的成功都伴随着 SLOGAN 的流传，并深深植根在消费者的内心里。传播主题往小里说，是阶段主题，即以一个季度为一个阶段，或者两三个月就变换不同主题，以强化消费者印象。

但主题要基于产品和目标人群。例如，某一生活类 APP 有自己主打的 SLOGAN，而且会按照不同的节日或季度推出阶段性 SLOGAN。比如光棍节：孤独的人都要吃饱饭；情人节：南来或北往，愿为一人下厨房；还有秋季特辑：秋入小城凉入骨，无人不道柿子熟。这些考虑周到的 SLOGAN，充分考虑了目标人群的特点，从正面侧面同时下手，使消费者觉得自己是目标人群的一部分。目前，该 APP 日活跃人数 30 万，堪称火爆。可以说，传播的主题好，也就同时帮助了传播推广的成功。

四、确定营销组合

鉴于大学生推广新产品通常预算非常有限，这里重点推荐几种推广方法。

（1）地推（地面推广）。从字面意思来说，地推属于推广的一种，也是最接地气的方式，因为它直接接触的就是用户，是面对面的接触、最直接的交流。与用户互动越多，越容易被记住。正因为如此，地推又开始重新成为许多公司的新宠。尤其是在中国的互联网和移动互联网快速向三、四线城市及农村推进的过程中，地推这种最土、最原始的方式更有效。

例如，我们曾协助某工作交友新款 APP 产品进行地面推广。该 APP 目标用户锁定白领阶层，这群人由于职业类型多种多样，对这类 APP 的需求是最大的。该地推活动值得总结的经验是：首先，地推讲究造势，第一要务是人流量，人流量大才能保证转化率的基数。所以我们把地点选在白领出入量较大的写字楼附近，且所有进出写字楼的白领都能看见此次活动。其次，礼品的选择也有小技巧。当时选择的是鼠标垫、圆珠笔、扇子、杯子、小公仔、指甲刀等，这些物件白领通常会需要。通过这些小礼品吸引白领人群过来，请他们通过下载软件获得礼品（礼品上也印有产品二维码），并在用户下载软件的同时向他们介绍软件的功能以及效果。最后，APP 下载速度也很关键。当时整个流程控制在 1.5～3 分钟左右，这样，一个地推人员一天下来用户激活量便多达几百，效果突出。

（2）聚会营销。聚会营销也是一种比较常用的方式，可以通过官方微信、官方微博、微信朋友圈、微信群、豆瓣、BBS 等工具进行宣传。通常聚会营销邀约的成功率高，可以有效打消潜在顾客的犹豫和戒备心理，拉近彼此的距离。更重要的是：聚会营销可以直接产生销量，这是举办聚会营销的目的所在；并且，聚会的氛围有利于潜在顾客产生信赖感，容易做出购买决定。

例如，小杨是上海某大学服装设计专业学生，她决心通过本专业创业，于是联合了几个同学，一起把设计并加工成形的衣服放到网上，开设了专门的网店，同时，组织各种线下聚会宣传自己的品牌。万圣节前夕，她们专门租了摄影工作室，举办万圣节交友聚会。在这之前，她已经通过不少网络渠道介绍了这次聚会，人们都知道本次聚会邀请了很多校园红人。交友 PARTY 进行得很热烈，其中包括女生服装秀、男生点评、互动游戏、自由拍摄等活动，同时，开展现场服装饰品拍卖。通过定期举行类似活动，小杨既赢得了同学的口碑宣传，又销售了产品。而且，每次活动她都尽可能寻找其他合作者，节省了预算。半年下来，小杨的网店收入颇丰。

（3）公关。从概念上讲，公关是社会组织为了生存发展，通过传播沟通、塑造形象、平衡利益、协调关系，优化社会心理环境、影响公众的一门科学与艺术。广告是品牌维护，公关是品牌塑造。而我们在传播中谈及的公关，通常强调通过"内容"对目标人群进行"软性"沟通，常见的方式包括新闻稿、搜索问答、BBS、微信 KOL（Key Opinion Leader，关键意见领袖）推广等。

例如，我们曾服务于某新款艺术品推广。该款艺术品强调真材实料、极致手工、古法设计等特色，所以虽然其目标人群小众，但用户黏性却很高。于是，我们强调重点针对目标人群集中的媒介，如金融类微信 KOL、工艺品 KOL 进行重点突破，配合其他公关形式如新闻稿、百度问答等进行传播。当然，话题设计也强调与时代热点结合，如"工匠撞脸女明星，才貌双全爆红网络""建德企业制作的美国大兵闯入白宫"之类的话题，能一下子抓住消费者的心理，牢牢吸引大众眼球。在众筹上线的一波推广活动中，微信 KOL 最高阅读量达"10 万+"，总计阅读量达 84 万，总计微信送达人数达"1200 万+"；而上线 20 天即实现众筹 500 万元的骄人成绩，仅天猫旗舰店的销售额即突破了 1800 万元。

（4）广告。虽然大学生推广新产品的预算非常有限，但仍然可以考虑直接和某些核心媒体合作，推出一些性价比高的广告。

仍以我们服务过的某美容仪为例。广告预算十分有限，于是仅以《瑞丽》杂志为阵地，连续推出几期广告。该美容仪的主流消费人群以白领女性为主，她们也是美容、时尚类杂志的主流读者，所以，选择《瑞丽》杂志是最好不过的。这款美容仪的广告在该杂志刊出之后，当月到店客流大幅提升。

再如我们曾服务过的某沐汤品牌。该沐汤品牌主推日韩式的沐汤服务，推崇时尚、低奢的理念，所以在媒介上，我们重点选择上海星尚频道进行栏目植入，同时选择新闻综合频道的天气预报栏目做贴片广告。通过以电视推广为主并辅之以其他推广形式，该沐汤品牌在上海快速打开了市场。

上述两个项目广告预算都不高，也都在新产品上市可以接受的预算范围之内，但是我们用最小的代价换来了最大的效益。

（5）新媒体营销。新媒体的爆炸式增长出现在 2010 年之后，信息高度碎片化、随时随地接受新信息也随之成为新媒体的代名词。新媒体营销的平台主要包括但不限于门户、搜索引擎、微博、微信、手机、移动设备、APP、SNS、博客、播客、BBS、WIKI 等。

比如，2012 年褚橙创造了销售 200 吨的奇迹后，褚时健授权电商平台把"褚橙"销往全国。2013 年 10 月，拥有深厚媒体背景的本来生活网方面联手新京报传媒拍摄"'80 后'致敬'80 后'"系列专题，邀请蒋方舟、赵蕊蕊等"80 后"名人相继讲述自己的励志故事致敬褚时健；同时推出个性化定制版的褚橙"幽默问候箱"，赠送给社交媒体上的"大 V"及各领域的"达人"，包括韩寒等名人。比如给韩寒只送了一个褚橙，箱子上印着"复杂的世界里，一个就够了"（"一个"是 APP 的口号），引起微博 300 多万人次阅读，转发评论近 5000 次。这两条传播线索同时在传统媒体、视频门户、社交媒体等全媒体上交叉出现，一时间，"褚时健"的励志故事引起年轻受众口碑传播，同时褚橙也被打上了励志烙印，最终在消费群体中完成了"励志故事+橙子"的捆绑销售，不仅创造了又一轮销售佳绩，还引得柳传志和潘石屹分别推出"柳桃"和"潘苹果"。

任务提示

网络推广就是以企业产品或服务为核心内容，建立网站，再把这个网站通过各种免费或收费渠道展示给网民的一种推广方式，网络推广可以取得小投入大回报的效果。

网络推广方案就是通过研究网络推广的方法，制订出一套适合宣传和推广商品、服务甚至人的方案，而其中的媒介就是网络。被推广对象可以是企业、产品、政府以及个人等，推广方案可以是百度推广、谷歌推广、搜狗推广等。广义上讲，企业从开始申请域名、租用空间、网站备案、建立网站，直到网站正式上线开始就算是介入了网络推广活动，通常我们所指的网络推广是指通过互联网的种种手段进行的宣传推广等活动，确切地说这也是一种互联网营销的一部分，即通过互联网这类的推广最终达到提高转化率的目的。

一个网站如果想要保证比较好的推广效果以及效益，推广前的一些准备是必不可少的，制订推广计划之前，以下准备是不可或缺的：

1. 对企业产品深入了解

对自己要推广的产品，先要深入了解，只有深入了解才能设计出最合适的推广方案，才能把推广工作做得最好，效果发挥得最大。

2. 了解竞争对手

知彼知己，百战不殆。重点去了解竞争对手的推广方式，好的经验，拿来学习借鉴，失败的地方要吸取教训。最主要的是要避免在推广的过程中发生相互冲突。

3. 善于分析，定时评估

每做完一个项目都要及时总结分析，否则就像无头苍蝇，推广起来变得很盲目。如果是让网络公司做推广，一般每个月他们都会出具分析报表，就像某个公司的效益型网络服务，会出具体报告。

与完整的网络营销计划相比，网站推广计划比较简单，然而更为具体。一般来说，网站推广计划至少应包含下列主要内容：

（1）确定网站推广方案的阶段目标。

（2）在网站发布运营的不同阶段所采取的网站推广方法。

（3）网站推广策略的控制和效果评价。

网站推广计划中，可以得出几个基本结论：

第一，制订网站推广计划有助于在网站推广工作中有的放矢，并且有步骤有目的地开展工作，避免重要的遗漏。

第二，网站推广是在网站正式发布之前就已经开始进行的，尤其是针对搜索引擎的优化工作，在网站设计阶段就应考虑到推广的需要，并做必要的优化设计。

第三，网站推广的基本方法对于大部分网站都是适用的，也就是所谓的通用网站推广方法，一个网站在建设阶段和发布初期通常都需要进行这些常规的推广。

第四，在网站推广的不同阶段需要采用不同的方法，也就是说网站推广方法具有阶段性的特征。有些网站推广方法可能长期有效，有些则仅适用于某个阶段，或者临时性采用，各种网站推广方法往往是相结合使用的。

第五，网站推广是网络营销的内容之一，但不是网络营销的全部，同时网站推广也不是孤立的，需要与其他网络营销活动相结合来进行。

第六，网站进入稳定期之后，推广工作不应停止，但由于进一步提高访问量有较大难度，需要采用一些超越常规的推广策略，如上述案例中建设一个行业信息类网站的计划等。

第七，网站推广不能盲目进行，需要进行效果跟踪和控制。在网站推广评价方法中，最为重要的一项指标是网站的访问量，访问量的变化情况基本上反映了网站推广的成效，因此网站访问统计分析报告对网站推广的成功具有至关重要的作用。

拓展任务

（1）分析海尔是如何应用微博进行营销推广的。
（2）以小组为单位，对拟经营项目的店铺设计推广方案。
（3）与指导老师沟通，参考指导老师给出的指导意见。

海尔微博营销

提起海尔，多数人的固有印象还停留在民族家电企业或者裤衩两兄弟的动画时代，但是，如今已经33岁的海尔近日在国内最大微博平台上却成了"新晋网红"。

这其实还要从一个网友在微博上发文称想要购买一台豆浆机说起（见图8-11）。

没想到的是，正是这条毫无炒作痕迹的普通微博，却引来了200多个官微在评论区的一片混战，该微博的转发量很快就超过12万，评论超过9万！

企业官微作为企业产品和理念的传声筒的刻板印象早已深入人心，微博里不外乎广告和抽奖，但此次联合的互动，却让众多网友惊叹：没想到你们是这样的企业号！此次互动不但让众多企业的曝光度大大提升，广告硬植入的不适感也完全消失不见。可以说，这是一次典型互联网思维方式的成功网络营销案例。

当这次微博的热门事件过去之后，有人认为，企业在微博红利期高峰已过，99%的企业账号们都开始降低更新频次，削减运营团队之时，海尔却反其道而行之，不断更新微博，在各大微博红人区抢热门评论，抢回复，与网友互动，看起来和普通"吃瓜群众"一样,在众多网友感叹的同时也再次在微博上形成了一股热潮:没想到你是这样的海尔!

海尔的成功在于打破传统,在微博上的去官方化,致力于趣味化、年轻化,不但顺应了时代的潮流,在更接地气的同时,也实现了人们对于企业新的观感和美誉度的要求。

(资料来源:网络资料改编)

图 8-11

项目六 新媒体营销技巧

任务引入

直播营销已成为现实中的真金白银

直播营销是指在现场随着事件的发生、发展进程同时制作和播出节目的播出方式,该营销活动以直播平台为载体,达到企业获得品牌的提升或是销量的增长的目的,直播的核心价值,就在于它的聚集注意力的能力,未来直播营销将成为每一种产品营销的标配。

凯文·凯利(Kevin Kelly)在2012年发表的《技术力量》一书中,就基于粉丝经济提出过1000铁杆粉丝的理论,即无论创作者从事什么职业,如艺术家、美妆博主或设计师等,只要有1000名铁杆粉丝,就足以让他的影响力变现,直播营销就是通过培养忠实粉丝来达到赢利的目的,因为粉丝=流量=商业价值。

为什么要选择直播营销这种营销方式?

最近几年是"网红"直播迎来井喷式发展的时期,诸多的直播平台相继涌现,各大互联网巨头相继参与到这场直播盛宴中,这在国内互联网发展至今仍属极少见,其中以游戏直播、秀场直播、体育直播最为火爆。在游戏直播中,诞生了斗鱼、熊猫、虎牙、全民、龙珠、战旗;在体育直播中,诞生了直播吧、风云直播、乐视体育、章鱼TV等平台;而在真人秀场直播中,竞争最为惨烈,有"映客""花椒""一直播""小米""YY LIVE""默默"等。同年在网红直播届也发生了几件广为传颂的事件,更是奠定了直播营销在营销领域的地位。

百鸟朝凤事件可以说是一个网红直播营销事件。义务宣发方负责人方励5月12日在某直播平台跪求拍片方拍放映场次事件,瞬间引爆了网络,关于百鸟朝凤和方励的搜索在5月13日当天更是达到了峰值,请看百度指数里面的一个数据(见图8-12)。

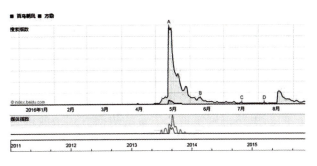

图 8-12

从这张图中我们很清晰地看到方励下跪事件给《百鸟朝凤》这部电影带来的实质性的推动,在随后截至 15 日当天的票房结果显示:通过方励事件的影响,《百鸟朝凤》顺利地完成了逆袭,单日票房 900 万,上座率为同档期的第一。

虽然过程有些波折,但是我们清楚地看到这一直播营销带来的结果,切实地转化为了现实中的真金白银。

(资料来源:网络资料改编)

学习任务

任务一 掌握新媒体营销技巧

一、概述

随着时代的发展变化,营销已经从以产品为基础、以大众营销为核心的"1.0 时代",历经以顾客为中心、以分众营销为核心的"2.0 时代",进入了关注消费者情感需求、以创意营销传播为核心的"3.0 时代"。

伴随着时代主题的变化,媒体形式也从"1.0 时代"步入了"3.0 时代"。我们认为,媒体"1.0 时代"是单向传播,是以"平面、电视、广播、户外"4 大传统媒体为主流,消费者只是被动地接收传播信息。比如,在报纸上刊登一则消息,你只能被动接收,并不能反馈或互动。

媒体"2.0 时代"是网络媒体的大发展时代,这一阶段广告主可以跟消费者双向互动,用户既能获取信息又能提供信息,且出现了社区、SNS、视频、搜索等媒体形式。

媒体"3.0 时代"是自媒体时代,这一时代的每个个体都承载着大量信息,都能被称为媒体,都可以通过微博、微信、直播等不同的媒体形式形成一定的影响力。而这一时代的媒体形式，人们更多地称之为新媒体。

对大学生而言，掌握新媒体营销的技巧是很有意义的。

首先，自媒体时代的主旋律是人人都是新媒体，即每个人、每个个体都具有传播能力，这种传播能力是未知的，传播效力也难以估量。过去的传统媒体时代，个人的传播能力是有限的，舆论被大众媒体所控制；而在自媒体时代，每个人都有机会让自己的新思路得到实现，传统的传播方式被颠覆，每个微小的言论都可能被放大并形成强大的舆论力量，其中有些甚至还可能只是无意间促成的结果。

其次，新媒体在带来更大价值的同时降低了营销成本。过去，有计划地投放广告，花不少的钱将自己的产品、品牌的信息通过特定的媒体、平台或者营销活动传达给目标受众，收效甚至可能甚微；而在新媒体时代，不仅出现了很多免费的开放平台（比如微博和微信公众号），而且只要企业或个人生产的内容够有创意、够有趣，就能够吸引大家浏览，形成二次传播等，甚至花很少的成本都可能得到类似于病毒式的传播效应。

最后，效果可监测，更容易促进销售线索转化。新媒体时代能够带来传播方式的多样改变，互联网技术的进步是十分重要的一环。传统媒体很难准确估量信息受众的数量、特征等信息，而现在随着大数据技术发展得如火如荼，新媒体信息投放对象的所在区域、年龄、性别、兴趣爱好等都是可控的，通过微信公众号或者微博后台，还能分析自己的粉丝或用户构成，极方便进行一系列沟通以及开展活动等营销手段的使用。

二、新媒体营销技巧

在新媒体环境下的营销，突破了传统营销的单一模式，打破了各行业各产业甚至各种传播维度的界限。新媒体营销也不再同以往的广告一样单纯追求形式、效果单一，必须要从内容、创意、媒介形式3个角度进行规划，才能最终明显提升整体效果。

（一）内容

说到内容，在信息碎片化的今天，新媒体时代的网络内容已经高度多元化，受众很难长时间被吸引。如同在热闹的菜市场，菜摊如何让眼花缭乱的顾客长时间驻足停留是一门技术；在喧嚣、多彩的网络世界，如何打造内容、吸引注意力也是一门技术。企业的眼里不能只有自身产品，无论是微信、微博、文章，还是通过直播推广自己的电商产品，都要结合目标人群的兴趣点，同时要与产品卖点有机结合。只有内容抓住了目标人群的注意力，才能将受众的关注点引导至产品上。

内容的创造还可以同社会热点、节日、明星等不同话题相结合，因为热门话题和热门人物能够吸引人们关注和讨论。

例如，我们的团队曾协助某丝袜品牌做推广，其中涉及微信文章写作。鉴于目标消费者是有品位、有追求的都市女性，文章开头便用林志玲追求极致的态度入手，引导都市女性对美和精致生活的向往与共鸣；随后结合林志玲对完美身材的努力，嵌入丝袜品牌对追求真材实料的品质、在工艺上不断突破的特点。总之，综合进行文章构思，让文章引人入胜，同时辅之以有质量的公众号发布。这篇文章获得了"10万+"的阅读量。

又如，我们的团队服务过的某生物科技品牌，其中同样涉及微信文章的写作。同样鉴于它是高科技产品，我们于是将文章与乔布斯等"大咖"建立关联，以设想乔布斯还活着的幽默情景开头，话锋一转，又到叹息乔布斯离世，把关注点再拉回到他年轻时就罹患的癌症上，最后讲述这款生物科技产品。配合高质量的公众号发布，这篇文章也带来了"5万+"的浏览量，为产品引来了不少关注，效果十分明显。

（二）创意

其实广告并不是人们所深恶痛绝的，人们痛恨的只是劣质的广告。好的广告不光能吸引人们的注意力，它的优质的表现形式和创意，常常能一举击中受众内心，引发自主传播。在营销过程中，如果只有生硬的宣传而没有创意，无异于一杆空枪，打不中目标。创意经济蕴含着巨大的能量，将更多创意融入营销过程中，引爆关注和传播，对企业和产品都具有关键的意义。如今的自媒体时代，营销的表现形式多样化，创意的载体也是五花八门。除文字外，通常还有H5页面、漫画、表情包、视频等形式。能够做到与时俱进，能够利用好这些层出不穷的新花样，营销的效果才会有极大的提升。

但不论什么形式的创意，都要注意不要自说自话。一要贴合目标人群关注点，二要注意引导消费者对新产品的关注。例如，我们服务过一款糖尿病检测的APP，为此曾连续一段时间制作不同类型的创意H5页面。如借势当时广受关注的热门电视剧《芈月传》，创意制作了一则人物测试的H5页面，推广周期为两周，浏览人数10万以上，微信公众号增加粉丝5000多。

（三）媒体形式

不同的新媒体形式，其营销推广的技巧也是有差异的。现列举几种常见新媒体形式的营销技巧：

（1）微信。新产品上市时，企业通常利用公众号进行营销。这里主要强调3点：

①服务号和订阅号。公众号有服务号和订阅号之分，开通之初一般都会疑惑是开服务号还是订阅号。服务号偏重于服务交互，每月只可群发4条推送，这条消息存在于对话框页面，会有消息提示；而订阅号偏重于传达资讯，每天可群发

一条消息，消息收在用户终端"订阅"文件夹里，不会有特别提示。在开通公众号之前，要对自己的品牌或者产品有准确的定位，以推送资讯为主则选择订阅号，以服务、售卖为主则选择服务号。通常新建品牌只要订阅号已经足够，而服务号更适用于用户群体较大的品牌，需要实现微支付（要认证）、与客户管理系统对接的品牌。

②公众号"吸粉"。开通公众号之后，需要做的事则是为公众号"吸粉"。通常有几种"吸粉"方式：线上包括大号转发、朋友圈推送、微信群推送等，线下主要是地面推广。通常大号转发是比较常用的手段。由于大学生推广新品时预算不足，可以通过其他同学的公众号互相转发文章，借以联合"吸粉"；也可以丰富朋友圈的内容，吸引朋友们浏览；还可以在影响力较大的微信群推广内容，甚至让亲朋好友挨着转发一圈，扩大影响力。在预算充足的情况下，可以找行业或者区域知名大V转发，但要注意与活动相结合；地面推广可以开展得比较有创意，"吸粉"的同时吸睛，并扩大知名度和影响力。我们在协助某健身APP"吸粉"时，就采取了扫码送咖啡券的形式，有小优惠、小礼物时，用户的防备心会降低，推广效果的确会更佳。

③活动。除了做好线上内容外，一定要结合微信营销开展活动，才能更好地"吸粉"、推广。但活动不应仅限于促销、送礼物，要有话题性，有创意点。例如，我们在为一个客户推广充电桩这一新产品时，以消费者的颜值为重点，围绕这个点开展"一起跟充电桩合影"的活动，参与者能得到奖品。这种活动有趣，方便参与，在大马路上遇到跟充电桩合照的人，路人一定会因为好奇而停下来了解，且会因有趣而跟风。加上线上线下结合，人气当然就更旺了。这场营销活动单场增加微信粉丝2000人，效果甚好。

（2）微博。虽然微信营销因微信强关系链更受关注，但微博的功力仍然不容小觑。微博的特点除了传播性之外，它的营销还具有话题性。有话题性的内容通过微博准确、快速而又到位的传播，其效果是其他传统媒体和自媒体无法比拟的。即使平台上的信息相对比较杂乱，但微博因其开放性，仍然吸引了大量拥趸。微博营销的重点在于：

①话题炒作。微博有个特色，就是话题功能，在双井号的中间加入话题即"#×××#"，就可以点击、参与和互动。当开展一个活动时，可以通过多个大号来转发，这样人多力量大，会形成专门的话题排在微博的热门话题榜上，吸引更多用户点击和互动，促进品牌传播。例如，我们在推广某微电影时，在微博发布话题"#浑身是戏不用演#"，活动当天即进入热搜排名前五，吸引了几千阅读量及关注量，微博不愧是热闹的大广场。

②借势传播。我们不仅可以创造排行榜上的热门话题，也可以借助排行榜上的话题"蹭热度"。关注当天的热门话题，用回复或互动方式加入自己的产品或

者@产品官微,会起到引流的作用;同样,被热门话题吸引的人群,会在主页刷到你的互动,也就顺带接收了你的产品的信息。同时,在微博文案中加入热门话题,也会增加微博的曝光度,吸引更多人关注。

③直播。在网络化和视觉化越来越占主流的今天,视频媒体也已成为与消费者沟通和互动的最有效媒体之一。近两年涌现出了很多新兴的视频直播平台,内容五花八门,互动直接有效,为品牌的营销开拓了新的领域。

直播平台可以分为4种模式:

第一,电竞游戏直播,如虎牙直播、斗鱼、熊猫TV等。

第二,体育赛事/演出直播,如腾讯视频、乐视视频、爱奇艺、优酷等。

第三,秀场直播,指歌舞才艺和各种达人直播,如9158、YY、六间房等。

第四,生活直播,指视频监控直播、展会活动直播、户外景区点直播等,如映客、百度云直播、美拍直播等。

在直播平台上做新媒体营销,首先应当注意自身产品与主播或者直播频道是否契合;其次应该注意产品是否符合该直播受众的兴趣点,如果你在一个电竞游戏直播中推广自己的丝袜产品,则相对来说比较荒唐;最后是内容的定制要选好出发点,要有利于产品的推广和销售,例如,美宝莲新品"唇露"发布会当天,线上做了多家直播:首先是直播 Angelababy 在上海南浦大桥赶赴活动的现场以及她在化妆间的种种细节,后来还制作了用H5页面将 Angelababy 和50位网红聚在一起的画面,观众可以观看到不同视角的发布会现场。该次营销空前盛大,仅腾讯一家同时在线人数就超500万,美拍为8万,熊猫TV则是15万,给美宝莲的新产品带来了极大的关注度和购买量。

④SNS(社交网络服务)。SNS上的营销,是利用社交网络建立产品和品牌的群组、举行活动,并利用SNS网站的分享和共享功能,以"六度理论"为基础进行的病毒式营销之类的营销活动。"六度理论"为哈佛大学的一位心理学教授斯坦利·米尔格兰姆(Stanley Milgram)创立,简单地说,六度理论即"最多通过六个人,你就能够认识任何一个陌生人"。

SNS网站大致可分为平台类、商务类、文化类、情感类、校园类以及社群类等。如QQ空间就是以即时通信为基础的SNS平台,阿里巴巴是以商务、购物为基础的SNS平台,人人网属于校园类,知乎则属于以问答为基础的知识分享类社区,等等。

在SNS上开展的营销,就是利用这样的社区平台,让因兴趣等原因聚集在同一个空间的成员相互沟通讨论,从而达到营销的目的。这类营销需要注意以下几点技巧:①选择合适的与自身产品契合的平台;②长期坚持;③拒绝生硬的广告,与用户建立长期稳定的互动关系。

例如 Burberry 风衣艺术节,在豆瓣上建立传播阵地,邀请51位明星,集中展示能体现品牌风尚的穿搭艺术,并依附豆瓣下的产品豆瓣同城来举办线下同城艺术展活动,吸引豆瓣潮流人士的参与和关注。此次营销活动激发了用户的激烈讨论,围绕明星、风衣、时尚的话题在豆瓣迅速广为传播。明星相册被用户累计喜欢、推荐了 4418 次,留言互动 1196 次;1183 位用户对线下活动感兴趣,其中 633 人报名参加。活动最终圆满成功,获得了大量的关注与曝光。

⑤维基(WIKI)。维基营销是指在诸如维基这种可以多人编辑的平台或工具上,以关键词作为入口,形成产品或是企业品牌与这些关键词的相关度。营销建立的基础是基于维基知识的公正性和权威性,相关的衍生还能在搜索引擎上排名更靠前,被更多媒体加以引用。著名的维基平台包括百度百科、百度知道、维基百科、互动百科、搜搜问答等。在这样的平台上做营销推广,需要注意如下技巧:①多站在目标用户的角度思考问题;②提出针对性问题,甚至必要时自问自答;③按用户搜索习惯,优化最佳答案及评价的关键字设置。

例如,我们曾为某木窗做过 WIKI 推广,通过从用户角度思考,以"古风家居""雾霾""木窗""森鹰""装修"等关键词提问,并在答案中带出品牌,共计在维基平台上建立了 100 多个问答,获得了近千条回复、近万个点击以及"3000+"点赞,为木窗收获了大量的曝光量。

⑥电商。按商业模式划分,目前电子商务平台零售行业有 3 类业态,分别为传统零售、电子商务(纯线上)、互联网零售。纯线上的电子商务以天猫和京东为代表;线上线下融合的互联网零售以苏宁为代表。但是,随着时间推移,未来主流的零售业态将会逐渐向互联网零售倾斜。电子商务的营销推广也是不可或缺的。

在电商营销的起步阶段,一般有 CPS 联盟、CPC 联盟、SEM 关键词广告、SEO、导航网站等方式。考虑到大学生刚创业时资金不是很充足,导航网站可以选小些的;有些商品如生活用品、食品等可以开展体验活动,着重要把自家口碑做好。在 SNS 平台上,也能有些软推广;微博上的话题营销,与站外其他网站合作,以及制造事件营销、病毒营销等,这些几乎都是以低成本的方式来提高曝光量。要注意应有一套适合并靠谱的统计系统来计算每一个渠道的投资回报率,方便针对不同的渠道做更好的调整和优化。还有最重要的一点,就是一定要处理好客户关系,为了更好地实现口碑相传,仅靠好的产品+服务是不够的,不能只追求以高成本增加新用户而忽略老用户,否则就是赔了夫人又折兵,捞不着好处。

我们在进行推广时,不仅要懂得前进,更多的时候还需要反省自身的不足,在自身的弱点上下功夫,只有这样,才能各方面都取得长足发展。

任务提示

无论是大品牌还是个人，在利用直播进行营销时往往离不开以下几个流程：

1. 精确的市场调研

直播是向大众推销产品或者个人，推销的前提是我们深刻地了解到用户需要什么，我们能够提供什么，同时还要避免同质化的竞争。因此，只有精确地做好市场调研，才能做出真正让大众喜欢的营销方案。

2. 项目自身优缺点分析

精确分析自身的优缺点。做直播，营销经费充足，人脉资源丰富，可以有效地实施任何想法。但对大多数企业来说，没有足够充足的资金和人脉储备，这时就需要充分发挥自身的优点来弥补，一个好的项目也不仅仅是靠人脉、财力的堆积就可以达到预期的效果，只有充分发挥自身的优势，才能取得意想不到的效果。

3. 市场受众定位

营销能够产生结果才是一个有价值的营销，我们的受众是谁，他们能够接受什么等，都需要做恰当的市场调研，只有找到合适的受众，才是做好整个营销的关键。

4. 直播平台的选择

直播平台种类多样，根据属性可以划分为几个不同的领域。如果做电子类的辅助产品，直播推销衣服、化妆品将会带来意想不到的流量。因此，选择合适的直播平台也是关键。

5. 良好的直播方案设计

做完上述工作之后，成功的关键就在于最后呈现给受众的方案。在整个方案设计中需要销售策划及广告策划的共同参与，让产品在营销和视觉效果之间恰到好处。在直播过程中，过分的营销往往会引起用户的反感，因此在设计直播方案时，如何把握视觉效果和营销方式，还需要不断斟酌。

6. 后期的有效反馈

营销最终是要落实在转化率上，实时的及后期的反馈要跟上，同时通过数据反馈可以不断修正方案，将营销方案可实施性不断提高。

拓展任务

（1）阐述《三国杀》的营销推广模式。
（2）结合网络上的目标人群、产品特点进行网络推广模拟实训。

《三国杀》

《三国杀》是某大学动画学院黄恺同学设计的一款热门的桌上游戏。大二时黄恺发现一个桌游论坛,并从中了解到西直门附近有一间桌游吧。他在桌游吧玩了很多种桌游,并萌生了创造中国人自己的桌游的想法。《三国杀》游戏融合了西方类似游戏的特点,并结合中国三国时期背景,以身份为线索,以卡牌为形式,要合纵连横,经过一轮又一轮的谋略和动作去获得最终的胜利。创始人黄恺用了一个晚上,用电脑重新制作了《三国无双》的图片,并根据三国人物的性格制定了游戏的规则。这副牌受到了同学们的极大欢迎,于是黄恺决定通过淘宝网销售。

小小的游戏很快销售一空。然而,小小的游卡面临着一个关键的问题:缺钱!在这样的局面下,低成本的病毒式营销成了他们无奈的选择。然而,尽管是一个被"逼"出来的选择,但这种营销方式其实正好与《三国杀》游戏的特色暗合。

作为一款社交性与娱乐性并重的桌面游戏,《三国杀》游戏的过程本身就是一个交往和传播的过程。此外,《三国杀》本身对游戏人数的要求,也是其进行病毒式营销的重要助力。例如,一个玩家想要玩上几局酣畅淋漓的《三国杀》,常常需要聚集6个人以上,"拉人凑角"十分普遍。此时,老玩家会自动成为新手的老师兼《三国杀》的义务宣传员。在推广初期,一局游戏中一半都是新手的情况十分常见,任劳任怨的义务宣传员们为《三国杀》立下了汗马功劳。

要让《三国杀》病毒"尽快繁殖,选择传播欲望强、传播能力好的核心客户至关重要。游卡准确地将目标客户设定为高校学生和年轻白领,定期到北京各大高校和IT、金融企业内组织《三国杀》活动和比赛。掌握了这两个好奇心强、善于学习的核心群体,也就奠定了《三国杀》在北京迅速风行的基本条件。当初的推广版也为《三国杀》的病毒式营销收集了宝贵的信息。例如,不少人认为推广版的64元定价偏高,这显然不利于"《三国杀》病毒"的迅速复制,因此,游卡迅速将后续推出的《三国杀》(标准版)定价下调到30元。玩家普遍反映推广版中刘备、孙权太强,标准版则将他们削弱——这不仅改善了游戏的平衡性,更让玩家获得了极强的参与感,加深了玩家的黏着度。就连规则说明书的用语,也根据玩家的阅读和理解习惯做出了调整。

这款"没有经过什么宣传"的桌面游戏,就这样风靡北京、上海、广州等一线大城市,并渗透全国。它甚至开辟了一个崭新的行业,下游上千家"桌游吧"的发展,创造了超过千万元的销售额。

(资料来源:网络资料改编)

综合测评

- **情景一**

用积极的心态去发现创业机会

创业是发现市场需求，寻找市场机会，通过投资经营企业满足这种需求的活动。创业需要机会，机会要靠发现，在茫茫的市场经济大潮中要想寻找到合适的创业机会，需要创业者具备一定的素质。

不怕没机会，就怕没眼光

我经常听到一些想创业的朋友这样抱怨："别人机遇好，我运气不好，没有机遇。""我要是早几年做就好了，现在做什么都难了。"这都是误解。我们生活在上海这个世界上创业机会最多的城市之一，机遇无处不在，就看你能不能识别它。比如，修自行车是一个不起眼的小生意，但是我的学员朱跃清却把它做成一个很好的创业项目。1997年秋季他下岗后立志创业，抓住上海高校后勤服务改革的机会，投资2000元在复旦大学开了一个自行车维修点。第一个月就赚了1000多元，后来他在老师指导下尝试用"连锁经营"的方式拓展维修点，做大修车业务。现在他已在上海12所高校开设了自行车维修点，并先后开拓了绿地养护、无水洗车、物业保洁、汽车装潢等新的项目。不仅自己成功创业，还带出了54个小老板。这个例子说明了"不怕没有机会，就怕没有眼光"。

（资料来源：网络资料改编）

- **情景二**

雷军在企业家中算是标准的网红，过去一年之间，微博上充满了各种关于雷军的段子，其中典型的就有小米印度发布会的 ARE YOU OK，互联网大会中"死亡一瞪"更是其典型的代表作。

作为网红的雷军在2016年5月11日在网络平台直播了自己公司即将发布的小米MAX手机，当天在百度指数中的搜索指数达到了23万之多，并且在17日首发的时候同样引起了轰动，搜索指数达到了峰值，可以说雷军的网络直播首发对于小米MAX随后的大卖奠定了不可磨灭的基础（见图8-13）。

（资料来源：网络资料改编）

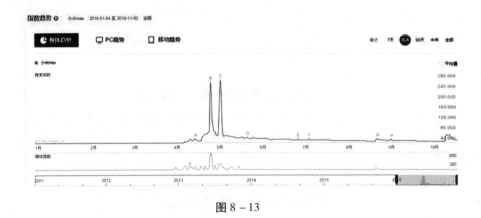

图 8-13

任务要求：能正确认识和理解发现创业机会，能较好地使用新媒体开展新产品营销，能顺利解决测评要求完成的具体任务。

具体任务：
(1) 根据情景一提供的材料，试述发现创业机会有哪些好方式。
(2) 根据情景二提供的材料，试述直播营销的优势有哪些。
(3) 根据情景二提供的材料，分析如何有效地做好直播营销。

★成果形成：
(1) 完成情景一评述不少于 300 字的分析材料一份。
(2) 完成情景二评述和分析材料各一份。

学习评价与反馈

任务模块	任务指标	自评	互评
知识	能正确认识知识经济创新的趋势； 了解创新人才培养和造就的途径和方法	☆☆☆☆☆	☆☆☆☆☆
	了解新产品目标市场细分和定位的方法； 熟悉新产品营销策划与推广方法	☆☆☆☆☆	☆☆☆☆☆
技能	掌握发现与把握创业机会的方法； 能正确确定新产品目标市场和实施定位	☆☆☆☆☆	☆☆☆☆☆
	能应用新媒体方法开展新产品营销活动	☆☆☆☆☆	☆☆☆☆☆
素养	培养良好的创新创业意识	☆☆☆☆☆	☆☆☆☆☆
	养成用网络营销的思想分析问题的思维习惯	☆☆☆☆☆	☆☆☆☆☆
评价与反馈			

备注：
　　通过自我评价和在老师指导下实施第三方评价与反馈来判定自己对本模块知识与能力的掌握情况。同时，根据评价与反馈来督促自己进一步将尚未掌握、达到的知识、能力点补充巩固，以促进学习成果的达成度

参考文献

[1] 孙晓燕．市场营销［M］．北京：高等教育出版社，2017．
[2] 郝渊晓，费明胜．市场营销学［M］．广州：中山大学出版社，2017．
[3] 梁晓萍，胡穗华．市场营销［M］．广州：中山大学出版社，2015．
[4] 李志敏．市场营销［M］．长沙：湖南师范大学出版社，2017．
[5] 艾·里斯，杰克·特劳特．定位：有史以来对美国营销影响最大的观念［M］．谢伟山，苑爱冬，译．北京：机械工业出版社，2013．
[6] 陈明．营销其实很美很单纯［M］．广州：华南理工大学出版社，2012．
[7] 迈克尔·R．所罗门，格雷格·W．马歇尔，埃尔诺·W．斯图尔特．市场营销学［M］．罗立彬，等译．7版．北京：电子工业出版社，2013．
[8] 罗杰·A．凯林，史蒂文·W．哈特利，威廉·鲁迪里尔斯．市场营销［M］．董伊人，等译．9版．北京：世界图书出版公司，2011．
[9] 马丁·林斯特龙．品牌洗脑：世界著名品牌只做不说的秘密［M］．赵萌萌，译．北京：中信出版社，2013．
[10] 安德鲁·格里菲斯．低成本快营销［M］．兰天，译．北京：企业管理出版社，2008．
[11] 中国商业技师协会市场营销专业委员会．营销基础与实务［M］．北京：中国商业出版社，2002．
[12] 黄洪民．现代市场营销学［M］．青岛：青岛出版社，2000．
[13] 杨洁，孙玉娟，甄翠敏．现代市场营销学［M］．北京：中华工商联合出版社，2002．
[14] 张庚淼，王柏林．市场营销［M］．西安：陕西人民出版社，2001．
[15] 王霆，卢爽．心理营销［M］．北京：中国纺织出版社，2003．
[16] 范伟达．市场调查教程［M］．上海：复旦大学出版社，2002．
[17] 李东红．营销战略［M］．北京：首都经济贸易大学出版社，2002．
[18] 陈放，谢弓．营销策划学［M］．北京：时事出版社，2000．
[19] 何静．市场营销学［M］．武汉：华中科技大学出版社，2008．
[20] 玛丽安·伯克·伍德．营销计划手册［M］．梅清豪，伍雄辉，译．上海：上海人民出版社，1999．
[21] 菲利普·科特勒．营销管理［M］．梅清豪，译．上海：上海人民出版社，2003．

[22] 菲利普·科特勒,迪派克·詹恩,苏维·麦森西. 科特勒营销新论[M]. 高登第,译. 北京:中信出版社,2002.

[23] 吴普生. 营销经典100 [M]. 广州:广州出版社,1998.

[24] 杨明刚. 市场营销100——个案与点析[M]. 上海:华东理工大学出版社,2003.

[25] 中国商业技师协会. 营销案例资料[M]. 北京:中国商业出版社,2005.

[26] 何建民. 现代营销管理案例分析[M]. 上海:上海外语教育出版社,2001.

[27] 姜少敏,侯书森. 财富论谈:破译世界500强经营内幕[M]. 北京:中国城市出版社,1999.

后　记

让我们一起成为改革创新的"先锋"

党的十八大以来，职业教育被提到了前所未有的高度，受到了前所未有的重视。2014年6月，国务院出台了《关于加快发展现代职业教育的决定》，并提出以培养技术技能人才为目标，到2020年形成具有"中国特色、世界水平"的现代职业教育体系。教育部等6部门还共同制定了《现代职业教育体系建设规划（2014—2020年）》。同时，习近平总书记在全国职业教育工作会议也做出了重要批示，他指出，"职业教育是国民教育体系和人力资源开发的重要组成部分，是广大青年打开通往成功成才大门的重要途径，肩负着培养多样化人才、传承技术技能、促进就业创业的重要职责，必须高度重视、加快发展"。他要求"各级党委和政府要把加快发展现代职业教育摆在更加突出的位置，更好支持和帮助职业教育发展"。

在"大国大时代"和"大国工匠"的时代精神鼓舞下，我国高等职业教育面临更为深刻的改革挑战和发展机遇。"教育事业发展十三五规划"和十八大吹响了高等职业教育创新发展的号角，"一流高职院校""创新强校工程"的实施，让我们看到了前面的阳光，也让我们感受到一场即将或已经来临的"教育竞技"和高等职业教育创新与改革的浪潮。教学改革在课程、在课堂，教材作为课程的主要载体，首先充当了课程改革的主要内容之一。笔者从事职业教育近20年，近20年来，目睹并亲身参与了职业教育的课程改革历程，从20世纪90年代提出"基于实践本位的课程改革思路"（以教高〔2000〕2号文为标志），先后历经"课程开发要在一定程度上与工作过程相联系"的课程设计理念（2004）、要求遵循企业实际工作任务开发"工作过程系统化"的课程模式（2006）、"要建立职业能力培养的课程标准，规范课程教学的基本要求，提高课程教学质量"（2011—2014），到2015年提出"全面贯彻党的教育方针，按照党中央、国务院决策部署，以立德树人为根本，以服务发展为宗旨，以促进就业为导向，坚持走内涵式发展道路，适应经济发展新常态和技术技能人才成长成才需要，完善产教融合、协同育人机制，创新人才培养模式，构建教学标准体系，健全教学质量管理和保障制度，以增强学生就业创业能力为核心，加强思想道德、人文素养教育和技术技能培养，全面提高人才培养质量"的指导思想。

在职业教育近20年的改革与创新的历程中，我们怕掉队，所以一直坚持走在前面，从2004年开始探索高职《市场营销》教材职业化的改革，2006年提出高职教育教材要体现职业化和项目化教学，同时，编辑出版了《市场营销实训》教材，成为高职教育领域文科教材中较早编辑出版的一批配套实训教材。十多年来，教材根据人才培养诉求和社会经济发展的变化实施多次修订完善，受到广大教师、同行和同学的赞许和鼓励，也成为我们一路坚持创新发展的动力。我们深信，在不久的将来定会涌现出一些能适应新时期、新形势和社会经济发展要求且富有特色的教材。

我们的探索与实践，如果能为中国高等职业教育的课程改革与课程建设做点贡献，这或许是我们最大的欣慰。我们也知道，中国高等职业教育的课程、教材改革与创新任重而道远，需要有更多的学校，更多的老师积极投身于我国职业教育的改革与创新，共同努力提升我国高等职业教育的人才培养质量和国际竞争力、影响力。因此，我们非常珍惜在这条探索实践路上与你相遇的缘分，我们愿意和大家一起共同把这本教材做得更完善，更适应时代，一起成长为这场教育改革的"先锋"。在编写过程中，难免会存在这样或那样的不足，在此我们尽表歉意。我们愿意与你一起完善和进步，并向关注和支持我们的每一位教师与同仁表示感谢。

最后我想用龚自珍的"落红不是无情物，化作春泥更护花"作为后记结尾。

何　静

教授，高级经济师

广东农工商职业技术学院教学指导委员会副主任委员
广东省高职教育管理类专业教学指导委员会委员
广东省高职教育公共事业与管理分指委副主任委员
广东省服务外包产业促进会副会长
全国商业职业教育教学指导委员会委员
全国商科人才培养专家库专家成员
全国职业院校技能大赛高职组市场营销技能赛项裁判

2018年4月8日于素仁阁